KB071426

집단놀이치료

Daniel S. Sweeney · Jennifer N. Baggerly · Dee C. Ray 공저
이은아김 · 한희영 · 서인숙 공역

GROUP
PLAY THERAPY
A Dynamic Approach

학지사

Group Play Therapy: A Dynamic Approach
by Daniel S. Sweeney, Jennifer N. Baggerly and Dee C. Ray

역자 서문

집단놀이치료는 아동에게 매우 유익하고 숙련된 놀이치료자의 훈련된 기술을 필요로 하는 분야이다. 또한 집단놀이치료는 다양한 임상현장에서 요구되지만, 임상현장의 특수성을 고려하여 집단놀이치료 절차와 과정에 입각해서 적용하는 것이 놀이치료자에게 큰 도전이 된다. 이러한 현실에서 집단놀이치료에 대한 전문적 지식이 더욱 절실했고, 이 책과의 만남은 가뭄에 단비를 만난 것과 같았다. 특히나 놀이치료가 우리나라에 소개되고 많은 발전과 성숙을 통해 자리매김하면서 다수의 놀이치료 관련 도서들이 국내에 소개되어 왔지만, 집단놀이치료 이론과 실제를 깊이 있게 안내하는 도서는 부족한 실정이었다. 따라서 역자들은 이 책이 실제적인 도움을 줄 수 있을 것이라고 확신하며 집단놀이치료의 필요성과 유익함을 느끼고 숙련된 놀이치료자로 성장하고 싶은 분들에게 이 책이 힘이 될 거라는 기대감을 가지고 기쁜 마음으로 번역 과정에 함께하였다.

이 책은 『Group Play Therapy: A Dynamic Approach』를 번역한 것이다. 총 15장으로 구성되어 있는 이 책은 집단놀이치료의 이론, 절차와 과정, 집단놀이치료의 다양한 기법과 그 구체적인 적용을 소개하였다. 또한 표현예술, 퍼펫, 모래상자, 청소년, 재난대처, 학교, 사별과 상실 등 집단치료 기법과 대상에 대해 자세히 설명하고 마지막으로 집단놀이치료를 지지하는 연구들을 제시하였다.

역자들은 이 책이 상담 및 심리치료 분야의 전문가들에게 새로운 지식을 제공하는 것뿐만 아니라 임상 현장에서 이를 적용하고 풍부하게 실천되는 경험으로 공유되기를 희망한다.

마지막으로 이 책을 위해 수고해 주신 학지사와 편집부 직원들에게 감사의 마음을 전한다. 또한 이 책의 번역 작업에 아낌없는 지지와 격려를 보내 준 소중한 가족 및 많은 분에게 마음 깊이 감사의 마음을 전한다.

2019년 2월

역자 일동

서문

1999년에 나는 "1900년대 초에 놀이치료 분야에서 개척자들이 획기적인 연구를 시작한 후 큰 진전이 있었지만, 집단놀이치료의 향상을 촉진시키려는 작업은 거의 진행되지 못했고 지난 75년 동안 출간된 집단놀이치료 교재는 단 한 권이라고 알고 있다."(Landreth, 1999, p. xi)라고 기술했었다. 비록 Sweeney와 Homeyer(1999)가 그 해에 집단놀이치료 문헌들을 편집해서 출판했지만, 나의 그러한 언급은 여전히 유효한 사실이다. 집단놀이치료에 역점을 덜 두고 있고, 그에 대한 출판물이 부족하다는 사실이 나에게는 퍼즐처럼 남아 있다.

치료에서 놀이가 아동에게 자연스러운 표현의 매개체인 것처럼, 놀이치료에서 둘 혹은 그 이상의 아동이 함께하는 것을 집단이라고 명명할 때, 집단은 많은 아동이 치료적 환경에서 관계를 맺어 나가는 매개체가 된다. 아마 어느 사회든 마찬가지겠지만, 우리 사회는 관계를 기반으로 구축되었고, 우리 사회는 그 관계만큼만 든든할 것이다. 군사력, 거대한 기업들, 강력한 정치집단은 사회의 생명선이 아니다. 가족 안에 존재하는 관계가 사회 진보의 역동적인 에너지이다. 마찬가지로, 놀이치료 집단은 아동이 "타고난 내적-방향성, 건설적 진보, 창의성 및 성장을 향한 자기-치유 지향을 위해" 창조적으로 표현하도록 촉진한다(Landreth, 2012, p. 54).

집단놀이치료는 전형적인 개별놀이치료 경험에서 얻을 수 없는 독특한 가능성과 치료적 이익을 제공한다. 일부 수줍어하고, 학대받은 혹은 외상을 입은 아동의 경우, 놀이치료자와 단둘이 있을 때 오히려 안전감을 느끼지 못할 수 있다. 심지어 정말 따뜻하게, 최선을 다해 돌보는 놀이치료자가 아동의 세계에 들어갈 기회를 얻지 못하고, 스스로 자신을 보호하려는 완고한 방어체계 뒤에 숨어 있는 아동의 내적 정서적 사람과 접촉하지 못하는 경험을 하기도 한다. 이런 아동은 또래와 있을 때 더 빠르게 안정감을 느낄 수 있고 놀이치료실에서 다른 아동 혹은 다른 아동의 활동에 이끌린다. 그 결과로 아동은 역동적으로 표현하고 탐색한다.

사람들은 어떤 형태이든지 집단에서 살아가고 기능한다. 이렇게 타인과 상호작용하고 사는 배경에서 아동의 자기 개념은 형성되고 많은 시간 동안 왜곡된다. 자기, 그리고 타인과 관계하는 자기와 관련한 왜곡된 지각은 대부분 가족 집단 관계의 역동에서 발생한다. 지각은 행위의 기초이고 인식은 의미 있는 관계 경험으로 변화되기 때문에, 행동문제를 다루는 가장 효과적인 장소는 근본적으로 주호소를 초래하였던 그 기본 구조를 포함하는 관계 내에서이다. 지각을 변화시키는 대인관계의 힘은 『어린왕자』에 아주 생생하게 나와 있다(de Saint Exupery, 1943). 이 이야기에서 여우는 자신의 삶에 대해 어린왕자에게 말한다.

> 그러나 당신이 만약 나를 길들인다면(나와 관계를 맺는다면: 나의 해석), 그것은 마치 내 삶에 태양이 비추는 것과 같을 거예요. 나는 모든 다른 사람과 구별되는 당신의 발걸음 소리를 알아요. 다른 발걸음은 땅 아래로 나를 급히 보내 버려요. 하지만 당신은 마치 음악처럼 나를 굴 밖으로 불러요. 그리고 봐요. 당신은 저기 곡물 밭을 보고 있나요? 나는 빵을 먹을 수 없어요. 밀은 나에게는 소용없어요. 밀밭은 나에게 아무것도 아니에요. 슬퍼요. 하지만 당신은 황금빛 색깔의 머리카락을 가지고 있어요. 당신이 나를 길들였을 때 얼마나 멋질지 생각해 봐요. 황금색인 밀을 보며 나는 당신을 생각할 거예요. 그리고 나는 밀밭의 바람소리를 들으며 좋아할 거예요.
>
> (p. 83)

이것은 집단놀이치료 과정에서 무슨 일이 일어나는지를 아름답게 기술한 것이다. Sweeney, Baggerly, 그리고 Ray는 이 개념을 이 책의 각 장에서 잘 활용하고 있다. 그들이 서술한 이 책의 각 장은 집단놀이치료가 아동의 성장을 촉진시키는 특별한 과정이라는 것을 강조하고 있고, 이 과업을 달성하는 과정에서 그들은 집단놀이치료의 이론과 실제의 통합을 제공하고 있다. 이 책은 집단놀이치료의 다양한 이론적 접근과 활용에 대해 언급하고 있으며, 각 접근이 동일한 문제에 대해 어떻게 다르게 접근할 수 있는지를 보여 주는 유일한 교재이다. 임상적 실제를 다루고 있는 이 책은 초등학교 상담사, 심리학자, 사회사업가, 상담사 그리고 아동을 상담하는 모든 정신건강 분야 전문가들이 읽어야 하는 중요한 자원이 된다.

우리는 이 책에서 서로를 향한 아이들의 영향과 아동의 어려운 행동을 다루는 치료자의 반응을 명확하게 봄으로써 아동과 치료자의 상호작용을 경험하게 되는 특권을 누린다. 집단놀이치료의 주제와 문제들이 멜리사, 앨리슨, 미구엘 및 다른 아동들의 상호작용에서 되살아나는 것을 볼 수 있다. 당신은 집단놀이치료에서 발생하는 복잡한 문제들에 대해 어떻게 반응하는지를 알기 원하는가? 그렇다면 이 책에 등장하는 아동이 말하고 행동하는 것과 민감하고 따뜻한 놀이치료자가 어떻게 반응하는지에 귀를 기울이라. 당신이 듣고자 멈추기만 한다면, Sweeney, Baggerly, 그리고 Ray의 창의적인 능력을 통해 당신은 아동의 개인적인 세계에 전적으로 들어가는 것을 배우게 될 것이다.

『Group Play Therapy: A Dynamic Approach』는 집단놀이치료를 배울 수 있는 매우 중요한 교재이다. 당신은 이 책에서 집단놀이치료에 관한 질문들의 답을 찾을 수 있을 것이다.

Garry L. Landreth
Regent Professor Emeritus
University of North Texas

저자 서문

심리학자이자 철학자인 William James(1891)는 다음의 고통스러운 시나리오를 상정하였다.

> 누군가 사회에서 내쳐지거나 모든 구성원으로부터 전혀 주목받지 못한 상태로 남겨져 있는 것보다 더 신체적으로 가혹한 처벌은 없을 것이다. 만약 우리가 들어갈 때 아무도 우리를 쳐다보지 않거나, 우리가 말할 때 듣지 않거나, 우리가 무엇을 하든지 거부하거나, 만약 우리가 만나는 모든 사람이 '우리를 모른 척'하거나, 마치 우리가 없는 존재인 듯 행동한다면, 가장 잔인한 신체적 고문조차 위로가 될 법한 극심한 분노나 무력감에 자포자기해 버리는 우리를 볼 수 있을 것이다.
>
> (pp. 293-294)

모든 인간의 가장 큰 고통의 근원 중 하나가 바로 "아무도 관심을 두지 않는" 것처럼 느끼는 홀로 있는 것과 같은 고독이다. 모든 치료자, 특히 놀이치료자는 내담자의 외로움에 접촉할 수 있는 책임감, 특권, 그리고 영예를 부여받는다. 특히 아동 내담자는 놀이치료의 일반적인 수혜자들이다. 특히나 집단놀이치료자는 고립과 고독으로 인한 학대로 고통받는 삶에 접촉할 수 있는 잠재력을 가지고 있는데, 이 고통받는 삶은 공동체로 인해 야기되기도 하지만, 역설적으로 공동체에 의해 저절로 회복되기도 한다.

외로움과 고독에 대해 이야기를 시작하지 않고 집단치료에 대해 토론하는 것은 큰 도전이다. Clark Moustakas(1974)는 고독에 대해 살펴보며 절절하게 설명했다. "고독에 대한 공포는 고독 그 자체가 아니라 고독에 대한 불안, 홀로 남겨질까 봐, 방치될까 봐 두려운 것인데, 이는 인간이 되기 위한 투쟁의 장에서 지배적인 위험으로 나타난다."(p. 16) Sweeney(2011a)는 다음과 같이 제안했다.

> 집단놀이치료가 특별한 기술 혹은 특별한 이론적 접근으로 분류되지는 않지만, 집단놀이치료는 고독의 고충을 발달적으로 적합하고 표현적인 방법으로 다룰 수 있는 기회를 제공한다. 집단놀이치료는 아동을 위한 의사소통의 매체로 인식되며, 훈련받고 돌봄을 제공하는 성인의 촉진을 통해 다른 아동과 자연스럽게 관계 맺는 다는 유익을 갖는다.
>
> (p. 227)

집단놀이치료는 새로운 것이 아니다. 1940년대에 Samuel Slavson(1948)이 집단놀이치료에 대해 연구하고 기술할 때, "놀이치료에서 집단의 장점은 개별 환자가 상대방과 관계를 맺는 촉매 효과(p. 320)에 있다."고 하였고, 이는 아동과 성인 모두가 어려워하는 고독의 장소에 접촉하는 것이다. Slavson은 놀이치료 집단구성원들은 "자신에게 그들의 기본적인 문제를 반영하거나 확장하는 역할을 맡기고 …… 다양한 놀이 형태나 활동 채널을 통해 극복할 수 있는 쉽고 자연스러운 방법을 찾는다."(p. 320)고 밝혔다.

Slavson의 주장은 Haim Ginott(1958)에 의해 확장되었는데, 그는 『Group Psychotherapy with Children: The Theory and Practice of Play Therapy』(1961)라는 집단놀이치료와 관련한 첫 번째 책을 저술하였다. 초기 문헌에서 Ginott(1958)는 다음과 같이 기술하였다. "집단놀이치료에서 다른 아동의 존재는 편안한 분위기가 조성되어, 긴장이 감소되고 활동과 참여를 촉진하는 것으로 보인다."(p. 411) 이것은 관계를 장려하는데, 이는 단지 이 책만의 공통적인 맥락이 아니라 개별이든 집단이든 모든 심리치료의 기초가 된다.

이 책의 주요한 초점은 아동을 대상으로 하는 집단놀이치료이지만, 놀이치료적 개입은 모든 연령을 대상으로 활용 가능하다는 사실이 중요하다. 집단놀이치료는 특정한 이론적 방향이나 치료적 접근에 묶여 있지 않다. 이것은 집단놀이치료가 비이론적이라는 것이 아니라 교차-이론적이라는 것이다. 집단놀이치료는 한정적인 치료적 개입 혹은 기술적 활용에만 국한되는 것이 아니라 적용과 활용 면에 있어서 믿을 수 없는 다양한 잠재력을 가지고 있다. 이 책은 다양한 개입에 대해 탐색할 것이지만 집단놀이치료 개입법 모두를 살펴보는 것은 아니다.

이것은 치료적 기법과 관련해서 우리가 중요하다고 믿는 원칙을 이해하는 것이 중요함을 강조한다. Sweeney(2011a)는 이론은 항상 중요하지만, 기법이 없는 이론은 단지 철학일 뿐이라고 하였다. 동시에 기법은 아주 가치 있지만, 이론이 없는 기법은 무모하고, 피해를 끼칠 수 있다고 하였다. 그래서 Sweeney는 다음과 같이 제안한다.

> 모든 놀이치료자뿐만 아니라 집단놀이치료자는 사용하는 기법과 관련된 몇 가지 질문에 대해 심사숙고해야 한다. (a)이 기법은 발달적으로 적합한가?(발달적 역량은 중요한 치료적 고려사항이라는 사실을 전제한다.), (b)기법의 근간이 되는 이론은 무엇인가?(기법은 이론에 기반해야 한다고 전제한다.), (c)제공된 기법의 치료적 의도가 무엇인가?(특별한 치료적 의미를 가지는 것은 임상적 및 윤리적 차원에서 중요하다는 사실을 전제한다.)
>
> (p. 236)

따라서 우리는 지시적, 비지시적 기법들 모두에 대해 논의하면서 집단놀이치료자들이 앞에서 언급한 중요한 질문들을 스스로에게 해 볼 것을 격려하는 바이다. 우리는 이 질문들의 대답에 전적으로 동의하지 않아도 되지만, 질문하고 대답하는 과정은 임상적, 윤리적 차원의 치료적 견해를 만든다.

우리는 집단치료가 그 오래된 역사와 중요한 가치에도 불구하고 덜 활용되어 왔다는 것을 말하고 싶다. 우리의 희망은 이 책이 독자의 이해와 기술발달을 돕는 것뿐만 아니라 아동, 청소년, 성인을 대상으로 집단놀이치료를 적용하고자 하는 영감을 불어넣기를 바란다. 우리는 우리 자신과 당신이 내담자와 함께 하는 어려운 작업을 지속하고, 집단놀이치료를 당신의 치료적 환경의 일부로 포함시킬 수 있도록 도전하고자 한다.

차례

2장 집단놀이치료에 대한 이론적 접근 • 37

3장 다문화적 주제 • 65

4장 윤리적 고려사항 • 87

5장 집단놀이치료 절차와 단계 • 105

6장 구조적이고 관계적인 제한 설정 • 123

7장 통합적 접근 • 143

8장 놀이치료에서 표현예술 • 163

9장 집단 퍼펫 놀이 • 185

13장 학교 집단놀이치료 • 275

14장 사별과 상실을 치유하기 • 293

15장 집단놀이치료에 관한 연구 결과 • 319

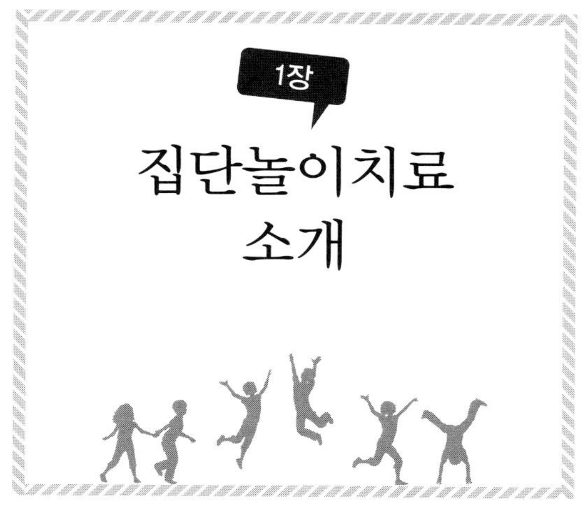

1장 집단놀이치료 소개

집단놀이치료는 여러 이론을 기반으로 하며, 훈련받은 치료자가 진행해야 하는 놀이치료 개입이다. 치료자는 내담자의 모든 발달 단계를 포괄할 수 있는 다양한 이론과 기법에 대한 접근을 할 수 있어야 한다. 이 책에서는 집단놀이치료의 주요 개입방법과 여러 관점에 대해 살펴볼 것이다.

Sweeney와 Homeyer(1999)는 편저 『집단놀이치료 핸드북(The Handbook of Group Play Therapy)』에서 집단놀이치료에 대해 다음과 같이 설명했다.

> 집단놀이치료는 두 개의 효과적인 치료 양식의 자연스러운 결합이다. 놀이치료와 집단치료는 몇 가지 중요한 공통점이 있다. 첫째, 치료 과정이 창의적이고 역동적이다. 둘째, 안전한 치료적 관계를 유지하고 발달시키는 것을 중요하게 여긴다. 셋째, 즉각적인 해결책을 제시하기보다, 해결해 나가는 과정을 촉진시키는 것에 중점을 둔다. 넷째, 치료자는 훈련과 슈퍼비전이 필수적이기 때문에 많은 노력을

> 해야 한다. 놀이치료와 집단치료의 결합은 정서적으로 상처받은 아동의 욕구를 충족하기 위한 자연스럽고 직관적인 과정이다.
>
> (p. 3)

Sweeney와 Homeyer가 언급한 바와 같이, 집단놀이치료는 성인과 아동 모두에게 가장 강력한 치료개입이 될 수 있으며, 개별치료보다 효과적인 치료 환경을 제공할 수 있다.

집단놀이치료는 표면적인 문제 외에 통찰력, 행동의 변화, 성격의 변화를 목적으로 하는 의식적 · 무의식적 동기에 대해서도 다룬다. 집단은 부정적 주제, 진단적 범위, 기술 개발, 부정적 감정이나 행동의 감소 이외에도 다양한 주제에 대해서 초점을 맞출 수 있다. 하지만 우리는 문제 중심이 아니라 사람 중심의 성장 지향적 관점을 강조하고자 한다. 물론 이론적 관점에 따라 논쟁의 여지가 있을 수 있지만, 우리는 다양한 이론적 배경을 고려해야 한다고 믿는다. 근본적으로, 문제나 진단, 문제의 원인, 증상의 결과에 초점을 맞춘 치료적 접근은 내담자 및 내담자와의 관계 형성을 소홀히 하거나 놓치게 될 수도 있다. 그러나 관계야말로 치료의 핵심이라고 표현할 수 있다. 그러므로 이 책에서는 학문적 자료와 임상 기술에 중점을 두면서도 내담자와의 관계를 중요하게 다룰 것이다.

집단놀이치료는 아동, 청소년, 성인이 함께 한다는 것 이상의 의미를 지니고 있다. 집단은 구성원들이 항해를 시작하는 과정이며, 치료자는 그 과정의 파트너로서 함께 참여할 수 있는 특권을 받은 것이다. 어쩌면 치료자가 집단놀이치료 과정을 이끄는 것으로 생각할 수도 있겠지만, 치료자는 그 과정의 관찰자이자 집단구성원의 일시적인 동료라는 가정이 전제되어 있다. 치료자와 집단구성원 모두는 이러한 관점으로 인해 오히려 탐험이 안전하다고 느낄 수 있다. Sweeney와 Landreth(2005)는 놀이치료에 대해 다음과 같이 설명하였다. “놀이치료는 치료실에 들어가거나 나갈 때 입고 벗는 망토 같은 것이 아니다. 치료적 태도는 자신의 삶을 대하는 자세와 같이, 아동과의 관계에서 말이나 행동을 통해 드러나는 철학이라고 할 수 있다.”

(p. 123) 따라서 이것은 모든 연령의 내담자와 만나는 집단놀이치료자 및 치료자에게 해당한다.

집단놀이치료 정의

집단놀이치료에 대한 정의는 놀이치료의 의미에서부터 시작한다. 놀이치료에 대한 다양한 정의가 있으나, 여기서는 Landreth(2012)의 개념을 검토하고자 한다. Landreth는 특정 이론적 배경을 표방하지만, 그의 정의는 다양한 이론을 고려하며 집단놀이치료 정의에 확고한 기반이 된다. Landreth의 정의는 다음과 같다.

> 놀이치료는 아동에게 자연스러운 의사소통 수단인 놀이를 통하여 최적의 발달과 성장을 할 수 있도록 돕는다. 놀이치료 과정은 충분히 자기(감정, 생각, 경험과 행동)를 표현하고, 탐색하기 위해 특별히 선택된 놀잇감과 함께 안전한 관계의 발달을 촉진할 수 있는 훈련받은 치료자와 아동의 역동적인 관계로 정의된다.
>
> (p. 11)

Sweeney(1997, 2011a)는 이 정의를 확장시켰다. 치료는 역동적이고 상호적인 관계라고 단언할 수 있다. 그만큼 관계는 심리치료에 있어서 가장 치료적인 요소이며, 어떤 접근법에서라도 다루어져야만 하는 요인이다. 집단놀이치료는 치료자-아동 관계 외에 다중적 관계라는 집단만이 가지고 있는 장점이 있다.

놀이치료자는 놀이치료 과정에 대한 훈련을 받아야 한다. 이는 필수적인 조건임에도 불구하고, 불행히도 종종 간과되는 것을 볼 수 있다. 놀이치료와 같이 투사적·표현적 기술을 사용하는 치료자가 훈련을 거의 받지 않았거나, 당황스럽게도 슈퍼비전 경험이 부족한 경우가 자주 있다. 집단놀이치료자는 놀이치료와 집단치료 모두에 대한 훈련이 요구되며, 이 중 하나만으로는 충분하다고 할 수 없다.

놀이치료자는 엄선된 놀잇감을 제공해야 한다. 임의로 모아진 놀잇감은 적절하지 않다. Landreth(2012)는 놀잇감을 수집하는 것이 아니라 의도적으로 선택해야 한다고 하였다. 집단놀이치료 도구들은 구체적인 치료적 목적과 이론적 근거와 일치되도록 선택되어야 한다. 일반적인 치료 과정에서와 같이 표현적 도구는 치료적 목표와 목적에 합당해야 한다.

치료는 내담자와의 안전한 관계 발달을 촉진할 수 있어야 한다. 과도기 상태(state of transition)에서 혼란 경험, 외상과 같은 도전적인 위기를 경험하는 내담자에게는 안전한 장소가 필요하다. 자신이 안전하다고 느끼지 못하는 곳에서 사람은 성장하지 않기 때문이다. 지시적 혹은 비지시적인 치료적 개입이건 성장을 향한 촉진은 안전한 공간에서 이루어진다.

내담자는 자신이 안전하다고 느끼는 상태에서 보다 나은 치료적 성장을 위해 온전히 자기를 표현하고 탐험하는 것이 가능하다. 치료적 목표가 통찰과 행동 변화인 경우라면, 자기를 표현하고 탐색하는 능력은 필수적이다. 물론 집단놀이치료에서 내담자들은 자기를 표현하고 탐색할 뿐만 아니라 타인을 탐색하기도 하고, 타인에게 탐색되기도 하면서 자기를 다른 사람에게 표현하며 자신에 대한 다른 사람의 표현을 들을 수도 있다.

놀이는 아동의 자연스러운 의사소통 수단이다. 이것이 놀이치료의 핵심 요소이다. 또한 다양한 이유로 언어화가 어려운 내담자에게는 놀이가 주된 의사소통 수단이 되기도 한다. 표현적이고 추상적인 개입이 가능하기 때문에 모든 연령의 내담자들이 흥미를 느끼게 되는 것이다. 집단놀이치료에서 이 역동은 극대화되며 나중에 이에 대해 보다 자세히 살펴볼 것이다.

집단은 앞서 살펴본 여러 요소로 인해서 최적의 성장과 발달을 자극하는 환경을 만들어 낸다. 이것은 모든 연령의 내담자들을 위한 모든 이론에 적용되는 치료 목표이다.

Sweeney(2011a)가 이 책에서 설명한 집단놀이치료 정의는 Landreth(2012)의 개념을 기본으로 하며, 그 정의는 다음과 같다.

집단놀이치료는 놀이치료와 집단치료 과정에 대해 훈련받은 치료자와 둘 이상의 내담자와의 역동적 · 상호 호혜적 관계이다. 치료 과정은 표현적이고 투사적인 놀잇감을 선택하여, 내담자가 자신과 다른 사람들에 대해 (사고, 감정, 경험, 행동을) 표현하고 탐색할 수 있는 안전한 관계를 발달 · 촉진시키는 것을 포함한다. 모든 연령의 참여자들을 위한 비언어적인 표현 수단과 아동의 자연스러운 의사소통 수단인 놀이를 사용한다.

놀이치료의 원리

이 책을 읽는 독자가 어떠한 배경을 가지고 있는지 알 수 없기 때문에 집단놀이치료의 원리를 설명하기에 앞서 놀이치료의 기본적 원리에 대해 간략하게나마 설명하는 것이 필요하다고 생각된다. Sweeney(1997), Sweeney와 Homeyer(2011)는 몇 가지 원리로 정리했다.

① 놀이는 아동의 자연스러운 의사소통 수단이다. 성인상담은 언어와 인지 능력을 바탕으로 추상적인 개념에 대해 진행한다고 가정한다. 아동은 발달적으로 성인과 다르며, 성인과 다른 방식으로 의사소통한다. 아동에게 놀이의 세계를 떠나 어른의 세계로 들어가는 것을 기대하는 것은 근본적으로 아동을 존중하지 못하는 것이다.
② 이는 언어가 발달한 아동에게도 마찬가지이다. 언어적 의사소통 능력을 가지고 있는 아동이 자신의 정서적 · 감정적 상태를 표현할 수 있다고 가정하는 것은 잘못된 것이다. 그러한 언어적 능력은 우수한 지능 혹은 부모화(혹은 다른 이유)를 반영하는 것일 수도 있다. 아동에게는 언어가 관계 연결을 위한 적절한 수단이 아니라는 것이다.
③ 놀이와 표현치료는 고유한 감각운동적 특성을 가지고 있다. 표현적 매체를 사

용하는 것은 고유한 감각 경험이 되며, 누구나 가지고 있는 감각운동적 경험의 욕구를 충족시킬 수 있다. 넓은 의미로 보면 기본적인 애착 욕구가 확장되어 경험과 관계를 통해 충족되는 것이다.

④ 놀이와 표현치료는 내담자에게 필요한 치료적 거리를 제공한다. 정서적 위기에 있는 아동은 보통 자신의 고통을 말로 표현하기 어렵지만, 투사적인 도구를 통해서는 표현이 가능하다. 외상을 입은 내담자는 그 고통을 직접적으로 언어화하는 것보다는 손 인형을 통해 '이야기'하거나, 모래상자치료 피규어를 사용하거나 혹은 작품을 만드는 것을 더 편안해한다.

⑤ 표현치료가 주는 치료적 거리감은 정서적 억압이 이완되는 안전한 공간을 만들어 낸다. 외상과 혼란을 경험했던 아동, 청소년, 성인은 억압된 이슈가 드러나면서 이를 재경험할 수 있으며, 종종 그 경험과 연결되었던 부정적 감정에 노출될 수 있기 때문에 치료적 환경이 마련되어야 한다.

⑥ 놀이와 표현치료는 개인과 집단 내담자들이 통제감을 경험할 수 있는 기회를 제공한다. 외상이나 위기를 경험한 내담자는 그 순간에 통제감을 상실한 것에서부터 영향을 받게 된다. 위기와 갈등을 겪으면서 나타나게 되는 가장 위협적인 것 중에 하나가 정서적 · 심리적 · 신체적 통제감의 상실이다. 혼란에 빠진 내담자는 통제감을 잃었다는 것 자체에서부터 좌절과 두려움을 느낀다. 이러한 내담자를 위한 중요한 목표는 그들이 통제감 상실을 경험하게 되었던 개인적 혹은 가족 외상 이후에 다시 통제감을 회복하는 것이다.

⑦ 놀이와 표현치료는 내담자에게 안전감을 증진시킬 수 있는 자연스러운 경계와 한계를 제공한다. 경계와 제한은 치료적 관계뿐만 아니라 다른 관계에서도 필요하다. Sweeney(1997)에 따르면, "경계가 없는 관계는 관계가 아니다. 사람들과 함께 있을 때의 심리적 경계를 구조화하기 어려운 이유는 구체적 규칙이 정해져 있지 않기 때문이다. 제한이 없는 세상을 안전하다고 할 수 없으며, 안전하다고 느낄 수 없는 곳에서는 성장이 일어날 수 없다."(p. 103)

⑧ 놀이와 표현치료는 자연적으로 치료적 은유가 일어나도록 한다. 치료에서 가

장 강력한 은유는 내담자로부터 나온다는 것은 숙고할 만한 지점이다. 표현치료는 이러한 은유가 만들어지는 이상적인 환경을 제공하게 된다. 내담자의 치료적 은유는 놀잇감과 표현 매체를 사용하여 촉진된다.

⑨ 놀이와 표현치료는 내담자의 저항을 극복하는 데 효과적이다. 아동은 일반적으로 스스로 치료에 오지 않으며, 개별이나 집단치료에 적극적으로 참여하지 않는다. 비자발적이거나 주저하는 내담자에게는 표현치료를 사용하여 위협적이지 않은 분위기에서 함께 참여하는 것이 도움이 된다.

⑩ 놀이와 표현치료는 미숙한 의사소통 기술을 가진 내담자에게 필요한 효과적인 소통수단이 된다. 비언어적 의사소통 매체를 아동에게 제공하는 것은 발달적으로 중요하며, 다양한 이유로 인해서 미숙한 의사소통 기술을 가진 전 연령의 내담자에게도 유익하다. 또한 언어 발달 지연이나 결함, 의사소통이나 관계, 신체적 어려움을 경험하는 내담자들에게도 필요하다.

⑪ 반대로, 놀이와 표현치료는 언어가 저항의 의미로 사용되는 것을 멈추게 할 수 있다. 과성숙한 아동이나 합리화, 주지화 방어를 사용하는 말이 많은 성인에게 표현치료는 방어를 풀게 할 수 있다. 이는 조심해야 하는 중요한 역동인데, 언어적으로 매우 방어적인 개인 혹은 집단은 효과적인 의사소통과 관계 형성이 어렵기 때문이다.

⑫ 놀이와 표현치료를 통해 전이가 효과적으로 일어날 수 있다. 표현 매체는 대안적인 전이 대상을 만든다. 전이에 대한 이론적 관점을 떠나서, 표현치료는 전이를 안전하게 표현할 수 있는 수단이 된다. 표현 매체는 전이를 안전하게 표현하는 수단이자 전이 대상이기도 하다.

⑬ 놀이와 표현치료는 외상이 있는 내담자에게 효과적인 개입이다. 외상의 신경생물학적 영향(전전두엽 기능장애, 변연계 시스템의 과잉 반응, 언어 반응을 담당하는 두뇌 브로카 영역의 박탈을 포함하는)으로 인해 비언어적 개입방법이 필요하다. 표현치료는 인지 과정과 언어화에 대한 신경생물학적 억제에 유익한 방법이다.

⑭ 마지막으로, 놀이와 표현치료를 통해 더 깊은 심리내적, 대인관계 주제들을 보다 신속하게 다룰 수 있다. 모든 치료자에게는 내담자의 내재된 정서적 이슈, 무의식적 투쟁, 대인관계의 문제에 접근하는 것이 쉽지 않은 도전이지만, 비언어적 표현 매체를 사용하여 내담자를 안전하게 도울 수 있다.

집단놀이치료의 이점과 원리

모든 연령대의 사람들이 집단상담 과정에서 도움을 받는다. 이는 대화를 기반으로 하는 성인 집단상담과 아동, 청소년, 성인의 집단놀이치료에서도 그러하다. 다음의 인용문(Berg, Landreth, & Fall, 2006)에서 아동이라는 단어를 청소년, 성인으로 바꾸어도 무방할 것이다.

> 집단상담 관계에서, 아동은 또래 친구들도 문제가 있다는 것을 알게 되면서 치료적인 안도감을 경험하고 '나 혼자만'이라는 장벽을 무너트리는 경험을 한다. 아동은 소속감이 생기고, 사람들과 관계를 맺는 '현실'에서 새로운 대인관계 기술을 시도하면서 시행착오를 경험하며 더 효과적인 방법을 배워 나갈 수 있다. 집단은 아동이 살아가는 일상적인 삶의 축소판이 된다. 집단상담에서는 아동이 또래로부터 즉각적인 반응을 들어볼 수 있고, 대리학습의 기회도 얻게 된다. 또한 다른 사람에 대한 민감성을 발달시키고, 다른 사람에게 도움을 주기도 하면서 긍정적인 자기개념을 형성할 수 있다. 아동이 과거에 학대를 받았거나, 빈약한 자아상을 가지고 있고, 실패를 경험했다면, 그러한 아동에게는 다른 사람을 도울 수 있는 경험 자체가 가장 중요한 치료적 요인이 될 수 있다. 집단상담에서 아동은 자신의 말이나 행동보다도 존재 그 자체로 그들이 존중받고 가치 있는 존재라는 것을 알게 된다.
>
> (p. 254)

치료적인 놀이 집단에서 내담자는 자신과 다른 사람에 대해 배운다. 이런 배움은 표현적 놀이 과정에서 의사소통의 증진으로 촉진되는데, 참가자들은 집단놀이치료자나 다른 집단구성원을 관찰하고 경청하면서 배우게 된다. 치료자와 집단구성원은 서로 상호작용하는 과정을 인식하는 현상학적 경험을 하게 된다. 집단구성원들은 그들의 고유함이 수용될 뿐만 아니라 가치 있고 소중하다는 것을 깨닫는다. 집단놀이치료 과정에서는 평등과 협력이 촉진되고 중요하게 여겨지며 존중된다. 규정에 따라서 제한은 필요할 때만 주어지고, 구조화된 활동도 진행된다. 창조성과 풍부한 다양성은 매우 가치 있게 여겨진다.

앞서 언급한 바와 같이 집단놀이치료 구성원을 정할 때도 구체적인 원리가 있다. Sweeney(1997, 2011a), Sweeney와 Homeyer(1999)는 다음과 같이 제안한다.

① 집단에 참여한 모든 연령의 내담자의 자발성이 촉진된다. 내담자의 자발성은 치료자의 수용적인 의사소통과 집단 역동을 통해 더욱 강화된다. 놀이나 표현치료를 경험하게 되면 내담자의 집단 참여 수준이 더욱 향상되며, 내담자는 위험을 감수하고 다양한 놀이와 관계 지향적인 행동을 자유롭게 시도하게 된다.

② 집단구성원의 정서적인 삶은 여러 수준에서 다루어진다. 먼저, 개별 구성원의 내적 세계를 탐색하고 표현하는 기회를 갖는다. 다음으로 치료자와 내담자, 내담자 스스로 개인 내적, 대인관계에 대해 탐색한다.

③ 표현치료 집단은 대리학습과 카타르시스의 기회를 제공한다. 내담자는 다른 구성원의 감정과 행동 표현을 관찰하고 대처 행동, 문제해결 기술, 대안적인 자기표현 방법을 배운다. 내담자는 처음에는 다른 구성원이 매우 조심스럽고 걱정스럽게 활동에 참여하는 것을 관찰하면서 자신도 탐색할 수 있는 용기를 얻는다.

④ 내담자는 집단놀이치료에서 자기성장과 자기탐색의 기회를 경험한다. 이 과정은 집단구성원이 내담자의 감정과 행동 표현에 반응하고 대답하는 과정을 통해 촉진되고 증가한다. 내담자는 동료 피드백을 통해서 스스로에 대해 평가

하고 또 재평가되며 자기에 대한 통찰을 반영할 수 있는 기회를 갖는다.

⑤ 놀이와 표현치료 집단은 현실 세계에서 방향을 잡을 수 있도록 하는 중요하고 멋진 기회를 제공한다. 놀이나 활동 중에 대부분의 표현은 수용되는 반면, 현실 세계에서는 경우에 따라 제한이 필요하다. 제한 설정과 현실 검증(reality-testing)의 기회는 치료자와 집단구성원 사이에서만 생기는 것은 아니고 집단구성원 사이에서도 발생한다. 집단은 실제 사회의 축소판으로 집단놀이치료 경험은 현실과 연결되어 있다.

⑥ 집단놀이치료는 사회의 축소판으로서 치료자는 내담자의 일상적 삶에 대해 중요한 통찰을 얻을 수 있다. 놀이치료실에서 '현실 세계'의 축소판으로 드러난 모습에 대해 치료 계획을 수립하고 가족구성원, 교사 그리고 다른 중요한 사람들과 함께 협력한다.

⑦ 집단놀이치료는 판타지 놀이를 반복적으로 재현하려는 내담아동의 욕구를 감소시킬 수 있다. 사례에 따라 어떤 아동에게는 판타지 놀이를 반복하는 과정이 필요할 수도 있지만, 집단놀이치료에서는 판타지 놀이에 '빠져 있는' 내담자를 지금 이 순간으로 데리고 올 수 있다. 이것은 집단에서 구성원들과 치료자가 상호작용을 촉진함으로써 가능해진다.

⑧ 모든 연령의 내담자는 집단놀이치료 과정에서 일상적인 삶을 '연습'할 수 있는 기회를 갖는다. 집단에서 내담자는 상호작용 기술을 향상시키고, 새로운 행동을 학습한다. 집단구성원과 서로 도움을 주고받거나, 정서와 행동의 대안적인 표현을 시도해 보는 실험적 기회를 갖는다.

⑨ 집단놀이치료에서는 한 명 이상의 내담자가 다른 내담자와 치료적인 관계를 형성하는 데 도움이 될 것이다. 회피하거나 철수하는 성향의 내담자는 치료자가 다른 내담자와 신뢰를 형성하는 것을 관찰하면서 간혹 함께 할 수도 있다. 이는 치료실 환경과 치료자에 대한 확신이 없었던 내담자의 불안을 낮추는 데 도움이 된다.

⑩ 마지막으로, 다른 종류의 치료적 집단처럼 집단놀이치료는 내담자와 가족구

성원 모두에게 시간과 비용 측면에서 보다 수월하게 접근할 수 있는 개입방법이 된다.

대부분의 집단상담에서처럼, 집단놀이치료 세팅에서는 한 사람 이상이, 즉 집단적으로 변화하려고 노력하기 때문에 변화에 대한 동기가 더 강해질 수 있다. 이러한 동기뿐만 아니라 심리내적, 대인관계 내에서 작용하는 감정과 사고의 발견도 집단구성원들이 공통적으로 경험하는 것이다. 언어적 또는 비언어적 수단을 통해 관계를 맺을 수 있는 능력은 집단놀이치료 경험의 요소인 표현과 투사를 통해 확장된다. 우리는 이러한 표현과 투사가 집단상담에서 필수적인 소속감을 더욱 촉진시키는 요소라는 것에 동의한다.

목적

이러한 집단의 원리는 집단놀이치료의 목적에 부합한다. 치료적 집단에서 내담자는 수많은 성장과 변화의 기회를 갖는다. Ginott(1961)는 아동이 자신의 행동에 대한 수용을 경험하면서 변화한다는 전제하에 집단놀이치료를 제안했다. 또한 이는 청소년과 성인에게도 적용된다고 강조한다. 관계를 형성하고자 하는 경향과 능력에 대한 Ginott의 전제는 집단놀이치료의 치료적 장점의 근거가 된다. 또한 Ginott는 모든 치료와 같이 집단놀이치료의 주된 목적은 성격 변화(자아와 자기이미지 강화와 같은)를 견뎌 내는 것이라고 한다. 그는 집단놀이치료의 주된 치료적 목적을 정리할 수 있는 질문을 다음과 같이 제안했다.

① 그 방법은 치료적 관계 형성을 촉진하는가 또는 방해하는가?
② 카타르시스 작용을 극대화하는가 또는 지연시키는가?
③ 통찰을 돕는가 또는 방해하는가?

④ 현실 검증하는(reality-testing) 기회가 증가되는가 또는 감소되는가?
⑤ 승화의 통로가 열려 있는가 또는 닫혀 있는가?

(p. 2)

이에 대한 대답은 치료적 놀이집단의 목적에 초점이 된다. 집단놀이치료에서 촉진시키는 항목은 다음과 같다.

- 치료적 관계의 형성
- 감정 표현
- 통찰력 발달
- 현실 검증의 기회 제공
- 수용적인 방법으로 느낌과 욕구를 표현할 수 있는 기회 제공

Corey(2004)는 집단 목적을 제시했으며, 이 목적은 집단상담을 경험한 모든 참가자가 공유한 것이다.

- 자기와 타인에 대한 신뢰를 배움
- 자각과 자기이해 증가, 자신의 고유한 정체성을 발달시키는 것
- 구성원의 욕구와 문제의 공통성을 인식하고 보편성에 대한 감각을 발달시키는 것
- 자기수용, 자기확신, 자기존중을 증가시키고, 자기 자신과 타인에 대한 새로운 관점을 획득
- 타인에 대한 관심과 연민을 발달시키는 것
- 일반적인 발달 주제에 대한 대처와 갈등을 해결하는 대안적 방법을 찾기
- 자기와 타인에 대한 자기주도, 상호독립, 책임감을 향상시키기
- 선택을 지각할 수 있게 되고 현명하게 선택하기

- 특정한 행동 변화를 위해 구체적인 계획을 세우고, 계획을 실천하기 위해 노력하기
- 보다 효과적인 사회적 기술을 배움
- 다른 사람의 욕구와 감정에 좀 더 민감해지기
- 사람들을 배려하고, 염려하며, 솔직하고, 직접적으로 다가서는 방법 배우기
- 자기의 가치를 명확히 하고, 구체적인 실현방법을 결정하기

(pp. 5–6)

이는 이론적 배경과 구체적인 집단놀이치료 기술을 넘어서 모든 집단놀이치료 경험에서 기대되는 목적이다.

집단놀이치료자의 역할

집단놀이치료자는 집단 과정의 성공과 기능적인 면에서 중요한 역할을 한다. '전문가' 역할을 최소화 하고, 집단구성원들에게 기대되는 행동의 모델이 된다. 분명하게 말하며 정직하고, 참여적이며, 자발성과 공감해 주기와 같이 기대되는 행동을 모델링하는 것은 집단 과정을 유지할 수 있는 분위기를 조성한다. 물론 이는 이론적 관점과 집단의 목적에 따라 매우 다양할 것이다. Brabender(2002)는 "치료자가 이론적 한계를 넘어서는 것은 집단에서 자신의 역할에 대해 어떻게 인식하느냐에 달려 있다."라고 상기시켰다. 집단치료자의 행동은 치료자의 정서적 · 인지적 특성에 의해 좌우될 수밖에 없으며, 치료적 효과에 영향을 미치게 된다(p. 119).

그러나 무엇보다 중요한 것은 치료적 과정에 대한 치료자의 믿음이고, 이 믿음을 집단구성원과 소통하는 것이다. Bertoia(1999)은 융 집단놀이치료 부분에서 다음과 같이 언급했다. "가장 중요한 요소는 그 과정에 대한 치료자의 믿음일 것이다."

집단의 리더는 발달 수준을 고려하여 집단의 목표를 정하고, 목표를 소통해야 하

는 책임이 있다. 구조화를 어느 정도 할 것인지는 집단놀이치료자의 책임이다. 그러나 집단치료자의 역할은 인내심(잊힌 중요한 치료자의 자질)과 조화를 이루어야 한다. Berg 등(2006)은 다음과 같이 제안했다. "집단치료자는 인내심을 가지고 집단구성원 스스로가 기꺼이 자신을 발견할 수 있도록 해야 한다. 집단에서 인내심이야말로 책임감을 향상시킬 수 있는 기본적인 전제조건이다."(p. 341)

치료적 놀이집단 내에서 구성원이 집단 커뮤니티 변화에 적응하는 것처럼, 리더의 역할도 변화에 적응적이다. 집단구성원은 좀 더 많은 책임감을 가져야 하고 또 가질 수 있다. 집단 리더의 통제와 방향성은 집단의 구조와 목적에 따라 달라져야 한다. 앞서 언급한 대로, 집단 리더는 집단 과정을 촉진하며 모니터링하는 역할을 담당한다. 사실 집단이 진행되면서 집단의 내용과 과정에서 균형을 잘 잡는 것이 리더의 주된 역할이 된다.

집단 리더가 책임감 있는 역할에서 물러나고, 집단구성원이 보다 많은 책임을 져야 한다는 의미는 아니다. 집단놀이치료 과정에서 도발적인 말과 행동으로 개인적으로든 관계적으로든 도전적인 상황이 종종 나타날 수 있고, 집단구성원으로서는 안전감이 더 필요할 수 있다.

Kottman(2011)은 개별놀이치료자와 집단놀이치료자가 담당하는 아들러 놀이치료자로서의 역할을 언급했다. 아들러 치료를 네 영역에서 다루었다. ① 치료자는 파트너이면서 격려자이다. ② 치료자는 활동적이며 다소 지시적인 탐정이다. ③ 치료자는 파트너이지만 동시에 교육자이다. ④ 치료자는 적극적인 교사이자 격려자이다. 이러한 역할이 전부는 아니지만 집단놀이치료의 많은 접근방법에서도 볼 수 있다.

또한 집단놀이치료는 고급 개입방법이라는 것을 인식하는 것이 중요하다. 이는 놀이치료와 집단치료에 대한 훈련과 슈퍼비전을 모두 받은 훈련된 치료자가 수행해야 하는 개입이다. Ray(2011)은 이 중요한 역동에 대해 다음과 같이 요약했다.

> 숙련된 놀이치료자는 집단놀이치료에서 고급 기술을 사용한다. 개별놀이치료

에서 치료자는 치료 과정에서 다양한 변인을 통제할 수 있는 자유가 있다. 치료자는 한 명의 아동에게 어떠한 환경을 제공하고 어떻게 반응할지 구조화한다. 치료자는 아동이 자신의 반영에 어떻게 반응할지에 대해 예측 가능하므로 때로는 상호작용에 대해 예상할 수 있다. 그러나 집단놀이치료 양식에서는 대인 간의 접촉에서 치료자가 통제하기 어려운, 어쩔 수 없는 상황을 수용해야 한다. 집단놀이치료자는 놀이치료에 대한 전문성을 갖추고, 촉진자로서의 역할도 할 수 있고, 다른 사람과의 상호작용에서 수용에 대한 안전감이 있어야 한다. 집단놀이치료는 개별놀이치료에서 기대되는 것 이상의 추가적인 기술이 필요하다. 치료자는 아동이 서로에게 치료적 조력자가 된다는 믿음을 가지고 아동 사이에서 발생하는 긍정적이거나 부정적인 상호작용에 대해 편안하게 받아들일 수 있어야 한다. 하지만 집단놀이치료에서 치료자가 이러한 평정심을 유지하는 것은 큰 도전이 된다. 개별놀이치료와 비교했을 때 집단놀이치료에서는 활동 수준이 증가하는 것만으로도 놀이치료자의 자신감은 흔들릴 수 있다. 또한 놀이치료자는 개별놀이치료에서와 달리 통제감이 부족하고, 치료적 반응을 줄 수 없는 무능력감을 경험하고, 친밀감이 감소되었다고 느낄 수 있다. 이러한 도전과 반응을 극복하기 위해서, 놀이치료자는 집단이라는 도구의 가치를 수용하고 어떤 사례는 개별접근보다 집단접근이 더 효과적일 수 있다는 것을 인식해야 한다.

(pp. 183−184)

집단놀이치료와 근거기반실천

15장은 집단놀이치료 연구 영역에 대한 것이다. 여기서 간단히 근거기반실천(evidance-based practice: EBP)에 대해 살펴보겠다. 근거기반실천에 대해 잘못 이해되고 있는 경우가 있으므로, 근거기반실천이라는 용어에 대해 이해하는 것이 중요하다. 2006년 APA는 심리학에서 근거기반실천에 대한 TF를 구성했다. TF는 다양한 임상 연구의 근거를 찾고자 했고, 이에 대해 다음과 같이 정의했다. "심리학에서 근거기반실천은 내담자 특징, 문화, 기호의 맥락을 고려한 임상전문가와 함께 하는 가장 유용한 연구의 통합이다."(p. 273)

이 책에서도 다루고 있듯이 우리는 근거기반실천을 지지한다. 그러나 근거기반실천이 잘못 사용되거나, 근거기반이 아닌데도 잘못 알려진 연구들이 있다. 하나의 집단에 대해 연구한 결과를 다른 집단에서도 동일하게 적용하고 이것을 합리화하는 것은 근거기반실천이 잘못 사용되는 경우이다. 만약 특정 발달연령의 진단명을 가진 집단에서 적용되는 개입방법을 다른 연령집단에 사용하거나 다른 진단적 특징을 보이는 집단에 적용할 때 이를 근거기반실천이라고 언급하는 것은 적절하지 않다. 이렇게 근거기반이 아닌데도 잘못 사용되는 경우가 종종 발생하고 있다.

또한 아직 연구되지 않았거나 (어쩌면 근거기반에 적절하지 않을 수 있는) 좀 더 많은 집단을 대상으로 연구가 이루어지지 않은 경우도 있다. 그러나 입증되지 않았다는 것이 효과적이 아니라는 것은 아니다. 이것은 반-근거기반실천에 대한 논쟁을 정당화하기 위해 지적하는 것이 아니다. 우리는 근거기반실천을 지지한다. 집단놀이치료에 대한 연구가 있으나 근거기반실천에 대한 오해의 소지가 있어 염려스럽다.

집단놀이치료는 흥미로운 개입이며, 숙련된 놀이치료자가 필요하며, 보다 더 연구되어야 한다. Axford와 Morpeth(2013)에 따르면, "아무리 적절한 프로그램이라도 적당한 사람이 맡지 않는다면 도움이 되지 않는다. 사실, 근거기반실천 접근의 중심 원리에 기반을 두고 효과 있음에 대한 결론적인 증거는 존재하지 않을 수 있다. 어떠한 개입을 할 것인지에 대한 선택은 임상가의 이론적 지식이나 그들이 만나온 집단의 경험을 바탕으로 유용 가능한 최대한의 증거를 기반으로 하는 것이다."(p. 274)

결론

집단놀이치료자는 훈련, 슈퍼비전 경험, 과정에 대한 믿음과 용기가 필요하다.

집단놀이치료는 아동, 청소년 그리고 때때로 성인에게도 효과적이었다. 지금까지 다소 덜 활용되어 왔지만, 놀이치료와 집단 과정이 성공적으로 잘 융합되기를 기대하고 있다. 집단 세팅은 내담자가 성장하고 진보하며 그들의 배움을 치료실 밖 장면에서도 적용할 수 있도록 도움을 준다(Sweeney & Homeyer, 1999). 집단은 외부 세계와 비슷한 연습 장소를 제공한다. 집단놀이치료의 표현적이고 투사적인 성격은 이러한 연습이 실제로도 적용될 수 있도록 촉진하고, 내담자의 대인관계와 개인 내적 기능이 보다 원활할 수 있도록 돕는다.

2장

집단놀이치료에 대한 이론적 접근

치료자가 집단놀이치료를 촉진하기 위해서는 이론적 근거가 필요하다. 명확한 이론에 기반을 두고 내담자와의 상담이 이루어지는 경우에는 "개인의 타고난 기질과 이 기질이 삶을 살아가면서 어떻게 발달해 가는지 그 과정을 이해할 수 있다."(Fall, Holden, & Marquis, 2010, p. 2) 또한 이론을 통해서 인간이 직면한 문제와 변화하기 위한 조건이나 역동이 무엇인지 알 수 있다. 치료자는 구체적인 이론에 근거한 집단놀이치료를 준비하면서 치료 계획의 방향성을 정하게 된다. 아동의 발달, 사고, 감정과 행동을 이해하고 개념화하는 것으로 치료 목표와 가장 효과적인 개입방법을 결정할 수 있다. 그러므로 이론에 근거한 치료는 지속적이고 효과적인 치료를 위한 로드맵을 제공한다고 볼 수 있다.

놀이치료에는 다양한 이론적 접근이 있다. 대부분의 치료와 마찬가지로, 집단놀이치료의 기원은 정신분석적 맥락 내에 있다. 아동중심 놀이치료(CCPT)는 미국 놀이치료 학계에서 가장 인기 있는 접근으로 알려져 있다. 인지행동 놀이치료(CBPT)

와 아들러 놀이치료(AdPT)가 두 번째, 세 번째로 많이 활용되는 치료적 접근이다(Lambert et al., 2005). 게슈탈트와 융 놀이치료 접근은 문헌에서 광범위하게 다루어져 왔으며, 이론을 집단놀이치료 양식에 적용한 사례도 연구되어 왔다. 또한 생태학적 놀이치료 문헌에서도 집단놀이치료에 대해 언급하고 있다. 이 장에서는 간략하게 각 이론의 기본적인 내용과 그 이론에 기반을 둔 집단놀이치료를 소개하려 한다. 이 장에서 살펴보는 이론들은 아동을 대상으로 한 집단놀이치료 연구문헌을 다루고 있다. 그래서 부모집단과 관련한 이론이나 양식들은 포함시키지 않았다(예: 부모자녀 놀이치료, 치료놀이). 각 이론의 발달적 구조, 치료적 접근, 집단놀이치료의 고려사항에 대해 간략한 개요를 제공할 것이다. 각 이론에 대한 보다 자세한 내용 소개는 이 책의 범위를 넘어서는 것이기에, 독자들이 따로 철저히 검토하길 바란다.

정신분석 놀이치료

놀이치료의 시작은 Sigmund Freud(1909/1955)까지 거슬러 올라간다. 그는 아동과 직접 상담을 하지는 않았지만 말에 물리는 것을 두려워하여 집 밖에 나가기를 거부하는 공포증을 가졌던 '꼬마 한스(Little Hans)'의 사례에 대해 설명했다. Freud는 Hans의 아버지에게 Hans의 놀이 행동을 관찰하도록 하고, 그 내용을 전달받았다. 그리고 서신을 통해 그 소년을 분석했다. Melanie Klein(1975/1932)과 Anna Freud(1946)는 정신분석에서 하나의 도구로서 놀이에 대해 탐색, 저술, 강연함으로써 놀이치료 확장에 대해 인정을 받았다. 정신분석 놀이치료(Psychoanalytic play therapy)는 이론적 근거에 기반을 두고 실제 사례를 적용하였으며, 처음으로 놀이치료에 대한 구조적 접근을 시도하였다.

발달 구조

S. Freud(1949)는 원초아, 자아, 초자아로 이루어진 성격 발달의 구조 모델을 소개했다. 원초아는 유아의 전체 성격이며 성격 발달을 위한 모든 에너지의 근원이다(Fall et al., 2010). 무의식에서 전체를 차지하고 있는 원초아는 고통을 피하고자 하는 쾌락의 원리로 작동한다. 원초아는 본능적인 추동의 발상지이며 비합리적으로 작동한다. 자아는 현실 세계와 원초아가 상호작용하는 결과로서 발달하는 구조이다. 자아가 발달하면서, 원초아의 욕구를 충족시키려는 만족이 현실에서 지연되거나 인정되지 않을 수도 있다는 것을 깨닫게 된다. 그 과정에서 자아는 자기감을 발달시킨다. 초자아는 자기의 내적인 판단으로서, 외부 세계, 주로 부모에 대한 이상화를 내재화시키며 발달하게 된다(A. Freud, 1946). 초자아는 이상화된 기준으로서 비합리적으로 작동하며 자아의 혹독한 주인으로 여겨진다.

구조적 모델에서 개인의 목적은 타고난 생물학적 욕구, 쾌락의 원리에 충실하려는 욕구를 만족시키는 것이다(Lee, 2009). 인간은 상상력이나 행동을 통해 이완하려고 애쓰는데, 욕구는 추동을 자극하기 때문에 이완 상태를 방해하는 긴장으로 경험하게 된다(Fall et al., 2010). 현실 맥락에서 원초아, 자아, 초자아로 이루어진 추동의 협상은 성격 발달을 도모한다.

Freud는 모든 치료자에게 유용한 발달 모델을 제공한 최초의 발달 이론가 중 한 명이다. 특히 아동치료자에게 Freud는 더욱 중요하다. Lee(2009)는 쾌락의 원리 충족과 구조들의 협상을 통한 발달의 과정은 거의 초기 아동기에 명확히 나타난다고 강조했다. Freud는 발달을 구강기, 항문기, 남근기, 잠복기, 성기기의 다섯 단계로 정의했다. 이 다섯 단계 동안 현실에서 이루어지는 추동의 타협은 건강한 발달이나 부적응의 결과를 초래한다. 유아기 첫 번째 단계인 구강기에서, 쾌락은 입에 집중되어 있고 빨기, 먹기, 물기와 같은 입과 관련된 활동에서 얻어진다. 유아기의 욕구를 충족시키려는 시도가 실패하게 되면, 결과적으로 의존적이거나 반항적인 독립성으로 나타나게 된다(Fall et al., 2010). 1세 이후에 나타나는 항문기 시기에는 주요

과업인 배변 훈련을 하게 되고, 초점은 항문에 있게 된다. 배변 훈련에서 보유와 배설이 효과적으로 이루어지면 그 추동이 충족되고, 아동은 자기통제와 조절을 배우게 된다. 3~5세경의 남근기에서, 아동은 오이디푸스 콤플렉스를 초래하는 성기에 집중하게 되고 그것의 해결 여부가 성(sexuality)에 대한 관점을 결정하게 된다. 대략 6~11세에 이르면 아동은 잠복기에 들어가는데, 이 시기는 외부 사회화에 집중하고 심리성적인 것에 초점을 두지 않는 것이 특징인 단계이다. 인간은 사춘기부터 성기기에 들어가게 되며, 이 시기는 성인기 내내 지속된다. 초점과 추동은 번식뿐만 아니라 자기와 타인을 고려하는 성에 집중된다. 아동치료는 일반적으로 발달의 초기 단계들 사이에서 일어나기 때문에, 아동치료자에게 정신분석 놀이치료가 중요하다.

치료적 접근

Lee(2009)는 정신분석 놀이치료의 목표를 제시했다. "아동 분석의 궁극적인 목표는 정상 발달을 돕기 위해 심적 에너지의 중요한 근원을 에워싸고 있는 정지, 고착, 퇴행, 방어기제 등의 병인론을 탐구하고, 이해하고, 해결하는 것이다."(p. 43)

정신분석은 아동치료에서 비지시적인 접근을 창안했다. 정신분석에서 강조된 자유연상에서 확장되어, 놀이치료에서 비지시성은 아동에게 놀이의 방향과 강도를 정하는 것뿐만 아니라 놀잇감, 게임, 매체, 활동을 선택하도록 한다(Lee, 2009). 정신분석 놀이치료는 놀이 자체의 치료적 가치를 강조한다. Slavson과 Schiffer(1975)는 놀이를 정화된 자아방어로서 사용할 수 있고, 현실의 한계에 대처하는 판타지를 제공하며, 갈등의 상징적 표현을 허용한다고 본다.

Klein(1975/1932)은 놀이에서 고착 상태와 자신의 경험을 즉각적으로 재현하여 보여 주는 아동의 능력 때문에 치료에서 놀이의 가치를 알게 되었다. Klein은 놀이가 아동의 자유연상의 형태라는 것을 믿었고, 상징적 의미를 내포하고 있는 놀이에서 이루어지는 모든 것을 해석했다. 그녀는 또한 치료자가 가르쳐 준다면 아동이 그들의 행동의 의미를 인식하는 데 필요한 통찰력을 갖는다고 제안했다. A.

Freud(1946)는 분석에 필요한 전이 관계 없이는 아동의 놀이를 해석하는 것이 가치가 없다고 믿었다는 점에서 Klein과는 입장을 달리한다. 그녀는 아동 분석을 위해서 준비 단계가 필요한데, 이 시기에 치료자는 전이 관계를 형성한다고 하였다. 전이 관계는 여전히 정신분석 놀이치료에서 가장 효과적인 요소로 여겨진다. 치료자가 자기를 전이 대상으로 제공할 때, 아동은 자신이 고통받고 있는 주제와 문제들을 재현할 것이다(Lee, 2009). 전이 관계나 놀이 자체의 해석의 빈도나 수준은 정신분석 놀이치료자들마다 다르다. 어떤 이들은 해석이 가치 있고 아동에게 통찰을 줄 수 있다고 여기는 반면, 다른 이들은 아동이 혼란스러운 해석의 압력이 없는 안전한 관계에서 비지시적인 놀이로부터 더 많은 것을 얻을 수 있다고 여긴다.

집단놀이치료의 고려사항

정신분석 놀이치료에 대한 문헌에서 처음으로 집단놀이치료를 언급하고, 집단놀이치료 실행을 위한 명확한 구조를 제시했다(Ginott, 1961). Slavson과 Schiffer(1975)는 개별치료보다 집단놀이치료를 더 선호하게 되는 집단놀이치료의 요소들을 확인했다. 이 요소들은 다음과 같다. ① 치료자가 많은 아동을 만날 수 있다. ② 타인의 자극을 통해 아동은 다양한 방법의 놀이를 인식하고, 배우고, 활용한다. ③ 어린 아동이 타인에 대해 더 알 수 있도록 한다. ④ 아동은 자신의 쾌락 추구는 타인의 욕구와도 조율되어야 한다는 깨달음 속에서 성장한다. ⑤ 현실 검증이 일어날 수 있는 심리학적으로 축소된 환경을 제공한다. ⑥ 아동은 의식적으로 타인과의 유사함을 인식하게 된다.

치료자와 아동 간의 효과적인 전이 관계를 만들고 유지하는 것은 여전히 집단놀이치료에서도 주요한 목표이다. 치료자는 참여자보다 관찰자로서의 역할을 유지하며 비지시적인 태도로 임한다. 치료자는 관찰자 역할을 하면서 아동에 대해 깊이 있는 통찰을 하고, 아동에게 정확한 해석적 반영을 할 수 있다. 그러나 집단 역동으로 인해 치료자는 자주 아동의 질문이나 아동 간의 갈등에 개입하기도 한다. 치료자는 요청받는 경우, 아동의 놀이에서 상호작용할 수도 있다. 하지만 가능한 아동이 주도할 수 있도록 비지시적인 태도를 유지해야 한다(Slavson & Schiffer, 1975).

정신분석 놀이치료자는 집단놀이치료에서 최대한 자유로운 분위기를 형성한다(Ginott, 1961; Slavson & Schiffer, 1975). 제한 설정은 아동 간에 공격적인 행동을 보이는 때와 같이 필요한 경우에만 최소한으로 한다. 집단놀이치료에서 허용되는 자유로움의 정도를 감안한다면, 치료자는 주의 깊게 관찰하면서 문제가 될 수 있는 상호작용을 예측해야 한다. 정신분석 놀이치료는 자유로운 표현을 할 수 있도록 양육, 공격성, 판타지를 고려한 매체들을 포함하여 다양한 놀잇감을 준비한다.

집단놀이치료의 초점은 항상 아동 개개인이다(Ginott, 1961). 아동은 혼자서 혹은 함께 자유롭게 놀이할 수 있다. 개별치료에서와 마찬가지로 치료자는 회기 내내 개별 아동에게 집중한다. 집단의 목표나 규칙이 있다면, 치료자가 아닌 집단구성원들이 정한다. 다른 아동의 존재 자체와 아동과 치료자 사이의 상호작용은 집단놀이치료의 치료적 요소로 여겨진다.

아동중심 놀이치료(CCPT)

아동중심 놀이치료(child-centered play therapy: CCPT)는 오늘날 사용되는 가장 오래된 정신건강 개입방법들 중 하나로서 1940년대부터 발달되었다. Rogers(1951)의 인간중심 이론에 기반을 두었고, Virginia Axline(1947)은 아동을 위한 일정한 치료방법으로 인간중심 이론의 철학을 적용함으로써 아동중심 놀이치료를 최초로 구조화하였다. Axline은 이 접근을 비지시적인 치료라고 하였고, 이는 후에 아동중심 놀이치료로 불리게 되었다. 아동중심 놀이치료의 도입 이후로, 62개의 연구 결과를 살펴보면 아동중심 놀이치료가 모든 놀이치료 접근들 중 가장 많이 연구되었고, 그 효과성이 증명되었음을 알 수 있다(Ray, 2011).

발달 구조

인간중심 이론에서, Rogers(1951)는 성격 발달과 행동을 설명하기 위해 19개의 명제를 도입했다. 19개의 명제는 인간 발달에 대한 틀을 제공하며 인간의 조건에서 부적응이 어떻게 일어나는지를 상세히 설명한다. 또한 이 명제들은 아동중심 놀이치료 개입을 위한 이론적 근거를 제공하고, 변화 과정을 촉진하고 이해하는 데 있어서 치료자들에게 지침으로서의 역할을 한다(Ray, 2011). Rogers는 인간이 유기체적 · 전체적이고, 발달 지향적이며 강화를 추구하는 방향으로 경험에 반응한다고 주장한다(유기체는 개인을 설명하기 위해 Rogers가 사용한 용어이다). 성격 발달에서 유기체의 현상학적 경험은 성장과 변화에 필수적 개념이라는 것이다. 더 쉽게 말하면, 아동은 타인의 인식이나 현실과는 다른 개인적이고 독특한 방식으로 세계를 바라보며 상호작용한다. 아동은 자기-유기체를 가장 향상시킬 수 있는 총체적인 노력을 할 것이다.

자기의 발달은 현상학적 장과 분리되어 있지만, 그것에 큰 영향을 받는다. 우리는 결국 타인의 수용과 인식된 기대('가치 조건화')에 기반을 두고 자기가치를 평가하게 된다. 자기가 발달해 가면서 가치 조건화는 통합되고, 이후의 경험은 자신의 가치에 대한 내면화된 표상을 나타낸다. 그러므로 자기감은 중요한 타인과의 상호작용과 그런 상호작용에 대한 아동의 인식을 통해 형성된다. 아동의 상호작용은 자기가치의 태도를 형성하게 되는데, 이는 아동이 인식하는 타인의 기대와 수용감에 의해 영향을 받게 된다. 아동이 무가치함이나 자기의 특정한 측면이 수용되지 못함을 느낄 때, 이것은 자기수용의 장애물이 된다. 행동이란 유기체를 유지하고, 유기체가 인식한 환경의 기대에 부합하기 위한 자신의 욕구를 충족하기 위한 시도라고 볼 수 있다. 한편, 행동에 수반되는 감정은 행동을 통해 인식된 욕구와 관련되어 있다. 그러므로 아동은 비록 자기의 관점이 개인의 최적의 성장을 촉진시키지 않을 때조차도, 그 관점과 일치하는 방식으로 행동하고 정서적으로 반응하게 될 것이다. 보다 명확하게는, 아동이 자기를 수용하지 않거나, 타인에 의해 수용받지 못한다고 느낄 때, 감정과 행동은 더 부정적으로 되고, 자기성장의 어려움을 겪는다.

치료적 접근

아동중심 치료 과정이 효과적으로 이루어지기 위해서는 여섯 가지 조건이 필요하다. 여섯 가지 조건은 아동과 치료자 간의 관계의 중요성에 기반을 둔다. ① 두 사람은 심리적 접촉을 하게 된다. ② 첫 번째 사람(내담자)은 불일치의 상태이다. ③ 두 번째 사람(치료자)은 관계에서 일치된 상태이다. ④ 치료자는 내담자에 대한 무조건적인 긍정적 존중을 경험한다. ⑤ 치료자는 내담자의 내적 준거 틀에 대한 공감적 이해를 경험하고, 이 경험을 내담자에게 전달하려 한다. ⑥ 치료자의 공감적 이해와 무조건적인 긍정적 존중을 내담자에게 소통하는 것이 최소한이라도 달성된다(Rogers, 1957).

정신분석 놀이치료와 마찬가지로 아동중심 놀이치료는 놀이 회기에 대한 비지시적인 태도를 특징으로 한다. 그러나 아동중심 놀이치료에서 비지시성은 다른 목적으로 사용된다. 치료적 내용이나 내담자의 목표를 안내(guide)하지 않음으로써 아동의 자기충족(self-sufficiency)을 촉진시키는 태도이다(Ray, 2011). 아동은 놀이 회기에서 말이나 행동을 주도한다.

Axline(1947)은 아동중심 놀이치료 구조의 맥락에서 비지시성의 철학을 실천하는 지침을 제안했다. 8개의 기본 원리로 다음과 같다.

① 치료자는 가능하면 빨리 아동과 따듯하고 친절한 관계를 발전시킨다.
② 치료자는 아동이 어떤 식으로든 다르기를 바라지 않고, 있는 그대로 수용한다.
③ 치료자는 아동이 자신의 생각과 감정을 온전히 표현할 수 있도록 관계에서 허용감을 만든다.
④ 치료자는 아동의 감정에 민감하게 조율하며, 아동이 자신의 행동에 대한 통찰력을 얻을 수 있도록 반영한다.
⑤ 치료자는 아동의 문제해결 능력을 존중하며, 아동이 선택하여 책임감을 키우도록 한다.

⑥ 치료자는 아동의 행동이나 대화를 지시하지 않는다. 치료자는 아동을 따라간다.
⑦ 치료자는 치료적 과정이 점진적이라는 것을 알고, 치료를 서두르지 않는다.
⑧ 치료자는 아동이 현실에 기반을 두거나, 관계에서 책임감을 인식해야할 때만 제한을 설정한다.

(pp. 73-74)

이런 원리들은 치료자가 아동을 수용하고, 신뢰하며, 따라가도록 격려하며 놀이치료의 구조를 제공한다. 치료자는 아동을 이끄는 것을 피해야 하지만, 아동중심 놀이치료는 아동과 치료자 간의 높은 수준의 관계적 상호작용을 특징으로 한다. 그 관계에서 치료자는 반영하기, 격려하기, 책임감 돌려주기 반영을 하며, 필요한 경우에는 제한을 한다. 치료자는 또한 아동이 요청할 경우에는 놀이에 참여함으로써 아동의 지시에 반응한다. 아동중심 놀이치료는 아동에게 모든 감정을 표현하도록 장려하는 놀잇감으로 가득 찬 놀이치료실에서 진행된다. 놀이치료실의 재료들은 장난감, 공예 재료, 페인트, 이젤, 퍼펫극장, 모래상자, 아동 가구를 포함한다.

집단놀이치료의 고려사항

집단놀이치료에서 아동은 다른 아동의 피드백, 수용, 지지를 받으며, 개인적 강점을 표현하고, 자기존중과 관련하여 도전해 볼 기회가 있다(Ray, 2011). 집단 과정에서 아동은 또래들과 함께 상호작용하며, 아동기 환경의 축소판에서 환경과 자기이해 간의 일치성을 확립할 수 있다. 놀이치료자는 집단구성원들이 스스로 자기와 집단의 방향을 선택할 수 있는 환경을 제공해야 하며, 그런 환경이 자기실현 경향성을 이끌 수 있다는 사실을 알아야 한다. 아동중심 놀이치료는 집단구성원의 개인적 결정과 시도를 모두 고려해야 한다. 모든 아동에게는 비언어적 · 언어적 놀이 행동, 다른 아동과의 관계, 치료자와의 관계가 존재한다(Ray, 2011). 놀이치료실에서 동시에 발생하는 수많은 역동을 통해 이런 행동이나 관계들이 드러나게 된다. 다른 이론적 접근에서 더 큰 집단 운영을 하는 것과 달리, 집단은 2~3명으로 구성된다. 이렇게 하는 이유는 아동이 자기주도적으로 활동하려는 경향이 있고, 치료자는 집단 아동들 사이를 조율해야 하기 때문이다(Ray, 2011).

집단놀이치료에서 치료자는 집단구성원 간의 응집력을 위해 구조화하지 않는다. 집단 내에서 개개인에게 초점을 두는 이유는 아동중심 집단놀이치료가 인간중심 이론에 기초를 두기 때문이다. 집단의 리더는 집단 내 구성원들에게 자율성 주기, 자신을 온전히 표현하는 것을 자유롭게 하기, 학습을 촉진하기, 독립을 촉진시키기, 아동의 창의성을 수용해 주기, 완전한 책임을 위임하기, 피드백 주고받기, 자기평가에 의존하며 격려하기, 타인의 성취나 변화된 점 찾아주기를 포함하여 촉진적 행동들의 모델이 되어야 한다(Bozarth, 1998). 아동은 자기와 타인에게 건설적으로 접근을 하며, 자기실현 경향성을 발달시키기 위한 선천적 잠재력을 가지고 있다. Rogers(1970)는 집단 과정이 치료자의 행동과 말보다 훨씬 더 중요하다고 믿었으며, 구체적인 치료적 반응보다 질적 태도가 필요하다고 강조하였다. 어떠한 목표를 이루고자 집단을 구조화하거나 자신이 이끌어야 한다고 느낄 때, 치료자는 집단의 과정을 방해할 수 있다. 집단구성원들은 치료자의 역할과는 다른 방식으로 서로에게 치료적일 수 있는 능력을 가지고 있다. 특히 아동들이 상황, 성격 특성, 주 호소가 유사한 경우, 그들은 서로를 진실되게 대하며 자연스럽게 공감하게 된다(Ray, 2011).

인지행동 놀이치료(CBPT)

인지행동 놀이치료(cognitive-behavioral play therapy: CBPT)는 놀이치료자들 사이에서 두 번째로 많이 인용되는 접근법으로 알려져 있지만(Lambert et al., 2005), 이론적 맥락의 탐색은 가장 적다. 그럼에도 불구하고 이 접근이 인기 있는 이유는 성인을 위한 인지행동치료(CBT)의 압도적인 지지 덕분인 것으로 보인다. 다양한 인지-행동 접근들 사이에서 아동 내담자에 대한 개념화를 하는 것은 어렵다. Susan

Knell(1993)은 인지행동적 기법과 놀이치료 양식의 통합에 가장 많은 기여를 했다. 그녀는 Aaron Beck(1976)의 인지치료 틀로 아동을 개념화하였고, 어린 아동의 발달 수준을 충족시키기 위해 퍼펫, 동물인형, 책, 놀잇감들을 인지행동치료에 추가하여 수정하였다.

발달 구조

Beck과 Weishaar(2008)는 성격이 선천적 특성과 환경의 상호작용으로 형성된다고 설명했으며 적응과 반응에서 정보처리의 역할을 강조했다. 인간의 인지적 취약성은 심리적 부적응을 초래한다. 심리적 고통은 선천적 · 생물학적 · 발달적 · 환경적인 요소들로 유발될 수 있다. 인지적 왜곡은 부적응의 가장 분명한 특성이다. Knell(2009)은 인지행동 놀이치료가 정신병리학에 주력했기 때문에 기본 성격이론은 없다는 것을 지적한다.

Knell과 Dasari(2011)은 인지치료의 세 가지 주요 전제가 있다고 설명했다. ① 사고는 사건에 반응한 개인의 감정과 행동에 영향을 미친다. ② 사건의 인식과 해석은 개인의 신념과 가정에 의해 형성된다. ③ 논리적 오류나 인지적 왜곡은 심리적 고통을 경험하는 개인들에게 일반적이다(p. 239). 따라서 부적응적 왜곡은 인간 행동과 사고의 기초이며 특히 발달에 영향을 미친다. 인지적 왜곡이 어린 아동에게는 발달적으로 당연하지만, 그들은 잘못된 신념이나 행동들로 인해 부적응을 경험할 수 있다(Knell & Dasari, 2011).

치료적 접근

인지행동 놀이치료는 치료자와 아동의 신뢰적인 관계의 맥락 안에서 단기적 · 구조적 · 지시적 · 문제 지향적이다(Knell, 2009). 인지행동 놀이치료는 놀잇감과 프로그램을 활용하여 발달적으로 민감하고자 하였다. 인지행동 놀이치료의 특징은 목표 달성, 놀이 활동의 선별, 교육, 칭찬과 해석을 사용한다는 것이다(Knell, 2009). 치료 결과로는 아동의 부적응적 사고 수정과 정신병리 감소를 기대할 수 있다. 또한 치료자는 아동의 기능을 향상시키기 위해 아동의 부적응적인 사고를 대체할 수 있는 적응적인 대처 진술을 한다.

Knell(1994)은 인지행동 놀이치료의 효과와 관련해서 여섯 개의 특성을 주목했다. ① 아동은 놀이를 통해 치료에 직접 참여한다. ② 하나의 영역에만 초점을 맞추지 않고 아동의 사고, 감정, 판타지, 환경을 다룬다. ③ 아동은 적응적인 사고와 행동으로 상황에 대처하기 위한 새로운 전략을 배운다. ④ 치료는 구조적 · 지시적 · 목표 지향적이다. ⑤ 가능하다면 치료는 경험적으로 증명된 기법들을 포함한다. ⑥ 치료는 경험적으로 평가될 수 있는 기법들을 활용한다.

인지행동 놀이치료 과정에서 아동은 부정적인 사고를 중립적이거나 긍정적인 사고로 바꿀 수 있고, 치료자는 새로운 대처 기술과 행동을 지도하며, 아동은 새로운 행동을 연습할 수 있다(Knell & Dasari, 2011). 보상이나 칭찬과 같은 행동적 기법은 적응적 행동을 강화하기 위해 사용된다. 기법들은 다양하지만 전형적으로 행동적 또는 인지적 개입을 위해 선택되어야 하고 경험적으로 지지되어야 한다. 놀이는 아동에게 이해하기 쉽고 아동이 의사소통하는 것을 돕기 위한 방식으로 인지행동 기법들을 전달하기 위해 사용된다. 다양한 놀잇감과 재료들이 인지행동 놀이치료에서 사용되며 아동이나 치료자가 적절한 재료들을 협력적 또는 독립적으로 선택하도록 한다.

인지행동 놀이치료 구조는 도입/오리엔테이션, 평가, 중기, 종결 단계를 포함한다(Knell, 1994). 도입 단계에서는 아동을 놀이치료로 안내하기 위해 부모에게 간략한 설명을 한다. 이 단계에서 치료자는 부모에게 요구하는 개입 수준을 결정할 것이다. 평가 단계에서는 치료자가 인터뷰, 관찰, 평가 도구를 포함하여 현재 문제와 관련된 정보를 수집한다. 이 단계에서 치료자는 아동을 위한 치료 계획을 세운다. 중기 단계에서는 치료자가 놀잇감, 인지행동적 기법들을 사용하여 치료 계획을 실행한다. 비구조화 놀이와 구조화된 놀이가 중기 단계 동안 사용될 수 있다(Knell & Dasari,

2011). 치료적 목표들이 달성되면, 치료는 종결 단계로 넘어간다. 치료자는 여러 회기에 걸쳐 아동에게 치료와 치료 관계의 상실에 대해 설명해 주고, 아동이 종결을 준비할 수 있도록 돕는다.

집단놀이치료의 고려사항

인지행동 놀이치료 관련 문헌을 살펴보면, 이론적 관점에서의 집단놀이치료를 직접 다루지는 않았다. 인지행동치료에 기반을 둔 많은 개입이 크고 작은 아동 집단에서 교육을 목적으로 장난감이나 놀이 매체들을 사용하고 있다. 그러나 이러한 개입들에 대해 전형적인 인지행동 놀이치료라고 정의하지는 않는다. 인지행동 놀이치료가 교육적 목적으로 문제 해결에 초점을 두며, 놀이를 의사소통의 수단으로서만 사용했기 때문에, 수많은 개입이 인지행동 놀이치료처럼 보일 수 있다. Fischetti(2010)은 분노 조절을 다루기 위해서 집단 형식으로 놀이를 사용하는 인지행동치료 교육과정들을 소개하였고, Blundon과 Schaefer(2006)은 인지행동 전략들에 기반을 둔 사회기술 놀이집단을 제시하였다. Reddy(2012)는 집단놀이를 통한 친사회적 기술을 가르치기 위해 사회 기술 단계와 개입들을 고안해 냈다.

인지행동치료, 아동놀이치료와 집단놀이치료와 관련한 문헌들을 보면 몇 가지 공통 요소가 있다. 인지행동 놀이치료와 집단놀이치료의 모든 개입에서는 교육적 요소를 강조하고 있다. 인지행동 놀이치료를 집단에 적용하는 경우 구조화된 교육과정이 대부분이다. 게다가 교육과정에서 학습을 고취시키기 위해 긍정적 강화와 모델링과 같은 전통적인 행동 기법들을 사용하기도 한다. Knell은 개별 인지행동 놀이치료에서 다양한 놀잇감과 재료들이 필요하다고 했지만, 집단 인지행동 놀이치료는 구조화된 활동들을 진행하기 위해서 놀잇감을 제한하고, 전통적인 놀이치료실도 필요하지 않다고 했다. 그러나 개별과 집단 인지행동 놀이치료는 모두 부적응적 왜곡과 부정적 행동들을 대체하는 적응적 사고의 동화에 지속적인 중점을 둔다.

아들러 놀이치료(AdPT)

놀이치료자를 대상으로 조사한 결과, 아들러 놀이치료(Adlerian play therapy: AdPT)가 세 번째로 가장 많이 사용되고 있는 것으로 확인되었다(Lambert et al., 2005). Terry Kottman은 아들러 놀이치료의 창시자로 알려져 있다. Adler의 개인심리학 이론이 널리 알려져 있고 거의 한 세기 동안 Adler 철학이 아동지도센터(child guidance center)와 아동발달 이론에 영향을 미쳤지만(Mosak & Maniacci, 2008), Kottman(2003)은 처음으로 Adler의 원칙들을 놀이치료를 위한 통합적인 방법론으로 공식화하였다. 그녀는 집단에 아들러 놀이치료를 적용시키는 것과 관련하여 광범위하게 연구해 왔다.

발달 구조

Adler 이론은 인간이 타인과 연결하려는 선천적인 능력을 가지고 태어난다고 제안한다(Kottman, 2010). Fall 등(2010)은 이 사회적 관심의 개념을 "타인과 사회에 건설적으로 기여하는 방식으로 우월성을 얻으려고 노력하는 동기"라고 정의하였다(p. 106). 사회적 관심의 발달은 정신건강의 지표로서의 역할을 한다. 개인심리학에서 유래한 두 개의 개념이 인간 발달을 이해하는 기초 역할을 한다. Adler 개인심리학에서의 두 개념은 개인의 경험에 대한 인식이 현실이라는 '현상학의 개념'과 몸과 마음이 통합된 성격으로 함께 작용한다는 '전체론'이다(Fall et al., 2010).

개인의 발달을 위한 주요 동기는 열등한 자연적 상태에서 우월성을 추구하는 것이고, 이는 개인이 경험을 조직화하는 생활양식을 만들도록 한다. 개인의 독특한 생활양식은 타인과의 상호작용, 경험에 대한 인식, 관찰에 기반을 둔다(Kottman, 2010). 아동이 환경과 상호작용할 때, 그들은 중요감(a sense of significance)을 찾기 위한 전략들을 창의적으로 발달시킨다(Fall et al., 2010). 행동은 생활양식의 표현이고 환경적 요구에 대한 즉각적인 반응이다(Mosak & Maniacci, 2008). 그렇기 때문에 모든 행동에는 목적이 있으며 그 생활양식에 관련된 삶의 목표들과 개인적 생활양식으로 작용한다. 생활양식은 삶의 목표, 개인의 사적 논리, 목적 지향적 행동으로 이루어지며, 5~6세경에 발달된다.

Kottman(2009)은 Adler 이론을 바탕으로 성격 발달에 대해 네 가지로 정리했다. 첫째, 개인의 사회적 욕구를 중요시한다. 인간은 선천적으로 소속되고, 중요감을 얻고자 노력한다. 둘째, 인간은 목표를 향해 나아가는 존재이다. 우리는 인간을 이해하기 위해서 개인의 행동 목표를 이해해야 한다. 셋째, 인간은 창의적인 존재로서, 목표를 달성하기 위해 자신의 창의성을 사용할 수 있다. 마지막으로, 인간은 주관적인 관점으로 삶을 경험하고, 그 경험들을 자신의 삶을 살아가는 독특한 방식으로 해석한다.

치료적 접근

Kottman(2009)은 아들러 놀이치료의 7개 목표를 제안했다. 내담자가 ① 생활양식에 대한 인식과 통찰을 얻도록, ② 잘못된 자기패배적 지각을 바꾸고 사적인 논리에서 상식으로 옮겨가도록, ③ 행동의 긍정적인 목표를 향해 나아가도록, ④ 소속과 중요감을 위한 부정적인 전략을 긍정적인 전략으로 대체하도록, ⑤ 그의 사회적 관심을 증가시키도록, ⑥ 열등감을 다루는 새로운 방법을 배우도록, ⑦ 창의력을 최적화시키고 행동, 감정, 태도에 대한 자기강화 결정을 발달시키기 위해 자신의 능력을 사용하도록 돕는다(p. 244).

아들러 놀이치료자는 치료의 네 단계와 구조화된 방법으로 치료 목표를 달성하고자 한다(Kottman, 2010). 치료의 첫 단계에서, 치료자는 반영, 격려, 질문과 같은 언어적 행동을 통해 아동과 평등한 관계를 형성하려 노력한다. 치료적 관계는 효과적인 치료의 초석이 된다. 두 번째 단계에서, 치료자는 놀이치료실에서의 아동 행동 관찰, 구조화된 놀이 활동, 질문을 통해 아동의 생활양식에 대해 탐색한다. 세 번째 단계에서, 비언어적 커뮤니케이션, 은유, 스토리텔링, 구조화된 활동과 같은 기법을 사용하여 아동이 개인적 생활양식에 대한 통찰을 할 수 있도록 돕는다. 재정립과 재교육의 마지막 단계에서, 치료자는 아동에게 새로운 기술과 태도를 가르칠 뿐만 아니라 아동이 놀이치료실 밖에서도 그 기술들을 적용할 수 있도록 연습 기회를 제공한다.

또한 아들러 치료적 접근에서는 아동이 중요 C요인(crucial Cs)으로 불리는 긍정적인 목표를 향해 나아가도록 한다(Kottman, 2010). 치료자는 아동이 소속감, 유능감, 중요감, 용기를 가질 수 있게 돕는다. 치료자는 치료 과정에서 아동이 어떤 영역에서 어려움을 겪고 있는지를 주목하고, 그 요인을 강화할 수 있도록 격려한다. 치료자가 아동을 대하는 태도에서 또 다른 중요한 특징은 격려이다. 아들러 놀이치료자는 각 아동의 생활양식을 이해하고, 아동과 연결되어 있고, 아동에 대한 관심을 보여주고, 긍정적인 지지를 제공하는 것을 통해 아동을 격려할 수 있는 기회를 찾는다.

집단놀이치료의 고려사항

아들러 이론은 개인의 사회적 욕구를 강조하기 때문에 특히 집단치료 양식에 적합하다. 생활양식의 주요한 목표로서 소속의 욕구는 아동이 집단치료에 효과적으로 반응하는 것을 보여 준다. 집단놀이치료에서 아들러 놀이치료자는 그들이 타인과 하는 상호작용에서 아동의 목표를 관찰할 기회를 갖게 된다(Kottman, 1999). 치료자는 아동의 기능을 향상시키기 위해 문제 해결, 긍정적인 행동의 인식 촉진, 집단구성원으로부터의 피드백 촉진을 돕는다.

개별 아들러 놀이치료에서, 치료자는 각 아동의 생활양식에 대해 개념적 이해를 하려고 한다. 개념화(conceptualization)는 치료의 진보에 필수적이다. Kottman (1999)은 집단치료 단계에 적합한 아들러 놀이치료의 구조를 제시했다. 첫 번째 단계에서, 치료자는 각 아동과의 관계를 발달시키고 아동 간의 관계를 촉진시킨다. 집단이 과도기 단계에 이르면, 치료자는 집단구성원 개인의 생활양식을 탐색한다. 아들러 놀이치료의 세 번째 단계에서는 생활양식에 대한 통찰을 촉진시키며, 집단 역동에 대해 작업한다. 이 단계에서 집단구성원들은 서로의 생활양식에 대해 통찰을 하게 된다. 집단의 종결 단계에서 아들러 놀이치료는 집단구성원이 서로 기술을 연습할 기회를 제공함으로써 재교육을 다룬다.

집단놀이치료에서는 다양한 아동이 섞여 있기 때문에 각자의 능력과 어려움이 서로 다르다는 것을 경험할 수 있다. 아동은 서로에게 Adler의 개념인 모델링과 격려를 하면서 치료의 진보를 돕는다(Kottman, 1999). 집단을 위한 아들러 놀이치료는 집단의 욕구나 시간 제한과 같은 외부의 압력에 따라 구조화된 접근이나 비구조화된 접근을 사용할 수 있다. 제한 설정에 관해, 아들러 놀이치료는 놀이치료실 안에서 문제의 결과나 대안을 집단구성원들이 결정한다. 제한 설정에 관한 이 접근은 세 가지 중요 C요인(아동이 소속감, 유능감, 중요감을 느끼도록 돕는 것)과 관련이 있고, 아들러 놀이치료가 강조하는 것과 일치한다.

게슈탈트 놀이치료

게슈탈트 치료는 Fritz Perls에 의해 설립되었고(비록 그는 단독 설립자로 알려지기를 거절했지만) 전체론과 장이론의 철학적 개념들에 기반을 둔다(Yontef & Jacobs, 2005). 게슈탈트 치료는 감각, 신체, 감정, 지능을 포함하는 전체 인간의 건강한 기능과 관련된 과정 지향적인 치료이다(Oaklander, 1999). Violet Oaklander(1988)는 게슈탈트 놀이치료(Gestalt play therapy)의 설립자로 알려져 있고, 가장 많은 문헌을 쓴 저자이다. 게슈탈트 놀이치료의 기법들은 경험적 특성이 있기 때문에 다른 놀이치료에서 사용되는 개입들에 많은 영향을 주었다.

발달 구조

게슈탈트 이론에서 전체론이란 인간이 감정, 사고, 행동 간의 상호작용으로 통합된 전체로 태어난다는 것이다. 각 부분들은 서로 분리될 수가 없다(Fall et al., 2010). 게슈탈트 이론을 뒷받침하는 장이론에서 인간은 오직 그들이 살아가는 맥락 안에서만 이해될 수 있다고 주장한다. 인간은 타고난 자기조절이라는 유기적 과정을 통해 욕구와 그 욕구들 사이의 만족과 균형을 유지하기 위해 노력한다. 모든 행동은 유기체의 자기조절 과정에 의해 규제된다. 아동은 욕구가 생기면 불편감을 느끼고, 자신의 욕구를 충족시키기 위해 환경과 상호작용을 하면서 조치를 취한다(Blom, 2006). 욕구 충족은 항상성의 상태를 가져온다. 자신의 욕구가 성공적으로 만족되는 경험을 지속적으로 하는 것은 성장을 향해 앞으로 나아가도록 만든다. 아동과 환경의 상호작용은 접촉이라고 불리며 이는 자기를 발달시키는 경험의 핵심이고 게슈탈트 이론의 중요 개념이다(Carroll, 2009). "접촉은 욕구를 인식하고 그 욕구를 충족시키기 위해서 환경을 활용하고 감정적·심리적·신체적 성장을 위한 경험을 소화하는 과정이다."(Carroll, 2009, p. 285) 자기가 나와 나 아닌 것(not-me) 사이에서 차이점을 보이게 되는 것은 바로 이 접촉을 통해서이다. 발달 과정에서 아동은 건강한 성장을 위해 환경으로부터 요구되는 것과 필요한 것에 대해 보다 적극적으로 선택하려고 한다. 아동이 접촉 과정에서 지지를 받지 못하고, 부정적으로 받아들여지면, 아동의 자기통제와 환경 활용 능력은 위축된다. 아동이 건강하게 기능하기 위해서는 외적으로나 내적으로 아동의 안녕감이 지지받으며, 자기의 모든 측면이 잘 통합되어야 한다(Carroll, 2009).

치료적 접근

게슈탈트 놀이치료에서 아동은 건강한 자기조절력을 회복하고, 내적인 그리고 외적인 경험에 대한 자각이 필요하며, 욕구를 충족시키기 위해서 환경을 사용할 수 있어야 한다(Carroll, 2009). Blom(2006)은 분명히 말한다. "아동과 하는 게슈탈트 놀이치료의 목표는 그들이 자신의 과정을 알도록 하는 것이다."(p. 51) 아동은 알아차림을 통해 욕구 충족을 위해 행동을 변화시킬 수 있는 다양한 선택을 이해한다. 그러나 아동은 건강한 자기조절력을 회복하고, 내적인 그리고 외적인 경험에 대한 인식을 발달시키고, 전체적 욕구를 충족시키기 위해 환경에서 자원을 사용하기 위해서는 도움이 필요하다(Carroll, 2009).

게슈탈트의 관점에서, 아동에게 알아차림이 일어날 수 있도록 돕는 다양한 방법을 사용하는 것은 치료자의 의무이다. Oaklander(1988)는 아동과의 작업을 떠올리며 이렇게 기술했다. "그들의 내면세계로 향하는 문과 창문을 열 수 있는 수단을 제공하는 것은 나에게 달려 있다. 아동이 그들의 감정을 표현하고 계속해서 내면에 갇혀 있던 것들을 외부로 표출할 수 있도록 수단을 제공해야 한다. 그러고 나면 우리는 함께 이 내용에 대해 다룰 수 있다."(pp. 192-193) 게슈탈트 접근은 아동의 세계에 대한 알아차림을 언어적으로 표현하는 것을 강조한다. 게다가 아동은 받아들여질 수 없었던 자기의 부분들을 수용하는 것을 경험하기 위해서 지지가 필요하다(Carroll, 2009). 치료자는 아동에게 새로운 경험과 안전한 관계를 제공한다. 아동은 이전에는 수용받지 못했던 부분들을 통합하기 위해서 자기 자신을 새로운 방식으로 경험해 볼 수 있게 된다.

Oaklander(1988)는 게슈탈트 놀이치료에서 사용되는 대부분의 기법이 투사적이라고 한다. 투사는 거의 보이지 않았던 자기의 내적 부분이 외적으로 표현될 수 있도록 촉진한다. Oaklander는 어떤 아동에게는 투사가 그들의 내적인 사고, 감정, 경험을 기꺼이 노출하는 유일한 방법일지도 모른다고 인식했다. 해석은 게슈탈트 놀이치료에서는 거의 사용되지 않는데, 그것이 아동의 경험이 아닌 치료자의 경험에 기반을 두기 때문이다. 치료자의 역할은 자기인식과 주인의식을 촉진하는 것이다. 치료자는 아동과 함께 일어나는 과정에 집중하고 아동과 치료적 관계에 기반을 두고 그에 따라 기법들을 선택한다. 게슈탈트 놀이치료는 치료자와 아동의 관계 자체를 치료적 요소로 인식하고 평등과 진정성의 관계를 촉진하기 위해 노력한다(Oaklander, 1999).

집단놀이치료의 고려사항

대부분의 집단놀이치료 접근들과 마찬가지로, 게슈탈트 놀이치료는 아동이 현재 행동과 다르게 행동하고 새로운 행동을 시도할 수 있도록 집단 양식을 활용한다. Oaklander(1999)는 집단의 과정을 게슈탈트의 관점으로 설명했다. 집단놀이치료의 초기 단계에서, 치료자는 집단구성원들이 서로에 대해 알 수 있도록 돕기 위해 위협적이지 않은 활동을 시작하고, 안전하고 존중받는 관계를 형성한다. 4~6주의 집단 회기 후에, 아동은 서로에 대한 지지를 확립하고 더 편안함을 느끼기 시작한다. 아동이 개인의 정체성과 역할을 확립할 때, 치료자는 이런 역할을 인식하도록 돕는 기법들을 사용할 것이다. Oaklander는 8세 이하의 아동은 3~6명, 8세 이상의 아동은 6~8명으로 구성된 집단 크기를 추천했다. 공동 치료자가 있으면, 일부 아동의 개인적 욕구를 다루는 데 도움이 된다.

Oaklander는 회기 초반에는 한 주 동안 일어났던 일들을 아동이 돌아가면서 보고하도록 치료자가 구조화된 활동을 이끌고, 마무리하는 시간 동안에는 회기 동안에 아동의 감정이나 생각을 표현하도록 하는 구체적인 집단 구조를 제시하였다. 구조화된 활동은 대체로 투사적이고, 자기의 강화, 감정의 표현을 촉진해야 하고 자기의 더 건강한 측면을 일으키는 경험을 제공한다. 게슈탈트 집단놀이치료에서 즐거움은 아동에게 안전함과 지지를 받는 느낌을 주면서, 고통스러운 영역과 주제로 접근하게 하는 중요한 요소이다.

융 놀이치료

모든 현대 정신치료가 그런 것처럼, 놀이치료는 정신분석적 기법에서 시작했다. 하지만 정신분석 놀이치료는 다양한 모델 속에서 그 인기가 유지되지는 못했다. 그 가운데서 흥미롭게도 Jung의 분석학적 체계가 놀이치료에 대한 주요 접근으로 출현했다. 융 놀이치료(Jungian play therapy)는 치료 과정 동안 아동의 내면에서 일어나는 무의식의 과정에 집중한 선두적인 접근법이다. John Allan(1988)은 융 놀이치료 조직에서 가장 신임받는 인물이다. 놀이치료에 대한 그의 중대한 연구, '어린이 세계의 모습: 학교와 임상 현장에서 융 학파 상담(Inscapes of the Child's World: Jungian Counseling in Schools and Clinics)'은 학교와 개인 세팅에서 융 놀이치료의 효과성을 보여 주며, 실제적인 틀을 제시하였다.

발달 구조

Jung의 관점에서, Douglas(2008)는 성격은 정신(psyche)에 달려 있는데, 정신은 "이미지, 사고, 행동, 경험의 기저에 깔린 패턴"인 집단 무의식에 연관된 무의식적 요소들과 의식적 요소들로 구성되어 있다고 설명했다(pp. 103-104). 집단 무의식 안에는 인식과 반응의 타고난 메커니즘인 원형이 있다(Allan & Bertoia, 2003). 자기는 성장을 추구하고 존재의 의미를 만들지만 무의식에 존재하는 원형이다. 자아는 출생 시에 약하고 분리되지 않은 형태로 타고나지만, 의식의 중앙에 위치해 있다. 아동이 성장하면서 자아는 내적인 추동과 외적인 현실 사이를 중재한다(Allan & Bertoia, 2003). 건강한 발달은 자기와 자아 간의, 의식과 무의식 간의 좋은 관계에 달려 있다. Allan(1988)은 건강한 사람에게는 의식과 무의식 사이에 유동적이지만 조율되는 연결이 있음을 명확히 했다. 만약 영아의 욕구가 충족되지 않는다면, 자기와 자아의 관계에 손상이 있을 것이고 연약한 자아를 보호하기 위해 엄격하게 방어하게 된다(Green, 2009).

Jung의 이론에서 중요한 추동은 개성화 과정을 통해 분리된 정체성을 확립하는 것이다. 개인 내면에서 일어나는 두 양극의 끊임없는 투쟁은 개성화 과정을 이끈다(Allan & Bertoia, 2003). 원형, 꿈, 이미지를 포함하는 상징의 언어가 무의식을 이해하기 위해 사용된다. 무의식은 상징적 형태로 표현이 가능해진다면 성장과 치유를 향해 나아간다.

치료적 접근

Allan(1997)은 융 놀이치료의 목표가 개성화 과정의 실현이라고 하였는데, 이에 대해 "아동이 자신만의 독특한 정체성을 발달시키도록 돕는 것, 일반적으로 가족, 학교, 사회의 건강한 요구를 받아들이고 적응하면서 그들의 손상이나 외상을 받아들이는 법을 배우거나 극복하도록 돕는 것"(p. 105)이라고 정의하였다. Green(2009)은 치료자의 역할을 분석적인 역할로 설명하였다. 그 역할에서는 전이의 분석과 예술 해석에서 상징을 탐색하기 위해 그림, 드라마, 모래놀이와 같은 지시적 기법들을 활용하게 된다. 이런 과정들은 아동이 무의식적 요소를 인식하도록 하여, 의식적 요소로 통합해 가면서 자기치유 메커니즘을 활성화시키도록 한다. 아동의 무의식 과정의 역할을 믿고 있기 때문에, 융 놀이치료자들은 아동에게 직접 아동의 상징에 대해서 활동, 질문, 해석을 하고자 한다.

아동을 향한 치료자의 수용은 융 놀이치료에 필수적인 요소이다. 아동의 격렬한 분노나 강한 갈등이 표현될 때, 그들은 더 어둡고, 이전에는 인식하지 못했던 자아의 상태를 통합하기 위해 자기의 이런 측면들에 대해서 작업할 수 있다(Green, 2009). 게다가 융 놀이치료는 창의성을 격려하며 상징을 사용한다. 아동은 상징 언어를 사용하여 자기치유 원형을 활성화시키고 무의식을 표현할 수 있다. 융 놀이치료자들은 아동에게 상징의 의미를 물어보고 상징과 연상되는 내적인 대화를 외현화하도록 요구함으로써 상징적 표현을 다룬다(Green, 2009).

Green(2009)은 다음과 같이 요약한다. 융 놀이치료자들은 ① Jung 분석가와의 개인 분석의 광범위한 과정을 통해 상징을 이해한다. ② 분노를 개념화하고 아동이 그것을 상징화하도록 돕는다. ③ 분리되고 개입하는 두 가지 분석적 태도를 유지한다. ④ 그들의 심리적 독(poison)의 일부를 가져옴으로써 아동의 원재료들을 직접 다루는 능력이 있다. ⑤ 상징을 확충해 가기 위해 모래놀이, 예술 작업, 꿈 분석을 사용하고 그것이 이끄는 대로 아동의 자기를 따른다(p. 91).

집단놀이치료의 고려사항

Allan(1988)과 Bertoia(1999)는 어떻게 융 놀이치료가 아동의 소규모, 대규모 집단에 적용되는지의 예들을 보여 주었다. Allan(1988)은 상담자가 사고와 감정을 자극하기 위해 한 감정에 대해 질문을 함으로써 집단을 시작하고, 아동에게 그 감정에 대해 그리고 칠하고 이야기를 만들도록 하고, 아동이 서로 그들의 작업에 대해 나누면서 마무리하는 것으로 융 집단치료 접근을 설명하였다. 이러한 집단 경험을 통해 아동은 그들의 감정을 더 인식하게 되고, 그들의 감정을 다루는 방법에 대한 이해를 높이고, 타인과 감정을 나누고, 상담자에게 감정을 전달하고, 상징적으로 표현한다. Allan은 상징적 표현이 아동의 긴장과 파괴적으로 감정을 표현하려는 욕구를 줄여 준다고 믿었다.

Bertoia(1999)는 Jung이 집단을 옹호하지 않았으며, 집단은 개성화 과정에 반하는, 잠재적으로는 파괴적인 것으로 보았다고 지적한다. 그러나 Bertoia는 치유를 촉진하는 심리내적인 과정과 대인관계 간의 상호작용의 기회 때문에 집단놀이치료를 지지했다. 융 놀이치료에서, 치료자는 분명하고, 이성적인 언어를 사용하고 지금-여기에 머물면서 의식적인 수준에 호소하는 과정을 시작한다. 치료자가 활동을 통해 상징적 표현을 도입할 때 회기는 깊어진다. 현실로 돌아오고 아동을 현재에 머물게 함으로써 회기를 끝낸다. 집단놀이치료에서 융 놀이치료자는 개인적인 것과 집단적인 것뿐만 아니라 무의식과 의식에 참여한다. 치료자는 개인적 · 집단적 이미지를 해석하여 집단이 더 알아차리고 치유를 향해 갈 수 있도록 돕는다. Bertoia(1999)는 "융 집단놀이치료의 결과를 좌우하는 것은 심리내적, 대인관계에 대한 개인적 · 집단적인 치료자의 능력"이라고 믿었다(p. 102).

생태학적 놀이치료

생태학적 놀이치료(ecosystemic play therapy)는 Kevin O'Connor(1994)가 개발한 접근법으로, 지난 20년간 계속해서 발전해 왔다. 생태학적 이론은 심리내적, 상호작용, 발달적, 역사적 과정을 통합하는 체계이론을 기반으로 하고 있다(O'Connor & Ammen, 1997). 생태학적 놀이치료는 가족, 학교, 대인관계, 문화, 심리내적 이해, 타인을 포함하여, 아동이 기능하는 체계에 대한 사정과 개입에 집중한다. 다른 접근법과 생태학적 놀이치료의 차이점은 아동의 치료에 대한 폭넓은 관점이다. 생태학적 놀이치료의 또 다른 특징으로는 다른 많은 이론을 적용할 수 있지만 치료자 자신의 이론을 일관되게 적용할 필요가 있다는 것이다(Kottman, 2010).

발달 구조

생태학적 놀이치료에서 성격 발달은 인지적 발달과 기능이 중요한 역할이라는 전제하에 예측된다(O'Connor, 2009). 인지적 발달이 제한되면 사회적 · 도덕적 · 성격 발달이 제한될 수 있다. 그러므로 아동의 발달적 기능에 대한 평가는 사례개념화와 치료 계획에 필수적이다. 아동의 생물학적 · 심리내적인 상태와 환경이 상호작용을 하면서 생물학적 제한을 뛰어넘는 발달이 일어난다(O'Connor & Ammen, 1997).

생태학적 관점을 살펴보면, 성격에 필수적인 세 가지 요소가 있다. "첫째, 인간 행동을 이끄는 기본 추동은 생물학적인 생존 본능의 파생물이다. 둘째, 성격의 구조와 기능은 발달 과정과 불가분하게 연결되어 있다. 마지막, 성격은 개인이 속해 있는, 즉 생태학에 있는 많은 체계와 상호작용을 하며 발생한다."(O'Connor & Ammen, 1997, p. 9) 인간은 생존 본능에 의해 욕구를 충족시키려는 동기를 갖게 되고 다양한 방법으로 욕구를 충족시킨다. 인간이 욕구를 충족시키지 못하거나, 욕구를 충족시키려는 시도가 욕구를 충족시키려는 타인의 능력을 방해할 때 정신병리가 일어난다(O'Connor, 2009). 병리는 개인 내적인 요인으로 생물학적 또는 유전적 원인으로 인해 발생할 수 있다. 또한 타인과의 상황에서 욕구를 충족시키려는 시도가 성공적이지 못할 때 타인과의 상호작용을 통해서 일어날 수도 있고, 체계의 특성 때문에 아동이 그들의 욕구를 충족시키지 못하는 체계 내에서 일어날 수도 있다. 아동이 욕구를 충족시키기 어려운 실패 행동을 반복하거나 욕구 충족을 위해 새로운 방식으로 행동하지 못하는 경우에는 개입이 필요하다(O'Connor, 2009).

치료적 접근

O'Connor와 Ammen(1997)은 생태학적 놀이치료의 주요한 목표를 아동이 "그들의 욕구를 지속적으로 그리고 타인의 욕구 충족을 방해하지 않는 방식으로 충족시키도록 돕는 것"(p. 11)이라고 설명했다. 두 번째 목표는 발달적 기능이 최상의 상태로 돌아오는 것을 촉진하는 것이다. 생태학적 놀이치료에서는 개별 아동에게 초점을 맞추고 있다. 아동은 물리적 신체, 세계와 행동으로 관계를 맺기, 세계에 대한 내부 작동 모델을 재현하며 관계를 맺기의 세 가지 영역에서 기능하고 있다(O'Connor & Ammen, 1997).

생태학적 놀이치료자는 두 개의 구체적인 전략들을 활용한다. 즉, 아동에게 교정 경험을 제공하고, 언어적 개입을 한다(O'Connor, 1994). 치료자는 아동의 선택과 실천을 격려하기 위해서 아동의 환경이나 문제를 고려한 상징적 방법으로 교정 경험을 선택한다. 교정 경험은 또한 치료자와 아동의 관계를 통해 시작되는데, 이 관계에서는 치료자가 통제를 하게 되며, 이 통제는 아동의 욕구를 충족시키기 위해 사용한다. O'Connor(1994)는 회기 내에서 아동의 각성을 조절하기 위해 치료자가 사용하는 네 가지 행동 유형을 분류한 Theraplay® 접근을 지지했다. 첫 번째 유형의 행동은 구조이다. 치료자는 제한 설정이나 재료의 선별과 같은 행동을 통해 자극을 제한한다. 두 번째 행동은 도전이다. 치료자는 아동이 더 나아가도록 격려함으로써 아동의 각성 수준을 높이려 시도한다. 세 번째 행동은 개입이고, 이 또한 각성을 높이기 위함이다. 개입 행동은 아동이 회피하지 않게 하고, 치료자와의 상호작용을 촉진시킨다. 네 번째 행동인 양육은 아동의 과각성을 줄이고 이상적 수준을 유지하기 위해 사용된다. 양육은 신체적 진정이나 언어 강화를 포함할 수 있다(O'Connor, 1994).

치료자는 아동이 그들의 경험에 대한 통찰을 발달시키도록 돕기 위해 언어적 상호작용을 한다. 생태학적 놀이치료에서 해석은 치료적 목표를 향해 가도록 촉진시키기 위한 주요한 도구로 사용된다. 아동이 이해하는 언어로 해석이 체계적으로 전달되면 효과적이다(O'Connor, 1994). 해석의 범위는 간단한 반영 진술에서부터 아동이 회기 안에서의 경험을 회기 외부의 경험과 연결시킬 수 있도록 돕는 일반화 진술까지이다. 놀이치료의 가장 효과적인 결과를 위해서 언어적 상호작용은 교정 경험과 균형을 이루어야 한다.

생태학적 놀이치료는 놀이가 아동에게 건강한 발달을 촉진한다고 주장한다. 치료에서 놀이는 아동이 동기를 갖고 행동하도록 돕고, 아동과 치료자 간의 긍정적인 관계를 발달시키도록 하고, 교정 경험, 해석, 인지적 이해를 연결하는 상징적 도구가 된다(O'Connor, 1994). 치료자는 아동을 위한 교정 경험을 제공하기 위해 소수의 놀이 재료들을 주의 깊게 선택한다.

집단놀이치료의 고려사항

생태학적 놀이치료는 아동의 개인적인 기능으로 시작하지만, 또래, 다른 사회집단과 같은 아동이 기능하고 있는 체계에 초점을 둔다(O'Connor & Ammen, 1997). 집단놀이치료는 아동에게 욕구를 효과적으로 충족시키도록 하는 전략을 발달시킬 기회를 제공하며, 이것은 생태학적 놀이치료의 목표이기도 하다(O'Connor, 2009). 집단놀이치료에 대한 하나의 생태학적 접근은 없다. 그러나 O'Connor는 생태학적 모델과 부합하는 구조화된 집단놀이치료를 제시하였는데, 아동의 대인관계 상호작용을 향상시키는 것이 주요 목적이다(O'Connor, 1999). 집단 자체가 개별치료의 특징으로 강조되는 아동을 위한 교정 경험을 제공하게 된다.

구조화된 집단놀이치료에 참여하려면, O'Connor(1999)는 5세 이상이며 비슷한 발달 수준에 있고 심각한 정신병리를 경험하지 않은 아동이어야 한다고 제안했다. 생태학적 개별놀이치료에서 치료자의 역할과 마찬가지로, 치료자는 구성원, 치료 시간과 기간, 재료, 활동, 집단 목표, 회기별 치료 목표를 정하고, 설정된 구조를 유지하고 구성원들의 준수를 보장하는 것을 포함하여 집단의 구조를 만들고 유지한다. 또한 치료자는 집단구성원들의 과정에 대한 이해를 촉진하기 위해 해석을 하는데, 이로 인해 집단구성원은 변화하고 또 변화가 일반화될 수 있도록 한다. 생태학적 초점에 따라 치료자는 인지적(문제 해결, 해석), 신체적(이완 훈련), 행동적(행동수정 체계), 감정적(안내되는 논의, 해석), 사회적(구조화된 활동) 요소들을 다루는 집단 경험을 제공한다.

요약

집단놀이치료는 임상 현장에서 실질적으로 반드시 필요한 개입방법이다. 이 장에서 제시된 각 이론은 집단놀이치료에 가치 있는 이론적 접근들을 제시했다. 집단놀이치료에 대한 이론 간의 합의점은 다음과 같다. 먼저, 치료자는 아동의 대인관계를 관찰하고 개입할 수 있는 기회를 갖는다. 또한 아동은 존재의 새로운 방식을 연습하고 관계적 지지를 얻는 기회를 갖는다. 각 이론은 아동이 대인관계의 효과성을 가져오는 태도와 기술을 발달시킬 수 있는 아동의 경험을 촉진시키고자 한다. 놀이는 치료의 촉진을 위한 발달적으로 가장 적절한 언어라는 것에 동의한다. 집단놀이치료에 대한 접근법은 다양한 철학적인 배경에 따라 구조, 내용, 실행, 스타일에서 차이가 있다.

3장 다문화적 주제

집단놀이치료에서 다문화적 주제는 다음의 네 가지 이유로 논의를 요한다. 첫 번째로, 지난 10년 동안 미국의 아동 인구에 급격한 변화가 생겼다. 미국의 비히스패닉계/백인계 9세 이하 아동의 수는 2000년에서 2009년까지 357만 3,000명으로 증가하였다(U. S. Census Bureau, 2012). 통계국 정보에 따르면 4,191만 명의 9세 이하 미국 아동 중 51.4%만이 비히스패닉계/백인계이며, 23.8%는 히스패닉계/백인계, 14.8%는 흑인, 1.3%는 미국 원주민, 4.7%는 아시안, 2%는 하와이안, 3.7%는 이중 인종계이다(U. S. Census Bureau, 2012). 미국 아동의 반 정도가 비히스패닉계/백인계이므로, 놀이치료자는 집단놀이치료 현장에서 다양한 인종적 · 문화적 배경을 가진 아동을 만나게 될 가능성이 크다. 즉, 놀이치료자는 한 그룹당 3명의 백인 아동과 히스패닉계 한 명, 흑인 한 명, 이중 인종 아동 한 명을 만나게 되는 것이다.

두 번째로, 아동과 치료자 간에 실질적 혹은 지각된 차이가 존재할 수 있다는 점이다. 미국 전체 인구의 인종적 · 민족적 다양성에도 불구하고 놀이치료자의 다양성은 비율적으로 매우 낮은 편인데, 약 90%의 놀이치료자 회원들이 비히스패닉계 백인이다[Bill Burns, 개인적 연락(personal communication)]. 아동과 놀이치료자 간의 경제적인 차이 또한 존재한다. 빈곤 아동을 위한 국립센터(National Center for Children in Poverty)에 의하면 44%의 미국 아동이 빈곤한 상태로 살고 있다. 이에 반해 빈곤에 시달리는 놀이치료자의 비율은 그보다는 훨씬 낮을 가능성이 크다. 놀이치료자는 아동과 놀이치료자 사이에 이러한 인종적 · 민족적 · 경제적 차이가 존재하기 때문에 다양한 세계관과 가족 가치관, 놀이 행동, 차별의 경험, 부모 양육 행동 등을 이해하기 위해 더욱 노력해야 한다. 예를 들어, 백인 놀이치료자는 백인 부모보다 흑인 부모에게 신뢰를 얻는 데 더 많은 시간이 걸릴 것이다.

세 번째로, 놀이치료자는 문화적 이해력을 키우고 개인차를 존중해야 하는 윤리적 책임이 있다. 다문화적 주제를 다루는 윤리강령 중에는 미국상담학회(American Counseling Association, A.2.c 발달 문화 민감성, A.4.b 개인적 가치, C.5 차별하지 않음), 미국사회복지사협회(National Association of Social Workers, 1.05 문화적 소양과 사회적 다양성, 4.02 차별), 미국심리학회(American Psychological Association, 2.01 b 권한의 경계, 3.01 부당한 차별)의 것이 있다. 이러한 윤리강령에 따르면, 다문화적 주제는 인종, 민족, 국가 배경, 피부색, 성적 지향, 성역할 정체성과 표현, 나이, 결혼(혹은 동거) 상태, 정치적 견해, 종교, 선호하는 언어, 이민 상태, 사회경제적 위치, 정신적 · 신체적 장애를 포함한다. 놀이치료 우수 임상 협회(Association for Play Therapy Best Practices)에는 놀이치료자들이 앞서 진술한 부분으로 인해 차별이 일어나지 않도록 해야 한다고 기록되어 있다. 게다가 APT(2009)는 다음과 같이 설명하고 있다.

> 놀이치료자는 내담자의 다양한 문화적 배경에 대한 이해가 드러날 수 있도록 적극적으로 개입해야 한다. 자기 자신의 문화적/민족적/인종적 정체성이 치료적 개입과 철학에 어떠한 영향을 미치는지 인식하고 있어야 한다. 놀이치료자는 내담자의 문화와 문화적 정체성을 지지하고 유지하기 위하여 최선의 노력을 다해야 한다.

그러므로 놀이치료자는 다문화적인 주제에 관심을 기울임으로써 윤리강령과 놀이치료라는 전문 분야의 진실성을 지키기 위해 노력해야 한다. 사실상 놀이치료자는 인종적 차이를 고려하지 않고 아동을 대하는 놀이치료자를 직면시키거나 교육해야 한다(즉, 문화적 다양성에 적응하지 않거나 존중하지 않는 것).

네 번째로, 집단의 역동이 그 이유이다. 집단의 역동은 문화적 다양성에 의해 크게 영향을 받는데 특히 권력에 대한 지각, 경계, 역할, 규범, 소속감, 연결, 편견 등에 대한 반응을 포함하기 때문이다(Mcrae & Short, 2010). 집단은 그들이 속한 더 큰 사회적 · 문화적 · 인종적 맥락의 역동을 반영한다. 이러한 인종적-문화적 집단의 역동은 많은 부분 무의식적이며, 놀이치료자 역시 그렇다. 따라서 놀이치료자는 효과적으로 반응하기 위해서 이러한 역동이 아동에게 어떠한 영향을 미치는지 이해하고, 다문화적 역량을 키우기 위해 노력해야 한다.

다문화적 역량

D.W. Sue 등(1982)에 의하면 정신건강 전문가가 지녀야 할 다문화적 역량은 ① 태도와 신념: 자신이 가진 가치관과 가정, 편견에 대한 자각, ② 지식: 다양한 문화적 배경을 가진 내담자의 세계관에 대한 이해, ③ 기술: 적합한 개입 전략과 기술을 개발하는 것이다. 이러한 다문화적 인식, 지식, 기술은 한 번에 얻어지는 것이 아니라 지속적인 연구와 노력을 통해 키워 나가는 것이다. 그러므로 놀이치료자는 놀이치료실 안에서 만나는 모든 아동을 위해 이를 점검해야 한다.

인식

자기 자신의 세계관, 의미, 가치관, 의식, 일상생활을 비롯한 문화에 대해 인식하는 것은 다문화적 역량의 첫걸음이다(Sue et al., 1982). 자신이 가진 고유한 문화가 다른 사람들과 다를 수 있음을 인식하는 것은 무의식적으로 내담자에게 가치관과 신념을 강요할 가능성을 줄일 수 있고, 공감과 치료적 관계의 증진을 가져올 수 있다(Gil & Drewes, 2005). 특정한 문화적 가치관과 신념이 다른 사람에게는 피할 수 없는 공격이 될 수도 있다. 좋은 의도를 가지고 "크리스마스에 무엇을 받았니?"라고 묻는 것이 이슬람교도 아동에게 모욕적일 수 있고, "아버지는 무슨 일 하시니?"라는 질문이 동성애 부모를 가진 아동에게 불쾌감을 줄 수 있다.

자기인식

놀이치료자는 자기 자신의 문화적 정체성을 촉진하기 위해 문화적 정체성을 나타내는 상징을 이용한 가족 문장 그리기나 문화 카드 섞기를 이용한 게임과 같은 표현 예술을 활용할 수 있다. 여행이나 독서 등을 통해 다른 문화를 많이 접하는 것도 자신의 가치관과 신념을 드러나게 할 수 있고, 다른 문화에 대한 이해를 증진할 수 있다. 예를 들어, 탄자니아의 작은 마을을 방문하는 동안, 나(Baggerly)는 세 살짜리 남자아이가 10분 동안 따라오는 것을 발견했다. 그 아이가 부모님과 함께 있지 않은 것에 대해 내가 걱정을 하자, 나의 여행 가이드는 웃으며 말했다. "이 마을의 모든 사람이 그를 알고 어디에 있든지 그를 돌봅니다." 나는 아동을 돌보는 것에 대한 나의 개인적인 관점과는 달리, 탄자니아 마을에 사는 사람들은 아동을 돌보는 데 있어서 전체적인 관점을 가지고 있다는 것을 알게 되었다. 이러한 깨달음은 내가 그 아동이 잘못 행동하거나 가족들이 아동을 방치하고 있다고 생각하지 않게 도움을 줬다. 나중에 나는 그 아동과 가족들이 비록 경제적으로는 가난하지만 사회적인 부를 누리고 있다는 것을 이해하게 되었다.

문화적 주제의 인식

집단놀이치료에서, 인종적 혹은 민족적으로 다양한 아동이 어떻게 놀이치료 과정을 경험하는지에 대한 인식을 점검할 필요가 있다. 놀이치료자는 놀이치료실이 모든 아동에게 안전하다고 믿고 있을지 모른다. 그렇지만 어떤 아동은 다른 친구를 성격이 아닌 피부색으로 판단할 수도 있다. 어떤 아동은 다른 인종의 아동 사이에 섞여서 은근히 소외감을 경험할 수 있다. 인종차별과 성차별, 동성애 차별, 계급 차별, 민족 차별, 종교적 편견으로 인한 역동은 인식하지 못하는 사이에 미묘하게 생겨날 수 있다. 부유한 가정의 비히스패닉계 백인인 6세 아동 아론과 최근에 멕시코에서 밀입국한 가정의 5세 아동인 호세 사이의 상호작용을 보자.

아론: 경찰과 강도 놀이 하자. 나는 경찰, 너는 강도, 그리고 내가 너를 잡으러 간다.

호세: 싫어, 나는 이 게임 안 하고 싶어. (주저하는 얼굴로 모래상자로 간다.)

아론: 너, 나랑 안 놀면 가만 안 둔다! 자 이제 돌아봐. 너는 체포되었다. (장난감 총을 등에 대고 수갑을 채우기 위해 손을 잡는다.)

이 순간 호세에게 놀이치료실은 안전한 공간이 아니다. 놀이치료자는 호세가 처음 거절했을 때 안전감을 촉진시키기 위해 개입해야 했다. 놀이치료자는 감정을 반영해 주고 책임감을 다음과 같이 돌려주었어야 했다.

놀이치료자: 호세, 너는 이 게임이 불편하구나. 어떤 아동에게는 이 게임이 무서울 수 있어. 아론, 너는 호세와 함께 놀 수 있는 다른 게임을 선택하거나 모래상자를 가지고 호세랑 같이 놀 수 있어.

이러한 유형의 반영은 두 명의 아동을 다른 활동으로 이끌 수 있다. 아론의 반응을 살피며, 놀이치료자는 호세를 보호하기 위해 다음과 같이 치료적 제한을 설정할 수 있다.

놀이치료자: 아론, 네가 정말로 경찰 강도 놀이를 하고 싶어 하는 걸 알겠어. 하지만 호세는 하고 싶지 않다는구나. 너는 호세가 어떤 게임을 하고 싶어 하는지 보거나 다른 놀이를 할 수 있어. 호세, 너는 아론에게 네가 무엇을 하고 싶은지 말할 수 있어.

이 반영은 누군가에게 강요하는 것은 용납되지 않는다는 사회적 경계에 대해 이야기한다. 이는 또한 아동에게 고유한 목소리가 있으며 각각의 목소리가 존중된다는 것을 알려 준다.

집단 과정 인식

놀이치료자는 다양한 사람과의 자신의 경험이 놀이치료 과정에 어떠한 영향을 끼칠 수 있는지에 대한 인식을 증진시켜야 한다(Gil & Drewes, 2005). 이는 자신과는 다른 인종, 경제적 수준, 종교, 능력 수준에 있는 사람과의 첫 경험에 대해 성찰하는 것으로 시작한다. 자기 자신의 감정과 생각 그리고 결론에 대해 기억하는 것은 놀이치료실에서 아동에 대한 역전이를 경험하는 것을 예방할 수 있다. 예를 들어, 나(Baggerly)는 시각장애인 삼촌이 있었다. 나의 어린 시절 기억 중 하나는 Tom 삼촌과 수영장에서 함께 놀았던 것인데, 삼촌이 치는 기타 소리를 들으며 그가 워싱턴 D.C. 여행을 하면서 겪었던 일화를 듣곤 했다. 나는 그를 좋아했고, 그가 똑똑하다고 믿었으며, 앞이 보이지 않는 사람들은 많은 재미있는 것들을 할 수 있다고 생각하게 되었다. 그래서 나는 누군가 시각장애인 아동이 비장애인 아동들로 구성된 놀이치료 집단에 들어올 수 있는지 묻는다면 서슴지 않고 "당연하지."라고 말한다. 하지만 만약에 다른 놀이치료자의 초기 기억이 시각장애인인 노인 친척을 방문하러 양로원에 갔던 것이라면, 그는 불편한 감정을 느끼게 되고 시각장애인은 무능력하다고 생각할 수 있다. 결과적으로, 그는 시각장애인 아동을 집단놀이치료에 포함시키지 않거나 치료 과정 내내 과도하게 보호하려는 태도를 취할 수도 있다.

편견 감소시키기

편견이나 불편감이 드러났을 때, 놀이치료자는 새로운 정보, 경험, 관계 등을 통해 한계로 작용하는 틀을 깨기 위해 노력해야 한다. 치료자가 지역사회 행사에 참여하고 다양한 사람을 만나고 그들의 이야기를 들어보는 것은 새로운 깨달음을 얻고, 기존의 틀에 이를 통합시키는 데 도움이 된다. 예를 들어, 놀이치료자는 시각장애인 복지기관 '라이트하우스(Lighthouse for the Blind)'라는 단체에 연락해서 지역사회

행사에 참여하여 시각장애인 아동의 가정과 교류할 수 있는 기회를 마련할 수 있다. 부모가 시각장애인 아동이 다른 아동과 어떻게 교류하는지에 대해 설명해 주면, 시각장애 아동에 대한 통찰력을 높일 수 있고, 책임감 되돌려 주기와 같은 집단놀이치료의 치료적 반영 등을 향상하는 데 도움이 된다.

놀이치료 슈퍼비전은 놀이치료자가 미처 인식하고 있지 못하는 문화적 편견을 인식하는 데 필수적이다. 슈퍼비전을 받는 치료자는 스스로 인식하지 못하는 편견에 대해 이야기할 수 없기 때문에 슈퍼바이저는 비디오로 녹화된 치료 회기를 볼 필요가 있다. 예를 들어서, 나의 학생들 중 한 명이 노숙자 쉼터에서 진행하는 놀이치료 회기를 감독할 때, 나는 그 치료자가 타샤와 캐시라는 두 학생에 대하여 특이하게 반응하는 것을 발견하였다.

타샤: 캐시, 여기 탁자 위에 음식을 둬. 우리 저녁 먹을 수 있게.

캐시: 그런데 여기 우리가 모두 먹을 수 있는 음식이 없는 것 같아.

타샤: 음식이 충분하지 않다는 걸 너도 알잖아. (치료자를 가리키며) 선생님 음식 좀 드려. 나는 안 먹을게.

놀이치료자: 타샤, 너는 내가 먹었으면 좋겠구나. 선생님 거 먹어도 돼. 선생님은 안 먹어도 괜찮아.

슈퍼비전 시간에 비디오의 이 부분을 여러 번 되돌려 보고 그 놀이치료자에게 그녀의 음성과 반응에서 무엇을 발견했는지 물었다. 그녀는 평소보다 자신의 목소리가 높고 빨랐으며 자기의 반응이 아동이 놀이를 주도하지 못하게 했다는 사실을 인정했다. 나는 그녀에게 스스로의 감정과 생각, 동기가 치료 회기 동안에 어떠했는지 탐색하도록 했다. 스스로의 감정을 돌아보면서, 이 놀이치료자는 자신의 불안이 어린 시절 가난을 경험한 것과 가난했지만 음식이 없는 친척들과 그것을 나눠야 했던 경험에 뿌리를 두고 있음을 깨달았다. 이것이 어떻게 집단 역동에 영향을 미쳤을지 질문했을 때, 치료자는 아동이 그녀의 불안을 감지하고 그들의 놀이 연결을 변경했으며, 그들이 당황했거나 치료자를 보호해야 한다는 욕구 때문에 회기의 결론에도 영향을 미쳤을 가능성이 있다는 사실을 깨달았다. 그 놀이치료자는 가난에 대한 자신의 정서적 경험을 완화시키기 위해 일기를 쓰고 친척들과 그 경험에 대하여 이야기를 나누었다.

지식

인식을 개선하는 것과 더불어, 다양성에 대한 지식을 쌓는 것을 통해 집단놀이치료의 효과는 증진될 수 있다. 집단놀이치료자는 고정관념에 매이지 않고 문화적 지식을 어떻게 향상시킬 수 있을지 알아야 한다. 편견을 예방하고 모든 사람이 얼마나 다양한지 보여 주는 약어(stereo-typing)인 RESPECTFUL을 기억할 필요가 있다(Ivey, D'Andera, Ivey, & Simek-Morgan, 2006).

Religion/Spirituality 종교/영성
Economic Class 경제적 계층
Sexual Orientation 성적 지향
Psychological Maturity 심리적 성숙도
Ethnic/Racial identity 민족적/인종적 정체성
Chronological Challenges/Age 발달 과업/연령
Trauma 외상적 경험
Family History 가족력
Unique Physical Characteristics 독특한 신체적 특징
Language and Location of Residency 언어와 거주 지역

이러한 열 가지 다양한 특성은 한 집단 안에서 비록 같은 인종이더라도 개별적으로 아동이 지닌 독특한 특성을 강조한다. 예를 들어, 두 명의 흑인 아동이 한 집단

에 있다고 하자. 한 소년은 쿠바에서 온 흑인 이민가정 출신으로 마이애미의 사회경제적으로 낮은 지역에서 왔으며 스페인어를 하고 종교가 카톨릭이다. 다른 한 명의 아프리카계 미국인은 뉴욕시의 중산층 동네에서 왔으며 부모님이 이슬람으로 개종하셨다. Kotchick과 Forehand(2002)는 아동 부모의 문화적 특성은 개인의 성향, 가족의 경제적 상황과 같은 집단의 맥락적 변인에 의해서 완화될 수 있다고 하였다. 예를 들면, 낮은 수입을 가진 도시의 아프리카계 미국인 부모는 높은 수입을 가진 아프리카계 미국인 부모보다 더 통제적이고 애정을 보여 주지 않는다고 한다. Kotchick과 Forehand(2002)는 이러한 부모의 행동은 위험한 환경에서 독립적으로 살 수 있도록 하기 위한 적응적 반응이라고 해석한다.

문화적 규범

약어 RESPECTFUL을 통해 알 수 있듯이 아동은 고유한 특성이 있기에, 문화적 특성들을 한 아동에게 모두 자동적으로 적용시키는 것은 지혜롭지 못하다. 하지만 다양한 집단의 문화적 규범을 어느 정도 알아 두는 것은 한 아동이 경험하게 되는 집단 내 차이를 이해할 수 있는 시작이 될 수 있다. 예를 들어, 전체적으로 동양계 학생은 비동양계 학생들보다 학업적으로 우수하다. 2009년에는 텍사스의 동양계 4학년 학생들 중 48%가 읽기에 있어 상급 이상의 점수를 기록하였다. 아프리카계 미국인은 16%, 히스패닉계는 20%, 백인은 44%였다(Educationo Trust, 2009). 이렇게 동양인들이 학교 현장에서 전체적으로 '똑똑하다.'는 사실은 유펜이라는 4학년짜리 대만계 미국인 아동이 읽기장애가 있는 것을 이해하는 맥락을 제공한다. 그녀는 낮은 자존감으로 고생하는데, 이는 부분적으로 집단놀이치료에서 다른 아동이 '동양인들은 원래 똑똑하다.'는 선입견을 가지고 있기 때문이다.

유펜: 나는 이 책을 읽을 수 없어.

에릭: 동양인들은 원래 다 똑똑해, 근데 너는 왜 안 그래?

놀이치료자: 에릭, 너는 놀랄 수도 있겠지만 같은 인종이나 민족에 속한 모든 사람이 다 똑같은

것은 아냐. 유펜, 너는 그 책으로 인해 좌절했고 에릭의 말을 듣고 짜증이 났겠네. 만약 그랬다면 에릭에게 그러지 말라고 할 수 있어.

〈표 3-1〉은 공통적인 문화적 특징과 규범의 맥락을 세우기 위해 Gil과 Drewes (2005)가 정리한 가치관, 성격 특징, 장난감, 게임, 치료개입과 관련한 추천사항이다. 이 정보는 다양한 아동을 위하여 익숙한 장난감을 선택하는 데 유용할 뿐 아니라 다양한 가족과 관련된 놀이 주제를 밝히고 있다. 다시 한 번 말하지만, RESPECTFUL의 관점에 입각해서 개별 아동의 고유성과 독특성이 이해되어야 한다.

표 3-1 대표적인 다양한 집단의 가치관과 특성

다양한 집단	공통의 가치관과 특징
아프리카계 미국인	• 상호의존과 끈끈한 연대를 통한 집단적 생존 • 감정의 시끌벅적한 표현을 통한 정서적 활력 • 종교적 신앙을 통한 힘과 회복력 • 부모들이 흑인으로서의 자부심과 인종적 차별에 대한 인식을 심어 줌 • 건강 전문가들을 신뢰하지 못하거나, 가족의 문제를 쉽게 드러내기 어려움 • 어머니와 자녀 사이의 높은 관여 • 부모의 적극적인 감독과 신체적 훈육 • 어린 아동은 나이 많은 사람을 공경하도록 기대됨 • 놀이는 보다 어린 아동을 위한 것, 운동과 조직화된 활동이 보다 높은 연령의 아동을 위한 것 • 전통적인 성적 고정관념으로 남자 아동이 레슬링을 하고 여자 아동은 집놀이를 함 (Hinds, 2005; Kotchick & Forehand, 2002)
멕시코계 미국인 (히스패닉)	• 남성의 지배적 권위적 경향(마초) • 독립적이기보다는 상호의존적 • 확대가족이 견고함, 공동 부모화 • 가족의 사생활을 중시함 • 가톨릭 신앙, 민간 주술사에 의존하기도 함

	• 아동에 대한 허용적인 양육 • Personalismo: 따뜻한 개인적 접촉을 아빠, 엄마, 아동 순으로 • La platica: 민감한 주제 이전에 가벼운 대화를 나눌 것 • 가족 내에 사회화 수준이 다름 • 게임: Juegi De Oca, Serpentes Y Escareras, & La Loteria (Hopkins, Huici, & Bermudez, 2005; Robles, 2006)
중국계 미국인	• 집단주의, 확대가족의 중요성 • 가부장적 가족 구조 • 부모가 자녀에 대해 바르게 행동하고 열심히 일하고 학업 성취에 대한 무소불위의 권위와 통제를 가짐 • 미래 목표 지향적 • 어린 아동에 대해 허용적이지만, 높은 연령의 아동에 대해서는 권위적임 • 수치심과 체면에 대한 반응, 고민을 나누기 주저할 수 있음 • 교육적 장난감이나 활동을 선호 • 남아들은 신체적이고 건설적, 여아들은 차분하고 양육적일 것을 장려함 • 지시적이고 교육적인 접근을 기대함 • 감정표현을 절제함, 불쾌한 감정을 비언어적 단서로 소통함 (Kao, 2005; Kao & Landreth, 2001)
미국 원주민	• 집단적 · 협동적 · 비경쟁적 특성 • 노인과 다른 사람, 자연을 공경함 • 확대가족으로 관여 • 조화: 질서와 균형 • 개인적 자유와 서로 간섭하지 않음 • 허용적 훈육이지만 수치심을 훈육할 때 사용하기도 함 • 단순함, 관대함, 비물질적임 • 대량학살과 추방이라는 역사적 상처로 인해 현재도 영향을 미침 • 사회화의 다양한 수준과 전통적 치료사의 활용 • 침묵과 경청과 유머를 존중함 • 남아들은 신체적 놀이, 여아들은 좀 더 양육에 전념하도록 기대함 (Glover, 2005)

경제적 가난	• 배고픔, 지속적이지 않은 위생, 제한된 의료 혜택 • 아동의 불안과 우울함이 중산층보다 높음 • 학업 진행이 방해받음 • 빈번한 이사로 사회적 지지를 받는 것이 어려울 수 있음 • 부모들이 느끼는 광범위한 부담이 아동에 대한 관심을 제한할 수 있음 • 부모들은 낮은 수준의 양육/반응을 아동에게 줄 수 있음 • 부모에게 치료되지 않은 PTSD와 약물남용 문제가 있을 수 있음 (Nikulina, Widom, & Czaja, 2011; Schoon, Jones, Cheng, & Maughan, 2012; Slack, Holl, McDaniel, Yoo, & Bolger, 2004)
동성애자의 아동	• 가족구조의 독특성 • 이성애자인 부모보다 양육과 가사 업무가 평등하게 부과됨 • 학교가 수용적인 태도를 보이지 않을 수 있음 • 아동의 방문권과 관련한 법적 근거의 부족으로 최초 양육자로부터 단절될 수 있음 • 대중적인 견해와는 반대로 아동의 성적 정체성은 부모의 성적 정체성으로부터 영향을 받지 않음 • 이성애자 부모 가정의 또래와 행동적 적응은 동일함 (Bishop, 2011; Dempsey, 2010; Goldberg, Smith, & Perry-Jenkins, 2012; Tan & Baggerly, 2009; Tasker & Golombok, 1997)

* 이 정보는 소속된 집단의 모든 개인에게 적용되지는 않는다. 각각의 개인은 RESPECTFUL의 방법으로 접근되어야 하며 특히 국가와 원가족의 상태를 고려해야 한다.

문화적 지식을 얻기 위한 전략

구체적으로 다양한 문화에 대한 더 많은 지식을 얻기 위한 전략은 다음과 같다. ① 특정한 집단에 관한 혹은 그 집단에 의해 쓰인 전문적 문헌과 책을 읽음, ② 박람회나 여행을 통한 문화적 체험, ③ 문화적 정보를 가진 사람들과 관계를 맺음, ④ 다양한 문화집단과 관계 맺음.

기본적인 지식을 얻었다면 놀이치료자는 대기실이나 치료실을 그 문화와 관련된 사진으로 꾸미거나 익숙한 장난감을 구비함으로써 그 문화를 존중한다는 것을 나타낼 수 있다(Robbins, 2006). 추가적으로, 놀이치료자는 내담자의 문화와 그들의 경험을 배워 가는 것에 대한 관심을 표현할 수 있다.

놀이치료자: 이프테칼, 너와 나는 참 많이 비슷해. 우린 둘 다 댈러스에 살고, 장난감으로 노는 것을 좋아하고, 너희 엄마에게 말하는 것을 좋아해. 우리는 피부색이 다르고, 가족들의 출신 지역, 종교가 다르지. 나는 너와 너의 가족에 대해 정말로 알아가고 싶어. 아마 너는 나에게 너의 조국인 방글라데시와 이슬람교에 대해 내가 모르는 것을 알려 줄 수 있을 것 같아.

이프테칼: 저는 농구보다 크리켓을 하고 싶어요. 우리는 매주 금요일 오후에 모스크에 가요. 그래서 그때는 선생님과 함께 놀러올 수 없어요.

놀이치료자: 너는 다른 사람이 잘 모르는 재미있는 게임에 대해 알고 있구나. 너에게 모스크에 가는 것이 중요하니 다른 시간에 놀자.

이러한 개방적 태도는 아동과 부모가 문화에 대해 관심 있게 배우고자 하는 사람으로 놀이치료자를 인식하도록 돕는다. 게다가 혹시 기분이 상하게 하는 말이나 행동을 했을 경우에도 정정한다면 놀이치료자가 자신의 개방성을 언어적으로 표현했기 때문에 사려 깊은 행동으로 비춰질 수 있다. 또한 설령 기분을 상하게 했을지라도 그 여파를 줄일 수 있다.

놀이치료자: 제스민 부인, 제가 지금 부인의 가족과 문화에 대해서 배우고 있는 과정이기 때문에, 만약에 제가 예의 없거나 기분을 상하게 하는 행동을 한다면 꼭 알려 주세요.

부모: 우리는 지금 라마단을 지키고 있기 때문에, 간식을 주시지 않는 것이 좋을 것 같습니다.

놀이치료자: 말씀해 주셔서 감사합니다. 부인의 문화적 전통을 존중할 수 있어서 다행이에요.

집단 역동과 기능에 대한 지식

집단이 다양한 구성원에 의해 어떻게 영향을 받을 수 있는지 이해하는 것은 필수적이다. 사회적 경계, 지각된 권위, 부여된 역할이나 업무와 관련한 집단 역동은 아동의 놀이에서 세심하게 관찰해야 할 부분이다(McRae & Short, 2010). 예를 들어, 멕시코계 미국인 남자 아동은 놀이치료자 옆에 가까이 서 있는 반면 한국계 미국인 남자 아동이 놀이치료자에게 멀찌감치 사회적 경계를 두며 서 있다면? 5세 남아가 5세 여아와 놀면서 의사보다는 간호사를 시키고 권위적으로 대하는 것에 대해서는? 부유한 가정의 비히스패닉계 8세 여아가 낮은 소득 수준 가정의 히스패닉계 여아에게 청소하는 일을 시키려고 고집하는 경우라면? 이러한 집단 역동은 다음과 같은 사려 깊은 치료적 반영을 요구한다.

놀이치료자: 치싱, 너는 거기 멀리 떨어져 서서 장난감을 보는 것이 편하구나. 산티아고, 너는 나랑 가까이 서 있는 것이 편한가 보네. 여기서는 어디든 어떻게든 서 있을 수도 있고 움직일 수도 있어. 서로 다르더라도 말이야.

놀이치료자: 조슈아, 너는 케이틀린이 의사보다는 간호사를 하는 것을 원했어. 케이틀린, 너는 네가 하고 싶은 대로 뭐든 할 수 있어. 여기서는 여자건 남자건 자기 스스로 결정할 수 있어.

놀이치료자: 캐롤라인, 너는 맥신에게 미술 도구를 치우기를 주장하고 있어. 둘이 같이 썼는데도 말이야. 맥신, 여기서는 네가 치우고 싶은지, 무엇을 치우고 싶은지 스스로 결정할 수 있어. 어떤 아이든 다른 아이가 어질러 놓은 것을 치우기만 한다면 공평하다고 느끼지 않을 거야.

의존, 짝꿍 만들기, 연대, 싸움이나 갈등 등을 비롯해 집단 기능은 구성원들의 다양성에 의해 영향받을 수 있다(McRae & Short, 2010). 놀이치료자는 이러한 질문에 대해 심사숙고해야만 한다. 어떤 아동이 놀이치료자에게 더 높은 의존성을 보이는가? 그리고 그것이 전체 사회에서 나타나는 힘의 차이와 어떤 관련이 있나?(예를 들어, 아이티 아동이 유럽계 미국 아동에 비해 더 의존적인가?) 같은 민족적 배경의 아동들이 다른 배경의 아동을 따돌리나?(예를 들어, 백인 아동들이 짝을 지어 원주민 아동의 장난감을 빼앗았나?) 언제 그리고 누구와 갈등하거나 싸우는가?(예를 들어, 남아의 비언어적인 행동이 여아에 의해 반복적으로 무시되는가?) 놀이치료자는 감정을 반영해 주고 이해를 촉진시켜서 집단 기능에 대한 인식이 증진되도록 치료적 반영을 사용할 수 있다. 다음의 예를 보자.

놀이치료자: 엠마누엘과 요한, 너희는 장난감을 고르기 전에 나에게 허락을 구하는데, 여기서는 허락을 구하지 않아도 무엇이든 가지고 놀 수 있어.

놀이치료자: 베스와 나탈리, 너희는 체이엔에게서 목걸이를 가져갔구나. 체이엔은 너희가 그렇게 했을 때 고개를 숙였어. 어떤 아이들은 누군가 물어보지 않고 자신의 물건을 가져가 버리면 화가 나거나 좌절할 수 있어. 너는 너의 감정과 생각에 대해 이야기할 수 있어.

놀이치료자: 셰릴, 너는 계속 이야기를 하면서 마이크가 대답하기를 원하고 있어. 마이크, 너는 셰릴이 말하는 것을 듣지 않는 듯이 계속 고개를 돌리고 있어. 너희 둘은 뭔가 다른 것을 원하는 것 같아. 너희는 서로에게서 무엇을 원하는지 이야기할 수 있고, 정말로 그것을 원하는지 스스로 결정할 수 있어.

기술

놀이치료자가 다양성이 집단에 미치는 영향에 대해 인식했다면, 집단놀이치료의 치유력을 향상시키기 위한 기술이 필요하다. 다양한 아동을 위한 집단놀이치료에서는 특히 다음 네 가지 기술이 도움이 될 것이다. ① 연결 및 합류시키기, ② 공격적인 말과 행동에 대한 반영, ③ 문화적 정체성의 발달 증진시키기, ④ 사회적 정의의 옹호.

연결 및 합류시키기

공통의 관심사와 능력, 성격 등을 반영해 줌으로써 아동을 연결시키는 작업은 서로 간의 공통점이 차이점보다 중요하다는 것을 알게 해 준다. "너희는 모두 공을 가지고 노는 것을 좋아하는구나." "너희는 둘 다 끈으로 매듭 만드는 방법을 알고 있구나." "너희는 둘 다 일곱 살이구나." 연결은 어색함을 줄여 주고 응집력을 키워 준다. 개인차가 나타나면 놀이치료자는 개별 아동에 대한 반영 횟수의 균형을 맞춘다. 이는 두 아동이 서로 다르더라도 개별 아동 모두가 똑같이 중요한 존재라는 사실을 전달하기 위함이다. "크리스틴, 너는 어떻게 춤을 추는지 보여 주는구나. 조이,

너는 크레용을 정리하면서 인내심을 보여 주네. 너희 둘 다 장점이 있어."

문화적으로 공격적인 행동에 반영하기

놀이치료실 안에서 아동이 다양한 문화적 편견을 시험해 보는 일이 실제 일어날 수 있다. 아동이 놀이를 통해 그러한 편견을 전달하기도 하고 재현할 수 있기 때문에, 놀이치료자는 집단구성원을 구별 짓는 공격적인 언행에 대해 반응할 수 있는 준비를 해야 한다. 5세 백인 남아인 에릭과 6세 흑인 여아인 코니 간의 상호작용의 예를 들어 보자.

> **에릭**: 나는 구급차 운전사야. (장난감 구급차를 바닥 위로 민다.)
>
> **코니**: 나는 병원에서 기다리는 의사를 할게. (의사의 구급상자를 가지러 뛰어간다.)
>
> **에릭**: 여자들은 의사가 될 수 없어. 특히 흑인 여자는.
>
> **놀이치료자**: 에릭, 너는 흑인 여성이 의사가 될 수 없다고 믿는구나. 코니, 너는 네가 결정하는 대로 놀 수 있다는 것을 알지?
>
> **코니**: 네. 나는 똑똑한 여자애야. 그리고 우리 엄마는 의사야.
>
> **에릭**: 우리 할아버지가 여자는 의사가 아니라 집에서 아기를 돌봐야 한다고 했어.
>
> **놀이치료자**: 에릭, 너희 할아버지는 하나의 의견이 있으시고, 코니야, 너희 어머니도 다른 의견이 있으시구나. 여기서는 너희가 놀고 싶은 대로 결정할 수 있어.

이러한 과정에서 에릭은 놀이치료자의 반응을 듣고, 문화에 따른 성역할에 대한 이해를 촉진시켰고, 코니는 편견에 도전하면서 새롭게 이해할 수 있었다. 이러한 치료적 반영은 갈등을 완화시키고 친사회적 행동을 증진시킨다. 집단놀이치료에서 아동은 그들의 편견과 공격적 행동을 집단 안에서 수용받기 위하여 수정한다 (Ginott, 1961).

아동의 언행이 다른 아동을 정서적으로 위협한다면, 놀이치료자들은 감정을 인정하고, 제한을 전달하고, 대안을 제시하는 치료적 제한 설정을 통해 아동을 보호해야 한다. 인종적 모욕이나 행동과 관련해 어떤 경우 다른 아동이 눈에 띄는 반응을 보이지 않더라도 다른 아동에게 위협이 될 수 있다. 7세 히스패닉계 아동인 믹과 7세 아프리카계 미국인 아동인 바나버스 사이의 상호작용을 살펴보자. 이들은 가까운 친구로 '갱스터' 놀이를 하고 있었다.

바나버스: 여기서 같이 놀자

믹: 그래 같이 놀자, Nig*a

놀이치료자: 믹, 노는 중인 거는 알겠는데, N으로 시작되는 그 말은 다른 사람들에게 상처가 될 수 있어. 그러니까 다른 말을 쓰자.

바나버스: 그래, 그런 말 쓰면 안 되는 거야.

믹: 알았어, 이제 놀자

놀이치료자: 바나버스, 네가 믹에게 알려 줘서 믹이 바꾸기로 했네. 너희들은 서로에게 도움이 되는 친구야.

아동이 스스로 행동을 바꾸고자 할 때 인정해 주는 것은 제한을 설정하는 것만큼이나 중요하다. 집단놀이치료의 힘은 아동이 집단 안에서 수용받기 위해 문화적 민감성을 높일 수 있다는 것이다. 긍정적인 문화에 대한 본능적 경험은 신경회로에 각인이 되어 자동적 사고가 조금 더 문화적으로 민감해진다(Beck, 2011).

문화적 정체성의 발달 증진시키기

문화적 정체성 발달은 사고 패턴과 자기평가가 문화적 경험과 상호작용하는 것을 통해 영향을 받는 아동기에 시작된다(Bandura, 1977; Barbarin, 1993). 문화적으로 반응적인 집단놀이치료는 문화적 정체성의 발달을 가져오는 긍정적 경험을 제공할 수 있다(Baggerly & Parker, 2005). 예를 들어, Baggerly와 Parker(2005)는 아프리카의 세계관 중 특히 정서적 생동감, 상호의존, 집단적 생존, 조화로운 어울림 등이 아동중심 놀이치료에서 존중되며 다음의 대화에서 어떻게 드러나는지 보여 주고 있다.

정서적 생동감

다넬: 우리는 요리 수업을 졸업했어요. (노래하고 춤춘다.)

놀이치료자: 졸업해서 자랑스럽구나. 요리하는 것이 행복한가 봐.

상호의존

다넬: 저 나쁜 놈을 잡으러 가자. 칼이 필요해.

사퀀: 나는 그놈을 잡으려고 칼을 쓸게. 너는 수갑을 가져와. 감옥에 넣어 버리자.

데이먼: 좋아. 데리고 와.

상담자: 데이먼, 서로 협력하려고 마음먹었네. 그리고 사퀀, 너는 그와 함께하기로 했구나. 너희는 함께 일하고 있네.

집단적 생존

데이먼: 나는 닭고기 날개랑 야채를 요리하고 있어.

제릭: 나는 상점에 가서 사이다를 사올게.

놀이치료자: 너희는 저녁 식사를 준비하기 위해서 일을 분담하고 있구나.

조화로운 어울림

타이빈: 얘는 내 친구야. 죽어 가고 있어. 의사를 불러.

케션: 내가 의사야. 주사를 놓을게.

타이빈: 살았어. 돌아왔어.

놀이치료자: 희망이 보인다. 걱정이 되었지만 함께 노력해서 그가 돌아오게 만들었구나.

아동중심 집단놀이치료의 결과, 이 아프리카계 미국인 남아들은 자신감과 아프리카계 미국인으로서의 자긍심을 발달시켰다. 심지어 아동의 문화적 정체성 발달은 지역사회와 학업적 성취에도 기여한다(Parham, White, & Ajamu, 2000). 그러므로 놀이치료자는 특정 문화의 가치관에 대해 공부하고 치료적 반영을 통해 이를 존중한다는 것을 나타낼 수 있는 기술을 발달시키는 것이 중요하다.

사회적 정의 옹호 기술

사회적 정의는 다문화적 역량의 핵심 요소이다. "개개인의 다문화적 역량을 증진시키는 것만으로는 충분하지 않다. 근본적인 초점은 정치와 관습의 체계적인 변화에 있다."(Zalaquett, Foley, Tillotson, Dinsmore, & Hof, 2008) 사회적 정의는 "이민, 인종적, 민족적, 연령, 사회경제적 지위, 종교, 신체적 능력, 성적 지향 등으로 인해 소외된 개인과 집단의 자원과 권리, 처우(treatment)에 있어 공평성을 중요한 가치로 여기는 것으로 정의된다."(Constantine, Hage, Kindaichi, & Bryandt, 2007, p. 24) Green, McCollum과 Hays(2008)는 이 개념을 아동에게도 적용했다. 그들에 따르면, "옹호란 권한부여 전략으로써 목소리를 내지 못하는 아동에게 공감과 수용을 전하고 미시적 · 거시적인 사회에서 아동을 보호하며 지역사회의 구성원으로서 자기고양과 소속감을 증진시키는 것"이다(p. 15).

놀이치료자는 집단놀이치료에서 다양한 전략을 통해 사회적 정의 옹호 기술을 실행할 수 있다. 집단놀이치료 회기 동안 불의가 발견되면 놀이치료자는 이에 대한 감정을 반영하고, 집단구성원이 그들의 목소리를 높여서 문제의 원인을 바꾸도록 격려하며 필요한 자원을 얻을 수 있도록 옹호하고 돕는 데 전념한다. 경제적으로 빈곤한 아동의 집단놀이치료 회기 중 대화를 들어보자.

셰릴: 여기 네가 다음 주까지 만들어야 하는 음식이 있어. (다른 아동에게 음식이 놓인 접시를 건네준다.)

주디스: 아, 맞아. 겨울방학이 다음 주인데 아침, 점심 무료 급식을 학교에서 못 먹을 거야.

놀이치료자: 너희 둘 다 겨울방학 동안에 배고플까 봐 걱정되는구나. 학교 사회복지사에게 물어볼 수 있는 중요한 고민이야. 나도 필요하면 도와줄 수 있어.

셰릴: 그들은 우리 같은 꼬마들의 말을 듣지 않아요.

주디스: 네, 우리 사회복지사는 아무것도 할 수 없어요.

놀이치료자: 변화에 대한 희망이 별로 없다고 믿는구나. 하지만 필요한 것을 너희 목소리로 이야기하는 것은 정말 중요해. 우리는 변화를 만들 수 있단다. 놀이치료 시간이 끝나면 우리 함께 너희 사회복지사와 음식 은행에 전화하자.

놀이치료자는 구조적인 변화를 옹호하는 데 있어 아동, 그들의 가족들과 협력할 수 있다는 신뢰를 줄 수 있어야 한다. 이 시나리오에서 놀이치료자는 부모와 아동이 학교 사회복지사와 음식 은행에 전화할 수 있도록 격려하고, 겨울방학 동안 배고픔과 관련한 문제를 해결할 수 있는 방안을 찾아야 한다. 추가적으로 놀이치료자는 연휴 동안에 아동들이 배고픔을 경험하지 않도록 하기 위해 놀이 회기에서 입법자들에게 편지를 쓰거나 이메일을 보내는 지시적 활동을 할 수 있다.

결론

문화적 이슈를 효과적으로 다루는 다문화적 역량을 갖춘 집단놀이치료자가 되는 것은 문화와 놀잇감에 대한 몇 가지 사실을 외우는 것 그 이상이다. 오히려 모든 아동과 문화에 대한 깊은 존중으로부터 나오는 평생 동안 지속해야 하는 과정이다. 집단놀이치료에서 만나는 아동의 문화적 다양성을 존중하기 위하여, 놀이치료자는 자기인식과 그들 자신이 가지고 있는 편견을 완화하기 위한 의지가 먼저 필요하다. 치료자는 문화적 주제가 어떻게 집단 과정에 영향을 미치는지 인식함으로써 치료적 반영을 할 수 있다. 놀이치료자가 RESPECTFUL에 대한 지식이 있다면 고정관념을 가지고 아동을 이해하지 않을 것이다. 문화적 지식을 얻기 위해 다양한 전략을 부지런히 사용하는 것은 놀이치료자가 집단의 역동을 관리하고 다양한 아동과 기능할 수 있게 한다. 마지막으로, 연결시키고 합류시키는 기술은 긍정적인 사회적 장을 만들어서 문화적으로 공격적인 행동이 치료적 반영을 통해 바뀔 수 있도록 한다. 문화적 정체성 발달과 사회 정의 옹호 기술은 놀이치료실을 건강한 환경으로 만들

뿐 아니라 크게는 지역사회 전체에 기여한다. 놀이치료자가 자신의 문화적 인식, 지식, 기술을 증진시킬 때, 집단놀이치료는 다양한 아동을 존중하고 모든 문화를 존중하는 치료적인 지역사회를 만들어 갈 것이다.

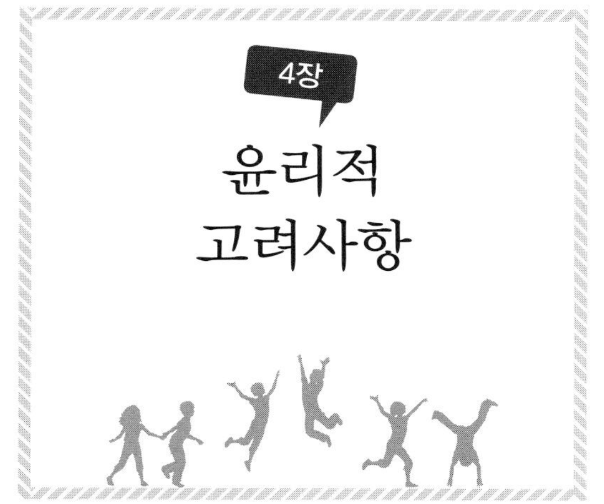

4장 윤리적 고려사항

일반적으로 아동 놀이치료는 치료에서 관계적 연결을 위해 놀이를 사용하는 것으로 이해된다. 이 책에서는 이러한 관점에서 전 생애 집단놀이치료(lifespan group play therapy)의 막대한 잠재력과 영향력에 대해 고찰하고 있다. 우리는 일반적인 윤리와 미성년 내담자들과 관련된 윤리 모두에 대해 논하고자 한다.

가장 먼저 연방정부, 주정부, 실무를 관할하고 있는 지역 법규에 익숙해져야 하고 판례와 행정 절차에 대해서도 알아야 한다. 이를 위해 많은 주정부에서 정신건강 자격증 보유자들에게 자격증 갱신에 앞서 지속적으로 일정 시간의 법적·윤리적 교육을 이수하도록 요구하고 있다.

일반적으로, 집단놀이치료자에 대한 윤리적 고려사항들은 집단놀이치료 모델이나 이론적 접근에 기반을 두지 않고, 치료자가 소속된 전문 조직과 자격증의 윤리강령을 따르고 있다. 예를 들면, 자격증이 있는 심리학자 또는 전문 상담자들은 자격증을 발급하는 소속기관이나 미국심리학회와 미국상담학회의 기준을 따라야 한다.

전문성

놀이치료, 특히 집단놀이치료 차원에서 윤리적 차원은 치료자의 전문적 역량에 대해 살펴보는 것부터 시작해야 한다. 1장에서 언급한 정의를 되돌아보면, 집단놀이치료는 '놀이치료와 집단치료 과정을 모두 훈련받은 치료자'에 의해 사용되는 개입방법이다. 건강 및 정신건강 실무자들은 자주 흥미로운 주제와 관련된 간단한 워크숍에 참석하고, 추가적으로 필요한 훈련과 충분한 슈퍼비전 경험 없이 이를 즉시 실시하곤 한다. 이것이 전문적 역량과 관련된 하나의 이슈이다. 전문지식의 범위 내에서 일하는 것은 언제나 우리의 의무이다.

놀이치료자가 현장에서 적절한 훈련과 슈퍼비전을 받는 것은 임상적으로나 윤리적으로 필수적이다. 모든 정신건강 협회(예: APA, ACA, AAMFT, NASW)의 윤리강령을 살펴보면, 임상가들이 그들의 전문적 역량의 한계 내에서만 실무를 하도록 규정하고 있다. '전문적 역량'은 조심스럽게 접근해야 하는 이슈이다. 집단놀이치료와 같은 특정한 개입방법을 적용하는 이들에게는 제대로 된 훈련과 적절한 임상 슈퍼비전을 받을 의무가 있다.

미국 놀이치료학회(APT)는 공인 놀이치료사(RPT)와 공인 놀이치료 슈퍼바이저(RPT-S) 과정을 만들었다. 비록 이 과정이 자격증 또는 증명서(certification)는 아니지만, RPT 또는 RPT-S의 자격증을 받는 것은 놀이치료자가 최소한의 훈련과 슈퍼비전 기준을 통과했다는 증거가 된다. APT는 놀이치료 우수임상(Play Therapy Best Practice, 2009)의 진술문에서 '전문성' 에 대해 다음과 같이 언급하였다.

> 놀이치료자는 그들의 전문적 역량 내에서만 일해야 한다. 전문적 역량은 훈련, 슈퍼비전 경험, 주 · 국가 그리고 국제적 자격기준, 전문적인 경험에 기초한다. 놀

> 이치료자는 다양한 내담자와 일하는 데 필요한 적절한 지식을 습득하고 기술을 발달시킬 것을 엄숙하게 약속한다. …… 놀이치료자는 새로운 전문영역에 대해 적절한 교육, 훈련, 슈퍼비전을 받은 후에 치료를 실시한다. 놀이치료자는 새로운 영역에서의 기술을 발달시키면서 그들의 업무에 대한 역량을 확고히 할 수 있는 단계를 거친다.
>
> (p. 10)

이는 Thomas와 Pender(2008)가 제시한 집단 전문가들을 위한 협회(ASGW)의 '우수임상 지침서(Best Practice Guidelines)'에서도 언급된다.

> 집단치료자는 집단에 대한 기본 지식과 집단 역동에 대한 원리를 알고 있으며, 집단의 핵심 역량을 수행할 수 있다. …… 그들은 지식, 개인적 인식, 민감성, 다양한 내담자와 일할 수 있는 적절한 기술들을 습득한다. 또한 집단치료자는 선정된 집단의 특수성에 대한 적절한 이해와 기술을 갖추고 있다(ASGW의 훈련 기준에 명시된 바와 같이, 심리치료, 상담, 과업, 심리교육).
>
> (p. 115)

놀이치료와 집단놀이치료 분야에서 발달단계를 고려하는 것은 임상적 전문지식에 대한 열정을 보여 주는 구체적인 사례이다. 집단놀이치료는 성인에게 적합하지만 역으로 아동의 발달단계에도 적절하게 활용할 수 있는 최상의 개입이다. 발달 차이에 대한 존중은 불필요한 경직성에서 벗어나 치료자의 전문적 역량을 보여 주는 것이다.

전문적 역량과 관련된 두 번째 이슈는 관할기관에서 규정하고 있는 미성년자의 법적 지위에 대한 것이다. 기본적으로, 미성년자들은 국가에서 정해 놓은 연령이 되기 전까지는 법적으로 무능력하다고 여겨진다. 이는 서비스에 동의(혹은 거부)하거나 정보의 비밀보장에 대한 권리를 얻고 유지하는 데 있어 아동의 법적 능력이 고려되지 않는다는 것을 의미한다. 법적 보호자, 주로 부모가 이 권리들을 갖게 된다. 이는 종종 아동상담에 관련된 모든 사람들에게 애매한 법적 · 윤리적 측면이 될 수 있다.

아동 놀이치료에서 치료의 초점은 아동에게 맞춰진다. 그러나 그 과정에서 부모를 배제하는 것은 비현실적이고 비윤리적이다. 대부분의 경우, 부모는 중요한 양육자이며 아동에 대한 법적 책임자이다.

아동에게 정신건강 서비스(treatment)를 제공할 때 특별히 고려해야 할 사항들이 있다. 치료자는 다음의 요약문에 포함된 것과 같은 다양한 질문을 고려해 볼 필요가 있다(Corey, Corey, & Callanan, 2007).

- 미성년자가 부모의 인지나 동의 없이 심리치료에 동의할 수 있을까?
- 몇 살 정도부터 미성년자가 치료에 동의할 수 있을까?
- 아동이 치료 과정에 동의하고 참여하기 위해 어떤 자격이 주어져야 할까?
- 미성년자 상담 시, 비밀보장의 한계는 무엇인가? 당신은 (치료를 진행하는 것에 대해 부모 혹은 보호자의 동의를 얻은 후에라도) 비밀보장에 한계가 있음을 미성년 내담자와 이야기하겠는가?
- 미성년자와 상담할 때 사전 동의의 내용은 어떠해야 하는가?

(p. 187)

비밀보장과 아동

아동에 대한 심리치료를 승인하기 위해서는 부모의 동의가 필요하다. 즉, 부모는 자녀의 치료에 대한 정보를 얻을 권리를 갖는다. 결과적으로, 비밀보장은 일반적으로 미성년자에게 온전하게 보장될 수 없다. 이는 치료적 관계를 맺고자 노력하는 치료자에게는 도전이 될 것이다. 놀이치료자는 그들의 내담자에게 그들이 언어적 · 비언어적으로 공유한 모든 것이 부모에게 비밀로 보장될 것이라는 약속을 할 수 없다. 이 딜레마는 뒤에서 비밀보장에 대한 일반적인 경우와 함께 더 논의해 볼 것이다.

치료자들 간에 '사생활' '비밀보장' '특권'이라는 용어의 차이에 대한 혼란이 있다. 사생활의 근본적인 의미는 타인이 그들 자신에 대하여 알 수 있는 혹은 알 수 없는 것들을 선택할 권리를 갖는 것을 의미한다. 비밀보장은 내담자의 개인적 정보에 대한 접근을 제한하고, 이를 존중하는 치료자의 윤리적 책임을 구체화한 것이다. 특권은 내담자의 비밀보장을 보호해야 하는 치료자의 법적 책임을 나타낸다(Sweeney, 2001). 기본적으로, 비밀보장은 내담자에 대한 치료자의 윤리적 의무이며(즉, 비밀보장은 내담자의 권리이다), 비밀보장특권은 정보공개로부터 내담자의 권리를 보호하는 법적 개념이다.

미성년자에게 있어서 보호자, 대부분의 경우에 부모는 법적 권한자이며 의사결정자이다. 오직 보호자 또는 부모만이 치료를 허가할 수 있고 치료 과정(진단, 치료 계획 등을 포함)에 대한 정보를 얻을 수 있다. 이 법적 권한은 법적·물리적 구류 상태에 있는 사람, 또는 친권에서 독립한 혹은 법에 의해 치료를 받도록 명령받은(authorized) 미성년자의 경우 제한될 수 있다. 이는 주의 법에 따라 다양하다. 아동과 함께 일하는 치료자는 부모의 권리에 대한 주와 지역의 법령을 알고 있어야 한다.

모든 치료자는 비밀보장에서의 기본적인 예외사항을 인식해야 한다. 비록 주마다 약간씩 다르긴 하지만, 예외사항들은 대부분 다음을 포함한다. ① 아동 또는 노인 학대에 대한 고지, ② 자신 혹은 타인에게 위해를 가하려는 의도에 대한 고지, ③ 부모 또는 보호자에 의해 작성된 허가증, ④ 치료자를 상대로 하는 내담자의 법적 행동, ⑤ 법원에 의해 정보공개를 명령받았을 때(Sweeney, 2001).

놀이치료자들은 그들이 실무를 하고 있는 주의 법 규정, 또한 치료 과정에서의 비밀보장에 영향을 미치는 주의 법과 다른 사례들을 필수적으로 알고 있어야 한다. 비밀보장 정보를 개방하는 것이 필요하고, 적절한 경우 치료자들은 법의 명령에 따라야 하는 특정한 상황에서 필요한 최소한의 자료만을 개방해야 한다.

비밀보장과 집단치료

비밀보장을 유지하기 위한 윤리적 책임은 집단치료에도 분명히 적용된다. 그러나 치료자는 집단구성원이 집단의 다른 구성원들의 사생활과 비밀을 지킬 것이라고 보장할 수 없다. 비밀보장 유지의 중요성은 집단 내에서 전달되어야 하지만, 치료자들은 오직 그들 자신의 비밀보장과 특권의 유지에 대해서만 보장할 수 있다. Remley와 Herlihy(2005)는 다음과 같이 강조한 바 있다. "방에 있던 다른 이들이 내담자의 비밀을 지키지 않을 거라는 사실이 분명하더라도, 상담자의 책임은 상담실에 있는 다른 사람들로 인해 줄어들지 않는다."(p. 113)

다른 집단구성원에 의해 비밀보장이 지켜지지 못할지라도 비밀보장의 중요성을 강조하는 것과 이 역동에 대해 집단구성원들과 이야기를 나누는 것은 치료자의 책임이다. Thomas와 Pender(2008)는 ASGW의 우수임상 지침서(Best Practice Guidelines)에서 다음과 같이 언급하였다.

> 집단치료자는 비밀보장과 예외사항에 대해 분명히 밝혀야 한다(예를 들어, 법적 그리고 윤리적인 예외사항과 예상되는 사항, 치료 계획, 문서기록과 보험 사용을 포기할 수 있는 권리). 집단치료자들은 모든 집단구성원에게 비밀보장의 필요성, 비밀보장 위반 시의 잠재적 결과 그리고 집단 토론에는 (국가의 법규에 의해 제공되지 않는 한) 법적 특혜가 적용되지 않음을 알릴 책임이 있다.
>
> (p. 114)

비록 다른 집단구성원의 비밀보장을 위반한 집단구성원이 일반적으로 법적 결과에 직면하지는 않을지라도(Lasky & Riva, 2006), 집단의 안내자는 비밀보장과 특권에 대한 의무가 있을 뿐 아니라 집단구성원에게 그것의 중요성을 가르쳐야 한다. 또한 이것은 내담자가 치료 과정에 앞서 작성하는 사전 동의 문서의 한 부분이 되어야 한다.

사전 동의

자율성과 존중에 대한 일반적인 윤리 원칙에 기반을 두고, 개별 및 집단 심리치료에 참여하는 모든 내담자는 서비스에 동의할 권한과 권리를 갖는다. 치료 과정에 참여하는 모든 사람은 그들의 행복에 영향을 미치는 의사결정에 대한 기본적인 권리를 갖고 있다. 그러므로 그들은 자신들의 결정에 대한 잠재적인 이익과 위험에 대해 생각할 필요가 있다. 어떤 상담개입에서든지(집단놀이치료를 포함해서), 사전 동의는 치료 참여 여부를 결정하고 치료 과정 동안 어떤 일이 발생하는지, 치료자가 어떤 정보를 제3자에게 공개할 수 있는지를 나타낸다(Sales, DeKraai, Hall, & Duvall, 2008).

사전 동의 과정에는 몇 가지 요소가 있다(Sweeney, 2001). 먼저, 치료자는 치료 과정과 관련된 모든 정보를 내담자에게 공개해야 한다. 이에 대해서 기관의 기본적인 정책 이상의 논의가 필요하다. 놀이치료 및 집단놀이치료 과정은 사람들에게 모호한 경우가 많다. 특히 집단놀이치료자에게 사전 동의는 아동과 부모에게 치료 과정에 대한 근거를 제시한다는 측면에서 중요하다. 사전 동의의 또 다른 구성 요소는 이 정보에 대한 내담자의 이해력이다. 이는 과도한 영향이나 간섭 없이 자발적으로 치료에 참여하는 것을 동의함으로써 이루어져야 한다. 이에 대해서 앞으로 더 자세히 살펴볼 것이다.

사전 동의 원리에 대해 구체적으로 살펴보면, 내담자의 동의는 자발적이고, 지식이 있으며, 권한을 가진 상태에서 이루어져야만 한다. 아동이 내담자인 경우, 이는 다소 복잡해질 수 있는 이슈이다. 아동의 법적 지위는 미성년자로, 아동은 일반적으로 자발적이고, 지식과 권한을 갖춘 내담자로 생각되지 않는다. 놀이치료자는 성인 내담자와 같은 방식으로 치료 과정에 아동을 초대하지만, 아동 내담자의 발달적 특성으로 인해 놀이를 사용하여 접근하고 그 의미를 전달한다. 사전 동의는 복잡하고 추상적인 개념으로, 놀이치료에서 지향하는 기본 가정과 일치하지 않는다. 그럼에도 불구하고 사전 동의는 윤리적이고 치료적으로 반드시 이루어져야 한다.

일반적으로 아동은 법적으로 놀이치료 과정에 동의할 수 없다고 간주되기 때문에 대리인이 의사를 결정해야만 한다(Sweeney, 2001). "대부분의 경우, 이는 부모 또는 법적 보호자가 될 것이다. 부모가 포함되지 않은 사례에서, 치료자는 반드시 동의를 제공하는 사람이 법적으로 그것을 할 수 있는 사람인지 확인해야 한다. 조부모 혹은 그들의 친척이라도 법적 보호자가 아닌 경우, 일반적으로는 동의를 제공할 수 없다."(p. 68) 부모의 이혼 상황에 있는 아동과 작업하게 되었을 때, 치료자가 양육권과 부모의 권리에 대한 주의 법을 인식하는 것은 중요하다. 어떤 주에서는 양육권자와 비양육권자 모두에게 치료 동의를 허용하지만(또한 기록 검토도), 그렇지 않은 경우도 있다.

게다가 법적 보호자의 치료 동의에 대한 일반적인 요건에도 예외가 있는데, 이 또한 주마다 다양하다. 위기 상황에 대한 개입이 그러한 예외가 될 수 있다. 친권 독립한 미성년자인 경우, 아동에 대한 약물 및 알코올 치료가 필요한 경우(일반적으로 12세 이상), 산아 제한, 임신 또는 성병에 대한 상담인 경우, 그리고 국가에 의해 제시된 기타 구체적인 상황이 포함된다(Sweeney, 2001).

사전 동의가 치료 초기 과정에서 단 한 번만 진행되는 것은 아니라는 점을 기억하는 것 또한 중요하다. 이것은 특별히 놀이 및 표현예술 치료자들이 알고 있어야 할 중요한 내용이다. 집단놀이치료는 집단 과정이 진행되는 동안 다양한 창조적·투사적 활동들을 포함하고 있기 때문에, 새로운 활동에 대한 동의를 받는 것이 중요하다. 우리가 알고 있듯이 표현적인 활동은 정서적으로 자극을 불러일으킬 수 있으므로, 내담자가 치료 과정의 초기나 중간에라도 활동을 그만둘 자유가 있다는 것에 대한 동의가 포함된다.

전문적 고지

내담자, 부모 그리고 아동에게 발달적으로 적절하게 기관의 방침과 치료자들의 전문적 정체성에 대한 정보를 제공하는 것이 집단놀이치료자의 책임이다. 이는 '전문적 고지 진술'로서, 몇몇 주에서는 법에 의해 요구되는 것이고, 다음의 구체적인 내용을 포함한 몇 가지 사항에 대해 내담자에게 가르쳐 주어야 한다. 정리하면, ① 집단놀이치료자의 이론 및 기법에 대한 지향(orientation)과 관련된 정보, ② 치료자가 소지한 학위와 자격증, ③ 치료자의 임상과 관련된 구체적인 훈련과 슈퍼비전 경험, ④ 요금 지불 방법 및 기간에 대한 정보, ⑤ 비밀보장의 한계, ⑥ 보험사와의 처리 절차, ⑦ 기타 정보(구체적으로 치료자의 임상과 관련하여 내담자가 과정에 대해 충분히 알 수 있도록 하는 정보와 그 과정에 포함된 치료자의 자격에 대한 정보들) 등을 말한다(Sweeney, 2001).

Erford(2011)는 집단놀이치료자를 위한 전문적 고지 진술에 포함되어야 할 구체적인 항목들의 개요를 서술하였다.

- 집단치료자의 전문적인 준비 정도(예: 교육, 훈련, 면허발급기관의 주소가 적힌 보유한 면허증, 증명서 발급기관의 주소가 적힌 보유한 증명서, 이론적 지향)
- 제공되는 집단치료의 성격(예: 집단의 성격, 집단의 목적과 목표)
- 집단치료자와 구성원의 책임과 역할, 집단 내에서 구성원들에게 기대되는 행동
- 집단구성원의 건강 정보에 대한 비밀보장의 한계와 예외사항, 그리고 집단 과정에서 발생하는, 특히 제3자에 의해 집단 참석을 강요받은 개인에 대한 고지
- 항정신성 약물과 관련된 방침
- 집단 외부에서 집단구성원 간의 개인적 만남, 접촉에 대한 방침
- 집단 출석 및 결석 이후 뒤따르는 절차에 대한 방침
- 서류 요청 및 타인에게 공개하도록 요구되는 정보

- 집단치료자와 구성원 간의 상담 절차
- 요금 정보
- 집단의 소요시간/시간변수
- 집단 참여로 인한 잠재적인 영향

(p. 27)

아동과 청소년의 경우, 비록 그들이 동의와 고지에 대한 법적 권한을 갖고 있지 않더라도 전문적 고지 및 사전 동의 모두에 대해 함께 상의하는 것을 추천한다. 적절한 방식으로 이 과정에 참여시키는 것은 그들에게 힘을 북돋을 수 있다. 아동과 청소년이 특권, 비밀보장의 권한은 없을지라도, 그들은 치료자에 대한 자격과 방침을 알 권리가 있다. 이것은 치료적 관계를 시작하고 발전시켜 나가는 데 있어 보다 깊은 의미를 줄 수 있다.

아동과 부모의 권리

아동은 집단놀이치료 서비스의 주요 내담자이기 때문에, 양쪽 모두의 법적 · 윤리적 권리를 고려하는 것은 유용하다. 이는 주마다 각각 다르다. 다음은 Prout와 Prout(2007)가 권리에 대해 요약한 것이다.

치료에서 아동이 갖는 권리

- 평가 과정, 이유, 결과에 대해 이해할 수 있는 용어로 설명을 들을 수 있는 권리
- 치료적 개입과 이유(근거)에 대해 이해할 수 있는 용어로 설명을 들을 수 있는 권리
- 비밀보장과 한계에 대한 정보를 제공받을 권리
- 정보유출을 통제할 권리

- 치료가 불편하거나 성공적이지 않을 때 참여하지 않을 권리(법원 명령 또는 IEP[1] 중인 경우 불가능할 수도 있음)
- 진실하고 존중받는 상태로 대우받을 권리
- 치료자, 부모와 함께 의사결정 및 목표 설정의 과정에 참여할 권리
- 역기능적 가정의 희생양으로 낙인찍히지 않을 권리

부모의 권리 및 책임

- 그들의 자녀에게 복지를 제공해야 하는 법적 책임
- 자녀의 복지와 관련된 (교육적 · 의학적 · 치료적) 정보에 접근할 권리
- 자녀를 위해 치료와 처치를 추구할 권리
- 자녀를 위한 치료적 의사결정 및 목표설정 과정에 참여할 권리
- 치료에 대한 허가를 제공할 권리
- 자녀에 관한 비밀 정보를 말할 수 있는 권리

이 목록을 고려할 때 몇 가지가 마음에 떠오른다. 윤리와 법을 이해하는 것, 정보를 전달하고 발달단계를 고려하여 자료를 작성하는 것, 부모와 아동의 권리의 균형을 맞추는 것은 집단놀이치료자의 책임이다. 가장 중요한 것은 연령을 떠나 내담자의 이익을 최우선으로 해야 한다는 것이다.

집단놀이치료에서의 기록

집단놀이치료자는 전문적으로 적합하고 안전한 방법으로 정해진 기간에 기록을 유지할 책임이 있다(Sweeney, 2001). 일반적으로 조력 전문분야의 많은 사람이 그들의 업무 중 행정적인 측면을 신경 쓰지 않는다고 알려져 있을지라도, 그럼에도 불구하고 이는 중요하게 다뤄질 필요가 있다.

모든 치료자는 기록을 생성하고 유지하는 데 책임이 있다. 다음과 같은 것들이 포

1) 역자 주: Individualized Educational Program의 약자.

함되지만, 이것이 전부는 아니다. 접수 정보, 기본 작성 서류[사전 동의서, 기관 방침(지불 정보, 취소 시 요금 정책 등), 전문적 고지 진술, 양도계약서], 내담자 병력, 심리검사, 회기 노트, 치료 계획 등. 내담자의 자료를 유지하는 데 있어 놀이치료자가 고려할 만한 합리적인 기준은 만약 그들이 법원 혹은 전문가 동료들에 의해 그 자료가 검토될 때 편안함을 느낄 수 있느냐 하는 것이다(Sweeney, 2001).

집단치료에서의 기록 유지, 관리는 조금 독특한 질문과 도전들을 떠오르게 한다. 집단놀이치료자는 모든 집단구성원을 위한 하나의 자료를 마련할 것인지, 혹은 각 구성원별로 분리된 자료를 유지할 것인지 결정해야 한다. Christner, Stewart와 Freeman(2007)은 이 도전을 다음과 같이 요약하였다.

> 만약 기록을 집단 전체에 대한 하나의 자료로 관리한다면, 그것은 치료자가 집단 회기에 대해 생각하고 경험하는 데 보다 유용할 것이지만, 다른 집단구성원이 기록에 접근하거나 제3자에 의해 기록이 공개될 경우, 법원이 집단구성원 중 한명에 대한 전체 기록을 요청할 경우에 비밀보장의 문제가 발생한다. 그러나 만약 각각의 집단구성원별로 기록이 유지된다면, 개별 구성원의 말에 대한 맥락을 이해하고 그 구성원이 다른 집단구성원들과 어떻게 연관되어 있는지 알기 어려울 것이다. 도전은 집단구성원들의 비밀보장을 유지하면서 동시에 회기의 흐름을 따라갈 수 있도록 하는 것이다. 이것이 집단치료자들의 기록 관리가 개별치료자들의 그것에 비해 더 복잡한 이유이다.

일부 집단치료자들은 다른 구성원을 감별할 수 있는 구체적인 정보를 제외하고 개별 파일에 집단구성원에 대한 기록을 유지한다. 이 방법은 집단치료자에게는 더 많은 일이 주어진다고 인식되긴 하지만, 적절한 비밀보장과 유지를 위해서는 가장 안전한 방법이다. 또 다른 치료자들은 사용되었던 개입과 집단치료 과정의 흐름을 따라가기 위해 추가적으로 전체를 대상으로 한 집단 자료를 만든다. 누가 기록에 접근하고 싶어 할지 예측할 수 있는 간단한 방법은 없다.

우리는 각 집단구성원을 위한 개별 자료를 유지할 것을 추천한다. 집단놀이치료자들은 집단놀이치료 과정에서 발생한 개괄적인 내용들을 공통의 서식에 작성한 후, 각각의 구성원에 대한 기록이 추가적으로 담겨 있는 개별 자료에 복사해서 붙일 수 있다. 개별 노트를 적는 것은 추가적인 시간과 기술, 업무를 발생시키지만 각 집단구성원의 비밀보장을 확실하게 할 수 있다.

내담자의 기록을 유지하는 적당한 기간에 대해, 대부분의 주와 전문가 협회는 최소한을 이야기한다. 치료자들은 그들이 일하고 있는 주의 법을 잘 알고 있어야 한다. 놀이치료는 주로 아동을 대상으로 적용하기 때문에, 아동 내담자를 위해 아동이 성인이 된 이후까지 기록을 보관할 것을 추천한다. 기록을 보관하는 것은 특히 공간 문제 때문에 힘든 일이긴 하지만, 단기간보다는 충분히 긴 시간 동안 보관하는 것이 항상 더 적절하다(Sweeney, 2001).

게다가 치료자들은 자료에 접근할 수 있는 모든 사람, 특히 직원(support staff)들의 내담자 기록에 대한 접근을 제한할 수 있도록 훈련시킬 책임이 있다. 치료자들에게는 그들이 고용한 사람에 의한 실수(의도적이든 그렇지 않든)에 대한 법적 책임이 있다.

기법의 사용

우리는 집단놀이치료 과정에서 폭넓고 다양한 기법의 사용을 지지한다. 이는 이 책의 여러 장에서 밝히고 있다. 서론에서, 우리는 기법의 사용 시 고려해야 하는 몇 가지 기본적인 질문을 제안했다. ① 기법이 발달적으로 적절한가? ② 기법이 근거로 하는 이론은 무엇인가? ③ 그 이론을 사용하는 치료적 목적은 무엇인가?(Sweeney, 2001) 이는 임상적으로 의미 있는 고려사항들이다. 이것은 또한 윤리적으로도 필요한 질문들이다.

Corey 등(2011)은 어떻게 집단의 기법이 남용되고 비윤리적으로 사용될 수 있는지 이야기하였다. ① 친숙하지 않은 것, ② 치료자의 영향력을 강화하기 위해서,

③ 치료자의 필요에 의해 반응성을 이끌어 내기 위한 목적, ④ 활동 참여 거부 의사를 밝히는 구성원에게 압력을 가하는 것 등 이것들은 집단치료자들이 기법을 사용할 때도 적용된다.

집단치료 과정에서 기법을 사용하는 것에 대해 Corey 등(2011)은 일련의 지침을 제안하였다. 다음의 지침들은 집단놀이치료에 반드시 적용해야 한다.

- 치료적 목적이 있고 이론적 틀에 근거한 것
- 내담자의 자기탐색 및 자기이해를 촉진시키는 것
- 다양한 문화 및 인종 집단의 독특한 욕구에 따라 고안된 것
- 내담자의 문화적 · 인종적 배경에 따라 적합하게 수정된 것
- 치료자의 무능함을 가리기 위한 것이 아니라 집단의 과정을 강화하기 위해 사용되는 것
- 기법은 시기적절하고 세심한 방식으로 소개하고, 효과가 없을 때는 사용하지 않음
- 치료자의 말투는 일관되게 친절함, 구성원들은 주어진 활동에 참여할 것인지 자유롭게 선택할 수 있음
- 치료자는 훈련 및 슈퍼비전 받은 기법을 사용함

(p. 501)

우리의 관점은 치료자가 기법을 사용하기 위해 적절한 훈련과 슈퍼비전을 받아야 한다는 것이다. 또한 기법이 주는 이익과 잠재적인 해로움 모두에 대해서 알고 있어야 한다. 물론 구체적인 기법 또는 개입이 가져오는 모든 반응에 대해 인지하는 것이 불가능할지 모르지만, 집단놀이치료자는 예상된 그리고 예상치 못한 결과 전체에 대해 어떻게 설명할지 알고 있어야 한다. 정서적 이완 및 카타르시스는 특정한 기법의 의도된 혹은 예상치 못한 결과일 것이다. 특정 기법에 대한 집단구성원의 반응을 설명하는 것은 즉각적으로 혹은 나중에 언급될 필요가 있다. 만약 내

담자에게 고통이 야기될 수 있다고 판단된다면, 치료자에게는 이에 대해 설명해야 할 임상적 · 윤리적 책임이 있다. 집단놀이치료 과정에서 임상적으로 필요한 주제일지라도, 그러한 개입이 내담자에게 부정적인 결과가 초래된다면 윤리적 문제가 될 수 있다.

앞에서 집단놀이치료자로서 적합한 훈련과 슈퍼비전을 받아야 한다는 것은 이미 추천된 바 있다. 우리가 치료자의 역할로 개입하기 전에, 집단놀이치료에 참여해 보고 집단의 구성원이 되어 보는 경험을 하는 것 또한 도움이 될 것이다. 우리는 이러한 과정을 통해 사용할 기법의 정서적 · 행동적 영향력과 잠재적인 스트레스에 대해 예측할 수 있다. 우리가 치료자로서 지향하고자 하는 모델이 있다면, 우리에게는 우리가 사용하고자 하는 기법과 관련해 적절한 지식을 쌓으려는 자세가 필요하다.

집단구성원의 선별과 선정

잠재적인 집단구성원을 선별하는 것은 5장에서 다루어진다. 이것은 임상적인 문제이면서 윤리적 사안이라는 점이 추가적으로 언급되어야 한다. ASGW는 다음과 같이 제시했다. "집단치료자는 집단구성원 후보가 집단의 유형에 적합한지 판단해서 선별한다. 집단구성원이 적합하게 선별될 때, 집단치료자는 집단 구성원의 목표 및 필요가 집단의 목표와 호환이 되는 것을 확인할 수 있다."(Thomas & Pender, 2008, p. 114). Corey 등(2011)은 이와 관련된 적절한 질문을 제안했다. "이 사람이 이런 유형의 집단에 이런 치료자와 함께 이 시기에 참여하는 것이 적절한가?"(p. 491).

특정 치료자에게는 선별이라는 것이 개인적 혹은 이론적 문제가 될 수도 있지만, 우리는 한 사람이 치료적 놀이집단에 합류하기 전에 선별 작업을 거치는 것은 항상 옳다고 주장한다. 이것은 내담자의 복지와 관련된 사안이 될 것이다(단지 집단 내의 한 개인의 문제가 아닌 집단 전체에 대한 것이다). 우리는 선별 과정의 일환으로 어떤 특정한 집단구성원의 존재가 다른 집단구성원들에게 이익이 되는지 고려해 봐야 한다.

의뢰

치료자가 의뢰를 해야만 하는 상황들이 있다. 이것은 윤리적 관점에서 생각해 봐야 할 중요한 이슈이다. 집단놀이치료자는 항상 집단구성원의 이익을 염두에 두어야 하며, 필요한 경우 다른 서비스로 의뢰할 수 있다. 집단구성원의 상태가 의학적 평가를 필요로 한다는 합리적인 근거가 있을 때, 치료자는 의사에게 의뢰해야만 한다. 심지어 그것이 치료자가 판단하기에 심리적인 문제에서 기인한다 해도, 의학적 평가에 의뢰하는 것은 적절한 절차이다. 만약 의사의 평가와 약물치료가 필요하다면, 의뢰는 반드시 이루어져야 한다.

집단구성원에게 추가적 도움이 필요하다는 사실이 분명해지면, 개별치료 혹은 다른 유형의 부가적인 서비스로 의뢰해야 한다. 이 장에서 더 다루어져야할 질문은 개별서비스 제공자가 집단놀이치료를 담당해도 되는지, 아니면 다른 사람이 제공해야 하는지에 대한 것이다.

한 치료자가 한 내담자에게 집단치료와 개별치료 서비스를 동시에 제공하는 것이 비윤리적이라고 주장할 수는 없지만, 그것은 흔히 어색하고 세심한 주의가 필요한 임상적 상황이다. 만약 집단놀이치료자가 집단구성원 한 명(혹은 여러 명)과 동시에 두 개의 치료적 관계를 맺는다면, 내담자와 치료자 모두 두 관계를 구별하기가 어려울 것이다. 또한 치료자와 개별적인 치료적 관계를 맺고 있지 않은 다른 집단구성원들로 하여금 질투심을 유발할 것이다. 우리는 이러한 역동에 대해서는 반대하는 입장이긴 하지만, 각각의 역동에 따라 다양할 수 있음을 알고 있다.

게다가 집단놀이치료자는 집단의 맥락에서 개별치료 진행에 주의해야 한다. 만약 집단구성원이 추가적인 상담이나 임상적인 주의를 필요로 한다면, 규정된 집단의 치료 시간 외에, 치료자와 내담자 모두 경계를 인식한 상태에서 이루어져야 한다.

무엇보다 치료자의 임상적 전문성에 대해 자각하는 것의 중요성은 앞에서 다루었다. 내담자의 상황이 집단놀이치료자의 전문적 범위 안에 있을 때 적절하게 의뢰되어야 한다. 집단놀이치료자는 유능한 임상가에게 적절하게 의뢰해야 하는 법적 · 윤리적 책임을 져야 하고, 내담자의 의뢰 및 이동은 전문적인 방식으로 이루어져야만 한다. 만약 의뢰받은 새로운 임상가가 부주의하거나 비전문적인 방식으로 행동할 경우, 의뢰를 한 치료자에게 법적 책임을 물을 수 있다(Sweeney, 2001).

결론

이 장에서는 법적 · 윤리적 이슈를 다룰 때 유용한 몇 가지 지침을 제시하였다. 현장에서 다른 전문가와 협의하는 것은 늘 필요하고 도움이 된다. 지속적인 슈퍼비전은 임상가로의 전문적 성장에 있어 확실히 도움이 될 뿐 아니라 윤리적 문제를 다루는 자원이 된다. 내담자와의 정직하고 개방적인 대화 또한 법적 · 윤리적 관점에서 반드시 이루어져야 하는 것이다(Sweeney, 2001). 내담자들은 무시당하거나 무가치한 느낌을 받았을 때 전문가에 대해 항의하거나 법적 행동을 취하는 경향이 있다(항상 공감이 문제이다!). 마지막으로, 모든 법적 · 윤리적 고려사항은 내담자의 자료에 신중하게 기록되어야 한다.

집단놀이치료를 통해 내담자와 작업하는 치료자들은 독특한 표현적 · 투사적인 매체를 사용하면서 내담자에게 다가갈 책임이 있다. 이 과정은 아동, 청소년, 성인 그리고 다른 치료자들과 일반 대중에게는 잘 이해되지 않을 것이다. 집단상담의 맥락에서 놀이치료의 유익함과 그 과정에 대해 더 넓은 분야의 정신건강 관련자들 및 일반인들을 교육하는 것이 집단놀이치료자의 중요한 역할이다.

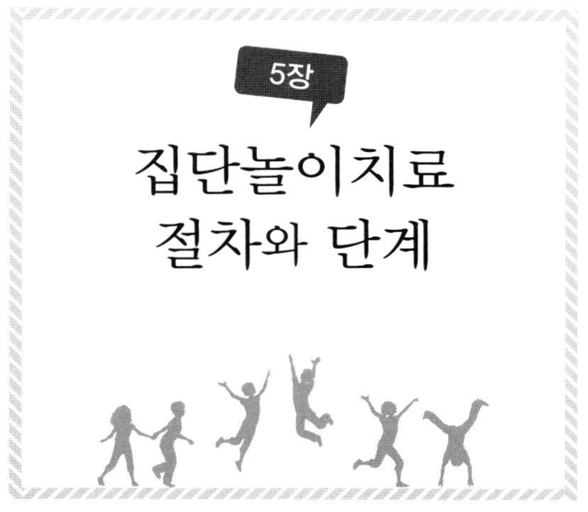

기본적으로 집단놀이치료 절차는 이론과 기술적 측면 모두를 고려해 적용해야 한다. 집단놀이치료 절차는 집단구성원을 선택하는 과정, 집단 크기, 집단구성원의 균형 맞추기, 집단놀이치료실과 도구들, 회기의 시간과 빈도, 필수적인 놀이치료 기술들, 집단 단계, 진보 측정, 종결 준비를 포함한다. 이론적 방향성 및 구체적 기술은 변화할 수 있지만, 이 요소들은 이해 및 실행에 있어 핵심적이다.

집단구성원 선정

집단놀이치료에서 집단구성원을 선정하는 것은 어떤 치료적 집단이든 중요하다. Yalom(2005)은 집단치료 구성원이 주의 깊게 선정되지 않는다면 결국 집단구성원은 좌절을 경험하거나 도움을 받지 못할 수도 있다고 언급했다. 이것은 임상적 · 윤리적 측면의 책임성과 관련되어 있다. 집단구성원을 선정하는 것과 관련해, 미국 놀이치료학회(2009)는 "놀이치료자는 개별 내담자의 복지와 치료적 과정에 적합하거나 양립 가능한 필요에 입각해서 집단놀이치료에 참여하는 내담자를 선택해야 한다."(p. 6)라고 언급했다.

Erford(2011)는 집단구성원을 선별하고 선정하는 데 있어 중요한 질문을 제기하였는데 이는 치료적 집단뿐만 아니라 집단놀이치료에도 적용 가능하다.

- 집단구성원의 잠재적인 욕구는 무엇인가? 계획된 집단에서 제공되는 경험, 개입 방식과 집단구성원의 욕구는 부합하는가?
- 집단구성원의 능력은 어떠한가? 집단이 운영되는 동안, 개인적 그리고 대인관계적 도전에서 성공하는 데 필요한 전제조건인 지식, 기술 그리고 태도를 가지고 있는가?
- 개인적 그리고 대인관계적 측면에서 집단구성원의 제한점은 무엇인가? 지원자는 다른 사람의 성공적 경험을 심각하게 방해하거나 혹은 성공적으로 집단을 운영하는 데 있어 어려움을 야기하거나 혹은 아예 이를 불가능하게 만드는 개인적 · 대인관계적 성향이 있는가?

Ginott(1975)는 놀이치료 집단을 선택하는 데 있어 기본적 필요 요건은 '사회적 배고픔'의 현존 여부라고 주장했다. 기본적으로 이것은 또래에게 받아들여졌으면 하는 아동의 욕구와 집단 내에서 지위를 얻거나 유지하기를 바라는 바람이다. 이러한 방향에서 Yalom(2005)은 참여하고 활동하는 것과 관련해 어떤 내담자의 동기 유무가 그 내담자를 집단구성원으로 선정하거나 포함하는 데 있어 핵심 변수라고 주장했다. Ginott와 Yalom의 견해는 대부분 모든 연령의 잠재적인 집단구성원에게 적용 가능하다. 집단놀이치료에 참여시키는 것은 분명히 사례에 따른 임상적 결정이어야 한다.

Ginott(1961)는 몇몇 제한규정을 제시했다.

- 강렬한 경쟁의식을 보여 주는 형제자매
- 극단적으로 공격적인 아동
- 성적으로 행동화하는 아동
- 영아-어머니 애착 결핍으로 어려움을 경험하는 아동
- 반사회적인 아동(해를 가하거나 복수를 하려는 의도를 가지고 행동함)
- 빈약한 자기이미지를 가지고 있는 아동

우리가 제안한 이러한 규정은 논란의 여지가 있다. 적합한 치료적 조건이 갖추어진다면, 집단놀이치료를 경험하는 것이 이 아동들에게도 도움이 될 수 있다. Ginott의 제안은 아동과 치료자를 보호하려는 의도로 추측된다. 적합한 훈련과 슈퍼비전을 받는 것은 안전함과 관련한 염려를 완화시킨다.

당연히, 집단놀이치료의 잠재적인 구성원을 인터뷰하는 것은 필수적이다. 아동의 경우 부모도 관여될 수 있다. 집단놀이치료의 잠재적 구성원이 아동인 경우, 선정 과정에서 개별놀이치료를 실시하는 것이 일반적으로 추천되는 방식이다. 심지어 단일 회기만으로 집단에 포함시킬 수 있을지 아닐지가 드러나기도 한다. 또한 이 방법을 청소년과 성인에게 적용할 수도 있다. 예를 들어, 청소년 혹은 성인을 대상으로 집단모래놀이치료를 실시하기 위해 구성원을 선별하고자 개별모래상자를 하는 것은 도움이 된다.

또 다른 선별방법으로 부모 그리고/혹은 교사의 보고를 참조하는 것, 행동적 혹은 다른 정형화된 평가, 아동 인터뷰, 그룹 인터뷰, 다른 배경 정보 등이 있다.

분명히, 집단놀이치료가 모든 사람에게 적합한 것은 아니다. 과도하게 공격적이거나 지배적인 사람, 비판에 심하게 민감한 사람, 자기애적이거나 극단적으로 불안하거나 우울한 사람이 이에 해당된다. 일반적으로, 심각한 정신병리를 가지고 있는 사람은 집단놀이치료에 적합하지 않고 집단에 참여하는 것 대신 혹은 집단에 참여하기 전 개별치료가 필요하다.

또한 일부 내담자(모든 연령에 있어서)는 집단놀이치료에 반응하지 않을 수 있다는 점에 유념해야 한다. 이러한 내담자에게는 개별놀이치료가 적합할 수 있고, 부모 혹은 가족놀이치료가 필요할 수 있다. 이러한 경우 몇 가지 지점을 고려해야 한다. 내담자가 집단을 경험할 수 있는 준비가 되어 있지 않거나, 현재 내담자의 문제는 다른 개입방법을 적용하는 것이 더 적합할 수 있고 혹은 심리학적인 혹은 생리학적인 안전에 대한 우려가 있어서 집단치료를 적용하기 어려울 수 있다.

집단 크기와 균형

놀이치료 집단에 적합한 크기와 관련해 여러 가지 고려해야 할 점이 있다. 첫째, 둘 혹은 그 이상의 서로 관련 없는 내담자로 치료적 집단을 구성해야 한다는 규정에 주목해야 한다. 물론 이것이 분명한 사실일지라도, 집단의 최소 인원을 정하는 것 자체가 어렵다는 점은 강조되어야 한다. 이는 두 번째 중요한 지점, 즉 집단을 구성하는 데 있어 합리적인 최대 인원수를 설정하는 것과 연결된다. 결국, 치료적 집단의 최대 내담자 수는 치료적 역동에 주의를 기울이고 촉진할 수 있도록 하는 치료자의 능력에 따라 결정될 수밖에 없다.

하지만 이러한 최대 인원수는 너무 자주 간과된다. 집단 크기를 확대하려는 무지한 시도로 인해 놀이치료 집단의 치료적 가치가 쉽게 훼손되는 경우가 많다. 이것은 임상적 결정이어야 하고, 편의적 · 관리적 차원이 아닌 상담이론과 계획된 개입 방식에 입각해서 결정해야 한다.

O'Connor(2000)는 놀이치료 집단을 구성하는 데 있어 고려해야 하는 기준을 다음과 같이 제안했다.

① 한 명의 성인이 운영하는 집단의 경우, 아동 4~6명 이상을 초과하지 않고, 두

명의 성인과 함께하는 집단에는 6~10명으로 구성한다.

② 집단구성원들 사이의 연령차는 특히 어린 아동의 경우 3년 미만으로 한다.

③ 사회경제적 지위 그리고/혹은 아동의 민족적 배경은 유사해야만 한다. 아동의 차이가 극적 수준만큼 크지 않더라도 이는 최소 수준에서 고려해야 하는 중요한 변수 중 하나이고, 이 주제에 초점을 맞춘 집단의 경우, 다른 내용이나 행동적인 범위에서 설명하기 어려울 수 있다.

④ 아동들의 IQ 점수는 15점 범위 안에 있어야만 한다.

⑤ 남아와 여아를 동성집단으로 구성하는 것은 아동의 연령, 집단의 형태, 개입의 목표에 따라 다를 수 있다. 이것은 고정된 규칙이 아니고 고려해야 할 차원이다.

이 제안은 집단 선별과 구성에 관한 일부 변수를 토론할 때 기준점이 된다.

아동을 대상으로 한 집단놀이치료에서 4~6명은 최대 규모이거나 혹은 너무 큰 집단 규모일 수 있다. 상당한 활동 수준을 고려했을 때, 6명의 아동에게 치료적으로 주의를 기울이는 것은 절대적인 도전이다. 물론 이러한 어려움이 사전에 준비된 활동을 포함시키거나 구조화를 통해 완화될지 모른다. 청소년, 성인과 함께 할 때는 치료적 놀이집단에 쉽게 더 많은 구성원을 결합시킬 수 있다. 하지만 집단구성원의 연령이 어린 경우 규모가 작은 집단이 적합하다.

집단놀이치료에서 공동 치료를 선택할 때는 치료적 놀이집단의 구조, 목적을 고려해야 한다. 이는 집단의 크기, 집단구성원의 발달 수준, 집단치료실의 규모와 관련 있다. 그리고 어느 정도의 사람이 가능한지 공간의 수용 능력도 살펴야 한다.

연령의 범위와 관련해서, 아동의 경우 연령의 차이가 12개월을 초과할 수 없다. 이것이 한 살(1년) 차이를 말하는 것이 아니라는 점에 주목해야 한다. 4세와 5세 사이의 차이는 상당한데, 특히 만약 4세가 된 아동과 6세가 되려고 하는 아동의 경우라면 더욱더 그러하다. 발달적인 차이도 중요하다. 실제 생활연령보다 발달 수준을 고려하는 것이 더 중요한데, 이것은 중요한 부분이다. 청소년과 성인 집단에서는 연령의 범위가 덜 중요한 편이고, 일반적으로 형제자매 집단놀이치료의 경우 이 주제는 해당되지 않는다.

O'Connor(2000)는 사회경제적 지위 그리고/혹은 민족성은 중요할 수도 있고 아닐 수도 있고, 해당될 수도 있고 아닐 수도 있다고 언급했다. 이는 임상적 결정을 내릴 때 필요하다. IQ 15점의 범위 제안은 유의미하다. 사회적인 상호작용 능력에 영향을 미치는 사안이 아니라면, 일반적으로 지능과 적성을 평가하는 것이 필수는 아니다.

아동의 경우 혼성집단을 구성할 수 있는데, 일반적으로 중학교, 고등학교까지는 성별을 구별하여 집단을 따로 구성할 필요는 없다고 생각한다. 또한 집단 주제와 관련해 청소년과 성인 놀이집단을 성별에 따라 분리할 필요는 없다고 본다. 이것은 역시나 임상적으로 결정되어야 하는 사안이다.

아동을 대상으로 한 집단놀이치료에서 고려해야 할 또 다른 변수는 아동의 신체적 크기이다. 예를 들어, 작거나 커다란 아동이 별다른 고려 없이 2~3명의 아동으로 구성된 작은 집단에 함께 참여하게 되면 불편함, 어색함 혹은 불필요한 역동이 생길 수 있다.

균형에 대한 또 다른 사안도 고려해야 한다. 상대적으로 부끄러워하는 내향적인 아동과 외향적이거나 자신감 있는 아동을 동수로 하는 것이 균형적인 집단에 유익하다. 양쪽 성원들 모두에게 도움이 될 수 있기 때문이다. 또한 Sweeney(2011a)는 다음과 같이 제안했다. "특정한 주제와 관련된 혹은 특정한 대상으로 집단을 구성해서 운영하는 것은 도움이 되지만, 외상 행동과 감정이 고양되는 것을 막기 위해 동일한 외상을 경험한 아동으로 집단을 구성하는 것은 피해야 한다. 그리고 이것은 놀이치료자의 개인적 판단에 따라 결정되어야 한다."(p. 233)

치료실과 놀잇감

집단놀이치료는 적당한 놀잇감이 준비된 충분한 공간이 있는 시설에서 진행되어야 한다. Sweeney(2011a), Sweeney와 Homeyer(1999)는 일반 상담사무실은 너무 많은 제한을 설정해야 하기 때문에 적합하지 않다고 강조한다. 전형적으로 사무실 집기가 있는 치료실은 사무실과 부속물을 보호하기 위해 제한을 설정해야만 한다. 제한을 많이 설정해야 하는 조건은 집단놀이치료 과정에 도움이 되는 허용적인 분위기를 약화시키면서 제한된 환경을 만들어 낸다.

집단놀이치료를 할 때 카펫, 다양한 의자, 부드러운 베개를 갖추는 것이 좋다. 집단놀이치료실에서, 특히 어린 아동은 다양한 욕구를 가지고 있을 수 있다.

치료적 놀이집단을 위해 한쪽을 치워서 비워 놓은 공간이 있는 집단놀이치료실이 이상적이다. 이것은 치료적인 세팅에서 가능할 수도 있고 아닐 수도 있다. 바닥이 타일로 되어 있고 견고한 가구와 장난감을 갖추고 있는 집단놀이치료실이 더 선호된다. 치료실에 적당한 공간이 마련되는 것은 중요하다. Sweeney(2011a)는 다음과 같이 언급한다.

> 방은 너무 크거나 너무 작으면 안 된다(적어도 12~15피트가 적당하다). 너무 작은 놀이치료실은 집단구성원의 좌절과 공격성을 자극한다. 너무 큰 방은 내향적인 아동이 상호작용을 회피하거나 조절되지 않는 행동을 할 수 있는 가능성을 높인다. 높은 수준의 소음이나 더러움은 상당한 영향을 미치기 때문에 상담 시설에서 집단놀이치료실의 위치는 중요한 고려할 점이다.

기관이나 혹은 다른 세팅에서 집단놀이치료실의 위치는 중요한 고려사항이다. 개별 내담자들과 함께하는 놀이치료실에서도 자주 소음이 발생한다. 당연하게도, 소음은 집단놀이치료 과정에서 더 증가할 수 있고, 일정 수준의 소란스러움이 발생할 수 있다. 따라서 이런 소란을 어떻게 해서든 제한할 수 있는 위치가 더 나을 수 있다.

집단놀이치료실 놀잇감은 이론적인 지향 혹은 특별한 치료적인 의도에 따라 매우 다양할 수 있다. Landreth(2012)는 놀이치료실에서 전반적인 이론과 어떤 집단놀이치료 상황에서도 사용할 수 있는 장난감과 놀잇감의 일반적인 특성을 제안한다. 놀잇감은 다음과 같은 특성을 지녀야 한다.

① 폭넓은 창의적 표현을 촉진한다.
② 폭넓은 정서적 표현을 촉진한다.
③ 아동의 홍미를 유발하기에 적합하다.
④ 표현이 가능하고 탐색적인 놀이를 촉진한다.
⑤ 언어화되지 않아도 탐색과 표현이 허용된다.
⑥ 미리 정해진 구조화 없이도 성공 가능하다.
⑦ 비정형화된 놀이도 가능하다.
⑧ 적극적으로 사용할 수 있을 만큼 견고하게 구성되어 있다.

또한 Landreth(2012)는 놀잇감이 단순히 수집되는 것이 아니라 주의 깊게 선택되어야 한다고 언급했다. 이것은 이론적 접근 그리고/혹은 치료적 의도를 고려해야 한다. Nash와 Schaefer(2011)도 이와 같은 입장을 취한다. "놀잇감과 다른 아이템을 선택하는 것은 치료자의 이론적인 지향, 개인의 이상과 가치 그리고 예산안 등에 기반을 두고 다양하게 이루어진다. 일반적인 규칙은 모든 놀이치료실에 있는 아이템은 치료적 목적으로 제공되어야 한다는 것이다."(p. 7)

또 다른 고려할 점은 집단구성원이 개별적으로 소유하도록 장난감 혹은 놀잇감을 충분하게 제공하는 것은 적합하지 않다는 것이다. 더구나 이것이 공평함을 촉진하는 것처럼 보일지라도, 집단놀이치료 내담자는 놀잇감을 공유하거나 제한할 때 발생하는 갈등을 해결하는 과정에서 배울 수 있는 기회를 놓칠 수 있다.

회기의 시간과 빈도

집단놀이치료 회기 시간을 설정하는 것은 중요하다. 구성원들의 연령과 집단 회기의 시간과 관련해 기준선은 있다. 아동과 작업할 때, 특히나 아동의 연령이 더 어릴수록 회기 시간은 단축되어야 한다. 치료적인 놀이집단 촉진자는 항상 생활연령이 아닌 발달연령을 고려해 아동의 주의력 지속시간을 염두에 두고 있어야 한다. 미취학 아동과 저학년 아동으로 구성된 놀이치료 집단은 20~40분으로 운영한다. 중학교 혹은 고등학교에 다니고 있는 전청소년기 아동 집단인 경우에는 한 시간 이상을 넘기는 것도 가능하다.

집단놀이치료자의 체력이 자주 언급되지는 않는다. 만약 치료자가 여러 명의 아동과 집단에 활동적으로 참여하게 되면, 모든 집단구성원과 공감적 · 수용적으로 소통하는 과정에서 성인 집단놀이치료를 진행할 때보다 더 큰 피로감을 느끼게 된다. 기본적으로 피곤한 상태인 치료자에게는 공감하는 것 자체가 큰 도전이다.

또한 집단 과정을 몇 회기로 구성할지는 다양할 수 있다. 이는 집단이 진행되는 현장(학교, 병원 등)과 대상(성적으로 학대받은, 비통해하는)에 따라 결정된다.

치료적 놀이집단의 회기 수(빈도)는 집단의 목적, 임상 현장 그리고 현재 드러나는 문제의 심각성 수준에 따라 결정된다. 집중적 단기 회기 집단은 한주에 2~5번 만나게 되는데, 만약 실행할 수만 있다면 매우 효과적이다. Tyndall-Lind, Landreth와 Giordano(2001)는 자존감이 증가하는 것뿐만 아니라 문제 행동, 우울, 그리고 불안의 감소가 나타났고, 가정 폭력을 목격했던 아동들의 경우에도 집중적인 집단놀이치료를 실시했을 때 의미 있는 효과가 나타났다고 보고한다.

집단놀이치료 기술

집단놀이치료자의 기술은 일반적으로 집단치료자에게 요구되는 기술로부터 출발한다. 비록 집단놀이치료에만 해당되는 것은 아니지만, 집단 전문가들을 위한 협회(ASGW, 2000)에 따르면, 집단 리더에게는 훈련을 통해 습득된 다음과 같은 기술이 필요하다.

- 생태학적인 타당성을 향상시킬 수 있도록 표적이 되는 집단과 협력적인 상담이 가능할 수 있는 계획적 개입 기술
- 가장 중요한 목표를 발달시키는 것, 목표와 목적을 수립하는 것, 목표와 목적을 달성하는 데 적용할 수 있는 방안을 세분화하는 것, 결과를 평가하는 방법을 결정하는 것, 계획에 대한 생태학적 타당성을 확보하는 것과 같은 이러한 전반적인 측면들을 포함하여 집단치료 활동을 계획하는 기술
- 집단구성원들의 참여를 촉진하는 기술
- 집단구성원들의 행동에 주의를 기울이는, 묘사하는, 인식하는, 직면하는, 이해하는, 공감적으로 반응하는 기술
- 집단구성원의 언어적 표현에 주의를 기울이는, 인식하는, 명료화하는, 요약하는, 직면하는, 이해하는, 공감적으로 반응하는 기술
- 집단의 주제에 주의를 기울이는, 인식하는, 명료화하는, 요약하는, 직면하는, 이해하는, 공감적으로 반응하는 기술
- 집단구성원들에게서 정보를 끌어내고, 정보를 제공하는 기술
- 적당히 자기노출하는 기술
- 집단에 초점을 맞추고 유지하는 기술
- 집단 세팅에서 피드백을 주고받는 기술
- 집단에 참여하는 동안 활동평가가 가능하도록 하는 기술

- 개별적으로 선택한 수행 목표에 기반을 두고 자기평가가 이루어질 수 있도록 하는 기술
- 집단 활동을 계획, 관찰 그리고 참여함에 있어 윤리적으로 실행하는 기술
- 집단 활동을 계획, 관찰 그리고 참여함에 있어 최선을 다해 실행하는 기술
- 집단 활동을 계획, 관찰 그리고 참여함에 있어 다양하고 능숙하게 실행하는 것

(pp. 6–8)

이것은 Corey(2012), Gladding(2012), Yalom과 Leszcz(2005), Jacobs, Masson, Harvill과 Schimmel(2012)을 포함하여 집단 상담과 치료의 권위자들이 제안하고 강조한 기술과 일치한다.

그리고 가장 중요시되는 기술 혹은 집단을 이끄는 원칙은 촉진하는 능력이라고 말하고 싶다. 집단을 이끌어 가는 것은 필요하지만 집단을 촉진하는 과정이 치료에 더 큰 영향을 미치는 경향이 있다. 이는 다양한 이론적인 맥락에서도 확인된다. 집단 촉진은 집단구성원의 감정적 · 관계적 욕구에 대한 민감성과 연관되어 있고, 집단구성원 사이에 소속감과 존중감이 형성되도록 하는 촉진자의 조력을 통해 이루어진다. 집단구성원은 존중감, 소속감, 기여 그리고 책임감을 느낄 때 치료 과정뿐만 아니라 스스로가 가치 있다고 여긴다. 그리고 구성원이 느끼는 그 모든 것은 집단 리더가 촉진을 통해 함께하는 문화를 만들어 갈 때 발달된다.

이러한 역동을 강조하면서 Sweeney(2011a)는 다음과 같이 언급한다.

> 집단놀이치료자의 주요한 역할은 집단 과정에서 촉진자로 남아 있는 것이다. …… 물론 변화는 집단구성원에게 달려 있지만 치료자의 역할은 희망의 생성, 이타주의와 보편성의 촉진, 사회적 기술의 발달 그리고 모방 행동과 정화의 증진과 같은 측면을 지속시키는 것이 중요하다.

집단놀이치료자들은 두 가지를 결합하기 위해 개별치료와 집단치료 분야에서 적

합한 훈련과 슈퍼비전을 받아야 한다. 집단놀이치료는 진보된 놀이치료 기술이다. Ray(2011)는 우리에게 "집단놀이치료는 놀이치료에 대한 전문성뿐만 아니라 아동들과 함께 하는 과정을 촉진하는 전문성도 요구된다."(p. 183)라고 강조했다.

마지막으로, 우리는 Landreth(2012)가 제안한 놀이치료자에게 필요한 인간적 특성을 지지한다. 개별놀이치료보다 집단놀이치료는 내재적인 치료와 활동 수준이 높아지기 때문에 이러한 개인적 특성은 내담자 한 명 이상과 작업할 때 더 중요해진다.

- 객관적이고 유연함
- 판단하고 평가하지 않기
- 개방적인 태도
- 인내심
- 모호함에 대한 높은 수준의 인내
- 미래 지향적인 태도
- 개인적인 용기
- 진정성, 따뜻함, 돌봄, 수용 그리고 민감한 이해
- 개인적인 안정감
- 유머 감각

집단 단계

집단놀이치료 수준이나 단계에 대한 관점은 다를 수 있다. 집단 과정에서 치료적 구조 혹은 집단을 관리하는 형태는 치료자의 이론적 배경에 달려 있다. 집단놀이치료 단계를 논의하기 전에 일반적인 집단치료 단계들을 살펴보는 것이 도움이 될 것이다.

Bergin과 Klein(2009)은 대부분의 집단 과정이 초기, 변화, 훈습, 종결이라는 네

가지 기본 단계를 거치며, 한 단계에서 다음 단계로의 이동이 원활하거나 똑같이 일어나는 경우는 거의 없다고 강조한다.

Corey(2012)는 4단계를 확장하여 6단계로 설명한다. 첫 번째 단계는 집단구성 전 단계로, 집단을 공지해서, 집단구성원을 모집하고, 집단구성원을 선별하고 결정하고, 집단 기능을 결정하는 것이다. 두 번째 단계는 초기 단계로, 집단 구조를 결정하는 것과 더불어 집단구성원들이 서로 알아 가고 서로 간의 기대가 무엇인지 탐색하는 시기이다. 세 번째 단계는 변화 단계로 불안, 방어, 통제 욕구를 포함하는, 집단구성원 사이의 저항과 양가감정 같은 주제들을 다룬다. 훈습 시기라고 하는 네 번째 단계는 집단 응집력과 신뢰, 활발한 의사소통과 피드백이 증가하면서 집단 응집력과 생산성에 집중된다. 다섯 번째 단계는 마지막 단계로서 종결을 하기 위해 구성원들이 집단에서 배운 교훈을 적용하기, 집단 과정에서 의미를 발견하기, 요약과 종결을 하는 것이다. 마지막으로 여섯 번째 단계는 추수 회기로 집단 과정에 대해 평가하고, 집단 이후 추수회기를 통해 집단구성원뿐만 아니라 집단 경험에 대해 논의도 한다.

Yalom과 Leszcz(2005)는 '집단 진행 단계'에서 초기 단계는 망설이는 참여자, 의미 찾기, 의존성이 주제라고 하였다. 두 번째 단계에서는 갈등과 지배와 복종의 주제들이 나온다. 세 번째 단계에서는 응집력이 발달한다. Yalom과 Leszcz는 집단치료에서 더 중요한 핵심적 치료 요인과 관련해서 이러한 '단계들'이 단계적 · 순차적일 필요는 없다고 한다.

- 희망의 고취: 집단구성원에게 다른 사람의 성공이 자신의 성장을 위해 긍정적이며 도움이 된다.
- 보편성: 집단구성원들은 다른 사람들도 비슷한 감정, 사고, 문제들이 있다는 것을 알게 된다.
- 정보제공: 치료자와 다른 집단구성원들로부터 교육을 받고나 충고를 들을 수 있다.

- 이타주의: 다른 집단구성원을 도와주는 경험을 통해 자기개념이 향상될 수 있다.
- 초기 가족 관계의 교정적 재경험: 집단구성원들은 다른 집단구성원들과 핵심적 가족 역동을 올바른 방식으로 재경험할 수 있는 기회를 갖는다.
- 사회 기술의 발달: 집단 경험은 적응적이고 효과적인 의사소통을 발달시키는 환경을 구성원에게 제공한다.
- 모방 행동: 집단구성원들은 다른 사람들의 자기탐색과 개인적 발달을 관찰하면서 개인적 지식과 기술들을 확장할 수 있다.
- 대인관계 학습: 다른 집단구성원의 피드백을 통해 대인관계에서 취약한 부분에 대한 통찰을 얻을 수 있다.
- 집단 응집력: 집단구성원은 서로 신뢰하고, 소속감이나 함께한다는 감정을 경험한다.
- 카타르시스: 집단구성원은 현재나 과거 경험에 대해 강한 감정이 분출되는 경험을 한다.
- 실존적 요인: 집단구성원은 삶에 대한 선택과 책임감을 받아들이기 시작한다.

Corey(2012), Yalom과 Leszcz(2005)의 단계나 수준은 집단놀이치료에서도 적용될 수 있다. 이런 단계들은 이론적 접근만큼이나 발달적 주제를 고려해야 한다.

집단놀이치료에서 단계는 이론적 접근에 따라 다양하다. 예를 들어, 아들러 놀이치료(Kottman, 2011), 생태학적 놀이치료(O'Connor, 2000), 경험주의 놀이치료(Norton & Norton, 2002)가 바로 그러하다. 많은 이론적 접근에서 단계나 수준을 논의하고 있고, 이는 집단놀이치료에도 적용된다. 우리는 서문과 1장에서 이론적 일치성이 중요하다는 것을 이미 밝힌 바 있다.

집단놀이치료에서 진보를 평가하기

종결과 관련된 주제나 진보를 평가하는 것은 모든 놀이치료 과정에서 중요한 주제이다. 과정이 항상 명확할 수는 없을지라도 대상과 목적 수단은 반드시 고려되어야 한다.

발달적 측면을 고려해서, Haworth(1994)는 놀이치료의 진보를 측정하는 데 있어 다음과 같은 기준을 제시하였다.

① 치료자에게 의존성이 감소하였나?
② 놀이치료실에서 장난감을 사용하는 다른 아동들이나 치료자에 대한 관심이 줄었는가?
③ 아동이 동일한 인물에 대한 좋음/나쁨을 둘 다 수용하고 이해할 수 있는가?
④ 자각, 이해, 수용 측면에서 태도의 변화가 있었는가?
⑤ 놀이치료실을 청소하는 것에 대한 반응에서 변화가 있었는가?(전에 지저분했는데 더 깨끗하게 하는 것에 관심을 보이거나, 청결에 예민했는데 신경을 덜 쓰거나)
⑥ 아동이 자기 자신을 수용하는가?
⑦ 자기평가와 통찰에 대한 증거가 있나? 아동이 현재 자신의 행동이나 감정과 과거의 행동이나 감정을 비교하는가?
⑧ 언어화에서 양이나 질적인 변화가 있는가?
⑨ 장난감을 사용할 때, 장난감을 향한 공격성이 줄었는가?
⑩ 아동이 제한을 보다 잘 받아들이는가?
⑪ 미술 표현의 형태가 변화하였는가?
⑫ 유아기적(예: 젖병) 활동이나 퇴행적(예: 물) 놀이가 줄었는가?
⑬ 판타지와 상징 놀이가 줄고 보다 창의적이고 건설적인 놀이가 늘었는가?
⑭ 두려움의 정도나 횟수가 감소하였나?

Sweeney(1997)는 진보를 평가하는 데 있어서 비슷한 기준을 제시하였으나, Haworth는 놀이치료실 내에서만이 아니라 치료실을 벗어나 진보를 평가하는 핵심적 질문을 만들었다. "우리는 치료실과 집, 학교에서 독립성이 얼마나 증가하였는지를 측정해야 한다. 우리는 또한 아동 삶에서 일반화된 측면, 즉 보다 전반적인 변화를 예측해야만 한다."(p. 146) Sweeney는 다음과 같은 방법을 제시한다.

- 문제 해결력의 증가
- 언어화 증가(치료 목표는 아닐지라도)
- 기꺼이 실험하고 탐색하려는 의지
- 자기가치감과 자신감의 증가, 수치심과 자기비난의 감소
- 불안과 우울의 감소
- 혼란스러운 생각과 행동의 감소/조직화 능력의 증가
- 감정 표현의 증가와 다른 사람의 정서 표현을 견디는 것
- 공격성 감소
- 협상하는 능력의 증가, 직면에 대한 두려움 감소
- 돌봄을 주고받는 능력이 증가
- 좌절 인내력 증가
- 도움을 청하는 능력 증가
- 의사결정 능력 향상
- 이야기나 예술 작업에서 창의적 표현 증가

Landreth(2012)는 이와 유사하면서도 종결 시기를 결정할 때 더 고려해야 할 사항들을 제시하였다. 이것은 모든 발달연령의 아동과, 개별놀이치료와 집단놀이치료 모두에 적용할 수 있다. 그는 '아동 내면의 자기주도적인 변화'라는 맥락에서 다음을 마련했다.

① 아동은 덜 의존적이다.
② 아동은 덜 혼란스럽다.
③ 아동은 개방적으로 욕구를 표현한다.
④ 아동은 자기에 집중할 수 있다.
⑤ 아동은 자신의 행동과 감정에 대해 책임을 진다.
⑥ 아동은 자신의 행동을 적절하게 제한한다.
⑦ 아동은 보다 내적으로 주도적이다.
⑧ 아동은 보다 유연하다.
⑨ 아동은 우연적인 사건에 보다 관용적이다.
⑩ 아동은 자신 있게 활동을 시작한다.
⑪ 아동은 협조적이지만 무조건 따라가지 않는다.
⑫ 아동은 화를 적절하게 표현한다.
⑬ 아동은 부정적인 슬픈 감정에서 행복하고 기쁜 감정으로 변한다.
⑭ 아동은 자기 자신을 보다 잘 수용한다.
⑮ 아동은 놀이에서 방향성이 있으며, 놀이 장면이 이어지도록 지속할 수 있다.

집단놀이치료 관점에서, 진보는 주 호소문제, 집단 과정에서 자기이해, 대인관계적 측면에서 기능하는 것 외에도 1장에서 논의된 이론적 근거를 가지고 위에 제시된 사항들을 평가해야만 한다. 치료적 놀이집단이 기반을 두고 있는 이론에 입각해서 집단구성원에게서 긍정적인 변화가 나타나면, 이것을 진보나 종결 시기로 볼 수 있을지 판단해야 한다.

결론

이 장에서는 다양한 이론적 관점을 포괄하는 일반적인 집단놀이치료 과정에 대해 다루었으며, 이는 이 책에서 논의되는 집단놀이치료 개입 방안에 부합한다. 집단놀이치료에서의 구조화와 제한 설정을 다룬 다음 장으로 넘어가기 전에 이 장에서 논의된 일반적 요소는 숙고되어야 한다.

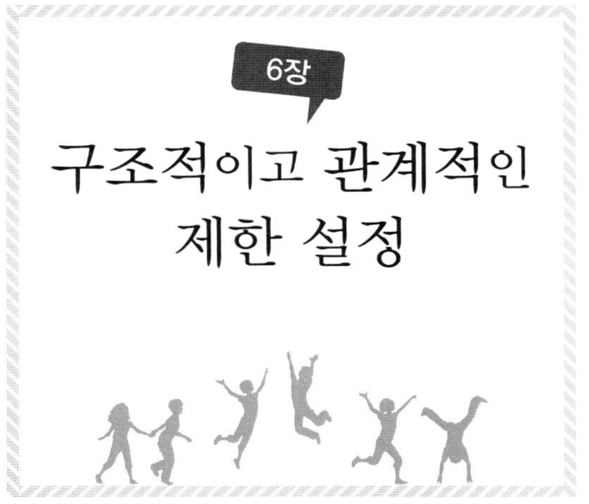

6장 구조적이고 관계적인 제한 설정

제한이 없다면 치료는 가능하지 않다.

(Moustakas, 1959, p. 10)

집단놀이치료는 아동들 사이, 치료자와 아동 사이의 관계를 기반으로 한다. 모든 관계에서 제한 설정은 자연스러운 것이다. 타인의 경계를 수용하면서 자신의 경계를 표현하는 능력은 건강한 관계를 맺어 나가는 데 필수적이다. 이런 경계에 대한 논의가 제한 설정이며, 경계를 존중하면서 서로 맞춰 가는 것이 바로 관계이다. 집단놀이치료는 건강한 관계 구조를 성장시키고, 촉진하고, 격려하는 기법이다.

개별놀이치료와 마찬가지로, 집단놀이치료에서 치료자의 허용적인 태도는 아동에게 모든 감정과 상징적인 행동이 수용되는 환경을 제공하며, 아동이 자신의 생각, 감정과 행동을 자유롭게 표현할 수 있게 한다. 충분히 표현하고 수용된 후에는, 아동은 생각하고, 관계 맺고, 행동하는 새로운 패러다임을 발달시킨다. 그러나 부적절하거나 해가 되는 행동까지 허용하지는 않는데, 그 행동이 다른 사람을 향한 것이라면 더욱 그렇다. 집단에서 치료자는 아동이 적절한 방식으로 자신을 표현할 수 있는 행동을 개발하고, 안전감을 느낄 수 있도록 제한 설정을 한다. 집단놀이치료자는 언제 제한 설정이 필요하고, 어떻게 효과적으로 제한 설정을 하는지와 관련되어 숙련되어 있어야 한다.

놀이치료실에서 이루어지는 제한 설정에 관한 다양한 역사적 관점이 있다. Moustakas(1959)는 제한 설정이 "아동이 자유롭고 온전히 살아갈 수 있는 따뜻하고 실제적인 삶의 경험이 되고, 두 사람 사이의 관계가 깊어지고 성장할 수 있도록 한다."(p. 11)고 믿었다. Ginott(1961)는 집단놀이치료에서 존재하는 갈등에 대한 긍정적이지 않은 시각을 언급하면서 다음과 같이 경고하였다. "놀이치료, 특히 집단놀이치료에서 치료자의 안정성을 시험하는 경우가 많은데 아무리 수용적인 성인이라도 인내심에 한계가 있다."(p. 128) 집단놀이치료에서 제한 설정은 기회나 도전이 될 수 있으므로, 치료자에게는 제한 설정을 할 수 있는 기술이 필요하다.

제한 설정의 목적과 원리

Moustakas(1959)는 아동과의 관계라는 맥락에서 제한 설정의 의미를 개념화했다. 놀이치료자는 제한을 개별적인 관계에서 필요하고 적용하는 것으로 이해하기 때문에, 모든 아동과 관계에 적용되는 규칙을 강조할 필요는 없다. 관계가 저마다 독특하듯이, 제한도 그렇다. 모든 아동과 치료자는 고유한 존재이기 때문에, 각각의 치료 관계는 독특하다. 모든 관계에 적용되는 동일한 규칙을 유지하고픈 유혹은 사람과 관계가 성장하는 것을 방해한다. 제한 설정에 대한 이러한 개념화는 추상적이며, 집단놀이치료에서 발생하는 구체적인 문제와 관련해 치료자에게 혼란을 줄 수 있다. 그러나 집단놀이치료에서 발생하는 모든 문제를 해결할 수 있는 방법 또한 존재하지 않는다는 사실을 받아들여야 한다. 도전이 될 때마다 관계에 기반을 두고 어떻게 개입할지 집중하는 것이 치료자가 보다 창의적이 되고 좀 더 자기를 수용하는 데 도움이 된다.

Ginott(1961)는 아동이 상징적 · 언어적으로 감정이나 생각을 표현하게끔 하는 것이 중요하다고 했지만, 모든 행동을 허용하는 것과 관련해서 조심스럽게 반대했다. 그리고 제한 설정에 대해 여섯 가지 제안을 했는데 이를 요약하면 다음과 같다.

> 제한은 상징적 방법을 통해 카타르시스로 안내한다. 아동은 그들의 감정이나 행동을 수용 가능하지 않은 방식으로 표현하기 때문에, 치료자는 제한 설정을 함으로써 아동이 자신을 표현할 수 있는 상징적인 방법을 찾고 수용할 수 있도록 격려할 수 있다. 상징화는 아동의 욕구가 사회적 규칙을 위반하지 않고 충족될 수 있게 돕는다.
>
> 제한은 아동에 대한 치료자의 수용과 공감, 존중하는 태도를 유지할 수 있게 해준다. 치료자를 다치게 하거나 해를 가하려는 아동의 행동은 치료적 조건을 제공하는 치료자의 능력에 영향을 미친다. 제한 설정을 통해, 치료자는 관계에서 안전감을 느낄 수 있고, 아동에게 수용감을 제공할 수 있다.
>
> 제한은 치료자와 아동에게 신체적 안전감을 제공한다. 치료자에게는 놀이치료실 내에 있는 모든 사람의 신체적 안전에 대한 책임이 있다.
>
> 제한은 자아통제감을 강화시킨다. 제한을 말로 전달하면서, 낮은 자기조절감이나 충동성이 있는 아동은 치료자가 표현하는 가치를 내면화할 수 있다.
>
> 어떤 제한은 사회적 규칙이나 법률에 따라 정해진다. 다른 아동이나 치료자에게 성적인 행동을 하는 것처럼, 어떤 행동은 도덕적으로 받아들여질 수 없고, 법에 위배되는 행동을 수용해서는 안 된다.
>
> 어떤 제한은 예산 문제로 인해 발생하기도 한다. 치료자는 비싸거나 즉시 대체할 수 없는 매체들에 대해서는 제한한다.
>
> (pp. 103-105)

Landreth(2012)는 Ginott의 리스트에 제한 설정에 대한 몇 가지 기준을 추가했다. 제한은 아동이 안정감과 안전감을 느낄 수 있도록 놀이치료에서 구조화를 제공한다. 제한이 없는 환경은 치료적 과정을 방해하며 불안과 불안전감을 줄 수 있다. 제한은 아동에게 의사결정을 할 수 있는 기회를 주는 것으로 놀이 회기가 현실과 맞닿을 수 있도록 한다(닻을 내리는 역할). 바닥에 페인트를 붓는 것에 대해 제한 설정을 하는 것은 아동에게 그 상황의 현실을 직면하게 돕는데, 이런 종류의 의사결정은 치료실 외부에서도 발생한다. 나아가 아동이 매일 결정해야 하는 현실을 인식시키고, 제한은 아동의 효과적인 의사결정을 촉진시키는 그리고 행동에 대한 책임을 지는 훈련이 된다.

성공적인 제한 설정을 위한 구조화하기

집단놀이치료는 아동이 수용받으며 행동이 변화한다는 가정에 기초한다(Ginott, 1982). 그러므로 아동이 집단에 참여하기로 선택했다는 것은 정서적으로 좌절되었을 때 충동적이거나 타인에 대한 행동화를 시험하려 할 것이라는 기본 이해가 있어야 한다. 사회적 수용에 대한 욕구는 타인에 대한 언어적 · 신체적 공격성을 억제한다. 따라서 집단에 참여하는 아동을 선택하는 과정이 앞으로의 제한 설정에 영향을 주는 구조화의 첫 단계이다. 타인을 향한 공격성이 높은 아동은 충동적이고 지나치게 반항적 · 적대적이어서 집단놀이치료에 적합하지 않다. 이것은 빈번한 제한 설정을 예방하기 위한 하나의 방법이다.

놀이치료실이나 집단에서 구조화를 공지하는 것은 제한을 다루고 집단을 명확하게 형성하는 또 하나의 방법이다. 정신분석 혹은 아동중심 놀이치료와 같은 보다 비지시적인 접근에서 치료자는 제한을 최소한 언급하며, 허용감을 강조하는 방식으로 놀이치료실에서 다음과 같이 안내한다. "여기서는 네가 원하는 것을 말할 수 있고, 네가 하고 싶은 것을 대부분 할 수 있어. 만일 네가 해서는 안 되는 게 있다면,

내가 너에게 말해 줄게."(Cochran, Nordling, & Cochran, 2010, p. 136) 혹은 "여기는 우리의 놀이치료실이야. 이곳은 네가 원하는 여러 가지 방법으로 놀잇감을 가지고 놀 수 있는 곳이야."(Landreth, 2012, p. 184) Landreth는 '여러 가지'라는 말을 사용하는 것에 대해 치료자가 허용감을 강조하면서도 제한에 대해 소통하는 것이라고 설명했다.

다른 접근으로는, 집단놀이치료자는 집단 규칙을 정하면서 제한 설정을 할 수 있다. 치료자는 그 회기를 다음과 같이 시작할 수 있다. "우리는 매주 30분씩 이 방에서 만날 거야. 집단 규칙은 이런 거야. ① 우리는 때리거나, 밀거나, 던지지 않는다. ② 우리는 다른 친구가 말할 때 서로 잘 들어준다. …… " 치료자가 집단을 시작하면서 규칙을 정하면, 구조화하는 것이 명확하고 구조를 유지하기 위해서 놀이치료실에서 반응하는 것이 더 쉬울 것이다. 집단에서 제한 설정을 소개하는 또 다른 방법은 집단구성원이 규칙을 정하는 것이다. 이 접근에서 치료자는 다음과 같이 집단을 시작할 수 있다. "우리가 제일 먼저 해야 할 일은 우리 모두가 동의하는 규칙을 정하는 거야. 집단 규칙으로는 뭐가 좋을까?" 치료자는 집단구성원들이 어떤 규칙을 정할지 합의할 수 있도록 촉진하는 역할을 한다. 이 과정을 통해 치료자와 집단구성원은 지켜야 할 제한이 있다는 것을 명확히 인식할 수 있다. 이 두 번째 과정에서는 다른 집단구성원들이 규칙을 어겼을 때, 치료자 중심 접근보다 구성원이 제한 설정에 대해 보다 책임감을 가지고 적용하게 된다.

언제 제한 설정을 하는가

지시적 혹은 비지시적 구조화가 효과가 있는지 없는지를 떠나, 집단놀이치료에서 제한 설정이 필요한 순간이 있다. Ray(2011)는 치료자들이 제한 설정을 언제 할지 결정할 수 있도록 돕는 네 가지 질문을 소개했다. 우리는 다음과 같이 집단놀이치료 사례에서 이런 질문을 적용해 볼 것이다.

아동의 행동이 신체적으로 자신이나 치료자 혹은 다른 사람에게 해를 끼치는가?

놀이치료에서 제한 설정을 하는 가장 일반적인 경우로, 놀이치료실에서 신체적인 상해는 절대로 수용될 수 없다. 놀이치료자는 아동의 때리거나, 발로 차거나, 할퀴거나, 목을 조르는 등의 행동을 허용해서는 안 된다. 이와 같은 경우에 제한 설정이 있어야 한다. 그러나 집단놀이치료에서는 이런 질문에 대해 고민하게 된다. 한 아동이 집단에서 다른 아동을 때리면, 치료자는 그 행동을 명확하게 제한해야 한다. 하지만 이와 다른 경우는 어떨까? 집단놀이치료에서 아동들이 같은 장난감을 놓고 몸싸움을 하거나, 한 아동이 다른 아동을 밀치거나 장난감을 더 빨리 가지려고 하는 경우는 흔하다. 이런 경우에 제한 설정을 해야 하는지 분명하지 않을 때가 있다. 치료자가 한 아동이 잡아채려는 장난감을 먼저 잡고 다른 아동에게 진행 상황을 보여주는 게 더 유익하다고 느낄 수 있다. 치료자는 그 아동이 자기대처 기술을 이해하고 스스로 주장하는 새로운 방법을 경험할 수 있도록 개입하지 않는 것을 선택할 수도 있다. 한 아동이 다른 아동을 밀쳐 그 아동이 넘어지는 결과를 초래했다면, 밀친 아동이 자신의 충동적인 행동으로 어떻게 다른 사람에게 상해를 입히는지, 자신의 행동의 결과를 알 수 있도록 제한 설정을 안 할 수 있다. 상황이 복잡해질수록, 치료자는 결정을 내리기 위해 관계에 근거한 판단을 하길 바랄 것이다. 특정 행동에 대한 제한 설정을 하거나 하지 않는 것이 아동에게 안전감을 느끼게 할 것인가? 아동들이 상호작용하는 새로운 방식에 대해 시험하는 것을 허용할 것인가? 아동과 치료자는 서로 접촉을 유지하며 내적인 힘을 느낄 수 있을까?

그 행동이 집단놀이치료 진행을 방해하는가?

집단놀이치료 진행을 위해 아동이 방에 입실하여, 머무르고, 회기가 끝나면 떠나는 것이 요구된다. 놀이치료의 이런 구조적 요소를 방해하는 행동은 제한 설정을 해야 한다. 이것은 특히 집단놀이치료에서 한 아동이 이 구조를 따르지 않으면, 다른 아동들도 함께 동조하려고 하기 때문에 도전이 된다. 집단놀이치료에서 집단구성원들은 동일하게 행동하려는 경우가 있다. 아동이 놀이치료실에 들어갈 때, 집단으로 움직인다. 한 아동이 화장실에 간다고 하면, 종종 집단 전체가 화장실에 가는 상황이 발생하기도 한다. 아동이 놀이치료실을 떠날 때, 다 함께 집단으로 나가려고 한다. 놀이치료자가 놀이치료실에 한 아동만 홀로 남겨 두거나 클리닉 대기실이나 학교에 혼자 방황하며 돌아다니게 하는 것은 현명하지 않다. 만약 한 아동이 놀이치료실에 들어가길 원하지 않는다면, 기다리고 있던 아동들이 그 아동이 들어오도록 격려하거나 부담을 줄 수 있다. 치료자가 아동이 수용받으며 행동이 변화한다는 원칙에 따라 집단구성원을 선별한다면, 또래 압력은 구조화와 관련된 제한 설정의 효과적인 도구가 될 수 있다. 그러나 다른 경우에, 치료자는 화장실에 가려는 한 아동이 방을 떠나려고 할 때 다른 아동들이 나가는 걸 원치 않는다면, 제한 설정을 해야 할지 갈등할 수 있다. 이런 상황에서 치료자는 화장실을 다녀오는 시간을 보충하기 위해 치료 시간을 연장하거나 휴식 시간을 짧게 허용하는 것으로 다른 아동이 놀이치료실을 나가지 않도록 회유할 수 있다. 놀이치료실을 나가는 문제는 치료자가 다른 아동들과 작별인사를 하는 동안 아동의 부모가 놀이치료실에서 아동을 데리고 나가는 것과 같은 도움이 필요할 때도 있다.

그 행동이 다른 내담아동들이 놀이치료실을 지속적으로 사용하는 데 해가 되는가?

의도하건 그렇지 않건 간에, 집단놀이치료를 하면서 놀이치료실에 있는 놀잇감을 망가뜨리는 것은 흔한 일이다. 놀이치료에서 비지시적인 접근은 활동성 수준에 따라 작은 사건 사고들이 있게 마련이다. 집단놀이치료자는 놀이치료실과 놀잇감들이 잘 부서지지 않고 바로 대체 가능한 것들인지 확인해야 한다. 아동이 자신의 행위로 인해 망가진 것인지 모를 때, 치료자는 제한 설정을 해서 아동의 자각 능력을 키우도록 한다. 예를 들어, 두 아동이 이젤 종이에 페인트를 던지기 시작했고 점차 흥분하자 벽과 바닥에 페인트를 뿌리기 시작했다. 치료자는 다음과 같이 반영한다. “너희들이 많이 재밌나 보다. 하지만 페인트는 벽이나 바닥에 뿌리는 게 아니야. 너희는 종이 위에 뿌릴 수 있어.” 그러나 파괴적 행동이 의도적인 경우라면, 치료자는 그 의도를 지적하길 원할 것이다. 한 예로, 두 아동이 장난감들을 바닥에 던지고 깔아뭉개기 시작했다. 치료자는 다음과 같이 반영한다. "너희가 장난감들을 망가뜨리려고 하는 것 같은데, 장난감은 망가뜨리는 게 아니야. 너희는 보보를 칠 수 있어." 이러한 제한 설정은 그 행동은 제한하지만 파괴하려고 하는 아동의 욕구는 수용하려는 메시지를 전달함으로써 단순히 감정만이 아니라 아동의 의도를 다룰 수 있다.

아동의 행동은 치료자와 아동 사이의 관계에 어떠한 영향을 미치는가?

집단놀이치료에서 치료자는 아동의 행동이 그 아동과 다른 아동들 사이의 관계나 치료자와의 관계에 미치는 영향에 대해 질문할 것이다. 이 질문에 대한 답은 다른 아동들이 그 아동을 수용해 주는 것뿐만 아니라 치료자가 아동을 수용하는 것과 관련이 있다. 사회적 규준을 넘어서는 많은 행동은 다른 아동뿐만 아니라 치료자에게 수용받으려고 하는 것과 관련이 있다. 이것은 분명히 집단의 중요한 목적 중 하나이다. 집단의 목적 중의 하나는 타인에 대한 거절이나 반감에 직면했을 때, 대처 기술을 개발하도록 돕는 것이다. 개별놀이치료에서 치료자는 큰 소리로 방귀를 뀌거나 우는 행동을 수용할 수 있지만 또래 집단 아동들은 참기 어려운 피드백을 줄 수 있다. 여기서 제한에 대한 의문이 생긴다. 치료자가 수용하기 어려운 행동을 제한한다면 집단구성원들이 수용하기 힘든 행동을 제한할 것인가? 이런 상황과 관련해 더 어려운 예로, 한 아동이 다른 집단구성원들을 짜증나게 하는 고음의 소리를 계속 내거나, 다른 집단구성원 가까이 다가가서 고의적으로 방귀를 뀌거나 하는 행동을 하는 경우가 있다. 집단놀이치료에서 희망사항은 집단에서 그 아동에게 피드백을 제공했을 때 행동이 변화하기 시작하는 것이다. 그 아동이 다른 아동들의 피드백을 듣고 난 후에도 계속 소외된다면, 치료자는 제한이 필요한 경우인지 질문해 볼 필요가 있다.

이에 대한 또 다른 고려사항으로 아동들 사이의 언어적 상호작용에 관한 것이 있다. 개별놀이치료에서는 아동의 모든 언어화를 허용하고 연습하는 것이 수용된다. 그러나 집단놀이치료에서는 이 연습에 대해 다시 생각해 봐야 한다. 욕을 하거나,

험담하거나, 인종적인 비하를 하는 경우 다른 아동들에게 미칠 영향을 생각해서 자주 제한한다. 이런 종류의 언어화는 아동들 사이의 안전감을 방해할 수 있다. 더구나 특정 종류의 언어(놀리거나 욕하기 같은)에 노출된 적이 없었던 아동은 부모에게 집단의 다른 또래 아동으로부터 배웠다고 전할 수 있다. 우리는 집단 환경에서 모든 언어적 표현을 허용했을 때 초래되는 결과에 대해 심각하게 고려하길 바란다.

이상의 네 가지 질문의 목적은 집단놀이치료에서 제한 설정을 하는 주관성을 강조하는 데 있다. 모든 집단에 적합한 제한 설정은 없다. 관계의 맥락에서 제한을 개념화하고, 제한 설정을 하는 근거를 이해하고, 자기성찰적인 질문을 하는 것으로, 놀이치료자는 집단에서 제한 설정을 적용하는 능력이 보다 신중해지고 커질 것이다.

제한 설정이 주관적 과정일지라도, Ray(2011)는 놀이치료를 촉진시키는 보편적인 몇 가지 제한사항은 있다고 언급했다. 그녀는 그 제한들에 대해 다음과 같이 제시하였다.

① 나 혹은 다른 사람은 아프게 하는 대상이 아니야. ② 너는 아프게 하는 대상이 아니야. ③ 내 몸의 개인적인 부분은 만지는 곳이 아니야. ④ 놀이치료실에서 네 몸의 개인적인 부분은 만지는 곳이 아니야. ⑤ 놀이치료실 벽은 색칠하거나, 풀칠하거나 물을 끼얹는 곳이 아니야. ⑥ 모래는 던지는 것이 아니야. ⑦ 비디오 장비나 일방경은 가지고 노는 게 아니야. ⑧ 네 옷은 벗는 것이 아니야. ⑨ 내 옷과 다른 사람의 옷은 벗는 것이 아니야. ⑩ 놀이치료실은 소변이나 대변을 보는 곳이 아니야. ⑪ 나의 머리나 옷 혹은 다른 사람의 것은 자르는 것이 아니야. ⑫ 너의 머리나 옷은 자르는 것이 아니야. ⑬ 풀과 페인트는 마시는 것이 아니야.

제한 설정

집단놀이치료에는 비지시적 접근인지 또는 지시적인 접근인지에 따라 몇 가지 다른 제한 설정이 있다. 비지시적 접근에서는 행동을 제한하는 동안 아동의 감정과 의도를 수용해 주고 인식하게 하는 것을 강조한다. 예상되는 결과로는 수용적인 환경에서 아동이 갈등에 대처하는 방법을 개발하고, 자기강화를 돕고, 새로운 방법으로 내적 자원을 더 잘 활용한다는 것이다. 지시적 접근에서는 아동들이 갈등을 해결하는 인지–행동적 기술을 발달시킬 수 있도록 안내하는 것을 강조한다.

제한 설정에 대한 비지시적 접근

ACT(Acknowledge, Communicate, Target)

아동중심 놀이치료 접근에서는 Landreth(2012)가 제한 설정을 위한 ACT 모델을 제안했다. ACT 모델은 아동의 감정에 대한 반영, 특정 행동에 대한 명확한 한계, 대안 제시하기, 그리고 아동이 그 제한에 대해 분노감을 표현하도록 돕는 Ginott (1961)의 제한 설정과 관련한 초기 제안을 기반으로 만들어졌다. Landreth의 ACT 모델에서 A는 아동의 감정과 소원을 인정하고, 치료자가 아동의 동기를 이해하고 수용한다는 메시지를 전달하고 표현할 수 있도록 허용하는 것이다. C는 분명하고 명확한 문장으로 제한을 소통하는 것이다. T는 대체할 대안을 제시하고, 아동이 적절한 방법으로 자신이 느끼는 감정을 표현할 수 있도록 재빨리 다시 안내하는 것이다. ACT는 개별놀이치료와 집단놀이치료 둘 다에서 사용된다. 예를 들면 다음과 같다. "톰과 벤, 너희 둘 다 벽에 장난감을 던지는 게 재미있나 보구나(A). 그러나 장난감은 벽에 던지는 게 아니야(C). 대신 너희는 벽에 공을 던질 수 있어(T)." "브랜디와 크리스티, 너희는 메디슨에게 정말 화가 났구나(A). 하지만 메디슨은 페인트를 던질 수 있는 대상이 아니야(C). 너희는 대신 메디슨에게 너희가 화가 났다고 얘기할 수 있어(T)."

이런 사례에서 ACT는 아동의 감정과 소원에 대한 치료자의 이해를 소통하고, 명확하게 제한을 설정하며, 아동의 의도를 충족시킬 수 있는 대안을 제시하는 데 사용된다. 감정을 인식해 나가는 것으로, 아동들은 자신들의 욕구를 표현할 수 있는 언어가 있다는 것을 배우고, 행동에 묶여 있던 감정이 무엇이었는지 알아가는 자기인식을 발달시킨다. 제한을 소통하는 것을 통해 아동은 안전한 환경 안에서 무엇이 해를 끼치고 수용될 수 없는 행동인지에 대해 배우게 된다. 대안 제시를 통해 치료자는 아동이 적절하게 허용되는 표현 방식의 새로운 행동양식에 대해 생각해 보도록 도울 수 있다.

선택권 제공하기

대부분의 경우, ACT는 효과적이어서 아동은 제한을 기꺼이 받아들이고, 가능한 대안을 선택할 것이다. 그러나 ACT가 효과적이지 않고, 치료자가 선택권 제공하기와 같은 제한 설정의 다음 단계로 넘어가야 하는 경우도 있다. 치료자가 아동에게 ACT를 사용하여 충분히 충동을 조절할 수 있도록 시간을 주었는데도 아동이 제한을 따르지 않는 것을 선택한 경우 제한 설정으로 선택권 제공하기를 결정할 수 있다. 제한 설정을 할 때, 선택권을 제공하는 것은 아동의 인식에 결과적 요소를 첨가하는 것이다. 선택권 제공하기를 할 때, 치료자는 장난감이나 매체를 포기하는 선택을 포함해서 3차례 정도 ACT를 한다. 예를 들면 다음과 같다. "젠과 킴, 너희가 서로 병으로 치는 것을 선택한다면, 너희는 그 병으로 놀이하지 않는 것을 선택하는 거야." "알렉스와 조지, 너희가 서로에게 페인트를 뿌리는 것을 선택하면, 페인트를 가지고 놀지 않는 것을 선택하는 거야."

제한 설정은 어떤 아동과는 어려운 과정이 될 수도 있다. 목표는 아동이 단지 그 행동을 멈추는 것이 아니라 스스로 그러한 행동을 선택하는 힘을 강화할 수 있게 배우도록 돕는 것이며, 참을성과 인내가 중요한 요소이다. 모든 반영에서 치료자는 아동의 감정, 의도, 선택할 수 있는 능력을 인식하고, 제한과 제한의 결과에 대해 소통한다. 일단 치료자가 선택권 제공하기를 하고, 아동이 결과를 선택하면, 효과적으로 그 결과를 따를 수 있도록 하는 것이 치료자의 역할이다. 놀이 회기에서 이런 상호작용은 15~30분 정도 소요될 수 있다. 나는 전체 회기 동안 다른 행동으로 같은 장면을 반복해서 재연하는 아동들을 만난 경험이 있다. 예를 들어, 치료자에게 총을 쏘는 것이 첫 번째 선택권 제공하기 행동이었고, 다음은 치료자에게 공을 던져서 앞의 과정이 다시 시작됐다. 이런 사례들은 치료자에게 매우 좌절스럽고, 회기 내내 이런 상호작용이 지속된다면 놀이치료의 가치에 대한 회의가 들 수 있다. 아동이 놀이 시간을 다양한 제한 설정을 통해 상호작용하는 것으로 선택한다면, 자신에게 분명 가장 중요한 문제를 다루기 위해 그렇게 하는 것이 분명하다. 놀이치료는 아동이 안전한 관계 안에서 그러한 표현의 한계와 자신이 표현하려는 욕구를 대면하는 환경을 제공하는 것이다.

제한 설정에 대한 지시적 접근

치료자의 안내로 협상하기

Kottman(2003)은 비지시적인 접근과는 다른, 제한 설정에 대한 Adler의 접근을 소개하고 있지만, 아동의 유능감과 창의력과 관련한 욕구를 똑같이 강조하고 있다. 그녀의 접근은 제한을 언급하는 첫 번째 단계부터 시작하여 4단계로 제한 설정을 한다. 제한에 대한 언급은 "규칙은…… ." 혹은 "놀이치료실에서는 ……한 규칙을 지켜야해."와 같이 놀이치료실에서 지켜야 하는 규칙을 강조하는 것이다. 두 번째 단계는 Landreth 모델의 A단계처럼, 아동의 감정이나 행동을 인정하는 것이다. 치료자는 "네가 …… 때문에 나한테 화가 났구나." 혹은 아동의 의도에 대해 메타커뮤니케이션을 사용하여 언어화한다. "네가 나한테 페인트를 던졌을 때 내가 어떻게 행동할지 알고 싶어 하는 것 같네."라고 할 수 있다. 3단계는 치료자가 협상을 통해 아동이 수용되지 않은 행동 외에 다른 대안을 생각할 수 있게 돕는다. 치료자는 이 단계를 다음과 같이 말하면서 시작한다. "나는 네가 ……에 대해 다른 방식으로 생각할 수 있다고 확신해." 아동이 반응할 때 치료자는 협상하거나 보다 새로운 수용 가능한 아이디어를 떠올려야 한다. 예를 들어, 아동들이 모래상자에 물을 양동이로 열 번 붓자고 한다면, 치료자는 열 번은 너무 많다고 반응하면서 협상한다. 치료자와 아동들은 어떤 행동이 수용 가능한지에 대해 합의할 수 있다. 4단계는 치료자와 아동들이 합의한 제한을 어기면 어떤 결과가 있을지 논리적으로 결정하는 것이다. 논리적 결과 단계에서, 치료자는 제한을 어긴다면 아동들이 합리적인 결과를 책임지는 과정에 함께하도록 해야 한다. 만약 아동들이 모래에 너무 많은 물을 넣기로 결정했다면, 그들 스스로 다음 회기부터는 모래를 사용하는 것을 제한할 것이다. 협상의 일부분으로 치료자는 모래에 너무 많은 물이 들어갔을 때 앞으로 생길 수 있는 문제들을 예방한다는 차원에서 합리적이고 효과적인 것으로 결과를 받아들일 필요가 있다.

제한 설정 문제 해결하기

집단놀이치료는 다양한 아동이 제한 설정 과정에서 갈등 해결을 경험할 수 있는 기회를 제공한다. 문제 행동이 놀이치료실에서 발생한다면, 치료자는 문제 해결을 촉진하는 방향에서 개입할 수 있다. 4단계 문제해결 과정에서 아동들은 놀이치료실이라는 작은 세계에서 일어난 갈등을 통해 대인관계의 새로운 태도나 기술을 적용해 보면서 인지적 사고 과정을 통합한다. 놀이치료실에서 문제가 발생하면, 치료자는 아동들의 자각력을 키우기 위해 문제에 주의를 기울이도록 할 것이다. 치료자는 다음과 같이 말하면서 1단계를 시작할 수 있다. "놀이치료실에서 너희 둘이 소리를 지르면, 클리닉 안에 있는 다른 아이들에게 방해가 되거든. 난 다른 사람들을 방해하지 않고 너희 자신을 표현할 수 있는 다른 방법을 찾아봤으면 좋겠어. 다른 아이디어가 뭐가 있을지 너희가 생각해 볼 수 있겠어?" 다음 단계는 아동들이 다른 많은 대안에 대해 생각해 보도록 치료자가 격려하며 브레인스토밍해 보는 것이다. 치료자는 이 과정을 촉진할 수 있다. "그 생각도 있고, 또 다른 건 뭐가 있을까?" 브레인스토밍 단계에서 치료자는 아동이 하는 어떤 생각도 검열하지 않고 허용해야 한다. 이 단계에서는 어떤 생각이든지 가능하다. 브레인스토밍을 할 때 칠판 혹은 큰 이젤 페이퍼에 아이디어를 모두 적어 보는 것도 도움이 된다. 치료자가 모든 아동에게 아이디어를 낼 수 있도록 격려해도 아동들이 이 단계를 어려워한다면, 특히 아동들에게 문제해결 과정이 처음이라면 새로운 아이디어를 제안해 볼 필요도 있다. 모든 아이디어를 적고 난 다음에는 치료자가 3단계를 시작한다. 아동들과 함께 아이디어를 각각 살펴보고 어떤 아이디어가 가장 좋을지 합의점을 도출해 낸다. 치료자는 치료자가 원하는 결과가 나오도록 합의 과정을 안내할 수 있기 때문에 이를 피하기 위해 주의해야 한다. 심지어 아이디어가 성공적이지 않을지라도, 치료자는 아동들이 결정한 것을 수용한다. 치료자는 아동들이 다른 내담자들에게 사과하기 위해 클리닉 내에 있는 모든 문을 노크하는 것과 같은, 허용되지 않는 아이디어에 한해서만 제한할 수 있다. 마지막 단계에서 아동들은 그들이 동의한 아이디어를 따르기로 한다. 나중에 합의된 아이디어가 지켜지지 않을 경우에는 다시 그 과정을 처음부터 시작한다.

사례

앨리슨과 멜리사는 8세이고, 각기 다른 학교에 다니는 3학년이다. 두 소녀 모두 일 년 넘게 개별놀이치료에 참여해 왔다. 두 소녀 모두 과거 심각한 외상이 있었고, 싱글맘과 함께 살고 있다. 엄마들은 두 아동 모두 친구가 없고, 학교에서 또래 아동에게 공격적이고 일반적으로 다른 사람들이 좋아하지 않는 것 같다고 보고했다. 개별놀이치료에서 소녀들은 엄마-딸 사이의 관계 문제에서 진보가 있었으며, 대인관계 문제를 해결하는 데 있어 긍정적인 결과가 나타났다. 그러나 두 소녀의 엄마들은 사회 기술이 나아지지 않았음을 보고했다. 두 소녀를 담당하는 치료자는 치료의 다음 단계로 집단놀이치료를 연계하기로 결정하고, 두 소녀가 좋은 팀이 될 것이라는 사실에 동의했다.

치료 초기 단계에서 소녀들은 활발히 상호작용하며, 다른 아동과 함께 하는 놀이에 관심을 보였다. 그들은 종종 놀이를 주도하려고 하면서 갈등이 생기기도 했는데, 주로 신체적으로 공격하지 않고 말싸움만 벌였다. 그런데 6번째 회기에서 장난감 때문에 갈등이 발생했다. 멜리사가 플루트를 집었고 연주하기 시작한다.

앨리슨: 멜리사, 플루트 좀 줘, 나도 연주해 볼래. (멜리사가 앨리슨을 무시하고 계속 연주한다.)

치료자: 앨리슨, 너도 정말 연주하고 싶지만 멜리사도 플루트 연주를 하길 원하는구나.

앨리슨: (팔짱끼고 멜리사를 기다리다가 점점 몸을 들썩거리며) 그거 달라고! 얼른 달라고!

치료자: 앨리슨, 넌 네가 플루트를 얼마나 원하는지 멜리사에게 보여 주고 있구나. (멜리사가 앨리슨의 얼굴에 대고 크게 플루트를 불기 시작한다. 앨리슨이 플루트를 낚아채려고 하자 멜리사가 재빨리 피한다.)

치료자: 멜리사, 네가 앨리슨을 괴롭히려고 하는 것처럼 보이네.

앨리슨: (멜리사에게) 넌 멍청이야. 난 네가 싫어. (앨리슨은 다트 총을 쏘기 시작하고, 벽을 맞추기 시작한다. 멜리사가 플루트를 놓고 앨리슨을 향해 간다.)

멜리사: 나도 해 볼래.

앨리슨: 안 돼. 넌 못해. (앨리슨은 놀리는 것처럼 말하기 시작한다.) 넌 못해. 너랑 안 놀아. 넌 멍청이야. 너랑 안 놀아.

치료자: 앨리슨, 네가 멜리사에게 상처 주려고 하는 것 같네.

멜리사: (소리 지르면서) 넌 악마야. 악마. 악. 마. (멜리사가 앨리슨을 향해 서서 총을 뺏으려고 앨리슨을 밀친다.)

다른 접근의 시나리오

ACT

ACT 모델에서, 치료자는 제한 설정을 위해 소녀들 사이로 자리를 옮긴다. 소녀들 가운데 서는 것은 몸싸움을 멈추게 하고 제한 설정으로 주의를 집중시킨다. 치료자는 말한다. "너희들 모두 화가 났구나. 놀이치료실에서는 사람은 다치게 하지 않아. 너희들이 화가 났다고 서로 말할 수 있어." 혹은 "너희 서로에게 상처 주고 싶구나. 놀이치료실에서 사람은 때릴 수 있는 대상이 아니야. 너희들은 보보를 때릴 수 있어." 이 반영에서, 치료자는 감정 인식과 이해를 촉진하기 위해 노력하고 행동을 매우 구체적으로 제한한다. 치료자는 어떻게 감정을 표현하고 신체적 에너지를 발산

할 수 있을지 대안을 제시하려고 한다. 치료자는 소녀들의 안전을 위해 몸싸움에 대해 ACT를 지속적으로 사용한다. 이 사례에서 ACT를 사용하는 목적은 지속적으로 소녀들의 분노를 인식하고 수용하면서 치료자가 그 문제를 해결해 주는 것이 아니라 소녀들이 상호작용하는 새로운 방법을 선택하는 책임감을 돌려주기 위한 것이다. 이 사례에서, 선택권 제공하기는 장난감을 차지하려고 서로를 다치게 하는 경우에만 적용할 것이다. 예를 들면 다음과 같다. "만약 너희가 플루트로 서로 때리는 것을 선택한다면, 너희는 플루트를 가지고 놀지 않는 것을 선택하는 거야."

문제 해결

놀이치료자는 문제를 해결할 수 있도록 소녀들 사이에 서서 개입한다.

치료자: 놀이치료실에서 서로 던지거나 때리거나 상처 입히는 것은 규칙이 아니야. 나는 너희가 서로 정말 화났다는 것을 알고 있어. 서로 상처 주지 않고 표현하는 방법은 무엇이 있을까?

멜리사: 쟤가 나는 못 가지고 놀게 했어요.

앨리슨: 쟤가 먼저 나한테 놀지 못하게 했어요. 멜리사는 날 괴롭혀요.

치료자: 너희들은 여전히 서로 몹시 화가 나 있구나. 너희가 서로 상처 주지 않고 표현할 수 있는 방법은 무엇이 있을까?

앨리슨: 쟤는 내가 부탁할 때 들어줘야 해요.

멜리사: 쟤는 나에게 친절하게 부탁해야 해요.

치료자: 너희가 생각해 본 방법 중의 하나는 원하는 것을 친절하게 부탁하는 것이네. 또 다른 방법은 무엇이 있을까? (치료자는 화이트보드에 가서 쓴다. '친절하게 부탁하기')

앨리슨: 우리는 회의(conference)를 소집할 수 있어요.

치료자: 어떤 회의니?

앨리슨: 나는 회의가 필요하다고 얘기할 수 있어요. 그럼 나는 멜리사에게 내가 원하는 것을 말할 수 있고 멜리사도 나에게 원하는 것을 말할 수 있어요.

치료자: 오, 그런 생각도 있네. 또 다른 건 무엇이 있을까?

멜리사: 선생님이 우리에게 누가 장난감을 가질지 말할 수 있어요.

치료자: 내가 너희에게 결정을 내려 주는 사람이 될 수도 있네. (치료자는 세 가지 아이디어 모두 보드에 쓴다. 문제를 해결하기 위한 첫 시도이기 때문에 소녀들의 아이디어는 고갈됐다.)

치료자: 우리에게는 세 가지 아이디어가 있구나. 친절하게 부탁하기, 회의를 소집하기, 나에게 결정권을 주는 것이네. 너희는 어떤 것이 가장 좋을 것 같니?

멜리사: 나는 우리가 정말 화가 났을 때 회의를 소집할 수 있었으면 해요.

치료자: 아, 멜리사, 너는 그 아이디어가 마음에 드는구나. 앨리슨, 너는 어떠니?

앨리슨: (자랑스럽게) 그건 내 아이디어였어요.

치료자: 내가 잘 이해했는지 확인해 주렴. 너희 둘 중에 누구든 화가 나면, "회의를 소집해."라고 말할 수 있어. 그럼 다른 한 사람이 "좋아."라고 말해. 그러면 너희는 서로 원하는 것을 말할 수 있어. 맞니?

앨리슨과 멜리사: (고개를 끄덕이며) 맞아요.

치료자: 그럼 우리 다음번에 문제가 생겼을 때, 이 회의를 시도해 보자. (다른 사건 없이 아동들은 다시 놀기 시작한다.)

문제 해결 장면에서, 치료자는 문제 해결의 목표를 재접근하고 반영해 주고 아동의 아이디어를 격려하며 아동들을 안내한다. 치료자는 아동들이 자신들이 생각하는 최선의 의사결정을 할 수 있다고 신뢰하고, 자신들이 직접 생각해 낸 방법을 적용해 볼 수 있도록 허용한다. 만약 또 다른 말싸움이 발생해서 아동들이 회의를 안 하기로 결정한다면, 치료자는 "회의하는 게 별로 도움이 안 되는 것처럼 보이는데, 너희가 서로 상처 주지 않으면서 너희가 원하는 문제를 해결할 수 있는 또 다른 방법은 무엇이 있을까?"라고 반영할 것이다. 문제를 해결해 나가면서, 소녀들은 자신의 행동에 대해 생각해 보고, 두 소녀 모두 놀이치료실 밖에서 우정을 쌓아 가면서 발생하는 문제와 결과를 숙고하는 경험을 하게 된다.

집단에서 제한 설정을 할 때 더 고려해야 할 점

치료자의 태도

치료자의 태도는 제한 설정에 관한 어떤 이론이라도 제한 설정의 과정과 결과에 영향을 미친다고 판단한다. 만약 치료자가 아동들의 행동을 조절하는 것이 자신의 역할이라고 믿는다면 힘과 통제를 추구하는 아동은 치료자에게 대항하려는 욕구를 갖게 된다. 이 역동은 제한 설정의 효과를 약화시킬 수 있다. Kottman(2003), Landreth(2012), Ray(2011) 그리고 그 외 많은 이론가가 놀이치료에서 규칙을 객관적인 차원으로 접근해야 한다고 말했다. 제한은 일반적으로 놀이치료실의 한 부분이고 아동과 의사소통해야만 한다. 제한은 치료자의 선택이 아니라, 놀이치료실에 항상 존재하는, 놀이치료실에 오는 새로운 다른 사람들과 공유되어야만 하는 부분이다(Ray, 2011). 제한 설정에 접근할 때, 치료자의 목소리 톤은 평상시와 같아야 하지만 단호해야 한다. 통제하려는 욕구가 담긴 목소리는 일부 아동을 힘을 갖고자 하는 투쟁으로 초대하는 결과를 초래한다. 그러나 갈등하게 될까 봐 두려워하는 마음을 드러내는 목소리는 일부 아동에게 조종하거나 무시하는 것이 가능하다는 메시지를 전달할 가능성이 크다. 치료자는 효과적으로 제한 설정을 하기 위해 다른 사람을 통제하고 싶은 강한 욕구를 조절하는 자기감을 유지하기 위하여 노력할 필요가 있다.

철학적 도전(Ray, 2011)

제한 설정의 이슈는 아동들의 타고난 자기주도성에 대한 치료자의 믿음과 관련이 있다. 비지시적 놀이치료자는 특히 개별놀이치료에서 아동이 긍정적인 결과를 향해, 그들의 행동을 이끌어 갈 수 있는 능력을 가지고 있다는 믿음을 가지고 있다. 그러나 집단놀이치료에서, 놀이치료자가 신체적으로 공격하는 두 아동들 사이에 개입하려고 할 때, 이 믿음 체계는 도전받는다. 치료자는 문제해결 방법을 제시하고자 하는 욕구 혹은 이런 공격(신체적인 공격을 하려고 하는)을 지속적으로 허용하는 것에 대해 숙고해야 한다. 이는 아동이 자기실현을 향해 나아갈 수 있도록 내적 지각을 통해 대처 기술을 발달시키고 그들의 긍정적인 특성을 활성화하는 데 도움을 주기 위해서이다. 지시적인 접근을 하는 놀이치료자는 인지적으로 어떻게 문제해결에 접근하는지를 평가하고 비효과적인 대인관계 대처 기술을 효과적인 것으로 대체하기 위해 제한 설정을 사용한다. 지시적으로 접근할 때도 놀이치료자는 어떻게 과정을 이끌어 갈 것인지 갈등한다. 집단놀이치료에서는 치료자가 더 강하고 효과적인 변화를 이끌어 갈 수 있는 주체로 성장할 수 있도록 아동에 대한 믿음 체계를 분명히 하고 탐색할 수 있다.

집단놀이치료의 속도

집단놀이치료에서 놀이치료자는 놀이치료실에서 일어나는 행동에 빠르게 반응해야 하므로 광범위한 경험을 하게 된다. 일반적으로 집단놀이치료에서 빠르게 반영해야 할 때는 제한 설정을 해야 하는 경우이다. 아동들이 빠르게 상호작용하는 가운데 놀이치료자는 집단 외에도 개별 아동 존재를 고려해야 하므로, 제한 설정을 최소화하는 것이 어려워진다. 치료자는 아동 한 명이 참여할 때 다른 아동들 사이에서 공격적인 역동을 불러일으킬 수 있는 것과 관련해 제한 설정이 필요할 수 있다. 치료자는 치료실에서 발생하는 역동과 모든 행동에 대해 집중해야 한다. 개별놀이치료에서 제한을 설정하는 경험은 집단놀이치료자가 치료실에서 안전감과 집단의 역동들이 빠르게 움직일 때 반영하는 능력을 키우는 데 도움이 된다.

집단놀이치료자에 대한 지지와 자기돌봄

우리는 놀이치료자가 놀이치료에서 제한 설정을 하는 것을 두려워해야만 한다고 제안하는 것은 아니다. 그러나 우리는 집단놀이치료에 참여하는 놀이치료자에게 요구되는 넓은 범위의 개인적인 자원들을 강조한다. Slavson(1999)은 다음과 같이 경고했다. "다른 아동의 존재로부터 자극되는 불안함과 과잉행동과 파괴적인 행동을 하는 아동들끼리 성인을 대상으로 적대감을 주고받는 상황에서 한 아동의 놀이 속으로 들어가 만나는 것은 어려운 일이다."(p. 25) Slavson과 Schiffer(1975), Ginott(1961)는 인격적인 성숙, 자각, 유능한 집단놀이치료자가 되기 위한 개인적인 필요를 해결하려는 치료자의 욕구를 강조한다. 희생자 역할을 맡게 되는 것 혹은 흐름을 주도하거나, 집단에 의해 수용받으려는 아동과 과하게 결합되는 것 등과 같은 역동의 복합성 때문에 집단놀이치료에서는 역전이의 위험성이 더욱 높아진다. 치료자가 지속적으로 개인적 과정(process)에서 깨어 있고자 노력하는 것 그리고 다른 전문가들에게 상담을 받는 것 또한 중요하다. 덧붙여, 개인상담을 받는 치료자는 아동과 함께하는 자신의 경험에 대한 개인적인 의미를 탐색해야만 한다.

7장 통합적 접근

이 책에서 다루고 있는 것보다 더 많은 집단놀이치료 개입방법이 있다. 집단에는 다양한 이론적 접근(2장에서 일부 주요한 접근에 대해 살펴보았음)과 기법을 적용할 수 있는데, 우리는 이 중 일부를 간략하게 살펴보고자 한다.

혹자들은 놀이치료가 두 개의 주요 진영—비지시적 진영과 지시적 진영—으로 나눠진다고 주장하는데, 이처럼 단순하게만 볼 수 없다. 많은 놀이치료자는 통합적 접근을 적용하고 있다. 사실, 우리(이 책의 세 저자)는 놀이치료와 집단놀이치료에 대해 다양한 관점을 가지고 있다. 우리는 이것이 아름다운 놀이치료 풍경의 일부라고 본다. 또한 우리는 견고한 임상적 · 윤리적 토대에 충실하려고 노력하며, 어떤 하나의 관점을 독단적으로 취하기보다는 다양한 파노라마를 제공하고자 한다.

Andrews(2009)는 놀이치료의 이론적 지향에 대해 "치료자가 선호하는 놀이치료 접근법에는 치료자의 성격, 안정 수준, 임상 슈퍼비전, 교육과정과 같은 요소가 영향을 미친다."(p. 42)와 "이론적 모델이 치료자의 성격만큼 중요한 것은 아니다."(p. 46)라는 점을 확인했다. 자신이 선택한 이론에 대해 적절한 훈련을 받고, 이해하고 있으며, 이론적 근거가 있다면 부정적으로 볼 수 없다.

놀이치료자는 이론에 얽매이기보다 이론적인 근거에 기반을 두어야 한다. 이론적 근거가 아닌 이론에 사로잡힌 임상가도 분명히 있다. 하지만 치료자로서 내담자가 조화와 수용의 자세를 갖길 바라듯이, 다른 치료적 접근법과 개입에 대해 치료자 또한 조화와 수용의 자세를 가져야 한다.

이 장에서는 비지시적 접근법과 지시적 접근법 모두 고려하여 두 접근법을 통합하는 것에 대해 살펴보고, 저자들이 사용했던 다양한 집단놀이치료 활동과 기법에 대해 살펴볼 것이다.

비지시적 대 지시적

사람들은 비지시적이란 말을 종종 아동중심이라는 말과 같거나, 대체하는 말로 사용한다. Landreth(2012)는 놀이치료를 비지시적으로 접근하는 것과 관련해 다음과 같이 기술하고 있다.

> 비지시적 놀이치료는 아동을 통제하거나 바꾸려는 시도를 하지 않으며 아동의 행동이 항상 완전한 자아실현을 위해 이루어진다는 이론에 기반을 둔다. 비지시적 놀이치료의 목표는 자기인식과 자기주도이다. 치료자는 잘 구비된 놀이치료실을 준비하고, 아동은 자신이 선택한 놀이를 하거나 침묵을 선택할 수 있는 자유를 갖는다. 아동이 감정을 표현하고 치료자가 이를 인식하고 수용하면, 아동이 자기 감정을 받아들이게 되고 자유롭게 그 감정을 다룰 수 있게 된다고 믿기 때문에, 치료자는 적극적으로 아동의 생각과 감정을 반영한다.
>
> (p. 34)

이에 근거하여, Landreth와 Sweeney(1999)는 다음과 같이 제안한다. "아동중심 집단놀이치료는 집단의 내재된 잠재력이 긍정적이고 건설적인 방향으로 진보한다는 집단의 힘을 지속적으로 신뢰해야 한다."(p. 44) Landreth와 Sweeney는 집단의 리더와 치료적 관계가 변화를 위한 도구라고 제안하면서, 아동중심 집단의 리더는 집단 성장을 촉진하기 위해 기술을 적극적으로 적용하지는 않는다고 설명한다.

아동중심 접근에서 발달은 Rogers(1951)의 명제와 부합하는, 즉 되어 가는 과정으로 이해할 수 있다. 아동중심 집단놀이치료 이론은 2장에서 논의된 바 있다.

하지만 Kenney-Noziska, Schaefer와 Homeyer(2012)는 실제로 치료에서 완전히 비지시적이거나 완전히 지시적일 수는 없다고 설명한다. 비지시적 놀이치료자는 때때로 지시적 놀이치료 기술을 사용하고 지시적 놀이치료자는 비지시적 놀이치료 기술을 사용한다. 이 지점에 대해 대다수의 비지시적 아동중심 놀이치료자들은 논쟁할 것이다.

놀이치료에서 비지시적 접근과 지시적 접근 간의 논쟁은 아마 앞으로도 계속 될 것이다. 예를 들어, Shelby와 Felix(2005)는 비지시적 놀이치료가 유익한 점도 있지만, 비지시적 놀이치료가 외상을 경험한 아동을 위한 효과적인 개입방법은 아니라며 강하게 반박한다. Andrews(2009)는 "일부 자기정체성이 확고한 비지시적 치료자들은 지시적인 치료 접근이 신뢰 관계 형성의 중요성을 무시하고, 아직 준비되지 않은 아동에게 문제를 직면시킬 수 있다는 우려를 표명했다."(p. 44)라고 언급했다.

놀이치료와 집단놀이치료는 매우 다양한 이론적 지향을 포괄하고 있고 기술적으로 활용되는 '지시적' 접근에 대한 논쟁은 도전이 된다. 이 책에서 논의된 많은 이론적 접근과 언급된 대부분의 기법(다음에 논의되는 모든 기법을 포함)은 지시적인 것으로 본다. 따라서 비지시적인 접근과 지시적인 접근을 연속체로 간주하는 것이 최선의 방법일 것이다.

연속체의 끝인 비지시적 접근에는 Axline(1947)과 Landreth(2012)가 있다. 연속체의 반대편 끝에는 인지행동 놀이치료(Knell, 2011)와 해결중심 놀이치료(Nims, 2011), 외상 후 놀이치료(Shelby & Felix, 2005)가 있을 것이다. 이러한 연속체를 특정한 지점으로 구분하는 것은 거의 불가능하다.

Kenney-Noziaka 등(2012)은 일부 반대이론에 대해 '악마' 같은 존재처럼 부적절하게 다루고 있음을 비난하면서, 비지시적 대 지시적 논쟁에 대해 이분법적으로 다루고 있음을 지적한다. 이들은 이론적 접근을 달리하는 사람들의 합리적 토론이 불가능할 거라고 보고 있다. 지시적-비지시적 연속체상에는 수많은 이론적 접근이 존재한다. 이로 인해 통합적 접근에 대한 논의가 필요하다.

통합적

놀이치료 현장에서 통합적 접근을 이야기하는 것은 심리치료 분야에서 통합적 접근을 하려는 것처럼 어려운 일이다. 대상관계치료 맥락에서 쓰인 Prior(1996)의 언급은 거의 20년간 유의미하게 인정되어 왔고, 오늘날 모든 이론에 경종을 울린다. "대다수 임상가가 사용할 수 있는 가설, 훈련, 통합적 사고를 공유할 수 있는 틀, 개념적 이해, 치료적 적용이 가능한 모델에 대한 합의는 존재하지 않는다."(p. 5) Prior는 많은 치료자가 "치료자를 안내할 가이드가 없고, 상담에서 적용되는 포괄적인 모델이 부재한 상황에서 통합을 이뤄 내기 위해 노력하고 있다."(p. 5)라고 설명하고 있다.

일반적인 심리치료 분야, 특히 놀이치료 분야에서 통합에 대한 요구가 거세지고 있다. 이것은 앞서 논의된 비지시적 대 지시적 접근에 대한 의견 차이와 관련이 있다. Drewes(2011)는 다음과 같이 주장한다.

> 놀이치료에서, 놀이치료자가 더 유연하게 통합해 나가기 위해 활용할 수 있는 수업 활동, 논문, 저서, 워크숍이 제한적이다. 여전히 대부분의 내담자를 만족시키는 치료가 하나의 이론적 근거와 접근일 수 있고, 이것을 최상의 임상적 치료라고 여기는 치료자들이 존재한다. 하지만 최근 인지행동치료와 놀이치료를 접목하는

것에 대한 관심, 도서, 훈련이 급증하고 있듯이, 놀이치료자들은 보다 통합적인 방향으로 나아가고 있다.

(p. 33)

Gil(2006)은 학대를 받거나 외상을 경험한 아동과 작업하는 통합적 접근에 대해 "이를 추구하는 정신건강 전문가들이 (임상적으로 충분하고, 증거에 기반을 둔) 다양한 이론과 접근에 정통한 상태에 있어야 하고, 내담자에 따라 최상의 치료를 제공할 수 있도록 치료적 관점이 유연해야 한다."(p. 19)라고 주장한다. 그리고 Gil은 2006년 논문에서 이러한 사실은 개별놀이치료와 집단놀이치료 모두에 해당한다고 언급했다. 그녀는 나아가 "융통성 없는 치료 계획이나 임상적 편견은 아동 내담자를 제한하고 압도할 수 있다."(p. 15)라고 설명한다. 이것은 청소년과 성인 내담자에게도 해당될 것이다.

Gil(2006)은 학대와 외상장애 아동을 위한 통합적 치료에 자신이 사용하는 일반적인 치료 원칙을 목록화하고 있다. 이 원칙은 모든 연령의 내담자에게 적용할 수 있다.

- 아동과 그 가족에게 친밀한 치료적 환경과 정보를 제공한다.
- 치료 결과에 대한 기대와 임상의 목표 설정에 영향을 미칠 수 있는 편견과 추측을 보류하고, 아동과 가족 모두에 대해 광범위한 진단을 실시한다.
- 아동, 그 가족과 진실하게, 존중하며, 신뢰할 수 있게, 진정성 있는 관계를 맺는다.
- 아동의 가장 큰 관심사에 집중하여 여러 전문 분야의 통합된 맥락 안에서 서비스를 제공하고, 법적 절차와 스케줄, 결과에 지속적으로 관심을 가진다.
- 모든 임상 절차가 문화, 성, 발달연령과 발달단계에 민감하다는 것을 확실하게 하라.
- 맥락적이고 체계적인 주제에 지속적으로 관심을 둔다.

- 부모나 양육자가 위기 상황을 이해하고 더 잘 다루도록 돕고, 그들의 자녀에게 적절하게 반응한다.
- 부모/양육자와 아동의 학습 스타일을 가장 잘 일치시키는 치료적 접근법과 서비스를 제공한다.
- 가족의 강점과 약점에 대한 균형 있고 현실적인 평가를 실시한다.
- 아동의 삶에서(가족에서든 더 큰 공동체에서든) 아동을 위해 적극적으로 조력해 줄 수 있는 중요한 사람을 찾아서 함께한다.
- 법원 명령 치료의 제한점과 어려움에 대한 이해를 제공하고, 기관의 기대에 압도되어 영향력이 약해졌다고 느낄 수 있는 부모/양육자의 통제력을 회복하도록 시도한다.
- 마지막으로, 비밀보장의 한계에 대해 가족구성원들을 분명하게 이해시키는 방법으로 팀 접근을 한다.

(pp. 60-61)

이러한 원칙들은 임상적 맥락과 윤리적 차원에 적합하며, 이론과 기법 모두를 통합하고 있다.

집단놀이치료의 통합적인 접근은 이론에 근거를 두어야 하고, 기법들을 절충할 수 있는 플랫폼이 되어 준다. 이것은 광범위한 발달단계와 주 호소/진단 범주에 맞추어 집단놀이치료를 활용할 수 있도록 한다. '통합적' '절충적' '규정적'과 같은 표현을 이론에 근거한 접근법에 사용할지 말지(이런 표현들이 양극화하는 측면이 있다는 것을 알기에)는 개별놀이치료와 집단놀이치료에서 적용할 수 있는 하나의 길이다.

집단놀이치료 기법

이 책은 일부 장에서 표현예술, 모래, 퍼펫 놀이, 활동치료(activity therapy)를 포함한 구체적인 집단치료 기법에 대해 살펴보고 있다. 나머지 장은 사별과 상실, 재난, 학교 집단놀이치료와 같은 구체적 대상에 대해 다루고 있다. 다음으로는 우리가 다양한 세팅에서 사용했던 집단놀이치료 기법을 다루고, 집단놀이치료자의 임상적 평가도 함께 논의한다.

동적 가족/학교 그림 그리기

동적 가족화(Kinetic Family Drawing)는 예술치료 개입방법으로서 다양하게 사용되어 왔으며(Burns & Kaufman, 1980), 집단 세팅에도 적용할 수 있다. 내담자들에게 자신을 포함해서 어떤 것을 하고 있는 가족을 그리도록 지시한다. 동적 학교화(Kinetic School Drawing)는 내담자들이 학교에서 친구와 교사를 포함하여 어떤 것을 하고 있는 자신을 그리는 것이다. 동적 가족화/동적 학교화에는 그리기 도구(마커펜, 그림물감, 연필), 모래 피규어들, 점토, 그 외에 표현 매체들이 사용될 수 있다. 일반적으로, 이것은 병행 놀이의 맥락에서 사용되지만, 집단 프로젝트로 적용되기도 한다.

할리우드 감독

할리우드 감독 기법은 이해하기 쉽다. 준비물로는 세 가지 도구[감독 의자, 확성기(감독이 "액션"이라 말할 때 사용되는 것), 감독/연출용 슬레이트(영화 숫자가 적혀 있는 직각 보드)]가 필요하다. 실제 장비가 있으면 좋겠지만, 즉흥적으로 만들어진 도구들도 효과적이다. 예를 들어, 의자 등받이에 마스킹테이프로 '감독'이란 글자를 써서 감독의 의자임을 표시하고, 다 쓴 두루마리 화장지를 확성기로, 보드지(cardboard) 조각은 감독/연출용 슬레이트로 활용한다.

집단구성원은 치료적 목적으로 만들어진 대본을 연출하는 장면에서 집단의 나머지 구성원을 대상으로 감독 역할을 해 볼 수 있는 기회를 갖게 된다. 치료자는 모든 집단구성원에게 감독 역할이 돌아가도록 확인하고, 시간을 공평하게 배분해야 한다. 한 집단 회기에 모두가 역할을 해 보는 것은 시간 제한으로 인해 어려울 수 있다. 그런 경우 다음 회기에 이어서 진행할 수 있다.

이 기법은 단순하게 말하면 연극치료를 변형한 것이다. 대본은 치료자가 제공하거나, 집단구성원이나 집단이 만들어 낼 수 있다. 또한 대본을 즉흥적으로 작성할 수 있다. 만약 집단구성원들이 대본을 만들어 냈다면, 치료자에게는 어떤 집단구성원도 무시당하지 않도록 확인할 책임이 있다. 개별적으로 감독 역할을 해 보는 것의 이점은 각자 주도하는 역할을 해 보면서 통제력을 회복하는 것이다.

낙서 기법

낙서 기법(scribble technique)은 8장에 언급되어 있지만, 여기서 좀 더 자세하게 다루고 있다. 많은 사람이 낙서에 대해 잘 알고 있는데, 이 단순한 기법은 간단하고 위협적이지 않은 활동이다. Kramer(1993)와 Oaklander(1978)는 이 기법에 대해 더 자세히 논하고 있다. 이 활동은 몇 가지 형태로 변형이 가능하다.

집단구성원은 똑같은 낙서용 종이를 한 장씩 받는다. 집단구성원에게 낙서를 하게 한다. 작업을 마친 후에, 집단에서 그 그림을 공유한다.

집단구성원에게 한 가지 색의 마커를 선택하게 한다. 한 장의 큰 종이(2′−3′×4′−6′)에, 치료자는 '첫 번째' 낙서를 한다. 그리고 치료자는 집단구성원에게 끝날 때까지 낙서를 계속하라고 지시한다. 이 기법의 중요한 점은 모두가 낙서에 참여해야 한다는 것이다. 만약 어떤 구성원이 이 활동을 장악한다면(집단 토론에서 다루어야 할 주제인지 치료자의 판단이 필요함), 반드시 그것은 언급되어야 한다. 치료자는 집단구성원 모두가 낙서에 참여할 때까지 첫 번째로 낙서하는 것을 반복한다.

이 기법은 집단구성원이 하나의 종이를 갖고, 종이에 각자 이름을 쓰고, 첫 낙서를 하는 방식으로도 가능하다. 집단구성원 모두가 낙서에 참여할 때까지 종이를 돌린다. 집단구성원은 개별적으로 참여했는지 확인할 수 있도록 한 가지 색깔로 작업해야 한다. 이 프로젝트의 제목은 창작자나 집단이 정할 수 있다.

Oaklander(1978)는 신체 활동을 하는 집단에 적용하기 좋은 개입방법으로 낙서 활동을 제안한다. 치료자는 집단구성원에게 움직이라고(일어서기, 바닥에 앉기 등) 지시하며, 눈을 감고, 팔을 최대한 뻗고 낙서/그림을 그리는 상상을 하라고 한다. 그러고 나서 허공에 낙서를 하도록 한다. 집단구성원의 상상 과정을 돕기 위해 손으로 마커를 잡게 하는 것도 좋은 방법이다. 또한 연습할 때 시간을 짧게 제한하면 이 활동을 불편하게 느끼는 구성원의 불안을 감소시킬 수 있다. 오히려 시간이 길어지면, 구성원을 통제하게 된다. 모두 눈을 감고 있기 때문에, 움직임을 볼 수 없다는 점을 집단구성원에게 상기시킨다(치료자는 반드시 일부 사람, 특히 외상 피해자의 경우 눈을 감는 것을 불편해할 수 있다는 점에 주의해야 한다). 그러고 나서 치료자는 집단구성원에게 한 장의 종이를 주고 상상한 것을 그려 보라고 지시한다. 그 다음 그림을 집단구성원과 공유한다.

점토나 플레이도로 만들기

만들기는 강력한 감각과 촉각적 개입법이 될 수 있다. 클레이의 감각과 만질 수 있는 특성은 깊은 정신적 영역을 자극하는 힘을 가지고 있는 것 같다. 어떤 종류의 재료를 사용할지는 치료자에게 달려 있다. 플레이도에는 장단점이 있다. 플레이도의 색깔과 질감은 환영받지만, 도자기 점토처럼 만들어지지는 않는다. 도자기점토는 주조하기가 더 쉽고 플레이도보다 더 감각/초감각적이지만, 일반적으로 단색이고 꽤 지저분해질 수 있다.

아동·청소년과 어른은 일반적으로 그 과정을 즐기지만, 점토 작업을 할 때 지저분해지는 것 때문에 흥미를 잃을 수 있다. 젖은 헝겊, 종이 타월(기저귀를 처리할 때 잘 사용하는)이나 물티슈 등을 준비하면 좋다. 그리고 점토와 플레이도를 건조시키거나 뭉개고 싶어 하는 집단구성원도 있을 수 있다는 점도 기억해야 한다. 또한 치료자가 재료를 사용하면서 시범을 보이면, 내담자가 좀 더 쉽게 활동에 참여할 수도 있다.

필요한 재료는 다음과 같다. 플레이도나 도자기 점토, 플라스틱이나 종이 팔레트

(조각을 하는 데 사용될), 물, 종이 타월 · 헝겊 · 물티슈, 단순한 조형 틀[점토 와이어커트, 파티용 나이프, 치즈커터, 고무망치(감자를 으깰 수 있는), 마늘다지개, 연필 · 빨대(구멍을 내는) 등]. 우리가 플레이도사의 제품을 선택하면, 다양한 조형 놀잇감이 동봉되어 있다.

집단구성원이 개별적으로 활동할 수 있는 적당한 공간이 필요하다. 만약 적당한 탁자를 사용할 수 없다면, 바닥에 깔고 작업할 수 있는 비닐식탁보를 사용하는 것이 좋다. 또한 집단구성원에게 개별 플라스틱 쟁반(카페테리아 스타일)을 사용하게 할 수도 있다. 특히 이 쟁반은 정리할 때 편리하다.

지시는 치료자가 선택하기에 따라 지시적이거나 비지시적인 것이 될 수 있다. 개괄적인 설명은 종종 집단구성원들이 특별한 지시를 듣기 전에 처음 매체를 다루도록(짜내기, 세게 두드리기, 찌르기 등) 하는 데 도움이 된다. 그리고 집단구성원들에게 눈을 뜨거나 감으라고 할 수 있다. 때로는 눈을 감고 매체를 다루는 것이 불안을 감소시킬 수 있다.

그때 치료자는 집단구성원에게 만들기를 하도록 지시하는데, 그 지시 내용은 구체적인 것(예를 들어, 집단구성원들에게 자기 자신이라고 느끼는 것을 표현하는 동물을 만들도록 요구하는 것)이나 일반적인 것(그들이 원하는 것을 만드는 것)이 될 수 있다. 또한 치료자는 구성원에게 특별한 주제(집단이 한 가지 주제에 집중되어 있다면, 그것을 분명히 선택할 것이다.)에 대해 생각해 보라고 제안한 후 그에 대한 정서적 반응을 담은 조형물을 만들어 보라고 할 수 있다. 조형된 작품은 집단구성원이 집으로 가져가거나, 향후 집단 활동을 위해 치료자가 보관할 수 있다. 이런 작품은 내담자들에게 의미가 깊을 수 있다.

비치볼 게임

비치볼 게임은 Post Sprunk(2010)가 가족용으로 개발하였는데, 집단에서 사용하기 꽤 유용하다. 이 기법에서는 4~6가지 색이 칠해진 작은 비치볼 한 개를 사용한다. 집단구성원들은 원 모양으로 서 있거나 앉는다. 그리고 비치볼을 다른 집단구성원에게 던진다. 그 공을 잡은 사람은 공을 잡는 순간 자신의 엄지손가락이 닿은 공의 색깔을 말한다. Sprunk은 각 색깔에 해당되는 질문을 제시하고 있다.

• 빨강
 –나의 가족은 ……를 좋아한다.
 –나의 가족은 ……할 때 나를 자랑스러워한다.
 –만약 나의 가족이 ……하다면 나는 기분이 나쁘다.
 –나는 내가 …… 느낀 것을 내 가족 중 누군가가 느끼게 한다.
 –나는 나의 가족이 ……기를 바란다.
• 주황
 –나의 가족과 가장 행복했던 기억은 ……다.
 –나는 ……이 필요하다.
 –나는 ……할 때 상처받았다고 느낀다.
 –나는 …… 갖기(하기)를 좋아하지 않는다.
 –나는 ……는 것을 기대한다.
• 파랑
 –나는 ……을 주기를 사랑한다.
 –언젠가 어떤 사람이 나에게 ……를 도와주었다.
 –나에게 힘든 일이 있을 때, 나는 ……다.
 –나는 ……을 좋아하지 않는다.
 –나는 ……을 잃어버리는 것을 싫어한다.
• 흰색
 –나는 ……을 좋아한다.
 –내가 내 가족에게 감사하는 것은 ……이다.
 –나는 ……할 때 슬프다.

–나는 ……할 때 화가 난다.
–어머니와 나는 ……을 좋아한다.

- 초록
  –나는 오로지 ……을 사랑한다.
  –나는 …… 사람이다.
  –아버지는 나에 대해 ……하다고 생각한다.
  –만약 누가 당신을 사랑한다면, 그들은 ……다.
  –나는 집에서 ……를 진짜 좋아한다.

이들 질문은 치료 계획과 집단에 따라 바뀔 수 있다. 이러한 연습은 집단 과정에서 의사소통을 원활하게 하는 효과적인 방법이다. 이 기법은 Liana Lowenstein (2010)의 저서 『창의적인 가족치료 기법들(Creative Family Therapy Techniques)』에 소개되어 있는 것으로, 모든 연령의 집단에 적용할 수 있다.

'차라리 당신은 ……하겠는가?' 게임

'차라리 당신은 ……하겠는가?(Would you Rather?)' 게임은 Zobmondo사에서 개발한 게임이다. 이 게임은 게임자들에게 상반된 두 개의 질문(바보 같은 질문들이고, 반드시 긍정적인 선택이라고는 할 수 없는)을 하는 것에 기초를 두고 있다. '차라리 당신은 ……하겠는가?' 게임 중 질문의 예는 다음과 같다.

- 차라리 당신은(Would you rather)……
  –골프공 크기의 안구를 갖겠는가 혹은 컴퓨터 자판 크기의 치아를 갖겠는가?
  –밤중에 아빠가 오토바이 소리 같이 심하게 코를 골며 자고 있을 때 아빠와 같이 작은 방에 있겠는가 혹은 혼자서 종일 엄청나게 많은 아빠의 더러운 양말 더미가 있는 방에 있을 수 있겠는가?

–당신의 미래를 확인하겠는가 혹은 당신 친구에게 말하지 못하는 친구들의 미래를 확인하겠는가?
–1년 동안 당신의 머리와 눈썹을 빡빡 밀겠는가 혹은 1년 동안 정말 잘 어울리는 광대 가발을 쓰겠는가?
–항상 당신의 혀에 가느다란 흰색 코팅 침을 꽂고 있겠는가 혹은 항상 손바닥이 땀에 흠뻑 젖은 상태로 있겠는가?

집단놀이치료 과정에서, 치료자는 사전에 게임 질문을 선택해서 적절하게 사용할 수 있고 혹은 일반적으로 집단과 관련 있는 질문이나 특정 내담자에게 적절한 질문을 만들 수 있다. 자기노출을 너무 많이 요구하지 않는 것이 중요하다. 몇 가지 만들어진 '치료적' 질문의 예는 다음과 같다.

- 차라리 당신은(Would you rather)……
  –당신의 부모가 하루 종일 소리치게 만들겠는가 혹은 당신에게 종일 침묵하게 하겠는가?
  –자매의 옷을 입고 학교에 가겠는가 혹은 당신의 칫솔과 침만으로 자매의 욕실을 청소하겠는가?
  –엄마/아빠가 당신에게 미치도록 화가 나 있을 때 그녀/그의 마음을 읽겠는가 혹은 일주일 동안 부모님이 좋아하는 음악을 억지로 듣겠는가?
  –당신의 장난감을 팔아서 당신의 형제에게 그 돈을 주겠는가 혹은 1년 동안 그 형제 외에는 어느 누구와도 대화하지 못하고 지내겠는가?
  –자녀에게 당신의 파트너와 맨 몸으로 춤추는 것을 들키겠는가 혹은 당신의 배우자가 하는 모든 소비를 허용해 주겠는가?

이 게임은 점수를 부과하지만, 점수를 매기는 것이 집단치료 과정에서 반드시 필요한 것은 아니다.

포춘 쿠키 문장 완성

문장 완성은 흔한 치료적 개입(회기 내에 하든 혹은 숙제로 하든 간에)이다. 포춘 쿠키를 사용하는 것은 가벼운 변형이다. 만약 아동과 같이 한다면, 음식 알레르기나 다른 고려사항이 없는지 사전에 부모에게 확인해야 한다. 포춘 쿠키 안에 넣을 인쇄된 종이는 쉽게 지워지고 문장 완성 구절로 대체할 수 있다.

다음과 같이 덜 위협적인 문장 완성으로 시작하는 것이 가장 좋을 수 있다.

- 내가 좋아하는 색은 __________이다.
- 내가 좋아하는 음식은 __________이다.
- 만약 내가 동물이 된다면, 나는 __________이다.
- 내가 좋아하는 TV 프로그램은 __________이다.
- 만약 내가 내 머리카락 색을 바꾼다면, __________이다.

문장 완성은 다음과 같이 좀 더 추가 할 수 있다.

- 나를 진짜 미치도록 화나게 하는 것은 __________이다.
- 사람들은 내가 __________라고 말한다.
- 나는 __________할 때 기분이 나쁘다.
- 나는 __________ 때문에 문제가 생긴다.
- 나는 __________을 할 수 없다.
- 나는 __________할 때 걱정되고 무섭다.

집단 미술 활동

Landgarten(1987)의 집단/가족 미술 기법과 유사한 이 방법은 집단개입을 촉진하거나, 개별/집단 역동을 평가하기 위한 초기 선별 도구로 사용할 수 있다. 필요한 재료는 커다란(2′−3′×4′−6′) 종이와 가급적이면 중복된 색이 없는 컬러마커 세트이다. 일반적으로 두 가지 종류의 개입방법이 사용된다.

집단구성원은 함께 두 가지 종류의 그림을 그릴 거라는 지시를 받는다. 이것은 집단구성원이 한 회기에 두 가지 종류의 그림 그리기에 참여하거나 두 회기 동안 각각 한 가지의 그림을 함께 그린다는 것이다. 치료자는 종이를 벽에 붙이거나 탁자 위에 놓을 수 있다. 이렇게 하는 것이 모든 집단구성원이 종이에 쉽게 접근할 수 있는 방법이다.

첫 번째 그림을 그릴 때, 집단구성원들은 색깔을 선택하고 모두 함께 종이에 하나의 그림을 그리도록 안내받는다. 지시사항에는 구성원이 미술 활동을 하는 동안 서로 대화하지 않고, 마커 색깔을 바꿀 수 없다는 내용이 포함된다. 그들은 서로 자유롭게 자신의 속도에 따라 그림을 그릴 수 있고, 마커 뚜껑을 닫는 것이 끝낸다는 신호이다. 치료자는 관찰자 역할을 지속한다.

집단이 그림 그리기를 마친 후에, 구성원들은 이야기를 나눌 수 있고, 그림의 제목을 정하라는 지시를 받게 된다. 제목 정하기 과정은 서로 협력하려는 노력이 있어야 한다.

두 번째 그림은 동일한 지시를 포함하지만, 이때 집단구성원은 자유롭게 이야기 나눌 수 있다. 이번에도 집단구성원은 마커 색깔을 변경할 수 없다.

다음의 질문들[Landgarten(1987)이 적용한]을 살펴보는 것이 도움이 된다.

- 누가 이 그림을 먼저 시작했고 종이에 처음 그림을 그리는 과정에는 어떤 일이 있었나?

- 어떤 순서로 나머지 집단구성원이 참여하였나?
- 집단구성원의 제안들 중 어떤 것이 반영되었고 혹은 무시되었나?
- 각 개인의 참여 수준은 어떠한가?
- 어떤 집단구성원들이 자기만의 공간에만 머물렀나? vs 서로 자리를 바꾸었나?
- 누가 다른 집단구성원의 이미지 위에 자기 이미지를 겹쳐 그려서 그 이미지를 지워 버렸나?
- 집단구성원은 개별적으로 어떤 역할을 맡았나?
- 집단구성원들은 순서대로 했나 혹은 팀으로 했나 혹은 동시에 했나?
- 집단구성원들이 개별적으로 어느 정도 공헌을 했나?
- 집단구성원들이 개별적으로 얼마나 많은 공간을 차지하였나?
- 집단구성원들이 개별적으로 기여한 상징적 내용은 무엇이었나?
- 누가 먼저 시작했나? 누가 따라 했나 혹은 반응했나?
- 그 활동을 하는 동안 정서적 반응이 있었나?

집단구성원은 그림을 그릴 때 선택했던 색깔로 식별될 수 있다. 완성된 작품은 개별 역동과 집단 역동에 관한 하나의 그림을 제공한다. 치료자는 해석 없이 역동에 대해 언급하기 위해 이 도구를 사용할 수 있다. 또한 집단 및 집단구성원의 해석이 치료자의 그것보다 더 중요하다는 사실을 기억해야 한다. 정서적 도구들(material) 중 인지 반응을 요구하는 질문보다는 견해를 밝히는(반영하는) 것이 도움이 된다.

그림/사진 콜라주

콜라주(Collage) 작업은 집단구성원이 부담을 갖지 않고 참여할 수 있고, 그림(picture)과 사진(photo)은 개인적인 의미를 담기 위해 쉽게 선택할 수 있기 때문에, 다른 미술적 개입보다 예술적 능력이 덜 요구된다. 잡지 사진은 내담자들과 함께 수집하거나, 공유하기 쉽고(다양한 현장에서 적절하게 제공된 잡지가 중요하다), 폭넓은 다양한 감정 상태를 표현할 수 있다. 또한 사진(내담자가 가져온 것이든 치료자 그리고/혹은 집단구성원이 회기에서 찍은 것이든 간에)은 콜라주 과정에 강력한 주요 장치나 첨가물이 될 수도 있다.

사진을 사용하는 경우에는 구조화나 관찰이 필요하다. 사진을 집에서 가져온다면, 치료자는 사진 크기(예: 4″×6″), 사진 주제(집단구성원 자신, 가족구성원, 좋아하는 애완동물 등), 제한이나 금지사항에 대해 알려 주어야 한다. 회기 진행 중에 찍은 사진인 경우에는 동의서를 작성하도록 한다(특히 부모에게). 또한 회기 중에 찍은 사진은 집단구성원 개인의 경험과 일치하는 균형을 맞추기 위한 과정이 필요하다. 집단구성원에게 자기가 원하는 자세를 취하라고 요청해서 사진을 찍는 것도 도움이 되는데, 그들은 특별한 사안에 대한 자아개념이나 자신의 현재 정서 상태 혹은 느낀 것을 표현하길 원할 것이다. 이러한 여러 가지 사진으로 하나의 콜라주를 만들어 내는 것은 강력한 치료적 경험이 될 수 있다. 즉시 인쇄할 수 있는 즉석카메라(예: 폴라로이드)나 디지털카메라도 필요할 수 있다.

콜라주의 필수적인 기본 재료는 다양한 잡지, 크레용, 유색마커, 물감, 풀, 가위, 티슈, 리본, 실, 기본적인 포스터보드 등이 있다. 또한 색깔 테이프, 천, 색도화지, 잎사귀, 꽃잎 등이 있고 다른 재료도 사용할 수 있다. 집단구성원이 재료를 추가적으로 가져올 수 있다고 하더라도, 치료자는 기본 재료를 제공해야 한다.

사진이 콜라주의 주요 장치로 사용되든지 안 되든지, 사진은 집단구성원 각자에게 꼭 필요한 자화상이 된다. 집단은 그들의 콜라주를 동시에 작업해야 하고, 재료를 나누어 사용하며 자유롭게 대화를 나눈다. 콜라주의 창작자는 마지막 작품에 주제를 정해야 하고, 집단구성원들은 그들의 '초상화'가 누구로 표현되었는가를 집단에서 이야기하도록(강요받지 않고) 지지받는다.

놀이/모래상자 가계도

가계도(genograms)는 가족치료에서 주로 사용되는 방법이며, 집단에서 사용되는 경우에 강력한 힘을 발휘한다. 같은 맥락에서 집단구성원들은 가계도를 자신을 표현하는 방법으로 사용한다. 가족구성원을 표현하기 위해서 모래상자 피규어를 사용하기도 한다. 가계도는 가족 구조와 역동에 대한 창의적인 '지도'이다. 집단놀이치료자는 집단구성원에게 본인을 포함한 모든 가족구성원에 대한 생각과 감정을 나타내는 하나 이상의 피규어를 고르도록 요청한다. 그리고 이 과정은 모래상자보다는 큰 종이 위에서 하는 것이 좋다. 치료자는 집단구성원을 위하여 가계도에 대한 일반적인 개요, 즉 일반적으로 네모(남성)와 원(여성)으로 표현하는 것과 가족 관계를 나타내는 선들에 대해 안내한다. 그때 선택된 피규어는 네모와 원 위에 배치된다(Homeyer & Sweeney, 2011).

일반적으로 집단구성원들은 피규어를 동시에 고를 것이다. 동시에 선택하는 것은 다른 사람이 선택하는 동안 강요받는 느낌이나 자의식이 생기는 것을 방지할 수 있다. 선택이 끝나고 나면, 치료자는 선택된 피규어에 대한 대화를 촉진한다. 집단구성원들은 각자 자기 가족의 여행에 함께할 수 있도록 집단구성원들을 초대하고 각자 '여행 가이드'가 된다. 얼마나 자세히 이야기할지 그 개방 수준은 자유롭게 선택할 수 있다. 치료자는 시간 관리에 주의를 기울여야 하고, 모든 집단구성원에게 공평하게 시간을 배분해야 한다. 피규어를 고르는 과정에서 많은 통찰을 얻을 수 있다.

모래상자 피규어를 사용하는 가계도는 가계도 과정에서 또 다른 부분으로 확장될 수 있다. 전통적인 가계도에서는 다양한 선 형태와 상징이 관계를 나타내는 데 사용된다(예: 세 개의 평행선들은 융합, 들쭉날쭉한 선은 갈등을 나타냄 등). 집단구성원은 자기 가족관계에 대한 자신의 관점을 표현하기 위해 피규어를 선택할 수 있다(Homeyer & Sweeney, 2011). 피규어 중 벽을 선택하는 것은 하나의 예가 될 수 있는

데, 이것은 가족구성원 한 사람이 다른 가족구성원과의 관계를 인식하는 상태를 명확히 말해 주는 것이다.

결론

놀이치료에서 지시적 · 비지시적 · 통합적 작업에 대한 논의를 하며 우리가 사용한 집단놀이치료 기법들을 몇 가지 예시로 제시하였다. 다음 장들에서는 더 많은 기법에 대해 논의할 것이다. 집단에 적용할 수 있는 더 많은 놀이치료 기법을 볼 수 있도록 『유아 및 십대용 활동치료(Active Interventions for kids and Teens)』(Ashby, Kottman, & DeGraaf, 2008), 『아동용 집단놀이개입(Group Play Interventions for Children)』(Ruddy, 2012), 『아동, 청소년, 가족용 평가와 치료활동(Assessment And Treatment Activities for Children, Adolescents, and Families)』(Lowenstein, 2008), 『101 more 가지 놀이치료기법(101 More Favorite Play Therapy Techniques)』(Kaduson & Schaefer, 2004)과 같은 참고도서를 추천한다.

이론과 기법에 대한 통합적 접근과 관련해서, Kenney-Noziska 등(2012)은 놀이치료자에게 중요한 가르침을 주고 있다.

> 특정 내담자를 위한 치료 계획을 세우면서 치료자는 자신이 선호하는 이론적 접근뿐만 아니라 내담자가 선호하는 치료, 내담자의 성격 같은 내담자 변인을 고려하여 주 호소에 가장 효과적인 경험적 증거를 선택하는 것이 최상의 치료라고 할 수 있다.
>
> (p. 246)

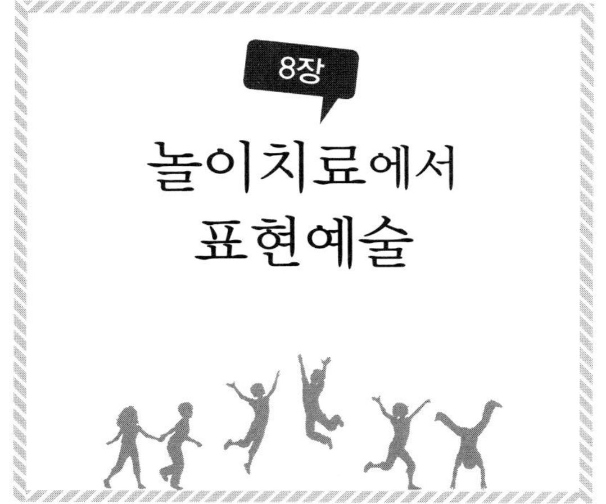

8장

놀이치료에서 표현예술

놀이치료자가 빈센트 반 고흐, 프리다 칼로, 살바도르 달리라는 이름을 가진 새로운 3명의 내담아동을 만난다고 상상해 보면, 집단놀이치료에서 표현예술을 적용하기 위해 배우고 싶은 의욕이 충만해질 것이다. 아마도 빈센트의 어머니는 아이가 들판의 꽃들 사이를 뛰어다니느라 지쳐 있고, 몇 주 동안 방 안에서 혼자 외롭게 지내는 것이 걱정되어 집단놀이치료를 신청할지도 모른다. 프리다의 어머니는 아이가 끔찍한 교통사고를 당한 후, 빈약한 자기상으로 힘들어하며, 화를 자주 내는 것 때문에 집단놀이치료가 필요하다고 생각할 것이다. 살바도르의 어머니는 또래 친구들이 아이의 행동과 그림을 자기중심적이고 이상하다고 생각하기 때문에 집단놀이치료를 원할 수 있다. 하지만 아동의 예술에 대한 독특한 관심 때문에 세 어머니 모두 표현예술치료를 요청할 수밖에 없다. 그렇다면 놀이치료자는 집단놀이 회기에서 표현예술을 어떻게 적용할 것인가? 어떤 재료가 필요할까? 아동들 사이의 갈등을 어떻게 다루어야 할까? 어떤 활동을 해야 할까? 회기는 지시적이어야 할까 혹은 비지시적이어야 할까? 이 장에서는 내담아동이 미래에 예술가가 되거나 그렇지 않은 경우라도, 놀이치료자가 집단놀이치료에서 표현예술을 적용하는 것을 돕기 위한 것이다.

정의

아동을 대상으로 하는 놀이치료와 예술치료 사이에는 상당히 중첩되는 부분이 있기 때문에(Rubin, 2010), 용어를 정의하는 것부터 시작하는 것이 도움이 된다. 앞서 1장에서 놀이치료와 집단놀이치료의 정의는 살펴보았다. 하지만 놀이치료자는 다음의 용어들에 대해서도 아동, 부모, 교사, 다른 관련자들에게 설명을 해 줄 필요가 있다.

예술은 인간이 출현한 이후 여러 문화에서 활용되어 온 전통적인 치유 활동이다(McNiff, 2009). Rubin(2010)은 예술의 역사적 사례를 다음과 같이 기술한다.

> 동굴 벽에 동물을 그리거나 비옥함을 상징하는 피규어들을 조각했던 선사시대의 예술가들, 미라의 관 위에 보호 상징물을 그렸던 이집트 화가들, 모래 만다라를 만든 티베트 불교도들, 의식에 사용되는 마스크를 조각한 아프리카 조각가들, 종교적인 아이콘을 그린 비잔틴 화가들, 양피지 치유 두루마리 위에 그림을 그렸던 에티오피아의 예술가들 등 이들 모두는 현대 예술치료의 역사적 선구자들이라고 할 수 있다.
>
> (p. 50)

Pablo Picasso(연도 미상)의 설명에서도 예술적 치유력과 관련한 표현을 찾아볼 수 있다. "예술의 목적은 영혼에서 일상의 먼지를 씻어내는 것이다."

예술성 vs **창의성**의 구별은 아동에게 미술 재료를 보여 줄 때, 아동이 느낄 수 있는 수행 불안을 감소시키는 데 도움이 된다. 예술적이라고 함은 예술 재료를 통해 이미지를 묘사하는 특별한 재능을 의미한다. 빈센트 반 고흐, 살바도르 달리, 프리다 칼로는 분명히 예술적인 사람들이었다. 그러나 창의성은 모든 인간에게서 끌어낼 수 있는 보편적인 특성이다. Wadeson(2010)에 따르면, "창의성은 예술과는 다르다. 누구나 위대한 예술가가 될 수 있는 것은 아니다. 그러나 제한적일지라도 모든 사람들은 창의적이다."(p. 5) 이 차이를 설명하는 것은 심리적 자유를 제공하는 무조건적 긍정적 존중으로 드러나고, 아동이 예술에서 온전히 자기, 감정, 인식을 표현할 수 있도록 한다.

예술치료는 훈련된 예술치료자들이 "자신의 삶을 더 창의적이고 의미 있게 만들기 위해, 표현예술이라는 특정한 접근을 사용함으로써 내담자들을 돕는 것이다." (Wadeson, 2010, p. 5). 미국예술치료협회(2012)는 예술치료에 대해 다음과 같이 정의한다.

> 예술치료는 질병, 외상과 같은 삶의 위기를 경험한 사람들 혹은 개인적 성장을 추구하는 사람들이 전문적 치료 관계 내에서 예술 활동을 사용하는 것이다. 예술을 창작하고 예술작품과 과정에 대해 숙고해 보면서, 사람들은 자신과 타인에 대해 인식하기, 증상 · 스트레스 · 외상 경험에 대처하기, 인지 능력을 향상시키기, 창작을 통해 삶을 긍정하는 기쁨을 즐기기를 증가시킬 수 있다.
>
> (p. 1)

표현예술은 예술치료와 달리, 정신건강 전문가들이 치유를 목적으로 예술 매체를 사용하여 치료 과정을 촉진시키는 치료적 양식이다. 창작과 반영하는 과정을 예술작품보다 더 강조한다. 어떤 이들은 표현예술치료를 예술을 포괄하는 양식으로 보기도 한다. "표현예술치료는 인간의 성장, 발달, 치유를 위해 이미지, 이야기, 춤, 음악, 드라마, 시, 동작, 꿈 작업, 시각예술을 사용하는 통합적 방법이다."(Atkins, 2002, p. 3) 이러한 각각의 표현예술 치료 양식은 자기표현, 적극적 참여, 이미지화, 마음-신체의 연결이라는 특징이 있다(Malchiodi, 2005).

미술용품은 다음과 같은 재료를 포함하며 집단놀이치료에서 표현예술을 적용하기 위해 사용된다.

- 표면(예: 종이, 캔버스, 천, 판지, 나무)
- 그리기 도구들(예: 수성물감, 템페라, 오일, 아크릴 물감, 핑거 페인트)
- 소조 재료들[예: 클레이, 소조용 도우, 모델매직(Model Magic)[1]]
- 3차원 조형물(예: 종이 반죽, 나무, 바위, 실, 파이프클리너,[2] 발포 고무, 구슬, 깃털 등)
- 도구들(예: 가위, 붓, 칼, 스테이플러, 끈, 테이프, 풀)(Rubin, 2011)

미술 재료의 범위는 마커, 잡지 사진, 파이프클리너와 같이 쉽게 다룰 수 있는 것부터 페인트나 젖은 점토처럼 조작하기 어려운 것까지 다양하다. 놀이치료자는 내담자의 발달 수준과 운동 능력에 따라 재료와 활동을 선택해야 한다.

과정은 표현예술에서 "의미의 발견이 아닌 창조" 하는 활동이다(Wadeson, 2010, p. 3). 이것은 하나의 결과물이 아니라, 치유를 촉구하는 인간 정신 깊은 곳에 자리한 창조력에 접근해 가는 과정이다. 이 과정의 목적은 개별 아동과 집단이 개인적 그리고 보편적인 것을 통합해 가면서 전체를 이해하는 것이다. 이 과정에서 아동 개인은 '나(me)'를, 집단은 '우리(we)'를 탐색할 수 있도록 돕는다.

1) 역자 주: 아이클레이와 비슷하나, 탄성은 적고 마커로 염색이 가능함.
2) 역자 주: 모루와 비슷함.

집단놀이치료자는 그 과정에서 미묘한 의미들이 드러날 수 있는 안전한 공간을 제공해야 한다. 이 과정은 마술이라기보다는 "이미지와 기술들이 새싹이 돋듯 자라나고 성장해 가는 것"이라고 볼 수 있다(Wadeson, 2010, p. 7). Rubin(2011)은 예술치료 과정의 다섯 가지 요소를 설명한다. ① 재료의 탐색, ② 부화(incubating)와 조직화, ③ 창의적인 행동의 증가, ④ 열린 마음과 유연성의 증가, ⑤ 그 과정에 대한 관찰.

이러한 요소를 통해 놀이치료자는 각 집단구성원의 창조적 과정을 존중한다. "무엇보다 중요한 것은 당신이 유기체의 진화를 방해하지 않기 위해 개인의 창조적 과정을 충분히 존중해 주는 것이다."(Rubin, 2011, p. 18)

근거

집단놀이치료에서 표현예술을 사용하는 근거는 다양하다. 첫 번째로, 예술은 꿈, 환상 또는 언어 이전 시기의 외상이 있는 깊은 사적인 경험들을 이미지로 표현하는 것이 가능하다(Wadeson, 2010). 구체적 조작기의 인지 수준에 있는 아동은 논리적인 언어를 넘어서 이미지로 표현할 수 있다. Yalom(1989)은 이미지가 언어보다는 예술을 통해 더 잘 전달되는 이유에 대해 다음과 같이 설명했다.

> 우선, 언어와 이미지 사이에는 장벽이 있다. 마음은 이미지로 생각하지만 서로 소통하기 위해서는 이미지를 사고로, 사고를 언어로 전환해야 한다. 이미지에서 사고로, 사고에서 언어로 이어지는 과정은 불안정하며 위기가 발생하기도 한다. 솜털처럼 부드럽고 풍부한 이미지, 놀라운 가소성과 유연성, 개인적인 향수를 불러일으키는 분위기와 같은 이미지가 가지고 있는 모든 것이 언어로 전환했을 때는 협소해지면서 사라져 버린다.
>
> (p. 180)

예를 들어, Dali의 초상화 이미지는 그의 성격을 설명하는 천 마디 말만큼 가치가 있다([사진 8-1] 참조).

[사진 8-1] 오실롯과 지팡이를 들고 있는 Salvador Dali. (Roger Higgins, 1965). Liberty of Congress. New York World-Telegram & Sun Collection(http://hdl.loc.gov/loc.pnp/cph.3c14985). 저작권 제한없음.

두 번째로, 표현예술은 아동의 저항과 자기탐색에 주저하는 것을 감소시킨다. 성인과 같이 아동도 사고, 감정, 판타지를 표현할 때 어색할 수 있다. 표현예술은 자신조차 놀라울 정도로 예상하지 못했던 것들이 분출되어 나오도록 작용한다(Wadeson, 2010). 그림, 조각 같은 예술작품은 의식으로 통합하라는 메시지를 아동의 무의식에 전달한다. 예를 들어, 8세 소년은 자신의 그림 바닥에 있는 한 여인에게 "구출해야 해."라고 소리를 치며 하늘을 날아가는 자신의 영웅을 그렸다. 그 소년은 그림 속 여인이 돌아가신 자신의 어머니와 얼마나 닮았는지 깨닫고 놀랐다. 죽음으로부터 자신의 어머니를 구해 낼 수 있을 만큼 자신의 힘이 강해지길 바랐던 그의 염원이 예술 과정에서 드러난 것이다. 이런 통찰을 경험하면서, 놀이치료실에서 다른 아동들에게 마음대로 하며 자신의 힘을 증명하려고 했던 그의 충동은 감소되었다.

세 번째로, 표현예술에서 실제 작품을 만들면서 객관화(objectification)가 가능하다. 아동은 '자기(self)'와 같은 추상적인 개념보다 실질적이고 구체적으로 연결된 것을 쉽게 찾는다. 아동이 보고 만질 수 있는 대상에 투사한 이미지를 보다 쉽게 이해할 수 있다. 예를 들어, 한 아동이 부러진 날개를 가진 새를 클레이로 만들었을 때, 다른 새들처럼 날지 못하는 새의 슬픈 감정에 대해 쉽게 설명할 수 있다. 결국 그 아동은 작품에 대해 이해하면서 만성질병으로 인한 자신의 슬픔에 대해서도 인식하게 된다.

네 번째로, 예술의 영구성이다. 예술작품은 시간이 지나면서 생긴 미묘한 진보를 알려 주는 역사적 표식으로서 그 순간을 영원히 상기시켜 줄 수 있다. 몇 달 후, 지난 예술작품을 되돌아보면서 현재 시점과 비교하여 이미지에서 화가 감소된 것과 같은 패턴이 드러날 수 있다. 게다가 예술작품의 영속성은 부모나 교사가 아동의 정서와 생각을 부인하기 어렵도록 정확히 잡아낸다. 예를 들어, 한 아동이 선생님의 초상화를 마녀 그림으로 표현했다면, 그 선생님에게 아동의 말에 대해 핑계를 대거나 해명하며, 걸러 내려고 하기보다는 더 깊은 자기성찰을 촉구할 수 있다.

다섯 번째로, 표현예술은 공간적 관계에 대해 분석할 수 있다. 그림은 "근접성과 거리감, 결합과 분리, 유사점과 차이점, 감정, 특별한 특성, 가족생활 맥락 등"을 간결하게 보여 준다(Wadeson, 2010, p. 13). 어린 아동이 자기 가족의 특징에 대해 그림만큼 분명하게 언어로 설명하기는 어려울 것이다. 그런 특징에 대해 생각하는 것조차 아동에게는 흔치 않은 경험이다. 그러나 표현예술은 아동이 어떤 의미로는 타인과 관련된 자기에 대해 더 깊이 이해할 수 있도록 한다. 예를 들어, 아동이 그림의 중앙에는 엄마, 아빠와 함께 손잡고 있는 형제들(입양가족)을 그리고, 자신은 구석에서 개와 함께 있는 것으로 묘사했다면 그 그림은 아동이 느끼는 깊은 고립감(외로움)을 나타내는 것이다.

여섯 번째로, 표현예술은 창조적이며 신체 에너지를 방출한다. 소근육과 대근육 사용은 신체 움직임을 통해 혈액 순환을 돕고, 이로 인해 에너지가 발생한다(Wadeson, 2010). 예술 활동은 창조적인 뇌인 우반구를 사용하여 보통 학교 교실에서 사용되는 것보다 뇌의 다른 영역으로 혈액을 잘 전달한다. 이러한 신체 에너지를 생성하고 방출하는 것은 아동에게 기쁨을 주고, 치료를 유지하는 동기가 된다.

일곱 번째로, 표현예술은 자아존중감을 증진시킨다. 아동은 비평가적인 안전한 과정을 통해 자기(self)를 표현하고, 자신에 대한 새로운 측면을 발견해 갈 것이다(Wadeson, 2010). 이러한 숙달감으로 자아존중감이 향상된다. 심지어 다른 집단구성원으로부터 감탄과 공감도 받을 수 있다. 부모와 선생님은 첫 예술 활동에서부터 마지막 작품까지의 진보를 살펴보면서 안도와 감사함을 느낄 수 있다.

마지막으로, 아동집단을 대상으로 하는 표현예술은 입원과 관련한 불안(Rollins, 2008), 학대와 방임(Gil, 2006; Malchiodi, 2008), 외상 후 스트레스 장애(Carey, 2006; Hasen, 2006), 슬픔과 상실(Wakenshaw, 2002), 자폐스펙트럼장애(Gallo-Lopez& Rubin, 2012), 적응 문제를 가진 전-청소년 집단놀이치료(Bratton & Ferebee, 1999)를 포함해 많은 문제를 다루는 데 성공적이었다. 집단놀이치료에서 표현예술은 수십 년간 널리 활용되어 온 보편적인 기법이다(Kaduson & Schaefer, 1997).

표현예술 준비

놀이치료자는 표현예술을 준비하는 과정에서 집단구성원을 선별하고, 예술과 관련한 개인적 경험, 물리적 공간, 목표와 역할들에 대해 점검해야 한다.

집단구성원 선정

집단구성원 선정은 매우 중요하다. 놀이치료자는 집단구성원의 연령(2년 이내), 발달 수준, 주 호소, 집단구성원들의 기능 수준이 비슷한지 확인해야 한다(Chapman

& Appleton, 1999). 또한 아동이 라텍스(latex) 알레르기가 있는지, 점토 활동을 하는데 신체적 제한사항은 없는지 알아둘 필요가 있다. 집단 인원은 놀이치료자가 아동이 예술 재료를 사용할 때 효과적으로 도울 수 있는 능력에 맞추어야 한다. 한 집단이 8명이라는 기준은 지시를 순조롭게 따를 수 있는 초등학생들에게는 적합하다. 하지만 충동적이고 인지 능력이 제한적인 더 어린 연령의 아동인 경우에는 3~4명 정도가 적합하다. 집단에 필요한 최소 인원은 2명이다.

개인적 실험

놀이치료자는 아동과 작업하기 전에 재료들을 경험해 보고, 예술 활동에 참여해 보는 것이 좋다. 개인적으로 예술 매체들을 다루고 창조하는 실험을 해 보면서 작업을 하는 동안 느끼는 놀라움, 예상되는 좌절이나 어려움에 대한 공감 능력을 키울 수 있다. 놀이치료자는 표현예술을 개인적으로 깊이 통찰하여 알아 가는 과정에서 자신감을 갖게 된다. 또한 이 경험을 통해 활동에 개입하고, 정리해야 하는 시간을 구조화하는 것에 대해서도 알 수 있다.

물리적 공간

아동 각자가 예술 매체를 가지고 안전하게 탐색하고 작업하기에 충분한 물리적 공간이 필요하다. 적어도 2′×2′ 크기의 작업 공간이 놀이치료자뿐만 아니라 아동 개개인에게 필요하다. 예술 재료들은 아동이 압도되거나 너무 자극받지 않도록 박스 안이나 선반 위에 정리해 놓아야 한다. 과도한 재료는 상상력을 분산시키기 때문에 너무 많은 재료와 잡동사니는 창조적 과정을 방해할 수 있다. 책상과 의자들도 예술 재료들에 접근하기 쉽게 배치하고, 지나치게 왔다 갔다 움직이게 되어 창조적 과정이 방해받지 않도록 한다. 탁자나 바닥에 얼룩이 묻는 것을 방지하기 위해 종이나 비닐 커버를 덮어 테이프로 고정해 놓는다. 아동의 옷을 보호하기 위해 다양한 아동

사이즈에 맞는 작업복이나 턱받이를 이용할 수 있다.

목표

집단에 참여한 개별 아동의 목표는 집단의 특성에 따라 다양할 수 있다. 재난 회복과 같은 단기간에 특정한 문제를 해결하는 것을 목적으로 하는 집단은 정서적 안정을 위한 개별적 목표가 있지만, 집단 응집력은 목표에 포함시키지 않는다. 반대로 학교나 지역병원 등과 같은 환경에서 장기치료를 하는 집단에서는 개별 구성원에 대한 목표들(예: 분노 조절, 사회적 기술, 사별)뿐만 아니라 응집, 사회적 지지와 같은 집단 목표도 설정할 수 있다. 이러한 장기 집단은 집단의 응집력을 형성하기 위해서 협력적인 작업을 통해 신뢰와 상호의존을 발달시킬 필요가 있다.

역할

표현예술 집단에서 놀이치료자의 역할은 집단의 형태와 크기에 따라 촉진자에서부터 강한 리더까지 그 범위가 다양하다(Wadeson, 2010). 치료자가 다른 사람에 대한 수용과 존중하는 태도를 보여 주는 롤모델이 되는 것은 필수적이다. 또 다른 역할은 표현예술 과정의 증인이 되어 주는 것이다. 마지막으로, 집단놀이치료자로서 치료자에게 의지하기보다는 서로 격려하고 성장하는 것을 배우는 집단의 분위기를 형성하는 것이다.

비지시적 집단놀이치료에서 표현예술

놀이치료에 대한 인본주의적 접근, 특히 정신역동적, Jung, 인간중심, Adler, 게슈탈트 접근은 표현예술에서 비지시적으로 접근하는 경향이 있다(Rubin, 2010). 이러한 접근에서 집단놀이치료자는 집단의 연령과 발달 수준에 적합한 표현예술 매체들을 주의 깊게 선택하고, 이를 놀이치료실 놀잇감들 옆에 배치한다. 아동은 자유롭게 예술 매체들을 탐색하고, 회기 동안 자신이 선택한 대부분의 방법으로 이를 사용할 수 있다. 회기를 시작하면서 예술 활동을 선택하는 아동이 있는가 하면, 회기 중반에 선택하기도 하고, 전혀 하지 않는 아동도 있다. 이러한 비지시적 과정은 서로 다른 이혼 가정에서 온 2명의 5세 여아의 아동중심 놀이치료 대화록에서 확인할 수 있다.

놀이치료자: 여기는 우리의 놀이치료실이고, 너희들은 원하는 대부분의 방식으로 여기 있는 모든 놀잇감이나 미술 도구들을 가지고 놀이할 수 있어.

애비: 난 엄마와 아기 인형을 가지고 놀 거야. (화난 목소리로) 아빠는 빼고.

캐시: 난 그림을 그릴래!

놀이치료자: 애비, 넌 엄마와 아기 인형을 가지고 놀기로 정했구나. 그런데 아빠에게는 화가 났구나. 캐시, 넌 그림을 그릴 생각에 벌써 신나는구나.

애비: (엄마 인형이 아기 인형에게 우유를 준다.)

캐시: (웃고 있는 키가 큰 사람과 입이 없는 작은 사람을 그린다.)

놀이치료자: 애비, 엄마가 아기를 돌보고 있네. 캐시, 키가 큰 사람은 웃고 있는데 작은 사람은 그렇지 않네.

캐시: 이 작은 사람은 말을 할 수 없고 웃을 수도 없어요.

애비: 그녀는 아빠에게 화가 나 있는 것 같아요.

놀이치료자: 애비, 너는 그녀가 아빠에게 화가 났다고 생각하는구나. 캐시, 그 이유를 무엇으로 할지 네가 정할 수 있어.

캐시: 제가 생각하기에 그녀가 아빠에게 화가 난 것 같긴 한데, 그걸 말할 수는 없어요.

놀이치료자: 너희 둘 다 아빠에게 화가 나고 상처받는 것이 어떤 것인지 아는구나. 가끔 그것에 대해 말할 수 없을 때가 있겠지만, 여기서는 원한다면 그것에 대해 얘기하거나 놀이하는 걸 선택할 수 있어. 너희 둘 다에게 선택권이 있어.

이 대화에서 아동중심 놀이치료자는 아동이 자신의 놀이를 주도하도록 소통하고 있다. 그녀는 아동이 수용과 통제감을 경험할 수 있도록 놀이 행동을 따라가고, 감정을 반영하며, 이해를 촉진시키고, 아동들의 경험을 연결시켰다.

비지시적 집단에서 집단의 혼란이나 갈등을 감소시키는 방법으로 표현예술을 사용할 수 있다. 예를 들어, Chapman과 Appleton(1999)은 여러 명의 유치원 아동이 너무 혼란스러워할 때 이를 진정시키기 위해서 테이블에 앉아 원을 빠르게 그렸다가 천천히 그리도록 안내하였다. 나(Baggerly) 역시 집단에서 고의적으로 집단구성원을 제외시키려는 전청소년기 소년들에게 지시적인 표현예술을 사용했다. 이 경우에, 나는 소년들에게 집단 회기에 대한 자신만의 그림을 그려 보라고 지시했다. 또한 각 집단구성원들이 자신들의 그림에 대해 말하고 난 후, 그림 속 사람이 느끼는 감정과 생각에 대해 이야기하게 했다. 소년들은 제외시킨 소년을 종이 구석에 다른 사람들보다 작게 그렸다. 활동이 진행되면서, 그들은 제외된 소년이 슬프고 외롭다는 것을 알게 되었다. 그런 다음 나는 소년들에게 서로에게 친절한 구성원들이 함께하는 집단에 대해 그려 보도록 요청했다. 소년들은 같은 크기의 사람들을 종이 중앙에 더 가깝게 그렸다. 나는 자신들만의 세계를 창조할 수 있는 그들의 능력을 믿었고, 남은 시간 동안 놀이를 계속할 수 있게 했다. 지배적이었던 소년들은 이전에 배제시킨 소년과 함께하려고 노력하였다.

비지시적인 놀이치료 과정에서, 치료자는 아동의 자발적인 예술을 진보의 척도로 사용할 수 있다. 예를 들어, 부모의 약물남용으로 인해 할머니가 서로 사촌 관계인 6세 남아 2명을 아동보호소로 데려온 이후 두 아동은 집단놀이치료를 시작했다. 첫 회기에서 그중 한 명이 화난 얼굴을 하고 선생님을 걷어차는 자신의 모습을 그렸다. 할머니의 보고에 의하면, 그것은 학교에서 있었던 아이의 행동을 정확히 반영한 것이다. 그 아동의 그림은 '나는 증오한다.'는 메시지를 전달하려는 것처럼 보였는데, 어머니가 자신을 버린 것에 대해 느끼는 배신감으로 인해 나타난 반응이었다. 그 아동은 약 두 달 동안 어둡고 화가 나 있는 그림을 그린 후에 점차 색깔과 햇살을 추가했다. 그림은 집단놀이치료와 할머니로부터 지속적으로 경험했던 무조건적 긍정적 존중을 보여 주는 것 같았다. 다음 달에 그 아동은 사촌과 공놀이를 하고, 할머니에게 꽃다발을 주는 그림을 그리고, 힘이 세고 다른 사람들을 돌보는 자신의 모습을 묘사하기 시작했다. 그 아동의 할머니는 아동이 양육권이 있는 엄마가 방문하는 시간에, 엄마에게 "마약하지 말아요. 난 엄마를 사랑해요!"라고 말했다고 보고했다. 그 아동은 마약을 혐오하는 것과 엄마를 사랑하는 것 사이의 차이를 깨닫게 된 것처럼 보였고, 이로 인해 그는 분노에 사로잡힌 상태에서 벗어날 수 있게 되었다. 집단놀이치료를 시작하고 6개월 후 그 아동이 최근에 자발적으로 그린 자화상은 치유를 분명하게 보여 주는 것이었다. 아동은 태양 아래서 미소 짓고 있는 자신을 그렸고, 강력한 두 마디 말을 적었다. '나는 사랑한다.'

지시적/통합적 집단놀이치료에서 표현예술

준비

지시적/통합적 집단놀이치료에서 놀이치료자는 아동이 놀이치료실로 들어오기 전에 구체적인 표현예술 활동을 위해 필요한 재료들을 준비한다. 놀이치료자는 예술 활동에 전체 회기 시간을 할애할 것인지 또는 일부만 사용할 것인지를 결정하여 계획해야 한다. 예술 활동 시간이 다가오면, 놀이치료자는 아동이 예술 재료들이 준비된 테이블에 앉거나 바닥에 동그랗게 앉을 수 있도록 안내한다. 또한 놀이치료자는 아동의 수행불안을 줄일 수 있도록 집단 예술 경험에 대한 기준을 설명해 주면서 회기를 시작하는 것이 좋다(Chapman & Appleton, 1999).

> "오늘 너희 모두가 특별한 활동을 할 수 있도록 미술 재료들을 준비했어. 너희가 하는 예술 활동이 똑같지는 않을 거야. 여기에는 옳고 그른 방법이 없어. 자신이 원하는 방법을 선택해서 할 수 있어."

집단의 기본 원칙, 기대, 비밀보장에 대해 소통하는 것은 긍정적이고 생산적인 분위기를 유지하는 데 중요하다.

> "지시사항을 말해 주기 전에, 너희가 먼저 기억해 줘야 할 것이 있어. 우리는 우리 몸, 예술작품, 감정이 안전할 수 있는 장소를 만들어 가도록 협력해야 해. 가끔 사고나 실수가 있을 수 있어. 그런데 고의로 물건을 망가뜨리거나 재료를 낭비하지는 않도록 노력해야 해. 활동이 끝나고 난 후, 너희가 원하면 작품에 대해 보여 주거나 말할 수 있는 기회가 있을 거야. 다른 사람들은 그 작품에 대해 마음에 드는 점과 궁금한 점에 대해 말할 수 있어. 여기에서 다른 사람들이 한 얘기나 행동은 비밀이라는 것을 기억해 줘. 너희가 여기서 한 것에 대해 여기 없는 다른 사람들에게 이야기할 수는 있지만, 다른 사람들이 한 말이나 행동에 대해서는 말하지 않도록 해 줘."

이러한 지침들 대해 논의하고 질문과 대답하는 시간을 갖고 나면, 집단놀이치료자는 다음 4단계를 촉진하게 된다. ① 동기부여, ② 예술 활동, ③ 작업 과정과 작품에 대한 논의, ④ 마무리(Chapman& Appleton, 1999).

동기부여

활동에 대한 동기부여는 그 회기의 목표를 간략하게 설명하는 것으로 시작할 수 있다. 예를 들면, "이 예술 활동을 하는 우리의 목표는 너희들이 부모님의 이혼을 겪으면서 네 자신과 관련된 무언가를 배워 가도록 돕기 위한 거야." Rubin(2010)은 표현을 촉진시키는 워밍 업 활동이 아동들의 자연스러운 저항이나 창조성이 방해받는 상태를 극복하는 데 유익하다고 추천한다. 부드러운 조명, 진정되는 음악, 심호흡, 정신 이미지화, 리듬 있는 신체 움직임이 도움이 된다. 아동들을 위한 워밍 업 활동으로는 시각적 자극을 주는 기법 중, 자신이 한 낙서를 확장시켜 그림으로 만드는 낙서 기법(scribble technique)이 있다(Winnicott, 1989).

예술활동

표현예술 활동은 이미 다른 책들에도 많이 소개되어 있기 때문에(Kaduson & Schaefer, 1997; Malchiodi, 2005, 2008; Rubin, 2010, 2011; Wadeson, 2010), 놀이치료자는 활동을 선택할 때 체계적이고 계획적일 필요가 있다. 일반적으로 예술 활동은 "탐색, 라포 형성, 내적 감정 표현, 자기인식, 대인관계, 세계 안의 개인 공간을 위한 것이다."(Rubin, 2010, p. 155) 〈표 8-1〉에는 이러한 분류에 맞는 예술 활동들이 제시되어 있다. 표에 제시된 활동들은 개별치료 혹은 집단 응집력을 형성하기 위해 변형하여 사용할 수 있다. 예를 들어, '자화상'이란 활동은 '집단 자화상'으로, '동물 종이 반죽'은 각 집단구성원들이 '집단 동물'의 한 부분을 추가하는 것으로 수정할 수 있다.

각 활동에서 놀이치료자는 아동에게 구조화나 구체화 수준을 다양하게 변형해서 제공할 수 있다. 매체는 연필, 파스텔, 페인트, 점토 등을 활용한다. 주제는 열린 결말('네가 원하는 것을 그려 봐'), 구체적('분노를 그려 봐') 혹은 상징적(엄마에 대한 분노를 상징화하기 위해 '마녀를 그려 봐')인 것으로 정할 수 있다. 개별적으로 해도 되고, 집단구성원 전체가 같이 할 수도 있다. 소요 시간은 제한할 수도 있고, 제한하지 않을 수도 있다. 일반적 방법으로 해도 되고, 눈을 감고 그리거나 평소에 사용하지 않는 손으로 그려 보는 것처럼 새로운 방식을 사용할 수도 있다(Rubin, 2010).

놀이치료자는 활동에 대해 명확하고 간단한 용어로 설명하고, 집단구성원에게 활동에 할애된 시간을 알린다. 시간에 대한 구조화는 아동이 서두르지 않고 스스로 속도를 조절할 수 있도록 돕는다. 아동이 활동하는 동안, 치료자는 조용히 그것의 증인이 되어 준다. 놀이치료자가 말을 하는 유일한 시간은 집단구성원에게 기본 원칙을 상기시켜 주는 때이다. 치료자가 원칙을 재고지할 때는 부드럽고 친근하면서도 단호한 목소리로 전달해야 한다. 다음은 치료적 반응과 그 예시이다.

표 8-1 치료적 목적에 따른 집단 예술 활동

범주	추천하는 예술 활동 (Kaduson & Schaefer, 1997; Malchiodi, 2005, 2008; Rubin, 2010, 2011; Sweeney & Homeyer, 1999; Wadeson, 2010)
탐색	• 보물 뽑기: 가방 안에 들어 있는 재료(예: 점토, 아이스크림 막대기 4개, 모루 4개, 깃털 4개, 구슬 10개)를 모두 사용해서 무언가를 만들기 • 오른손 대 왼손: 두 가지 다른 색을 선택해서 왼손과 오른손으로 동시에 큰 종이 위에 그림 그리기 • 눈 가리고 그림 그리기: 집단구성원이 눈을 가린 상태에서 다양한 마커나 크레용으로 무언가를 그리기 • 실 그림: 여러 가지 색의 물감에 실을 놓고 다른 모양이 나타나도록 종이에서 실을 잡아당기기
라포 형성	• 협력적 집단 미술: 각 집단구성원이 한 가지 마커색을 고른 후에 조용히 3′×6′ 크기의 종이에 그림을 그린 후 또 다른 종이에 자신이 고른 똑같은 색을 사용하여 그림 그리기. 이때는 대화가 가능함 • 집단 낙서: 집단구성원 한 명이 낙서를 시작하고 다음 집단구성원이 그 낙서의 형태를 알아볼 수 있는 어떤 것(예: 풍선)으로 덧붙여 그리면, 다음 구성원은 거기에 또 낙서를 하고, 또 다른 구성원은 그것을 명명 가능한 형태(예: 구름)가 되도록 추가해서 그리기 • 집단 잡지 콜라주: 집단구성원이 잡지에서 자신이 좋아하는 다섯 가지를 골라서 한 장의 종이에 붙이기 • 집단 작품 만들기: 집단구성원들이 차례로 돌아가며 무작위로 주어진 6개의 아이템(예: 아이스크림 막대, 모루, 깃털, 구슬, 실) 중에서 하나를 선택하여 점토 덩이에 붙여 보기
내적 감정표현	• 내 감정을 칠해 봐: 집단구성원들이 다양한 감정에 따라 색을 정한 후(예: 슬픔은 검정, 화는 빨강, 질투는 초록 등), 신체의 각 부위에 자신이 느끼는 감정의 양만큼 색칠하기(예: 손에는 빨강, 심장에는 검정, 얼굴에는 슬픔 등) • 네 감정을 버려 봐: 집단구성원들이 자신이 느끼는 감정을 표현하기 위해 다른 색깔의 실로 물병을 감싸기. 그 후 자신이 원하는 감정과 감정들을 다루기 위한 대처법을 적은 종이를 물병 안에 넣기 • 내적 감정과 외적 감정 마스크: 마스크의 외면(예: 종이접시)에는 사람들에게 보여 주는 감정을 그리거나 꾸미고, 마스크의 안쪽에는 다른 사람들에게 숨기는 내적인 감정을 표현하기 • 벽돌로 만든 장벽과 다리: 집단구성원은 자신의 내적 감정을 종이벽돌(예: 티슈박스)에 표현하고, 그 벽돌을 자기 주변에 장벽처럼 쌓기. 다른 집단구성원이 다리로 만들기 위해 그 벽돌들 중 하나씩 내려놓기

자기인식	• 자화상 그리기: 자기 자신을 그리기 • 장미 덤불 기술: 자신이 장미덤불인 것처럼 그리기 • 동물 종이 반죽: 자신을 표현하는 동물을 만들고 꾸미기 • 그릇 조각: 집단구성원이 개별적으로 점토를 가지고 자신이 담을 수 있는 사랑의 양과 줄 수 있는 사랑의 양을 표현하는 그릇(예: 컵, 물주전자, 상자) 만들기
대인관계	• 동적 가족화: 자신과 가족이 무언가를 하고 있는 그림을 그리기 • 가족과 친구, 세 개의 원: 세 개의 원 안에 자신이 아는 사람들을 그리거나 상징화해서 가장 안쪽의 원은 자신을 가장 잘 알고 있는 소수의 사람들, 그다음 원은 비교적 잘 알고 있는 사람들, 가장 바깥에 있는 원에는 자신에 대해 조금 알고 있는 사람들을 표현하기 • 집단 조각: 집단구성원들은 찰흙, 나무, 종이 가방 퍼펫, 아이스크림 막대기로 집단구성원을 표현하는 작품 만들기. 작품을 (신발 상자를 뒤집어 놓은) 구성원에 대한 친밀감의 정도가 보이도록 작업대 위에 놓기 • 집단 모빌: 집단구성원의 가족 구성원 혹은 가까운 친구를 그리거나 만들고, 그 그림이나 물체를 실로 매달아 철사 옷걸이에 걸기 • 장애물 제거하기: 가족, 집단구성원들과 더 가까워지는 것을 방해하는 것을 그리고, 더 친해질 수 있도록 장애물을 제거하는 것을 표현하기
세계 안의 개인 공간	• 나의 돌 정원 마을(My community rock garden): 자신에게 의미 있는 사람들이나 장소를 상징하는 돌을 찾아 색을 칠하고, 자연에서 가져온 또 다른 재료들(나뭇잎, 꽃잎, 깃털 등)과 함께 신발 상자 안에 넣기. 마을 지도: 대안적 방법으로 사용 가능. 집단구성원들은 레고를 이용해서 자신의 마을에 의미 있는 사람과 장소를 그리거나 만들기 • 대처방패: 긍정적인 대처기술들과 긍정적인 가족, 개인적 특징들을 방패모양으로 자른 포스터 보드 위에 그리거나 풀로 붙인 다음 실을 사용해서 목에 걸기 • 우정 팔찌: 자신에게 지지적인 사람들을 상징하는 다양한 색의 구슬로 만든 팔찌를 실이나 모루에 끼우기 • 별 이야기책: "옛날 옛적에 별 하나가 생겨났대요."로 시작하는 자전적인 그림책을 만들기. 집단구성원들은 과거, 현재, 미래에 이르기까지 자신의 삶에서 중요한 사건들을 글로 쓰거나 사진을 오려 붙임. 그 사건들은 과거와 현재의 어려움이 무엇인지 보여 주는데, 이야기에서 그 어려움들은 다른 아동에게 마법의 지혜와 빛을 주는 하늘의 별이 되고, 어른으로 성장하면서 이야기를 마침. 색종이를 사용하여, 종이 옆에 구멍을 내고, 실로 묶은 다음 표지로 장식함

놀이치료자: 오늘은 너희가 자신의 모습을 그렸으면 해. 20분 동안 구상을 하고 원하는 그림을 그리는 거야. 그림이 완벽할 필요가 없다는 걸 기억하렴. 여기 있는 마커, 펜, 크레용을 모두 사용할 수 있어. 나는 조용히 기다리면서 5분 남았을 때 너희에게 알려 줄게.

애나벨: 알겠어요. 재밌을 것 같아요. 난 연필이 필요해요.

놀이치료자: 애나벨, 신이 났구나. 상자 안에서 연필을 찾을 수 있고, 준비되면 시작할 수 있어.

캐이틀린: 이건 멍청한 짓이에요. 난 그림을 잘 못 그려요. 난 안 할래요.

놀이치료자: 캐이틀린, 짜증도 나고 걱정이 되는구나. 여긴 안전한 곳이야. 여기선 네가 원하는 만큼, 네가 원하는 방법으로 시도해도 괜찮아. 난 너희 모두가 각자 다른 방식으로 시도하는 것을 존중한단다.

(애나벨은 조심스럽게 시작한다. 캐이틀린은 2분 동안 낙서를 한다.)

캐이틀린: 네, 난 다 했어요.

애나벨: 난 아직 다 못했어요. 난 이제 시작이에요.

놀이치료자: 우리에겐 18분 남아 있어. 나는 그때까지 조용히 기다릴게. 너희는 조용히 다른 것을 그리거나, 아니면 자신의 모습을 계속 그리는 것을 선택할 수 있어.

애나벨: 나는 내 위로 무지개를 그려 넣을 거예요.

캐이틀린: 알았어요! (짜증난 목소리로) 나는 하트 모양 풍선을 들고 있는 내 모습을 다시 그릴 거예요. 그리고 내 작은 조랑말을 그릴 거예요.

놀이치료자: 너희 둘 다 계획이 있구나! 그럼 조용히 계속 하자.

이와 같이 아동들이 망설이거나 저항할 때, 놀이치료자는 명확한 경계를 세우면서도 친근한 어조로, 무조건적인 긍정적 존중, 공감, 진실성을 유지해야 한다. 표현예술 활동과 집단은 하나의 과정이라는 것을 기억해야만 한다. Rubin(2010)은 집단구성원들이 표현예술 과정에서 각기 다른 단계인 ① 준비 활동, ② 혼란스러운 방출, ③ 방어 수단으로서의 예술(고정관념이나 모방), ④ 그림문자, ⑤ 표현 형성(p. 150)을 거친다고 밝혔다. 그러므로 놀이치료자는 예술 표현의 단계를 거쳐 나가는 아동의 진보에 대해 인내심을 가져야 한다.

작업 과정과 작품에 대한 논의

예술작품을 만드는 정해진 시간이 끝나면, 놀이치료자는 작품과 과정에 대한 논의를 이끌어 낸다. 놀이치료자는 아동들에게 남은 시간 동안 자신들의 작품에 대해서 함께 이야기를 나눌 거라는 사실을 알려 준다. 이때 치료자가 놀이치료실은 다른 사람이 하는 이야기를 존중해 주는 안전한 환경이라는 것을 상기시켜 주는 것이 도움이 된다. 논의의 목적은 칭찬이나 비평이 아니라, 논의 과정을 통해 아동의 자기 탐색을 촉진하는 것이다. 많은 아동은 자신이 만든 작품이 마음에 드는지, 예쁜지를 놀이치료자에게 직접적으로 물어볼 것이다. 이러한 경우 도움이 되는 반영은 다음과 같다. “너는 내가 그것을 좋아했으면 좋겠구나. 하지만 가장 중요한 것은 네가 그것을 좋아하는지 여부이고, 이 활동을 통해 네 자신에 대해 알아 가는 것이란다.”

놀이치료자는 아동이 이야기하기 전에 활동의 분위기를 관찰해야 한다. 공허한지, 활기찬지, 질서가 없는지, 지나치게 경직되어 있는지, 혼란스러운지, 조용한지 살펴야 한다(Wadeson, 2010). 활동의 분위기는 시간이 지나면서 아동의 현재 상태와 진보를 나타내는 지표가 될 수 있다.

Wadeson(2010)은 치료자가 작품의 의미를 해석하려고 노력하기보다는 내담자가 그 의미를 말할 수 있도록 해야 한다고 언급했다. 놀이치료자는 집단구성원에게 “누가 먼저 자신의 작품에 대해 이야기해 볼까?”라고 질문할 수 있다. 아동은 대부분 자신의 작품과 작품 안에 등장하는 인물들에 대해 이야기하고 싶어 한다. 첫 번째 아동이 자신의 작품이나 집단 작품에 대해 이야기하고 나면, 집단놀이치료자는 다음과 같은 개방형 질문이나 반응으로 더 깊은 논의를 촉진시킬 수 있다(Rubin, 2010; Wadeson, 2010).

- “나는 이 초록색 모양(부분)이 궁금하네. 우리에게 그것에 대해 이야기를 좀 더 해 줘.”
- “나는 이 그림에서 너나 네가 알고 있는 어떤 사람에 대해 궁금해.”

- "이 사람(이 부분)이 여기 있는 사람과 가까이 있네(혹은 멀리 있네). 이것에 대해 우리에게 이야기해 줘."
- "네 예술작품은 어떤 분위기나 느낌이니? 슬픔, 외로움, 혼란스러움, 행복함?
- "나는 이 사람(혹은 부분)이 어떤 생각을 하고, 기분이 어떤지 궁금하네."
- "만약 너의 작품이 말을 할 수 있다면, 뭐라고 말을 할 것 같니?"
- "네 작품의 이야기를 해 줘."
- "이 그림 다음에는 무슨 일이 일어날까?" 혹은 "너의 작품 다음에 무엇을 하게 될까?"
- "네 작품의 제목은 뭐니?"
- "네가 작품을 만들면서 놀란 점이 있니?"
- "네가 이걸 만드는 동안 떠오르거나 생각한 게 있니?"
- "이 과정에서 네가 네 자신, 가족 혹은 다른 사람에 대해 알게 된 게 있을까?"
- "다른 집단구성원 중에 질문이나 칭찬, 해 주고 싶은 말이 있니?"

물론 놀이치료자는 이런 질문들을 다 하기보다 아동들이 충분히 질문했는지 살펴보고 조용히 반영해 줄 필요가 있다. "한 작품에 대해 깊이 파헤칠 필요는 없다. 그림에서 중요한 내용은 향후 반복적으로 나타날 것이다. 중요한 것은 내담자가 치료가 끝난 후에도 자신에 대한 탐색을 계속 유지해 갈 수 있도록 격려하는 것이다." (Wadeson, 2010)

치료자는 집단 논의 시간을 치료적으로 잘 활용하기 위해 작품에 대한 다른 집단구성원의 코멘트를 재진술하거나 재확인할 필요가 있다. 예를 들어, 한 집단구성원이 "그 부분은 이상하네요."라고 말한다면, 놀이치료자는 "빈센트, 넌 그 부분이 다르다는 것을 찾아내서 그것에 대해 좀 더 알고 싶은가 보다. 프리다, 넌 그 부분을 그릴 때 매우 창의적이었는데, 네가 원한다면 우리에게 그것에 대해 말해 주는 걸 선택할 수 있어."라고 재진술하여 반영할 수 있다.

집단구성원들이 자신들의 예술작품에 대해 이야기를 함께 나누고 나면, 놀이치료자는 집단구성원들에게 외로움, 힘, 상실, 희망 등과 같은 공통적인 주제를 발견한 것이 있는지 물어볼 수 있다. 또한 집단구성원들은 그 과정에서 새로운 방법으로 서로에 대해 알아 갈 수도 있고, 침묵하면서 곁에 있는 누군가와 함께하는 즐거움과 같은 공통된 경험을 나눌 수 있다. 이렇게 공통적인 주제와 경험을 알아 가면서 집단의 응집력과 보편성이 형성된다.

마무리

회기를 끝내기 몇 분 전에, 놀이치료자는 집단구성원이 그 과정에서 배웠던 것을 나누기 위해 서로 질문하면서 마무리를 하도록 한다. 놀이치료자는 집단에서 서로 나눠 준 것에 대해 감사를 표현하고, 회기에서 했던 말이나, 들었던 내용에 대한 비밀보장을 지켜 달라고 다시 알려 준다. 예술작품은 놀이치료자가 아닌 창작한 사람의 소유이다. 아동이 허락을 한다면 작품을 디지털카메라로 찍을 수 있다. 아동이 작품을 보관해 주기를 요청한다면, 임상 자료의 하나로 보관하며 파일 사물함에 잠금 상태로 보관한다. 놀이치료자는 내담자의 상담 기록을 전시하지 않는 것처럼 예술작품을 전시하지 않는다.

결론

역사적으로 예술 표현은 늘 사용되어 왔다. 모든 사람이 예술적이지 않지만, 모든 사람은 창의적이다. 놀이치료자에게 표현예술은 일반적인 방법이다. 표현예술이 상상력의 표현, 아동 방어의 감소, 공간 관계, 창의성과 신체 에너지의 발산, 자아존중감의 증진에 효과적임을 문헌들에서 확인할 수 있다.

놀이치료자는 표현예술 활동을 준비하면서 집단구성원 선정과 예술에 대한 개인적 경험, 물리적 공간, 목표, 역할에 대해 고려해야 한다. 비지시적 집단놀이치료에서는 표현예술 매체들을 주의 깊게 선별하고, 아동들이 언제, 어떻게 사용할지를 선택할 수 있도록 다른 놀잇감들 옆에 배치한다. 지시적/통합적 집단놀이치료에서는 놀이치료자가 특정 예술 활동을 준비하고, 4단계 과정(① 동기부여, ② 예술 활동, ③ 작업과정과 작품에 대한 논의, ④ 마무리)을 통해 아동들을 촉진시킨다. 각 단계마다 활동이 제시되며, 많은 활동을 활용할 수 있다.

놀이치료자는 개방형 질문을 하면서 아동의 작품과 과정에 대한 논의를 이끈다. 그 후, 집단구성원들이 자신이 배웠던 것을 서로 질문하며 회기를 마무리한다. 집단놀이치료에서 표현예술은 아동이 안전하고 창의적인 방법으로 개인과 집단의 목표를 달성할 수 있도록 돕는다. 집단놀이치료자는 빈센트 반 고흐, 프리다 칼로, 살바도르 달리가 집단놀이치료에서 자기탐색과 이해, 만족감을 경험했을 거라며 상상하면서 고무될 것이다.

토론 질문과 학습 활동

① 만약 부모나 학교 교장이 당신에게 "이미 학교에서 예술 수업을 듣고 있는데 왜 아이들이 표현예술 놀이치료에 참여해야 하나요?"라고 질문한다면 어떻게 대답할 것인가?

② 내담자와 재료, 집단놀이치료 표현예술 활동을 선택하는 과정에 대해 설명하시오.

③ 비지시적 vs 지시적 표현예술 집단놀이치료의 장점과 제한점에 대해 토론하시오.

④ 예술적이고 세심하게 정교한 아동의 작품과 엉성하고 전혀 섬세하지 아동의 작품에 대해 어떻게 다룰 것인지 논하시오.

⑤ 8세 남아들의 집단 또는 당신이 접근할 수 있는 집단을 대상으로 8주 과정 표현예술 커리큘럼을 계획하시오.

9장

집단 퍼펫 놀이

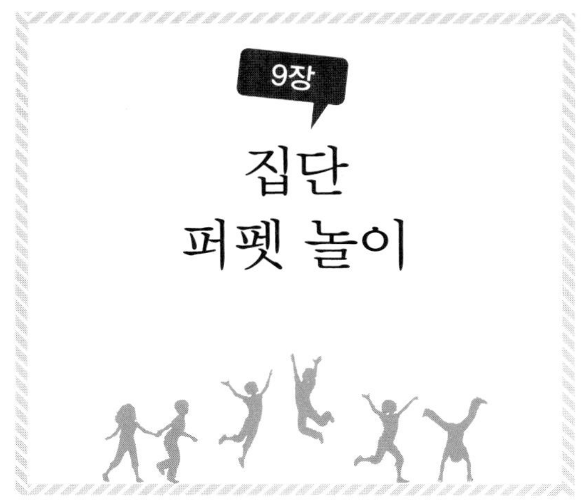

집단놀이치료에서 사용하는 퍼펫은 아동이 정서적으로 위협적인 대상들과 거리를 유지하면서 지각, 생각, 감정을 표현할 수 있도록 하는 가치 있는 치료적 매개체이다. 퍼펫은 놀이에 재미와 자발성을 더해 줘, 퍼펫으로 표현할 때 아동은 안정감을 느낀다. 아동은 퍼펫을 사용할 때, 종종 퍼펫과 퍼펫 또는 퍼펫과 사람 사이에 이루어지는 상호작용 놀이에 참여하고픈 마음을 갖는다. 따라서 퍼펫 놀이에서는 사회적 욕구와 대처 기술뿐만 아니라 종종 아동의 내면화 과정이 드러난다.

퍼펫은 진단과 치료적 목적으로 아동 치료 분야에서 오랫동안 사용되었다. Melanie Klein(1929)은 아동이 놀잇감, 특히 말하는 퍼펫을 가지고 주변 사람들을 의인화하여 표현하는데, 이 과정에서 불안의 원인과 자아 발달 단계가 드러난다고 설명했다. Woltmann(1940, 1972)은 행동 문제를 분석하고 완화시키고자 아동에게 퍼펫쇼를 활용하도록 제안했다. 특히 아동이 겪는 갈등과 관련해서 해결책을 제공하거나, 기본적으로 치료과정에서 이 해결책들을 적용해 보도록 요청할 수 있다. 여러 연구자는 퍼펫을 어린 아동의 정서적 안정성, 지각, 가족 역동을 평가하기 위해 진단적 목적으로 사용하기도 했다.

집단놀이치료에서 퍼펫의 기능

Bromfield(1995)는 치료에서 사용하는 퍼펫의 몇 가지 기능에 대해 설명했다. 퍼펫은 자기를 표현하는 데 있어 신체적 · 심리적 안전을 제공하고 아동은 결과에 대한 두려움 없이 갈등과 감정을 퍼펫에 투사한다. 아동은 퍼펫을 사용하면서 받아들이기 어려운 감정을 투사할 수 있는 기회를 갖는다. 퍼펫은 아동의 자기개방을 촉진한다. 더불어 아동은 대인 간 상호작용을 놀이로 표현할 때 퍼펫을 사용하는데, 현실에서 허용되지 못하는 육체적 · 언어적 공격성이 표현되기도 한다. Bromfield는 퍼펫을 사용하는 치료는 언어적 치료보다 복잡한 사건이 좀 더 빠르고 풍부하게 드러나도록 촉진하는 데 효과적이라고 설명했다. 아동은 어떤 사건에 대한 지각을 드러낼 뿐 아니라 무기력한 상황에서 숙달감을 갖기 위해 퍼펫 놀이를 사용할 수 있다. 퍼펫은 그 자체로 안아 주는 환경으로 담아 주기가 가능하고, 자의식에서 벗어날 수 있도록 하는 특성을 가지고 있기 때문에 아동은 표현에서 자유로울 수 있다. 결론적으로, 아동은 퍼펫을 통해 카타르시스를 경험하고 고통스럽고 두려운 경험을 극복해 나간다.

개별놀이치료에서 아동이 정서 표현의 독특한 욕구를 실현하기 위해 퍼펫을 사용하기도 하지만, 퍼펫은 집단에서 좀 더 다양하게 기능한다. Gendler(1986)는 퍼펫쇼를 구조화된 놀이에 적용하면서, 집단 안에서 퍼펫쇼가 다음의 여섯 가지 치료적 기능을 가지고 있다고 결론 내렸다. ① 어린 아동에게 퍼펫은 판타지와 현실을 연결하는 중간 대상이 된다. ② 퍼펫은 무의식적 욕구와 판타지를 표현하는 수단이다. ③ 퍼펫쇼는 이전에 표현되지 못했던 감정을 표현하는 안전한 매개체이다. ④ 퍼펫쇼는 언어적 상호작용을 통해 표현하지 못했던 사건을 언어화할 수 있도록 한다. ⑤ 집단구성원들은 공감적 · 지지적 방식으로 서로 관계를 맺기 위해 퍼펫 놀이를 한다. ⑥ 퍼펫쇼의 제작은 아동의 상상력과 창의력을 자극하며 즐거움과 성취감을 경험하게 한다. Gendler는 "퍼펫 개입은 투사와 집단 과정을 통해 형성된 역동 때문에 그것을 적용하는 것 자체가 믿기 어려울 만큼 간단하다."(p. 52)라고 했다.

퍼펫 선택과 사용에서 고려해야 할 점

퍼펫을 구조화된 혹은 비구조화된 도구로 사용할 때, 치료자는 다양한 종류의 많은 퍼펫을 아동에게 제공해야 한다. 최소한 15~25개의 퍼펫이 적당하며, 어떤 치료자는 그 이상이 필요하다고 주장하기도 한다. 또한 제공되어야 하는 퍼펫의 수는 집단구성원의 수에 따라 다르다. 만약 집단구성원이 5명 이상이라면, 치료자는 아동 한 명이 5개 이상의 퍼펫을 가질 수 있도록 해야 한다. 충분히 다양한 퍼펫이 제공되면, 아동들은 개별적으로 독특한 욕구를 표현할 수 있게 된다.

Cater와 Mason(1998)은 퍼펫을 선택할 때 기본적으로 고려해야 할 점을 제시했다. 아동이 다루기 쉽고, 보편적으로 고정된 상징을 갖고 있지 않고, 아동과 어른의 손 크기에 적당한, 부드럽고 세탁이 용이한 또는 드라이클리닝을 할 수 있는 퍼펫에 대해 언급했다. 또한 Bromfield(1995)는 입이 있는 퍼펫을 추천하였다. 퍼펫은 고정된 성격이나 정서적 감정을 나타내지 않고, 아동이 어떤 성격이나 정서든지 투사할 수 있도록 유연해야 한다. 퍼펫은 공격성과 양육을 포함한 모든 정서와 행동 범주가 표현 가능해야 한다. 다양한 종류의 퍼펫에는 여러 종의 동물들, 사람들, 마술적 창조물 등이 포함된다. 퍼펫은 놀이치료실에서 가장 비싼 물품일 수 있다. 만약 치료자의 예산이 제한적이라면, 중성적 경향이 있는 것으로 주의 깊게 퍼펫을 선택해야 한다. 어쨌든 많은 아동은 화려한 색, 부드럽고, 일반적으로 좀 비싼 퍼펫을 좋아한다. 치료자가 내담아동들의 다양한 욕구에 부응하는 퍼펫을 수집하기 위해서는 상당한 시간이 소요된다.

퍼펫을 선택하면서, 구조화된 또는 비구조화된 방식으로 퍼펫을 활용하려는 계획을 가지고 있는 치료자는 어떻게 퍼펫을 다뤄야 하는지 생각해 봐야 한다. Cater와 Mason(1998)은 퍼펫과 관련해 추가적인 제안을 했다. 손퍼펫을 사용할 때, 치료자는 퍼펫이 청중을 향하게 해야 한다. 퍼펫 자체가 바닥을 내려다보는 퍼펫인 경우 주의를 분산시킬 수 있다. 치료자는 퍼펫을 사용하는 내내 손, 다리, 얼굴 같은 부분을 사람처럼 계속 움직이게 해야 한다. 치료자는 퍼펫이 이야기할 때, 위턱이 아닌 아래턱만 움직여야 한다. 종종 퍼펫을 조종하는 경험이 없는 사람은 윗턱도 움직인다. 퍼펫의 기분은 퍼펫을 사용하는 사람이 손으로 퍼펫의 얼굴을 움직여야만 표현된다. 치료자가 연습을 더 하면 좀 더 현실감 있게 퍼펫을 움직일 수 있고, 아동은 퍼펫과 좀 더 적극적으로 상호작용한다.

집단놀이치료에서 퍼펫의 비지시적 · 지시적 사용법

비지시적 방법

비지시적 집단놀이치료는 집단 안에서 개별 아동뿐만 아니라 집단이 향상되도록 아동이 주도적으로 놀이하는 것이다. 치료자는 아동이 자신의 동기와 기술을 활용해서 현실적으로 가능한 수준에서 집단구성원들과 상호작용할 수 있도록 의도적으로 아동을 지시하지 않는 선택을 해야 한다. 아동은 치료자의 의도적이고 초점을 맞춘(focused) 반영과 치료자-아동 관계 안에서 안전함을 경험하면서, 그들의 감정, 욕구 그리고 다른 아동에게 미치는 영향을 인식할 수 있다. 이러한 자기인식과 관계 맺기를 통해 아동은 대인관계에서 좀 더 효과적인 기술을 적극적으로 사용하려고 한다. 따라서 비지시적 놀이치료실에서 퍼펫의 용도는 놀이치료실의 다른 놀잇감과 같다. 퍼펫은 다른 많은 의사소통 도구와 같이 아동의 놀이 언어로 사용된다.

그러나 비지시적 놀이치료자가 놀이치료실에서 퍼펫을 사용할 때 특별히 고려해야 할 점이 있다.

비지시적 놀이치료실에서, 다양한 퍼펫은 아동의 손이 닿을 수 있는 곳에 배치한다. 잘 보이고 잡기 쉬운 곳에 퍼펫을 두는 것이 이상적이다. 놀이치료실에 설치하는 퍼펫 극장은 3명의 아동이 숨기에 충분해야 한다. 퍼펫 극장에는 아동이 숨을 수 있게 열고 닫는 커튼이 있어야 하는데, 커튼 뒤는 아동들이 퍼펫을 선택하고 이야기를 준비할 수 있는 개인적 공간으로 사용될 수 있다.

비지시적 놀이치료자는 퍼펫 놀이를 하라고 시키지는 않지만, 상호작용하면서 놀이에 함께한다. 아동은 회기에서 퍼펫을 사용할지 말지를 결정한다. 아동의 퍼펫이 치료자를 언급하면, 치료자는 퍼펫의 눈을 보며 퍼펫에게 말하듯이 대답한다. 만약 치료자가 아동에게 직접 이야기를 하면, 그것은 놀이에서 아동의 지시를 무시하는 것과 같고, 궁극적으로 아동의 의도를 폄하하는 것과 같다. 치료자는 퍼펫에게 요구를 하거나 퍼펫에게 말하라고 지시하지 않고, 일반적으로 아동에게 반응하는 것과 같은 방식으로 퍼펫에게 반영한다. 치료자는 놀이치료 과정에서 급히 서두르지 않듯이, 퍼펫 놀이에서도 성급하게 반영하지 않는다. 치료자는 아동의 감정, 생각을 수용하듯이, 퍼펫의 감정, 생각, 행동을 수용하고 퍼펫이 분명하게 전달하는 감정이 있을 때 이 특정 감정만 반영한다. 만약 아동이 매 회기에 같은 퍼펫들을 같은 방식으로 사용하면(이름, 성격 등), 이러한 자세한 특징과 아동과 이전에 나눈 것에 대해 치료자가 상세하게 기억하고 이해한다는 것을 전달하고 싶어서 아동이 이야기를 전개하기 전에 이를 먼저 반영하려고 할 수 있다. 그러나 치료자는 회기마다 아동이 퍼펫의 성격을 바꿀 수 있는 자유를 누릴 수 있도록 먼저 반영하기보다 아동에게 맞춰 가야 한다. 최종적으로 Bromfield(1995)는 치료자가 아동이 선택한 퍼펫을 아동의 일부가 확장된 것으로 여기고 존중해야 하며, 아동 앞에서 퍼펫을 박스에 던지거나 이리저리 휘두르며 가볍게 다루지 않도록 주의해야 한다.

비지시적 사례

아담과 콜은 2학년 남자아이로 학교 치료실에서 진행되는 아동중심 집단놀이치료의 내담자이다. 아담은 다른 아동에게 너무 공격적이라서 치료에 의뢰되었다. 콜은 사회적으로 미숙하고 학급에 친구가 없어서 의뢰되었다. 처음 2회기 동안 아담과 콜은 모래상자에서 자동차를 상자 안팎으로 움직이며 놀이를 했다. 2번째 회기에서 콜은 놀이치료실 구석에 있는 퍼펫 극장 뒤 퍼펫을 몇 분간 쳐다보았다. 그는 퍼펫에 대해 어떤 말도 하지 않고 선택도 하지 않았다. 3번째 회기에서 두 소년은 방으로 들어왔다.

아담: (콜에게) 나는 큰 트럭을 할 거야. 너는 배를 해.

치료자: 아담, 너는 오늘 계획이 있구나.

콜: (퍼펫을 쳐다보고, 원숭이를 선택하고, 치료자를 본다.) 나는 이걸 좋아해.

치료자: 오, 너는 오늘 특별한 것을 선택했구나. (아담이 퍼펫 쪽으로 온다. 아담은 드래곤 퍼펫을 골라 그것을 본다.)

치료자: 아담, 너는 그것을 살펴보고 있구나. (콜은 원숭이 퍼펫을 손에 낀다. 아담도 따라서 드래곤 퍼펫을 손에 낀다.)

아담: (콜에게) 이봐, 쇼를 하자. 내 드래곤이 너를 잡아먹을 거야. (콜은 퍼펫 극장 뒤에 있는 아담을 따라간다. 하지만 좀 머뭇거린다.)

치료자: 콜, 너는 이것을 할지 고민하는 것 같네. (아담과 콜은 극장 뒤에서 속삭인다. 치료자는 아이들의 대화가 들리지 않는다.)

치료자: 너희가 뭔가 계획을 세우고 있나 보다.

아담: (퍼펫 극장 커튼에서 튀어나오며) 신사 숙녀 여러분, 오늘의 쇼는 '커다란 나쁜 드래곤'입니다.

치료자: 오, 쇼가 시작되는구나. 커다란 나쁜 드래곤.

아담: (드래곤이 다시 나타나 거친 목소리로 이야기를 한다.) 나는 큰 나쁜 드래곤이다. 나는 배가

고프다.

콜: (원숭이의 머리를 살짝 드러내고 작은 목소리로) 안녕.

아담: (드래곤으로) 나는 너를 잡아먹겠다. 하하. (드래곤은 원숭이를 잡으려 한다.)

콜: (속삭이는 목소리로) 안 돼, 미스터 드래곤, 제발 나를 잡아먹지 마.

치료자: (원숭이에게) 오, 안 돼, 네가 지금 무서움을 느끼는구나.

아담: (드래곤은 원숭이를 먹으려 하고, 원숭이는 계속 움직인다.) 이리와, 콜, 널 잡아먹겠다.

콜: (자신의 목소리로) 안 돼, 나는 원숭이가 잡아먹히는 걸 원치 않아. 그는 특별해.

치료자: 오, 그 원숭이는 너에게 너무 특별하구나. 그런데 드래곤 너는 정말 배가 고픈가 보다.

아담: (그의 목소리로) 좋아, 돼지를 잡자. (아담은 돼지 퍼펫을 잡고 드래곤을 한 손에, 돼지를 다른 한 손에 낀다.)

콜: (원숭이로 말하면서, 드래곤이 돼지를 먹는 것을 보고 웃는다.) 돼지야, 너도 도망가야 해.

치료자: 원숭이, 너는 안전하고, 드래곤, 너는 배를 채웠네.

아담: (드래곤처럼) 그래, 이제 우리는 친구야. (드래곤은 원숭이와 사라진다.)

이 사례를 보면, 퍼펫은 아동중심 놀이치료의 다른 놀잇감처럼 사용되었다. 아동이 스스로 퍼펫을 선택했다. 예상대로, 아동은 학교에서 드러난 사회적 문제를 상징하는 갈등을 표현하기 위해 퍼펫을 사용했다. 그리고 아동은 치료자의 지시가 없어도 갈등을 긍정적으로 해결해 나갔다. 치료자는 둘 사이에서 적절히 반영하면서 퍼펫쇼에서 아동과 퍼펫 모두와 관계를 맺고 있었다. 치료자는 아동이 알아차릴 수 있도록 아동과 퍼펫의 정서와 의도를 반영하려고 노력했다. 아담과 콜 모두 서로 연결되고 싶은 욕구도 있었지만 개인적인 욕구를 충족하길 원했다. 퍼펫과 퍼펫쇼는 적절한 거리를 두고 자신을 표현할 수 있도록 했고, 이것은 새로운 기술을 실행하는 데 있어 기반이 되는 안정감을 제공하였다.

지시적 방법

치료적으로 퍼펫을 사용하는 데 있어, 지시적 방법의 범위는 매우 높은 수준의 구조화부터 아주 낮은 수준의 구조화까지 다양하다. 퍼펫 놀이에서 매우 지시적인 방법을 사용하는 목적은 주로 치료자가 퍼펫쇼의 등장인물이 되어 집단 아동들에게 정서와 기술을 가르치려는 것이다. 치료자는 집단구성원 간의 상호작용이 활발하지 않을 때, 퍼펫을 활용해서 교육적인 환경을 조성한다. 아주 낮은 수준의 구조화 단계에서 치료자는 집단의 아동들에게 퍼펫쇼를 만들어 보라고 요청하지만, 서로 자유롭게 상호작용하고 퍼펫쇼를 창의적으로 만들 수 있도록 허용한다. 지시적인 수준은 치료 목표와 치료자의 이론적 방향에 따라 결정될 수 있다.

인지행동치료처럼 구조화된 이론적 접근에서는 치료자는 퍼펫 놀이를 구조화할 수 있고 퍼펫은 아동과 같은 문제를 가질 수 있다(Knell & Dasari, 2011). 퍼펫은 어린 아동에게 문제를 어떻게 다룰지 모델링할 수 있는데, 이는 퍼펫이 교육적인 차원에서 기능하는 것이다(Pincus, Chase, Chow, Weiner, & Pian, 2011). 외상에 초점을 맞춘 인지행동치료에서, 퍼펫은 불안과 회피를 줄일 수 있는 적절한 거리를 만들어 내고, 외상적 사건을 재구조화하는 데 아동이 참여하도록 촉진할 수 있다(Briggs, Runyon, & Deblinger). 높은 수준으로 구조화된 교육적인 치료접근에서 퍼펫은 아동에게 상황을 보여 주고 아동들의 지각을 드러내고 문제를 해결하는 좋은 기술을 가르치는 도구이다.

가장 빈번히 사용되는 퍼펫 놀이는 아동의 생각, 느낌, 지각을 드러내게 하는 퍼펫 놀이와 퍼펫 상호작용을 촉진하는 반구조화된 방법이다. 퍼펫 놀이와 퍼펫을 가지고 상호작용을 촉진하는 것은 주로 치료자의 간단한 지시, 아동들 간의 창의적이고 자유로운 상호작용, 그리고 치료자가 진행하는 시간으로 구성된다. 이러한 퍼펫을 통한 개입의 목적은 집단구성원이 특정 주제에 집중하도록 돕고, 아동이 이 주제에 대해 더 유용한 의사소통과 상호작용 방식을 발전시킬 수 있도록 자유롭게 활동하는 것이다.

덜 구조화된 퍼펫 개입의 사례

퍼펫 인터뷰

Gallo-Lopez(2006)는 집단구성원이 서로 알아 갈 수 있도록 퍼펫 인터뷰를 제안했다. 개별 아동은 퍼펫을 선택하고 집단 안에서 아동들은 토크쇼의 형태로 퍼펫을 인터뷰한다. 치료자는 토크쇼의 호스트이고 아동들은 방청객이며, 퍼펫에 대한 이해를 높일 수 있는 질문들을 순서대로 던진다. 이 인터뷰는 집단구성원들로부터 높은 수준의 에너지를 끌어내고 상호작용하도록 돕는다. 퍼펫쇼는 적절한 거리감을 유지하면서 집단구성원들이 자신을 드러내고 투사할 수 있는 도구가 된다.

퍼펫 역할극

Ludlow와 Williams(2006)는 이혼 가정 아동을 위한 집단 모델을 제시했다. 이 모델에서, 퍼펫은 리더와 아동을 연결하고 이혼 상황을 제시하면서 아동의 생각과 느낌을 드러내고, 해결 기술을 발전시키는 주요 도구로 사용된다. 회기 초반에 치료자는 가족 퍼펫을 가지고 아동에게 이혼 상황을 보여 준다. 퍼펫쇼 후에 치료자는 이 시나리오에 대한 아동의 반응을 촉진하고 토론하도록 한다. 이후 아동에게 그 시나리오에 '조언가'가 되는 퍼펫 역할을 하도록 요청한다. 회기의 첫 15분 동안 캐릭터(charaters)를 추가하기 위해 새로운 퍼펫을 만들어 낸다. 이때 리더와 집단구성원은 이 상황을 공유하며 서로 연결되는 상호작용을 경험하게 된다. 퍼펫쇼가 진행되고 아동은 자신이 선택한 퍼펫을 가지고 역할극을 한다. 놀이 후반에 아동들은 퍼펫을 통해 조언한다. 이 개입에서 퍼펫은 아동이 자신의 가정생활을 보여 주는 어려운 상황에 대해서 반응하도록 하고, 이런 상황에 대처할 수 있는 기술을 개발하도록 적절한 거리를 제공한다.

퍼펫 이야기 치료

Butler, Guterman과 Rudes(2009)는 이야기치료의 맥락에서 퍼펫의 사용을 제안했다. 이야기치료는 내담자의 문제를 표면화시키는 능력에 기반을 두기 때문에, 퍼펫은 이러한 목표에 부합하는 효과적인 수단이 된다. 이 개입에서 치료자는 아동에게 자신이 치료에 오게 된 문제를 가장 잘 표현하는 퍼펫을 선택하게 한다. 치료자는 아동에게 어떻게 퍼펫이 문제를 표현하는지 물어본다. 이 단계는 내담자가 문제를 정의하고 표면화하는 것으로, 이야기치료의 핵심이다. 그리고 아동이 지속적으로 표면화하는 것에 집중할 수 있도록 퍼펫을 집에 가져가는 것이 허용되기도 한다. 치료자는 퍼펫에게 질문하면서 아동이 문제와 관련해 자신의 목소리를 낼 수 있도록 돕는다. 치료자는 아동이 문제를 극복할 힘을 가질 수 있는 방법을 찾을 수 있고, 퍼펫을 가지고 독특한 결과들을 제시하면서 사건의 의미를 이해하도록 도울 수 있다.

치료적 퍼펫 극장

Carlson-Sabelli(1998)는 외상과 관련된 정신적 문제로 입원한 아동들을 대상으로 한 개입방법으로 치료적 퍼펫 극장을 소개했다. 회기는 4단계인데 퍼펫 놀이 시작, 잠재되어 있는 놀이, 치료적인 은유 그리고 프로세싱이다. 퍼펫 놀이 초기에 치료자는 아동들에게 다양한 퍼펫을 보여 준다. 아동에게 그중 하나의 퍼펫을 선택하고 퍼펫의 목소리로 소개하도록 한다. 소개할 때, 치료자와 다른 아동들은 소개하는 아동에게 퍼펫이 안전하다고 느끼게 하는 것이 무엇인지, 가장 좋아하는 장소는 어디인지, 다른 아동이 질문한 것들 중에 어떤 질문이 좋았는지 등을 묻는다. 이 시간을 통해 치료자와 아동들은 서로를 잘 이해하게 된다.

다음 단계에서 치료자는 아동들에게 이야기 시간이라고 알려 주고, 이야기의 결과는 초반에 설명한 퍼펫의 캐릭터들을 이용하여 아동들에게 논의하게 한다. 아동들은 논의를 통해 이전에 나타난 문제의 맥락에서 발생할 수 있는 다양한 가능성을 놀이로 표현한다. 아동들이 적절한 방향으로 진행하고 집중하도록 치료자는 촉진적인 질문을 할 수 있다. 이러한 상호작용은 퍼펫을 통해 연극적으로 표현된다.

세 번째 단계에서, 아동들은 퍼펫의 캐릭터에 따라 중간 단계에서 탐색했던 이야기를 마무리하고 보여 준다. 마지막 장면은 집단구성원에 의해 연출되는 것이 아니라 개별 아동들이 퍼펫의 입장에서 선택할 수 있다. 아동은 놀이에서 가장 좋았던 것과 좋지 않았던 것이 무엇인지 질문을 받는다.

마지막 단계는 회기 뒤에 이루어지는데, 치료자는 서로 함께 할 수 있도록 회기를 진행한다. 진행 과정은 주제에 대한 인식, 상호작용 그리고 아동의 반응, 과정의 평가를 포함한다. 이런 연극적인 개입은 아동들이 개인적 · 집단적 의미를 발전시킬 수 있는 기회를 제공하고, 자기의 삶의 이야기가 미래를 향해 나아갈 수 있도록 한다.

촉진적인 집단 퍼펫쇼

Gendler(1986), Irwin과 Malloy(1994), Bratton과 Ray(1999)는 과정과 절차가 유사한 집단 퍼펫 개입을 제안했다. 이 개입에는 네 가지 기본 단계가 있는데, 퍼펫 선택, 쇼 계획, 쇼를 보여 주기 그리고 경험 나누기로 구성된다.

첫 번째 단계에서, 치료자는 바닥이나 퍼펫이 진열된 '퍼펫 공간'에 있는 다양한 퍼펫을 보여 준다. 개별적으로 아동들에게 1~2개의 퍼펫을 선택하게끔 하고 퍼펫에 이름을 붙일 수 있도록 한다. 치료자는 아동이 선택한 퍼펫을 집단구성원에게 소개하라고 한다.

두 번째 단계에서, 치료자는 아동에게 시작, 중간, 끝이 있는 이야기로 퍼펫쇼를 계획하라고 한다. 이때 한 가지 규칙이 있는데 이 이야기는 책, TV, 영화 등을 통해 이미 알려지지 않은 새로운 것이어야만 한다. 전체 회기 시간과, 계획에 따라 시간 분배가 달라질 수 있지만, 퍼펫쇼를 구상하는 시간이 보통 15분을 넘기지는 않는다. 치료자는 아동들에게 퍼펫쇼의 제목을 정하라고 한다.

세 번째 단계에서 아동들은 준비한 퍼펫쇼를 보여 준다. 비디오로 녹화해서 공연이 끝난 후 아동들이 자신들의 쇼를 볼 수 있으면 더욱 효과적이다. 집단 역동이나 치료의 진행을 더 촉진할 수 있기 때문이다. 비디오 녹화는 드라마적 요소가 가미되어 있기 때문에 아동이 활동에 열정적으로 몰입할 수 있도록 돕는다.

네 번째 단계에서, 치료자는 퍼펫, 아동과 함께 경험에 대해 나누는 시간을 촉진한다. 쇼의 마지막에, 치료자는 퍼펫에게 무대에 다시 나와 다른 퍼펫에게 질문할 것을 제안한다. Bratton과 Ray는 퍼펫쇼 진행 과정에서, 치료자는 "캐릭터들 간에 새로운 상호작용이 이루어지도록 하고, 다른 표현도 고려해 볼 수 있게끔 집단구성원들에게 질문을 하고, 이미 형성된 믿음 체계에 도전하고, 최종 결과와 관련해 좀 더 긍정적이고 유익한 방향으로 재작업하도록 돕는다."(p. 271)라고 하였다. 이 과정 이후, 치료자는 아동에게 앞으로 나와, 둥그렇게 앉아서 퍼펫쇼에 대해 이야기를 나누게 한다. 자신의 캐릭터에 대해 이야기하고, 과정에서 무엇이 가장 좋았고, 덜 좋았는지, 그리고 쇼 중에서 어떤 것을 실제 생활에 적용하고 싶은지에 대해 답해 보도록 한다.

지시적 사례

줄리아나, 사라 그리고 이사벨라는 모두 4학년으로 9세 아동이며, 부모의 이혼 때문에 치료에 의뢰되었다. 그중 2명은 교사에 의해 의뢰되었다. 줄리아나는 부모의 심각한 언쟁 때문에 학교에서 여러 번 울었다. 사라는 최근 몇 달 동안 더 조용해지고 위축되었다. 이사벨라는 부모의 이혼의 영향을 크게 받은 것처럼 보이지는 않았지만 그녀의 엄마는 이혼이 이사벨라에게 어떤 영향을 미쳤는지 걱정이 되어 치료를 의뢰하였다.

치료자는 소녀들이 서로 알아 가고 자신의 가족 상황을 어떻게 인식하고 있는지 표현할 수 있도록 촉진적인 퍼펫쇼를 하기로 했다. 각각 개별적으로 개인 회기를 가진 후, 치료자는 아동들과 집단으로 만났다. 치료실에는 많은 퍼펫이 바닥에 전시되어 있고 큰 퍼펫 극장도 있었다. 치료자는 소녀들에게 1~2개의 퍼펫을 고르고 이름을 짓도록 했다. 그리고 소녀들에게 자신의 퍼펫을 소개해 달라고 요청했다. 줄리아나는 큰 귀를 가진 개를 플로피라고 이름 지었고, 사라는 거북이를 맥이라고 하였고, 이사벨라는 공주를 선택하여 이사벨이라고 했다.

치료자는 소녀들에게 퍼펫쇼를 계획하라고 하면서 쇼의 이야기는 처음, 중간, 끝이 있어야 하며, 이전에 들어본 적이 없는 새로운 이야기여야 한다고 했다. 그리고 준비가 되면 치료자에게 알려 달라고 했다. 소녀들은 극장 뒤로 갔고, 줄리아나는 계획을 맡았다. 줄리아나는 새 퍼펫이 하나 더 필요하다며 치료자에게 하나 더 선택할 수 있는지를 물었다. 치료자가 동의하자 줄리아나는 달려나와 입에서 불이 나오는 드래곤을 가져갔다. 몇 분 후, 줄리아나가 소리쳤다. "준비됐어요." 치료자는 소녀들에게 쇼를 시작하기 전에 극장 위에 쇼 제목을 써 놓으라고 했다. 줄리아나가 나와서 '밤의 것들은 어두워졌다(The night things went dark).'고 썼다.

쇼는 플로피가 나와서 노래를 하면서 시작했고, 맥은 천천히 뒤따라 나왔고, 이사벨은 그들 주위에서 춤을 췄다. 플로피는 이날은 아름다운 밤이었고 모든 것이 안전하다고 말했다. 드래곤이 갑자기 나타나서 소리쳤다. 플로피와 이사벨은 무서워서 소리를 질렀다. 맥은 퍼펫 극장 구석에 숨었다. 드래곤은 "나와라, 멍청한 여자들아."라고 외쳤다. 플로피가 드래곤에게 그녀들을 다치게 하지 말라고 빌었다. 이사벨은 플로피에게 그냥 웃으면 드래곤이 가 버릴 것이라고 말했다. 구석에서 맥이 말했다. "안 돼, 소용없어. 조용히 하고 숨어야 해." 드래곤은 플로피를 때리기 시작했고, 플로피는 울고 또 울었다. 이사벨은 왕자를 찾아야 하기에 떠난다고 말했다. 맥은 극장 아래로 사라졌다. 줄리아나는 "끝."이라고 했다. 치료자는 퍼펫들에게 무대 위로 오라고 했다.

치료자: 와우, 정말 무섭다. 맥, 너는 정말 무서웠던 거 같구나.

사라: 나는 그들에게 조용히 하라고 했어요.

치료자: 너는 그들이 조용해지면 더 안전해진다고 생각했구나.

사라: 네, 그런데 그들이 말을 듣지 않았어요.

치료자: 이사벨과 플로피, 왜 너는 맥의 말을 듣지 않았니?

줄리아나: 나는 숨기 싫었어요.

이사벨라: 나는 그가 우리를 정말로 다치게 한다고 생각하지 않았어요.

치료자: 그래 플로피, 너는 나가기를 원했고, 이사벨, 너는 단지 괜찮다고 생각했구나. 드래곤, 너

는 왜 그렇게 화가 났니?

줄리아나: 왜냐면 그들이 내 집에 있었고 시끄럽게 해서요. 그리고 그들은 멍청해요.

치료자: 너는 정말 그들을 좋아하지 않는구나.

줄리아나: 네, 그들은 어딘가로 가야만 했어요.

치료자: 너는 단지 너의 공간을 보호하고 싶었구나. 플로피, 너는 진짜 울면서 애원했구나. 너는 정말 화가 난 것 같다.

줄리아나: 난 단지 그가 소리 지르지 않기를 바라요. 나는 그를 좀 더 기분 좋게 하기 위해 노래를 불러 봤어요.

이사벨라: 나는 그의 기분을 풀어 주기 위해 노력했어요.

치료자: 하지만 어느 것도 네가 원하는 대로 통하지는 않았네. 너희 셋이 나와서 그것에 대해 좀 더 얘기 할 수 있니? (세 소녀는 퍼펫 극장 뒤에서 나와 치료자와 동그랗게 앉았다. 사라는 거북이 퍼펫을 계속 손에 끼고 있다. 나머지 소녀는 자신의 인형을 잡고 있다)

치료자: 나는 우리가 이 쇼에 대해 이야기를 나눌 수 있다고 생각해. 너희들 생각은 어떠니?

줄리아나: 우리는 싸웠어야 했어요. 우리가 함께 노력해서 드래곤을 죽였어야 했어요.

치료자: 너는 끝을 좀 더 멋지게 만들 수 있는 방법을 생각하는구나.

줄리아나: 네, 나는 좀 더 잘 만들고 싶어요.

이사벨라: 나도 그러고 싶어. 만약 네가 잘 웃는다면 사람들을 행복하게 하고 즐겁게 할 거야.

치료자: 이사벨라, 너는 네가 웃고 있으면 네 주변 사람들이 더 행복하다고 생각하는구나.

이사벨라: 네, 엄마한테는 그래요. 엄마가 울 때, 내가 웃으며 머리를 넘겨 주면 엄마는 기분이 좋아져요.

치료자: 그래, 너는 엄마를 걱정하는구나. 너는 엄마를 기분 좋게 하는 사람이 되고 싶은가 보다.

줄리아나: 엄마를 행복하게 하는 방법은 없어요. 엄마와 아빠는 항상 싸워요.

치료자: 무섭겠구나.

줄리아나: 네.

사라: 만약 모두가 좀 더 조용해지면, 그들은 좀 더 잘 지낼 거야.

치료자: 사라, 네가 조용히 있는 게, 네 주변사람을 돕는 것 같구나.

치료자와 소녀들은 퍼펫쇼를 이어 갔고 소녀들의 가정생활에 대한 인식을 공유했다. 퍼펫쇼를 통해 치료자는 소녀의 인식과 현재 상황을 다루기 위해 개발한 대처 기술을 확인하게 된다. 이것은 서로 비슷한 상황에 처해 있다는 것을 공유하고 서로 지지할 수 있는 체계를 발전시키도록 한다.

결론

집단치료의 맥락에서, 퍼펫은 아동이 그들의 내적 세계와 타인이 어떻게 관계를 맺고 있는지를 외적으로 의사소통할 수 있도록 돕는 도구가 된다. 퍼펫은 아동의 감정, 문제, 주변인 등을 안전한 매개체를 통해 표현할 수 있도록 촉진하기 때문에 치료실에서 특별하다. 또한 아동은 가장 개인적인 인식이나 지각도 투사하고 싶은 영감을 받게 되면서 퍼펫을 통해 인형이 자신인 것 같은 경험을 한다. 집단 환경에서 퍼펫을 통해 새로운 사회적 및 대처 기술을 실험할 수 있을 만큼 충분히 안전감을 경험한다. 아동은 투사적 매개체를 통해 자신을 표현하려는 경향을 가지고 있기 때문에, 퍼펫은 지시적 접근이든 혹은 비지시적 접근이든 집단놀이치료에서 가치가 있다.

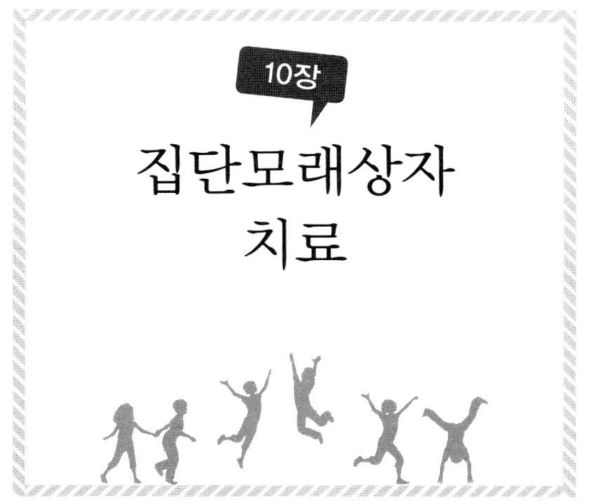

10장

집단모래상자 치료

집단놀이치료에서 또 다른 흥미로운 개입으로 집단모래상자치료가 있다. 이 개입은 집단치료의 치료적 요소와 효과적인 표현적 기법인 모래상자 작업을 결합한 것이다. 모래상자치료는 매우 유연하며, 투사적이고 표현적이다. Sweeney와 Homeyer(2009)는 "그것은 모든 연령의 내담자들에게 적용할 수 있는 치료이며, 간접적이기도 직접적이기도 하며, 인지적이고 해결중심적임과 동시에 전적으로 비언어적이며 투사적일 수 있다."(p. 290)라고 하였다.

Homeyer와 Sweeney(2011)는 모래상자치료를 "특정한 모래상자를 비언어적인 의사소통의 매개체로 활용해 내담자가 이끌고 훈련된 치료자가 중재하는 과정으로 내적인 문제와 대인관계 문제들을 드러내는 표현적 · 투사적 심리치료 양식이다."(p. 4)라고 설명했다. 기본적으로 모래상자치료[1]는 빈 팔레트에 물감이나 여러 색

1) 각주: 모래상자치료에 대해 더 깊이 탐구하고 싶은 독자들은 『모래상자치료 임상 매뉴얼(Sandtray Therapy: a practical manual)』(Homeyer and Sweeney, 2011)을 참조해주세요.

을 사용하는 미술치료와 달리 피규어 컬렉션과 모래가 담긴 용기를 치료적 도구로 사용한다.

모래상자치료의 도구들은 기본적이고 간단하다. 첫째, 모래와 물이다. 이 두 가지는 지구상의 기본적인 물질로서, 자연적이며 감각운동적인 매력이 있다. 둘째, 모래상자이다. 상자는 모래와 놀이를 연결하는 매개체일 뿐 아니라 내담자의 심리를 담아내는 용기(container)이기도 하다. 마지막으로, 피규어 컬렉션이 있다. 이것은 상징과 이미지의 세계로서 제공되는 것이지만 좀 더 구체적으로는 내담자가 잠재되어 있는 고통스러운 문제들을 꼭 언어화하지 않더라도 표현할 수 있는 '단어(words)'이다. 물론 치료적 도구들에 주목하는 것도 의미 있지만, 내담자가 모래상자 과정에서 주 호소를 표현하고 작업할 수 있는 환경을 만들어 가는 것이 핵심이라는 사실이 더 강조되어야 한다.

모래상자치료 집단은 다양한데 구체적으로 보면 다음과 같다. 집단 내에서 작업하는 개인, 같은 연령집단, 가족집단, 부모-자녀 집단, 형제자매 집단, 슈퍼비전 집단, 개인적 성장집단, 전문성 발달을 목적으로 하는 경험집단 등이다. 집단은 학교, 기관, 사설 기관, 연수교육 및 기타 장소에서 시도된다.

모래상자치료의 역사 개관

이 장에서 모래상자치료의 기원부터 전체 역사 전반을 다룰 수는 없다. 그러나 간략한 개요를 통해 초심자와 복귀한(returning) 치료자에게 토대가 될 수 있는 기본 정보를 제공하려 한다.

1920년대, Margaret Lowenfeld(1979)는 제1차 세계대전 당시 내과 의사로 일했던 경험을 살려, 성인의 인식, 지각, 또는 기존 이론에 얽매이지 않고 솔직하게 아동과 소통할 수 있는 방법을 모색했다. 군인, 전쟁 포로, 학생 난민, 아동, 가족들은 전쟁의 외상으로 충격을 받았는데, 이는 Lowenfeld에게도 상당한 영향을 미쳤다.

1920년대 중반에 그녀가 아동을 대상으로 일하기 시작했을 무렵, 아동이 자기 세계를 지각하고 소통할 수 있는 중재적 방법들을 찾기 시작했다. Lowenfeld는 "아동에게 매력적으로 다가갈 수 있고 편안하게 의사소통을 할 수 있는, 아동과 관찰자에게 일종의 '언어'로 제공될 수 있는 매개체를 찾고자" 했다(p. 281).

Lowenfeld는 그녀가 읽었던 H. G. Wells의 책 『플로어 게임(Floor Games)』을 떠올렸다. 그 책에서 Wells는 자신과 아들들이 자기 집 바닥에서 작은 장난감들을 가지고 어떻게 놀았는지에 대한 상세하고 긴 이야기들을 전했다. Lowenfeld는 이것을 함께 했던 아동들에게 적용해 보면서, 피규어 장난감들을 모으기 시작했고, 모래상자를 가지고 아동이 자신의 세계를 나눌 수 있도록 했다. 이것은 나중에 '세계 기법(World Technique)'(1979)으로 불리게 되었다.

이후 Lowenfeld의 기법들을 다른 사람들이 사용하기 시작했다. 모래상자치료법을 처음 발전시키고 장려한 사람은 바로 Dora Kalff였다. Kalff는 Jung 학파의 수련을 받은 치료자였는데, 정신의학 회의에 참석해 Lowenfeld가 세계 기법을 실행한다는 것을 알게 되었다(Weinrib, 1983). Kalff는 런던으로 가서 Lowenfeld와 함께 연구를 하고, 자신의 고향 스위스로 돌아와 Jung의 모래상자치료에 대한 접근을 독특하게 발달시키는데, 이를 '모래놀이(Sandplay)'라고 불렀다(Kalff, 1980). Kalff는 Jung의 조언과 극동 지역에서 살면서 경험한 동양 신비주의에 깊은 영향을 받았다.

여기서 중요한 구별점이 필요해진다. 모래상자와 피규어를 사용하는 심리치료를 설명하는 용어로 모래놀이가 사용되지만 이 용어는 Jung 학파의 모래상자치료에만 적용된다. 물론 Lowenfeld와 Kalff의 접근이 모래상자를 치료적으로 적용하는 주요한 흐름이기는 하지만, 지난 수십 년 동안 다른 접근이 개발되었다.

모래상자치료의 일반적 과정

집단모래상자치료를 논하기 전에, 모래상자의 일반적 과정에 대한 배경지식을 공유하는 것이 필요하다. 이 장에서는 기본 재료들과 간단한 과정에 대해 논의할 것이다. Homeyer와 Sweeney(2011)는 치료자의 다양한 이론과 기법을 고려하여 모래상자치료에 대해 통합적으로 접근하였다.

모래상자치료에 사용되는 재료들은 전체적으로 기본적인 형태인데, 예외적으로 정교하고 세밀할 수 있다. 그러나 적절한 모래상자 피규어 컬렉션을 개발하고 구비하기 위해서 막대한 비용을 투자하고 사무실 공간을 마련하는 것이 반드시 필수적인 것은 아니다. 사실 정교한 세팅은 오히려 개별 혹은 집단 내담자를 압도할 수 있으며, 집단놀이치료자의 욕구를 충족시키기 위한 것일 수 있다. 모래상자치료자는 모래상자 과정뿐만 아니라 매체 선택 자체에 대해 슈퍼비전과 상담을 받는 것이 도움이 된다. 필요한 기본 재료들로는 모래상자와 피규어들이다.

일반적으로 개별모래상자치료에 사용되는 모래상자는 크기는 20″×30″×3″이며, 하늘과 물을 나타내기 위해 안쪽은 파랗게 칠한다. 함께 작업하는 집단의 크기에 따라, 상자 크기는 적당하거나 적당하지 않을 수 있다. 크기와 상자 개수에 대해서는 뒤에서 논의할 것이다.

상자 크기는 내담자에게 자연스럽게 경계와 제한이 되기 때문에 중요하다. 또한 모래상자 회기의 창작물(creation)이 한눈에 들어올 수 있으면 더 도움이 된다. 집단치료에서 더 큰 상자를 사용하게 된다면 한눈에 들어올 수 있도록 하는 것은 불가능할 수도 있다. 상자는 젖은 모래와 마른 모래 모두 사용 가능하도록 방수 처리를 해야 한다. 가급적 책상 정도 높이에 상자를 안정적으로 놓고, 상자를 놓은 바닥은 충분한 여유가 있어야 한다. 일부 내담자는 피규어를 상자 밖에 놓고 싶어 하는데, 상자 안에서 접근해서 작업하기 어려운 심리내적 또는 대인관계적 어려움을 의미하는 것이라 생각된다. 또한 내담자가 상자를 올려놓은 채로 움직일 수 있도록 치료실 코너에서 중간으로 이동 가능한 카트에 상자를 놓는 것이 좋다. 이렇게 함으로써 내담자들이 모든 측면에서 상자에 접근하는 것이 가능하기 때문이다.

상자에는 품질 좋은 모래를 1/3에서 1/2 정도 채우면 된다. 놀이터 모래는 저렴하더라도 그 모래에는 종종 작은 조약돌이 섞여 있거나, 가루 같은 너무 고운 모래가 섞여 있을 수 있고, 알레르기 반응을 일으킬 수 있기 때문에 적절한 선택은 아니다. 색깔과 촉감이 다양한 모래를 사용할 수 있다. 또한 쌀과 같은 대체물이 흘렸을 때 청소가 쉽기 때문에 사용 가능하다. 우리가 모래를 더 선호하는 이유는 모래가 감각운동적(kinesthetic)이고 감각적인 특성(sensory quality)을 가지고 있어서 내담자에게 보다 깊은 수준의 영향을 미치기 때문이다.

피규어는 모래상자에서 사용하기에 적합하게 만들어진 것을 선택해야 한다. 일반적으로 피규어는 2~3인치 정도가 적당한데, 취미를 위한 피규어 컬렉션과 달리, 규모와 비율이 큰 문제가 되지는 않는다. 사실 Homeyer와 Sweeney(2011)는 의도적으로, 모래상자 컬렉션 중 불균형할 정도로 큰 포식동물들을 구비하라고 제안한다. 이러한 크기 차이는 피해자와 가해자 간의 힘의 차이를 크게 나타낼 수 있기 때문이다. 놀이치료에서 쓰이는 놀잇감처럼 모래상자 피규어 또한 모래상자치료 과정을 위해 수집하지 않고 선택되어야 한다.

수천 개의 피규어가 필요한 것은 아니지만(그리고 사실 일부 내담자에게는 과도한 정서적 자극을 유발할 수 있다), 다양한 종류의 놀잇감과 피규어를 준비하는 것은 도움이 된다. Sweeney(2011)는 개별모래상자치료를 위해서 300~400개 정도가 적당하다고 제안한다. 그렇다면 집단모래상자를 위해서는 두 배쯤 마련해야 하는지에 대해서는 논쟁의 여지가 있다. 대략적으로 기본적인 범주는 다음과 같다.

- 건물(집, 성, 공장, 학교, 교회, 가게)
- 사람들(다양한 인종/민족, 군인, 카우보이, 스포츠맨, 판타지, 신화 속 인물, 다양한 직업군)
- 운송수단(자동차, 트럭, 비행기, 보트, 구급차, 농기계, 군 차량들)
- 동물들(가축, 농장, 동물원, 야생, 해양, 선사시대)
- 식물(나무, 관목, 식물)
- 신(서양 및 동양 종교)
- 구조물(담장, 교각, 문, 고속도로 표지판)

- 자연물[바위, 조개껍데기, 유목(driftwood), 깃털]
- 기타(보석, 소원을 비는 우물, 보물 상자)

피규어 선택은 항상 다문화적으로 민감하게 고려해야 한다. 원칙적으로는 다양한 인종과 문화를 배경으로 하는 사람 피규어(두 성별 모두)를 갖춰야 한다. 예를 들어, 주로 남미계 지역사회에서 모래상자치료를 할 때 백인들 모형만 있는 피규어 컬렉션을 사용하는 것은 기본적으로 적절치 않다. 다양성의 또 다른 예는 지역적 민감성과 일관성이다. 예를 들어, 숲이 우거진 도시에서 작업할 때는 소나무 피규어를 사용하고 사막 지역에서 작업할 때는 선인장을 사용하는 것이 더 적절할 수 있다.

피규어들은 범주별로 구분하여, 가급적 열린 선반에 배치하는 것이 중요하다. 다른 방식들로 진열하는 것도 가능하지만, 모래상자치료에 참여하는 내담자가 박스나 서랍을 뒤져서 찾아내기보다는 선반에 있는 것을 쉽게 꺼내고 싶어 할 것이다. 치료자는 피규어를 진열하는 방법에 대해 생각해 봐야 하는데, 예를 들어 정서적으로 취약한 내담자들은 불을 내뿜는 드래곤의 발 앞에 놓인 토끼를 선택하기가 망설여질 수 있다. 마찬가지로 성급하거나 수줍음이 많은 내담자들은 통을 뒤지려 하지 않을 수 있고, 구분이 잘 되어 있지 않은 선반은 탐색하지 않을 수 있다. 치료실을 다양한 목적으로 활용하기 위해서는 피규어를 사용하지 않을 때는 주의를 끌지 않도록 피규어가 있는 진열장을 가릴 수도 있다.

Homeyer와 Sweeney(2011)는 모래상자치료 과정을 다음의 6단계로 설명한다. ① 모래상자 세팅 준비, ② 내담자들에게 과정 소개, ③ 모래상자 만들기, ④ 모래상자에 대해 이야기 하기, ⑤ 모래상자 정리하기, ⑥ 회기 문서화. 집단모래상자치료에 대한 특정한 이슈들은 좀 더 뒤에서 논의할 것이다. 6단계는 다음과 같이 간단히 요약할 수 있다.

① 모래상자 세팅 준비는 간단하지만 필수적이다. 치료자는 모래상자와 피규어가 제자리에 있는지 확인해야 한다. 이전 회기에서 사용된 피규어들이 혹시 파

묻혀 있지 않은지, 모래가 비교적 평평하고 매끄러운 상태인지 확인하는 과정이 포함된다. 치료실을 준비할 때 재료 선택을 쉽게 접근할 수 있도록 해야 하며, 치료자는 침범하지 않는 장소에 앉아 있도록 한다.

② 모래상자 과정 소개는 치료적 의도에 따라 지시적 · 비지시적일 수 있다. 내담자는 모래상자에서 원하는 수의 피규어로 '세계'(또는 장면/그림)를 만들도록 안내받거나, 내담자와 관련된 특정한 사건이나 생활 또는 일반적이거나 특정한 주제와 관련된 정서를 표현하도록 한다.

③ 특히 모래상자치료 초기 단계에서, 상자 만들기는 온전히 내담자의 역할이다. 치료자는 내담자에게 필요한 최소한의 말을 하거나 전혀 말하지 않으면서, 내담자의 작업에 온전히 비언어적으로 참여한다. 치료자는 작업이 진행되는 과정에서 해당 장면에 대해 질문할 수 있다. 일부 모래상자치료자는 창조적 과정을 그냥 기다려 주어야 한다고 생각한다. 이 과정에서 치료자의 임상적 판단이 중요하며, 모래상자치료에 대한 이론적 배경에 따라 다르게 나타난다. 어떠한 태도라도 가치 있지만, 우리는 대화나 상호작용이 필요하다고 본다. 그러므로 종종 만들기 과정에서 대화는 내담자와 상자에 관해 논의하기 위한 발판이 되어 준다.

④ 모래상자 만들기 이후 단계는 모래치료에서 가장 중요한 과정이다. 내담자와 상자에 대해 논의하는 것은 대부분 필수적이라고 생각된다. 내담자들은 치료에 대해 이야기식 접근과 같이 그 상자에 제목을 붙이고 이야기를 하도록 요청받는다. 모래상자 과정은 투사적이고 표현적이다. 치료자는 내담자들에게 전체 장면 또는 일부를 묘사하거나 특정 피규어에 대해 이야기하도록 요청할 수 있다. 내담자들에게 내담자 자신이 그 상자에 등장하는지, 다른 특정 인물들이 상자에 있는지 질문할 수 있고, 종종 상자에서 어떤 피규어가 가장 힘이 센지 질문할 수 있다.

만약 상자가 진행 중인 장면으로 보인다면, 내담자에게 그 이전에 무슨 일이 있었는지 또는 그 장면이 계속된다면 어떤 일이 일어날지 이야기해 보도록 제안할 수도 있다. 그 과정에 대해 내담자가 영화를 만드는 것이라 표현할 수도 있고, 그 상자는 동적인 장면 중 정지 버튼을 누른 상태라고 설명할 수도 있다. 이 과정에서 미래와 선행 사건에 대해 논의해 볼 수도 있고, 최소한의 논의만 진행하고 남겨 놓을 수도 있다.

모래상자치료자들이 내담자의 모래상자를 평가할 때 중요하게 고려해야 할 몇 가지가 있다. 이것은 만들기 과정 자체, 모래상자 내용물, 내담자의 이야기 그리고 상자에 대한 치료자 자신의 정서적 반응 평가를 포함한다. 우리는 지나치게 해석적 태도를 갖지 않도록 주의해야 하며, 내담자가 자신의 작품에서 치료적 은유를 해석하는 것이 중요하다는 사실을 강조하고자 한다.

⑤ 모래상자 정리는 회기 과정 중에 포함되기도 하며, 내담자가 떠난 후 정리하기도 한다. 상자는 내담자 자신만의 정서적 · 관계적 세계를 표현한 것이기 때문에, 치료자는 내담자의 지시와 동의 없이 그 세계를 치우지 않도록 한다. 내담자에게 세계를 '치우라'고 말하는 것은 적절하지 않을 수 있다. 그 이유는 이런 말이 내담자의 정서적 표현을 어떤 면에서 용납하지 않겠다는 뜻으로 전달될 수 있기 때문이다. 다만 다른 사람들이 그 상자와 피규어를 사용해야 하기 때문에 내담자에게 상자를 다음 회기까지 보관할 수 없다는 것을 상기시키는 것이 좋다.

⑥ 회기 정리는 일반적으로 내담자와의 상담을 기록하는 것과 함께, 내담자의 상자를 찍은 사진이나 스케치도 포함된다. 치료 과정을 시각화하고 순서대로 기록함으로써 내담자와 함께 과정에 대해 검토하고 논의를 촉진시킬 수 있다. Homeyer와 Sweeney(2011)는 교재에서 모래상자치료 회기 기록 양식(sandtray therapy session chart formats)을 제시했다.

재료와 과정도 중요하지만 핵심 요소는 모래상자치료자의 역할이다. 모래상자치료자는 모래상자 내담자와 함께 머무는 동료이자 상호관계적 과정의 촉진자이다. Hunter(2006)는 이에 대해 다음과 같이 잘 요약했다. "치료자는 목격자인 동시에 고요한 침묵과 통찰을 갖고 있는 주치의이고, 판단하지 않고 존재하는 사람이며, 참여

관찰자이기도 하고, 아동의 시각에서 이해하려고 시도하는 사람이다. 또한 관계를 만들어 가고 보살핌과 격려를 전달하는 사람이고, 의사결정을 촉진하는 존재이다." (p. 279)

집단모래상자치료

집단놀이치료 경험과 같이 모래상자치료 집단 경험도 집단의 목표를 명확히 확인하는 것이 중요하다. 집단 목표에 따라 집단구성원을 선별할 뿐만 아니라, 집단 모래 경험 과정에 대한 안내를 한다.

모래상자 집단을 구성할 때 기억해야 할 몇 가지 중요 요소가 있다. 항상 발달연령을 염두에 두는 것은 중요하다. 매우 어린 아동과 작업하는 경우 전체 집단 수를 2~3명 정도 적은 인원수로 하는 것이 가장 좋다. 유아들은 일반적으로 개인 놀이와 협동 놀이 사이를 번갈아 오가기 때문에 집단모래상자 회기는 두 유형의 놀이를 동시에 경험하고 있는 것과 매우 유사할 수 있다. 유아들은 종종 이러한 놀이 유형 사이에서 오갈 것이고, 때로는 치료자가 같은 방에서 동시에 일어나고 있는 별도의 2~3개의 모래상자치료 회기를 하고 있는 것처럼 보일 수도 있을 것이다. 또한 유아들의 경우 성별을 혼합한 집단이 매우 적절하다.

좀 더 연령이 많은 아동으로 구성된 모래상자 집단의 경우, 성별이 동일한 집단이 가장 적절할 수 있다. 성적인 주제와 관련한 역동을 정리하면서, 회기 기간에 집단구성원의 상호작용이 복잡하게 얽힐 수 있기 때문이다. 성별을 섞거나 분리하는 것보다 특별한 문제에 중점을 두는 게 더 우선일 때는 임상적으로 판단하는 것이 필요하다.

모래상자치료의 준비물(모래상자의 크기나 모래상자의 수, 사용할 수 있는 피규어의 수)로 인해 모래상자치료 집단의 규모를 제한해야 할 때도 있다. 집단 크기와 관련해서 가장 중요한 요소는 모든 모래상자 집단구성원에 대해 치료적으로 적절하게 집중할 수 있는 치료자의 능력이다.

모래상자 집단의 공간 설정

집단구성원이 모래상자 주위에서 움직일 수 있고, 피규어 컬렉션 쪽으로 오갈 수 있도록 집단모래상자를 설치할 때는 적절한 공간을 두는 것이 중요하다. 앞서 언급했듯이, 피규어 컬렉션을 잘 정렬해야 한다. 집단모래상자 경험을 위해서는 피규어 개수가 좀 더 많아야 하지만, 수천 개까지는 필요하지 않다. '적당한' 개수를 정하는 것은 어려운 일이므로 이와 관련해서는 언급하지 않으려고 한다. 그러나 4~6명 정도의 모래상자 구성원을 위해 충분한 적정 컬렉션 수는 1,000개 정도이다. 물론 많은 모래상자 · 모래놀이치료자가 개별 내담자들을 위해 우리가 제시한 것보다 더 많은 피규어를 갖고 있다는 사실을 알고는 있지만, 이는 개인적 · 임상적인 결정이라고 말하고 싶다.

그렇다 하더라도 개별 내담자뿐 아니라 모래상자 집단에서도 지나치게 방대한 컬렉션은 부담이 될 수 있다는 것을 염두에 두길 바란다. Homeyer와 Sweeney (2011)는 다음과 같이 말했다.

> 네 명으로 이루어진 집단이라고 해서 컬렉션의 수량까지 일반적인 경우의 네 배가 될 필요는 없다. 물품을 네 개씩 구비할 필요는 없다는 것이다. 집단 과정의 이점 중 하나는 한정된 자원들을 어떻게 나누고 관리하는지 배우는 것이다. 그러나 우리는 피규어들이 내담자의 말이며 상징이고, 은유를 발전시키는 도구로 쓰인다는 점을 신뢰하기 때문에, 충분한 수의 다양한 피규어를 구비해서 집단구성원이 자신을 표현할 수 있게 해야 한다.
>
> (p. 64)

모래상자는 모양과 크기도 다양하다. 만약 집단구성원이 각기 개인상자 작업을 한다면, 모두 똑같은 크기의 상자를 사용하도록 하는 것이 최선일 것이다. 모래상자치료에서 '표준' 상자가 일반적으로 20″×30″이긴 하지만, 인원에 따라 이 크기를 구비해야 할 필요는 없다. 단, 다른 구성원이 더 작은 상자를 갖고 있는데 한두 명의 구성원만 이 크기를 갖는 것은 적절치 않다. 공정해야 하고, 편파적으로 비춰지지 않기 위해서 집단구성원들에게는 똑같은 크기의 상자가 주어져야 한다.

사무실 공간이라면 집단구성원에게 '표준' 크기 상자를 제공하는 게 어려울 때가 종종 있다. 이 경우 구성원들이 보다 작은, 아마도 10″×10″ 정도 크기의 상자를 받을 수 있도록 준비하는 것이 좋다. 이때 일반적 크기는 치료자의 선호에 따라, 정사각형, 직사각형, 타원형, 팔각형 또는 또 다른 모양이 될 수도 있다. 상자 재료(예: 나무, 플라스틱 등) 또한 다양할 수 있다. 비용을 최소화하기 위해 음식점에서 음식을 포장해 주는 플라스틱 상자를 사용할 수도 있다.

분명한 사실은 공동집단상자는 더 커야 한다는 점이다. 집단용으로 표준 20″×30″×3″ 상자를 사용할 수 있으나, 이 경우 집단은 네 명 이하로 구성하는 것이 적절할 수 있다. 하지만 이러한 크기조차 제한적일 수 있다.

쉽게 운반하고 보관할 수 있는 보다 큰 상자를 만드는 것이 어렵지는 않다. Homeyer와 Sweeney(2011)는 다음의 간단한 방법들을 제시한다.

> 모든 것은 홈 센터 매장에서 구할 수 있으며, 어떤 목공 기술도 필요가 없다. 길이 6피트, 가로 · 세로 1인치, 4인치인 두 개의 나무 조각을 구해서 반으로 잘라 달라고 부탁한다. 그리고 이것을 모래상자의 네 면으로 사용한다. 나무 네 조각을 한꺼번에 지탱할 수 있는 코너 버팀대(가정용품 매장의 목재 코너에서 볼 수 있는)를 활용한다. …… 나무 안쪽 면에 파란 페인트용 천을 늘어뜨리고 두 개의 놀이 모래백을 채운다. 자, 보라! 드디어 3평방피트의 집단모래상자가 완성된 것이다. 이는 5~7명이 충분히 사용할 수 있는 크기이다. …… 또한 5갤런 양동이도 홈 센터 매장에서 살 수 있다. 양동이에 모래와 파란 천 그리고 코너 버킷을 보관한다.
>
> (p. 64)

집단모래상자치료자는 임시로 큰 집단모래상자를 '개별적' 영역으로 나눌 수 있다. 이것은 밀착되어 있거나, 해체되어 있는 집단들(또는 가족들)과 함께 치료 작업을 할 때뿐만 아니라 집단 상자 활동에서 개별 상자 활동으로 전환할 때에도 유용하다. 이때는 나무나 플라스틱처럼 단단한 재료로 인위적인 '벽'을 세워서 작업할 수 있다. 우리는 모래에 단순히 그림을 그리거나 마분지(card board) 같은 재료를 사용하는 것은 견고하지도 실용적이지도 않다는 사실을 알게 되었다. 아마도 집단구성원들의 관계처럼 불분명하거나 적절치 못한 경계를 반영하기 때문일 것이다.

더 큰 상자에서도 칸막이를 활용해서 필요한 만큼 사분면을 만들어 낼 수 있다. 집단구성원은 보다 큰 가족 상자에서 시각적으로 최소한의 접근을 유지하면서도(그래서 함께할 수 있는), 처음으로 자신만의 작업 '영역'을 갖게 된다. 만약 이러한 과정이 치료적인 목적을 가지고 적절하게 이루어진다면, 집단구성원이 하위 체계 내부 혹은 집단 전체의(collective group) 이슈들을 작업할 수 있도록 칸막이들을 제거하거나 재배치할 수 있다.

만약 미취학 아동과 집단모래상자치료를 하게 될 경우, 개별 상자든 더 큰 집단 상자든 깊은 상자를 준비하는 것이 좋다. 유아들은 매우 활동적이고, 종종 놀이치료에서 피규어를 갖고 놀았던 것 같은 방식으로 피규어를 다루거나 배치하는 경우가 많다. 그렇게 되면 모래가 주위에 떨어지는 경우가 잦은데, 의도하지 않았지만 그저 놀이 과정에서 자연스럽게 생기는 일이다. 우리는 여기서 제한 설정을 하는 것은 적절치 않다고 생각한다. 이 연령대에서 모래를 흘리는 것은 일반적이고 자연스러운 과정이기 때문이다. 따라서 보다 깊은 상자는 우발적으로 모래를 흘리지 않도록 자연스럽게 제한해 주는데, 치료자와 집단구성원 모두에게 도움이 된다.

피규어 컬렉션과 모래상자를 준비했다면, 세 번째로 필요한 중요 재료는 모래이다. 다른 재료들이 가끔씩 쓰이기도 하지만 우리는 감각적 · 운동감각적 특성으로 인해 모래를 무척 선호한다. 모래를 선택할 때 중요한 점은 위생적이어야 하고 너무 고와도(파우더 같다면 알레르기 반응을 일으킬 수 있기에) 너무 거칠어도(자극이 되는 작은 자갈들을 담고 있을 가능성이 있기에) 안 된다는 것이다. 서로 다른 색깔과 촉감의 모래가 구비되어야 하고, 치료자의 기호에 따라 다양할 수 있다. 피규어를 사용해 가족을 표현하며 심리학적 가계도를 표현할 때처럼 평평한 표면에 피규어를 놓는 것도 가능하지만, 모래를 감각적으로 다루는 것만으로도 치료적 가치가 있다.

모래상자 집단 환경에서 개별 작업하기

앞서 모래상자에 관해 논의한 것처럼, 집단상담에서 중요한 방식 중 하나는 집단 상황에서 집단구성원이 개별모래상자를 만드는 것이다. 이것은 기본적으로 병행 놀이의 형식이다. 전체 집단치료 경험은 이러한 형식으로도 가능한데, 집단 모래상자를 소개하면서 사용할 수 있고, 집단 과정 전후로 개인 상자를 병행할 수 있다. Kestly(2010)는 집단 내 개별 작업의 과정에 대해 논의하며, 이를 모래상자 교류 집단(sandtray friendship groups)이라 명명했다. Kestly는 2~6명 이상의 집단을 권하면서, 아동의 수가 많은 집단은 대개 한 명 이상의 집단 조력자가 필요하다고 말한다. 집단구성원들이 개별 상자에서 큰 집단 상자나 '공동'의 상자로 이동할 준비를 할 때 Kestly는 직경이나 사방이 4~5인치인 큰 집단 상자를 바닥에 놓을 것을 제안한다(규모가 큰 집단의 아동들과 작업하는 경우). 또한 10~12주 회기와 각 회기별로 1시간 정도를 적당하다고 제언한다. 유아에게는 45분이 적절할 수 있다. 우리는 종종 한 회기에 30분도 적당하다는 것을 확인했다.

일반적인 1시간 회기에서 작업 시간이 끝나기 전 5분 알림 시간을 포함하여 만드는 시간으로 30~40분 정도 할애한다. 남은 15~20분은 집단구성원들이 자기 상자와 관련한 이야기를 공유할 수 있도록 한다. Kestly(2010)는 유아들에게는 다른 유아가 상자에 대해 이야기를 하는 동안에 조용히 듣고 있어야 하는 것이 어려울 수 있다고 말한다. 치료자는 이 연령에 적합한 상황에 민감해야 하고 다른 유아가 이야기하는 동안 자신의 상자에서 조용히 놀게 하도록 선택하게 할 수 있다. 치료자는 치료에 도움이 되는 방향으로 격려하면서 아동의 이야기를 공유하고 다른 아동들이 끼어들지 않도록 유지하면서 아동을 도와야 한다.

청소년과 성인에게 개입할 때 이와 같은 역동이 형성될 수 있다. 치료자는 보다 나이 많은 집단구성원들이 자신들이 만든 세상을 통해 다른 집단구성원들을 이끌 수 있게 하면서 '여행 안내자'(발달적으로 더욱 적절한 용어임)가 되도록 촉진할 수 있다. 이것은 모든 집단구성원에게 힘을 불어넣는 동력이 된다.

De Domenico(1999)도 집단모래상자 환경에서 개별적으로 작업하는 아동의 행동에 대해 논의한다. 그리고 이를 다시 모든 연령의 내담자에게 적용한다. De Domenico는 집단구성원이 서로의 상자를 바라볼 때 다른 집단구성원의 세계에 존경심을 보여 줄 기회가 있다고 말한다. 집단구성원들은 서로의 세계를 '방문하기(visiting)'를 즐기며 서로의 독창성에 대해 말할 것이다. 또한 서로의 건축물이 지닌 딜레마를 해결하는 데 도움을 줄 수 있고, 다른 사람들의 이야기를 듣고 싶어 한다. 모든 치료적 집단구성원의 경험을 촉진하면서 집단구성원들은 자신들만의 새로운 방식으로 작업하며 서로 상호작용할 수 있다.

Yalom(2005)의 집단의 치료적 요소를 참조해 보면, 개별 집단구성원들은 모래상자 만들기에서 유사성과 차이점 모두를 보여 준다. 이 보편성은 피규어의 선택 및 배치에 적용되는 것과 같은 의미에서 중요한 역동이다. 집단구성원이 서로의 상자를 방문할 때 모방할 수 있고, 모래상자를 만드는 사람(builder)이 다른 사람을 '전염(contamination)'시킬 수 있다. 예를 들어, Homeyer와 Sweeney(2011)는 다음과 같이 말한다. "5학년 소년 집단에서, 한 소년이 작은 파란색 스펀지 상자(과일이 들어 있었음)를 모래 안에 넣고 그 안을 물로 채웠다. 그러자 나머지 소년도 상자를 똑같이 따라 했다."(p. 66)

모든 집단치료 경험에서 자신이 혼자가 아니라는 것을 알게 되듯이, 집단모래상자치료에서도 보편적 배움이 있다. 이러한 치료적 역동의 핵심은 개인 및 집단 내담자의 정서적 삶에 얽혀 있는 고립과 은둔이라는 공통 요인과 반대되는 것이다. 집단치료의 이점은 집단구성원들이 집단 경험을 하면서 자신이 '다른' 존재라는 느낌을 갖지 않는 것이다. 모래상자 집단은 자기 자신과 다른 사람들의 경험을 통찰할 수 있는 능력을 얻게 한다. 중요한 역동은 다른 관점에 대한 관용(다른 집단구성원의 모래상자 세계에 대한 관용으로 시작함)이며, 이 관용은 타인에 대한 공감과 존중을 발달시키는 데 매우 중요하다.

개인적 작업에서 진보하여 공동의 모래상자로 옮겨가려면 서로에게 더 많은 신뢰, 인내, 믿음, 관심 그리고 타인의 태도와 행동에 대한 관용이 필요하다(De Domenico, 1999). 이러한 이동은 그들 자신의 행동이 타인에게 미치는 영향을 이해하기 시작하면서 집단 자아의 발달로 이어진다.

집단모래상자 경험

개별이나 집단모래상자치료에서 공통적으로 흥미로운 사실은 적용 가능성이다. 이 책의 다른 장들에서 논의된 모든 집단놀이치료 개입방법을 모래상자에도 적용할 수 있다. 모래상자 피규어는 인형 역할을 할 수 있다(9장). 모래상자와 피규어는 가장 표현력 있는 예술적인 개입방법의 대체물로 적용할 수 있다(8장). 모래상자치료는 학교에서 사용할 수 있고(13장), 사별과 상실 문제에도 활용할 수 있다(14장). 휴대용(범주별로 정리된 피규어, 작은 상자에 넣어 놓은 피규어, 롤링 가방 속에 있는 피규어) 모래상자치료는 위기개입에서 활용할 수 있다(12장). 7장에서 논의된 지시적이고 규범적인 개입방법 대부분은 모래상자 과정에 적용할 수 있다. 집단모래상자치료는 놀랍도록 다양하고 융통성 있게 활용할 수 있다.

Sweeney(2011b), Sweeney와 Homeyer(2009), Homeyer와 Sweeney (2011)는 집단 경험을 위해 모래상자치료에서 할 수 있는 몇 가지 인지-행동 적용법을 제안했다. 해결중심치료의 '기적 질문'(de Shazer, 1988)을 활용해서, 집단구성원들에게 다음과 같은 질문을 할 수 있다. "내일 아침 일어났을 때를 가정해 봅시다. 당신을 오늘 여기에 오게 했던 문제가 해결되는 것 같은 그런 기적이 일어났다고 생각해 보세요. 무엇을 보고 기적이 일어났다는 걸 알게 될까 궁금합니다. 그것을 모래상자로 만들어 볼 수 있을까요? 이런 기적이 나타났다는 것을 안다면, 당신의 모래상자에 어떻게 드러날지 궁금합니다."(Homeyer & Sweeney, 2011, p. 59)

해결중심 접근에서 집단모래상자를 활용할 때 적용할 수 있는 다른 질문들(de Shazer & Yolan, 2007)도 있다. 집단에서 병행 개별모래상자놀이를 할 때 질문할 수 있고, 집단구성원들이 의견을 나누고 함께 대답할 수도 있다. Homeyer와 Sweeney(2011)는 다음과 같은 가능성들을 제시한다.

- 문제가 사라진 마지막 순간이 언제인지 보여 주겠습니까? 모래상자로 표현해 보겠습니까?
- 이 과제는 훨씬 더 커질 수 있었습니다. 이 문제가 더 커지지 않도록 어떻게 했는지 모래상자로 만들 수 있습니까?
- 만약 누군가가 당신이 문제를 해결하는 과정을 영화로 만든다고 합시다. 당신이 이 영화에서 정지 버튼을 누르면 어디쯤일지 모래상자로 보여 줄 수 있습니까?
- 이 문제가 해결된 후 당신 스스로 확인한 것이 무엇인지 이 상자에 만들어 볼 수 있을까요?
- 이 문제가 해결되었는지 어떻게 알 수 있습니까? 그게 어떻게 보일지 모래상자로 만들어 보겠습니까?
- 지난주 당신이 논쟁하고, 우울해지고, 격하게 행동하지 않기로 했을 때 어땠습니까? 어땠는지 모래상자로 표현해 보겠습니까?
- 지난주 당신이 논쟁하고, 우울해지고, 격하게 행동하지 않기로 했을 때 어땠습니까? 당신이 어떻게 하고 있을지 모래상자로 표현해 보겠습니까? 그것을 어떻게 다르게 하고 싶은지 모래상자로 표현해 보겠습니까?
- 만약 당신이 문제가 없는, '마치 그런 것처럼 행동하기로' 했다면 무엇을 하고 있을지 모래상자로 표현해 보겠습니까? 그것이 어떻게 보일까요?
- 당신이 이 문제를 지금보다 조금 더 잘 다룬다면 어떻게 보일까요? 모래로 표현해 보겠습니까? 다시 그 지점으로 돌아가려면 당신이 무엇을 하는 것이 필요

한지 모래상자로 보여 주겠습니까?

- 이 여행을 한 뒤에 누군가가 당신을 승리의 행진 속으로 데려간다면, 그 행진이 어떤 것일지 모래로 보여 주겠습니까?
- 당신의 파트너/친구/가족이 여기 있고 당신에 대해 모래상자로 표현한다면, 어떤 모습일까요? 상자에 표현해 볼 수 있을까요?
- 제가 당신을 표현하는 모래상자를 만들고 있다면 어떤 모습의 모래상자가 될까요? 이걸 만들어 보겠습니까?
- 당신이 자신을 나타내는 피규어를 한 개 고르고 당신이 상담을 받게 된 문제를 보여 주는 피규어를 하나 더 고른다면 어떤 것들일까요? 당신이 선택한 피규어를 제압하려는 피규어를 한 개 이상 고른다면 어떤 것들일까요?
- 언제 상황이 올바른 방향으로 변화할 수 있을까요? 그렇다면 어떻게 보일까요? 이걸 모래상자로 표현해 보겠습니까? 제일 먼저 눈에 띄는 사람은 누구일까요? 어떤 피규어로 나타낼 수 있을까요?
- 당신이 지금 즉시 해결이 되어서, 계속 유지되길 바라는 것은 무엇인지 모래상자로 나타내 보겠습니까? 이것이 다시 나타나려면 모래상자에 어떤 것을 추가하면 좋을까요?

(p. 59)

Beck의 인지적 왜곡—과잉일반화, 축소화, 이분법적 사고, 임의적 추론 등(Beck & Weishaar, 2005)—은 집단모래상자치료 과정에서 간혹 문제가 될 수 있다. Homeyer와 Sweeney(2011)는 개별이나 집단에서도 해당되는 다음의 예를 제시한다.

> 선택적 추론은 "맥락에서 파악한 세부사항을 바탕으로 상황을 개념화하고, 다른 정보를 무시하는 것으로 정의할 수 있다."(Bech & Weishaar, 2005, p. 247) 이것은 동료의 사무실이 상사와 가깝기 때문에 승진하게 되었다고 의심하는 내담자의 모래상자에서 나타날 수 있다. "당신이 기대했던 진급을 하지 못한 것은 분명 좌

절스러운 일이죠. 그런데 그 결정에 사무실 위치가 얼마나 영향을 미쳤는지 말하긴 어려울 것 같아요. 하지만 당신이 이것을 통제하기는 힘들고, 다음 승진 시기(promotion) 때 도움이 되도록 업무 중 어떤 것들을 바꾸고 싶은지 모래상자를 통해 보여주실래요?" 이것은 내담자들이 자신들이 통제할 수 있는 것에 초점을 맞추도록 하고, 잃어버린 기회에 대해 다른 가능성을 찾도록 도와준다.

(p. 61)

집단모래상자는 다음 기법들과 함께 사용될 수 있다. ① 피규어를 이용한 역할 놀이, ② 집단구성원, 가족, 친구 및 학교구성원을 나타내는 피규어를 이용한 가정 및 학교 프로그램, ③ 이혼, 재혼 가정(blended family), 학교 문제, 만성 질환, 사별과 상실, 학대 회복 등 이슈에 초점을 맞춘 모래상자, ④ 임상적 슈퍼비전, ⑤ 피규어를 캐릭터로 사용한 개별적 · 집단적 · 상호적 스토리텔링, ⑥ 심리-교육적 집단 작업, ⑦ 구조화된 의식, ⑧ 시연과 재현. 우리가 활용했던 목록들이 위에 포함되어 있으며, 앞으로도 지속적으로 적용해 볼 수 있다.

이 목록들 중 우리가 활용했던 것들이 있다. 이 목록들은 지속적으로 적용가능한 것이다.

집단 단계

De Domenico(1999)는 '집단모래상자-세계놀이(Group Sandtray-Worldplay)'에 관한 장에서, 집단모래상자치료의 몇 가지 단계(phase)를 보여 준다. 이 단계들은 일반적인 집단 과정에서 나타나는 단계와 비슷하다. 초기 단계일 때 구성원들은 긴장하고 걱정하며 불안해한다. 그들은 자기 영역을 주장하고 소유하려는 경향이 있다. 집단구성원의 이런 태도는 자신들이 얼마나 잘 어울릴 수 있을지, 나누는 것이 안전할지 아닐지, 그리고 어떤 집단 규칙들을 따라야만 하는지를 알고 싶기 때문이다. De Domenico에 따르면, 치료자의 기본적인 역할은 과정을 해석하지 않고 반영하는 목격자이다. 집단구성원들이 함께 나누게 되면 안전감도 늘고, 이에 따라 보다 진솔한 반응들이 나온다. 그리고 감정이입과 호기심 또한 증가한다. 집단구성원은 집단 과정이나 만들어진 모래상자에 어떻게 기여할 수 있을지와 자신만의 공간을 찾는 방법을 배운다. 집단구성원은 개인적이고 사회적인 책임의 개념을 인식하게 되면서 집단과 세계에 대한 자신만의 독특한 영향력을 발견하게 된다. 같은 모래상자에서 구성원들이 함께 작업하는 집단의 경우, 일반적으로 이 단계에서는 자신만의 공간에서 작업이 이루어진다. 창조물(작품) 간의 관계는 만약 있다 해도 거의 존재하지 않는다. 집단구성원들은 다른 이들이 만들어 놓은 것에는 전혀 관심을 기울이지 않고 자기 것을 구축하려는 경향이 있다.

치료가 진행되면서, 집단 결속력이 형성되기 시작한다. 거부, 배제, 포함, 지지에 대한 욕구와 관련한 모래상자 집단구성원들의 이슈들이 두 번째 단계를 나타낸다. 구성원들이 형성되고 있는 '세계'에 대한 집단 비전을 더욱더 깊이 깨닫게 되면서 소속감이 강해진다. 집단구성원들은 서로 수용하고, 집단 아이디어를 발전시키기 위해 노력한다. 모래상자에서는 개별적으로 여전히 상자 안 자신만의 영역에서 작업하고 있음을 볼 수 있다(De Domenico, 1999). 그러나 집단구성원은 서로 만들고 있는 것에 대해 의논하기 시작하고 모래상자에 이차적 도구들을 추가하기 시작하며, 일부에서는 인위적인 방식으로 개인적 작품들을 연결하기 시작한다. 만약 집단이 집단모래상자의 이야기를 하면, 그 이야기는 일부 연결되어 있다 해도 일관성이 없는 편이다. 또한 집단구성원이 알아차릴 준비가 되기 전에 혹은 그것에 대해 말하기도 전에 집단구성원들이 개인적 이슈를 명확하게 드러내는 경우도 있다.

세 번째 단계에서도 여전히 개별적으로 피규어를 선택하지만 모래상자에 놓기 전 또는 놓는 동안 집단구성원들과 다음에 이어질 이야기에 대해 나눈다. 작품 또는 이야기가 전개되면서, 단단해진 결속력을 보여 주는 피규어들이 다양하게 추가된다. De Domenico(1999)에 따르면 이것은 전형적인 작업 단계(working phase)로 명명할 수 있다. 이 단계에서 치료자의 적절한 반영은 집단구성원들이 특정한 치료적 이슈들에 초점을 맞출 수 있도록 중요한 역할을 한다.

네 번째 단계에서 집단구성원들은 자신이 만든 공동체에 소속감을 느낀다(De Domenico, 1999). 이 단계에서는 관계가 진전되고, 서로 협력하는 모습이 나타날 수 있다. 집단구성원들은 종종 집단의 시너지 효과와 집단모래상자 작품을 보면서 흥분하기도 한다. 이제 모래상자를 만드는 과정에서 피규어를 선택할 때 자주 대화를 나누기도 한다. 선택한 피규어와 스토리 사이에 유대감이 상당히 증가한다.

마지막으로 다섯 번째 단계에서는 통합된 이야기가 나온다. 집단구성원들은 이제 피규어를 선택하기 전에 모래상자에 어떤 것을 만들지 상의하게 된다. 이야기가 계속 변화하고 수정되긴 하지만 마음속으로 생각했던 계획들이 만들어진다(De Domenico, 1999). 작품들은 이제 분명히 관계적이고 공동체에 기반을 두고 있다.

결론

이 책에서 제시하고 있는 많은 접근처럼 집단모래상자치료는 이론적인 배경에 따라 다양한 기법을 활용할 수 있는 흥미로운 개입이다. 모래상자치료의 이러한 감각적 · 감각운동적 특성이 집단놀이치료 기법에서 더 빛을 발한다. '놀이치료'라는 말에 흥미를 갖지 못하는 청소년들이나 성인들도 유치하게 보일 수 있는 다른 개입들에 비해 모래상자치료는 쉽게 받아들인다. 모래상자치료는 이론과 발달적 한계들을 쉽게 넘어서며 폭넓게 적용된다.

청소년 활동 집단치료

> 청소년기는 인간의 특성이 더 높은 수준으로, 더 완전하게 나타나는 새로운 탄생의 시기라 할 수 있다. …… 이 시기에는 몸과 영혼의 새로운 특성이 나타난다. …… 고전적 관점에서 질풍노도의 시기는 낡은 계류 장치가 끊어지고 좀 더 높은 단계로 도약하는 것이다. …… 열정과 욕구는 삶을 격정적으로 만들지만 한편으로 이런 변화는 조절이나 억제의 힘을 좀 더 증진시키는 과정을 수반하는 게 일반적이다(Hall, 1904, p. xii).

'청소년의 아버지'로 불리는 Hall(1904)은 청소년기를 '질풍노도'의 시기라고 하였다(Arnett, 1999). Hall은 청소년이 도덕적이고 강인하게 성장하기 위해서는 구조화된 놀이가 필요하다고 믿었다. 하지만 최근의 인지 및 신경학 연구 결과에 비춰 볼 때, Hall의 주장에 대해 재고해 볼 필요가 있다(Arnett, 1999; Casey et al., 2010; Dahl & Hariri, 2005). 최근 연구에서는 '질풍노도' 모델을 모든 청소년에게 과잉일반화하여 적용해서는 안 된다고 보고한다. 오히려 호르몬 증가 수준이나 뇌 발달, 유전, 환경적 요인, 각기 독특한 방식으로 청소년에게 영향을 미치는 사회적 맥락의 복합적 측면을 살펴볼 필요가 있다(Casey et al., 2010; Dahl & Hariri, 2005). 물론 다른 발달단계에 비해 청소년기가 '질풍노도'와 유사하더라도, 풍부한 성장 잠재력, 만족감, 회복탄력성도 그만큼 높은 시기이다(Arnett, 1999; Casey et al., 2010). 사실 과학자들은 최근 "사춘기의 신경가소성에 대해 사회적 행동이 마무리되어 가는 단계(finishing school)"로 개념화했다(Dahl & Hariri, 2005, p. 373). 따라서 나(Baggerly)는 청소년 시기를 '질풍노도'로 지나치게 강조하기보다는 청소년이 '비약하는 감각을 추구하고' 있는 것이 더 적합한 설명이라고 생각한다.

이처럼 청소년기에 대한 긍정적 재정의는 청소년 활동 집단치료(Activity Group Therapy: AGT)를 진행하는 놀이치료자에게 동기를 부여해 준다. 반세기도 전에 Slavson(1944)은 문제 청소년의 발달적 요구에 부응하기 위한 방법으로서, 활동 기반 치료를 권장했다. 놀이치료자가 어린 아동을 대상으로 치료하는 전형적인 놀이치료 방식으로 청소년에게 접근하면 그들은 치료를 유치하다고 생각하는 경향이 있다(Ginott, 1961). 따라서 놀이치료자는 청소년이 즐길 수 있는 AGT 과정을 계획하고 시행하는 방법을 배울 필요가 있다. 이 장의 목표는 ① 새로운 과학적 연구 결과를 기반으로 하여 청소년 발달에 대해 재검토하고, ② AGT의 의미와 원리를 논의하며, ③ AGT의 준비와 과정에 대해 안내하는 것이다.

청소년 발달에 대한 재검토

지난 10년간 폭발적으로 증가한 과학적 연구를 기반으로 ① 생물학적 · 신경생리학적, ② 인지적, ③ 정서적, ④ 행동적, ⑤ 사회적인 다섯 가지 측면에서 청소년 발달을 신중하게 재검토했다. 청소년의 발달적 요구에 대해 이해하는 것은 치료 목표를 적절히 설정하고 전략을 세우는 데 도움이 된다.

생물학과 신경생리학

청소년기의 생물학적 특징은 사춘기이다. 청소년기는 남성의 테스토스테론, 여성의 에스트로겐이 일차, 이차 성징의 성장을 촉진하는 사춘기와 함께 시작한다(Berk, 2010). 남성의 사춘기 변화는, 9세 6개월~13세 6개월의 고환 성장, 10~15세의 음모(public hair) 성장, 10세 6개월~16세의 급속 성장기, 11~15세의 변성기, 12~14세의 정자 생산 증가, 12~17세의 여드름 등이 포함된다(Berk, 2010). 여성은 8~14세의 음모 성장, 8~13세의 가슴의 성장, 9세 6개월~14세 6개월의 급속 성장기, 10~16세 6개월의 초경, 10~16세의 겨드랑이 털, 10~16세의 여드름 등의 변화로 드러나는 사춘기를 좀 더 일찍 경험한다. 사춘기에는 유전, 영양, 인종, 운동 등 개인적 변수가 영향을 미친다. 청소년기 급속 성장기에는 4년에 걸쳐 대략 키가 10인치 정도 크고, 몸무게는 40파운드 정도 급격하게 증가한다. 급속 성장기는 청소년기 아이들의 엄청난 식사량 때문이기는 하지만, 전형적으로 청소년은 해로운 음식을 많이 먹는 편이다. 또한 몸과 얼굴이 비대칭적으로 성장하면서 외모나 움직임이 어색해지기도 한다.

사춘기에 대한 반응은 성별에 따라 다르다(Berk, 2010). 소녀의 경우 조기 성숙을 선호하지 않고 오히려 그런 변화로 인해 위축되고, 그것이 자신감 하락, 일탈적인 행동의 증가, 부정적 신체 이미지의 원인이 된다(Berk, 2010). 반면, 소녀의 늦은 성숙은 인기가 많고 사교적이며, 활기차고, 긍정적인 신체 이미지에 영향을 미친다. 소년의 경우 소녀와 반대 경향을 보인다. 소년의 조기 성숙은 인기, 자신감, 독립적인 특성, 긍정적 신체 이미지와 관련이 있다. 반면, 소년의 늦은 성숙은 인기가 없고 불안하며, 수다스러움, 관심 끌기, 부정적 신체 이미지에 영향을 미친다(Berk, 2010). 사춘기에 대한 반응의 차이는 소녀는 더 날씬하고 작은 신체 크기를, 소년은 체격이 큰 편을 선호하는 것으로 나타나는데, 이는 미국의 사회적 기준과 관련이 있다.

청소년 발달에 영향을 주는 또 다른 생물학적 요인들 중 하나가 수면 패턴의 변화이다. 생체 선호(circdian preferences)와 관련한 생물학적 기반이 변화하면서(밝은 조명을 제한하고 활동을 자극하는 방식으로 조절할 수 있긴 하지만), 청소년은 더 늦게 자고, 아침에 더 오랫동안 자고 싶어 한다(Dahl & Hariri, 2005). 수면 연구자들은 청소년에게는 8시간 45분 정도가 최적의 수면 시간이라고 밝혔다. 그러나 등교를 위해서는 일찍 일어나야 하고 밤늦게 활동하다 보니 대부분의 10대는 수면이 부족하다.

청소년기의 신경생리적 특징은 전두엽 피질 영역보다 편도체가 더 우세하다는 것이다. 청소년기 동안 뇌 발달, 특히 전전두엽 피질 영역과 편도체에서는 수많은 구조적 · 기능적 변화가 일어난다. 여기에는 폭넓은 성장, 유용하지 않은 시냅스들의 가지치기와 전두엽(계획, 추론, 판단의 집행 기능)에서의 미엘린화(뇌의 서로 다른 영역의 연결), 두정엽(정보 통합), 측두엽(언어, 정서 조절), 뇌량(뇌 반구의 연결) 등이 포함된다(Berk, 2010). 그러나 추론 능력을 관할하는 전전두엽 피질 영역과 변연계 피질하(예: 편도체)의 발달 불균형은 초기 청소년기 동안 빈번하게 강렬한 부정 정서를 불러일으킨다(Casey et al., 2010). 전전두 피질 영역보다 편도체가 우세한 경향은 청소년이 그릇된 판단을 하거나 통찰 부족, 위험 감수 행동을 지향하는 결과를 초래한다(Bunge, 2009). 사실 뇌는 20대 중반까지 전전두엽 피질이 대부분의 행동을 관장할 수 있을 만큼 충분히 발달하지는 못한다.

인지

청소년기의 인지적 특징은 추상적 사고이다. 구체적 조작기에서 형식적 조작기로의 이행은 11세 전후에 시작되어 15~20세 사이에 충분히 발달한다(Piaget, 1962). 형식적 조작기의 청소년은 추상적 사고와 가설 검증이 가능하다. 특히 일반적 이론으로부터 연역적 가설을 이끌어 낼 수 있고, 언어적 명제의 논리를 평가할 수 있다(Inhelder et al., 1958). 청소년기에는 정보처리 과정의 다양한 측면(주의력, 억제, 상위인지, 인지적 자기조절, 사고 속도, 개방성 등)이 향상된다(Berk, 2010). 추상적 사고의 부정적 결과로는 지나친 자의식, 비판에 예민함, 이상주의, 계획에 압도되는 느낌, 경험 부족에 따른 의사결정 등이 있다(Berk, 2010).

추상적 사고가 발달함에 따라 청소년은 철학자로서의 여정에 발을 내딛는다(Kohlberg & Gilligan, 1972). 청소년은 기존의 통념들로부터 새로운 자기를 찾아가는 과정에서 사회적 관습에 질문을 던지기 시작한다. 그래서 청소년은 인지적 자극을 추구하는 경향이 있다. 이들의 질문과 토론에 대한 열망은 정체감을 형성하기 위한 효과적인 해결방법으로서 진지하게 다뤄져야 한다.

정서

청소년기의 정서적 특징은 변덕스러움이다. 호르몬이 급속하게 증가하면서 편도체의 지배를 받기 때문에 절망하다가 크게 기뻐했다가, 화를 냈다가 다시 기뻐하는 극단적인 기분 변화가 하루 혹은 일주일 내내 일어날 수 있다. 감정 폭발, 특히 분노 폭발이 일반적이다. 우울도 일반적으로 나타나며, 청소년의 15~20%, 소년보다 2배 정도 많은 수의 소녀들이 우울을 경험한다(Berk, 2010). Arnett(1999)은 “청소년은 실제로 전청소년기나 성인기보다 훨씬 극단적인 기분과 잦은 기분 변화를 보인다. 또한 이는 많은 종단 연구에서 전청소년기에서 청소년기로 전환할 때 부정적 정서가 증가한다는 일치된 결과를 나타냈다.”(p. 320)라고 보고했다. 결과적으로 청소년과 부모 사이의 갈등 빈도는 초기 청소년기에 최고치에 이르며, 갈등의 강도는 청소년 중기에 가장 높다(Arnett, 1999).

Erikson(1963)은 청소년기의 사회 · 정서적 과업이 정체감 대 역할 혼란이라고 하였다. 만약 청소년의 발달과업인 정체감이 성공적으로 이루어진다면, 자신이 누구인지(인생의 방향성), 삶의 소명을 위한 헌신과 개인적 관계들, 민족, 이상향에 대해 명확히 정의할 수 있을 것이다. 반면, 청소년이 역할 혼란 상태에 놓이면 자기에 대한 명확함과 방향성이 부족하고, 탐색이 제한될 것이며 성인기 준비가 어려울 것이다. 청소년은 정체성 발달이라는 사회적 · 정서적 과업을 수행하는 동안에 정체성 위기를 자주 경험한다. 이러한 위기는 일시적이며, 자신만의 가치와 신념, 목표를 형성하기 이전에 다른 대안에 대해 경험하고 실험하는 기간이다. 청소년은 자기의 새로운 차원을 발견하면서 그 특성을 자기정체감으로 조직화하고 통합한다. 청소년의 높은 자존감은 높은 수준의 탐색, 의미 있는 활동들, 가치를 위해 헌신하는 과정을 통해 형성된다(Berk, 2010).

행동

청소년기의 행동적 특성은 위험한 행동이다. Arnett(1999)은 다음과 같이 보고했다. "위험 행동의 비율은 초기나 중기보다 후기 청소년기에 최고치에 이른다. 예를 들어, 범죄는 18세에 정점에 달하고 이후 가파르게 떨어진다. 약물 사용은 20세 무렵 최고치에 이른다. 자동차 사고와 사망은 10대 후반에 가장 많이 일어난다. 성병(STDs)은 20대 초반 연령층에서 가장 많이 발견되며, 25세 이하 연령층에서 모든 성병의 2/3가 발생한다."(p. 321)

성적 행동은 초기부터 후기 청소년기까지 점차 확대된다. 9학년의 약 28%의 소녀, 38%의 소년이 성관계를 경험했다고 알려졌다(Berk, 2010). 12학년 소녀들의 약 62%, 소년들의 65%는 성관계를 가진 것으로 보고된 바 있다. 안타깝게도 성행위를 경험한 10대 6명 중 1명은 성병에 걸릴 수 있다. 미국에서는 75만~85만 명 정도의 10대가 매년 임신을 하고, 이들 중 40%는 낙태를 하게 되며, 86%는 결혼하지 않은 것으로 확인되었다(Berk, 2010). 미국은 다른 나라와 비교했을 때 임신율이 가장 높은 나라 중 하나이다. 미국에서는 15~19세 소녀의 임신율이 여성 1천 명 당 75명 이상이지만, 캐나다는 40명, 일본은 10명이다(Berk, 2010).

청소년 약물 남용 역시 심각한 문제이다. 2012년에 8학년의 11%, 10학년의 27.6%, 12학년의 41.5%에서 알코올 남용이 드러났다. 8학년의 7.7%, 10학년의 18.6%, 12학년의 25.2%가 불법 약물을 복용하였다[National Institute on Drug Abuse(NIDA), 2012]. 마리화나는 가장 많이 사용되는 불법 약물이다. 매일 마리화나를 피우는 12학년의 비율은 2007년 5.1%에서 2012년 6.5%로 증가했다. 약물 남용은 뇌와 신체 발달의 결정적 시기에 회복되기 어려운 심각한 영향을 미친다. 특히 약물은 보상회로에서 도파민 수용체의 수를 감소시키고, 중독자는 기쁨을 느끼기 어렵게 만든다.

따라서 청소년 약물 남용자는 인지 능력의 손상뿐 아니라 따분함, 생기 없음, 우울한 기분을 경험한다. 만일 치료를 받지 않으면, 그들은 기쁨을 느끼기 위해 다시 약물을 찾게 될 것이다(NIDA, 2012).

위험 행동을 줄이기 위해, 청소년에게는 개인 내적, 대인관계적 동기 부여와 환경 조절, 자기조절이 필요하다. Dahl과 Hariri(2005)는 자기조절은 인지적 억제 조절(예: 사고 중지), 정서 조절을 위한 행동적 기술(예: 버튼 누르기 기법), 행동 관찰(예: 활동 스케줄)을 포함하는 것으로 개념화하였다.

사회성

청소년기의 사회적 특성은 또래와의 상호작용이다. 개성화 과정의 일부로서 청소년의 부모에 대한 이상화가 감소하고, 행동 기준의 대상이 부모에서 친구로 옮겨간다. 청소년은 '단짝 친구(친한 친구)'에게 더 높은 수준의 친밀감이나 신뢰, 자기개방, 충성심을 갖게 된다. 이에 따라 친구들은 정체감 수준, 포부, 정치적 견해, 일탈 행동 등 다양한 측면에서 점점 비슷해진다(Berk, 2010). 소녀들은 함께 모여서 '그저 수다 떨기'를 좋아하지만, 소년들은 함께 활동하는 걸 선호한다. 관심사나 사회적 지위가 비슷한 5~7명의 좋은 친구로 구성된 소규모 그룹들이 패거리를 형성한다. 무리들은 평판이나 편견에 기반을 두고 구성된 몇몇 패거리로 나뉜다. 청소년은 이 무리 안에서 데이트를 시작하거나 집단 여가 활동을 함께 하며 좀 더 친밀해지는 경향이 있다. 너무 일찍 데이트를 하는 청소년의 경우 약물 사용이나 섹스, 비행 같은 위험 행동에 더 빠르게 노출되기도 하고 학업 성취도가 낮아질 위험이 있다(Berk, 2010).

사회성 발달은 도덕성 발달을 수반한다. Kohlberg(1981)는 6단계의 도덕성 발달 모델을 제안하며, 청소년은 3~4단계 사이에 있다고 믿었다. 3단계에서 도덕적 추론은 대인관계에서의 조화(호혜)에 의해 좌우된다. 이로 인해 청소년들은 '좋은 소년' 혹은 '좋은 소녀'로 보일 수 있다. 4단계의 도덕적 추론은 사회적 질서를 유지하려는 노력에 의해 좌우되는데, 이런 능력은 규범 시스템을 추상적으로 이해하는 것과 관련이 있다. 청소년의 도덕성은 여전히 법률이나 사회적 규범과 관련이 있지만, 청소년들은 그런 법률과 규범이 중요한 이유에 대해 보다 심도 있게 이해하고 있다. 청소년의 도덕적 추론은 지지적인 부모, 도덕적 관심사에 대한 토론, 교육적 환경, 또래 상호작용, 종교적 영향, 문화의 영향을 받는다(Berk, 2010).

요약하면, 생물학적 특성과 환경 모두 청소년의 신체적·신경생리적·인지적·정서적·행동적·사회적 발달에 영향을 미친다. "유전적 경향성은 뇌의 정보처리 과정과 그에 따른 개인적 경험의 색깔, 환경에 대한 반응…… 그러나 이는 행동을 촉진하고 가능하게 하는 사회적 영향과 생물학적 변화의 상호작용이다."(Dahl & Hariri, 2005, pp. 376, 379). 이와 같은 발견은 놀이치료자가 청소년의 생물학적인 한계나 이전의 환경에서 형성된 경로가 어떠한지 등과 관계없이 AGT에서 그들을 생산적인 방향으로 이끌면서 긍정적인 사회적 영향들을 만들어 낼 수 있음을 시사한다. 목표나 전략, 활동에 영향을 미치는 다른 발달적 요소들에 대해 이어서 논의할 것이다.

활동 집단치료의 역사와 근거

역사

AGT는 1943년 Freud 학파의 정신분석 이론을 지향했던 Slavson이 아동을 대상으로 시작한 치료법이었다. Slavson 모델에서는 신중하게 7~8명의 청소년을 집단구성원으로 선정한다. 만들기나 게임을 하면서 자유 시간을 갖고, 회기 마무리에는 간식 시간을 가졌다(Slavson, 1944). AGT의 리더로서 Slavson은 권위적이기보다는 허용적이었고, 아동의 개별성을 존중했다. 그는 이런 긍정적 태도가 건설적인 성취나 기술의 발달, 회기 내의 일관성보다 아동이 초기에 경험한 가족과의 갈등과 관련된 분노를 감소시키는 데 중요하다고 믿었다. Slavson은 서서히 도움을 줄여 가는 방식으로 의존적인 아동을 도왔는데, 이 과정에서 아동은 상호적인 관계를 만들어 가고 자기에 대한 내적 안전감을 발견했다. 자유로운 환경은 아동의 자아를 강화하고 자기 내면을 확장하기 위해 아동 스스로 억압된 충동을 표출할 수 있도록 촉진하였다. Slavson은 과잉 활동보다는 규칙적이며 리듬 있는 활동이 평온한 상태를 만들고 개인적 통합과 정서적 성장을 위해 중요함을 발견했다. "좀 더 억압되어 있는 구성원들은 집단 내에서 과잉행동을 하는 '선동자'로 인해서 카타르시스를 느낀다. 반면, '중재자'는 집단에서 사회적 조절이 가능하도록 한다."(Vander, 1946, p. 552) Schiffer(1952)는 Slavson과 긴밀히 협력하면서 "AGT가 잠복기 아동들을 대상으로 선택할 수 있는 주요한 치료"가 될 수 있게 지속적으로 노력했다(Schiffer, 1977, p. 211). 이러한 결과, AGT는 1940~1950년대 공립학교에서 선택하는 대표적인 모델이 되었다.

1960년대에는 교사이자 아동 심리치료자였던 Ginott(1961)가 AGT의 대표적인 활동가였다. 그러나 그는 Slavson과는 달리 아동중심 놀이치료 접근으로 수련받은 사람이었다. 그는 AGT를 놀이치료와 10~13세 아동을 대상으로 한 전통적인 언어상담의 절충으로 보았다(Bratton & Ferebee, 1999). AGT가 발전하는 데 Ginott가 주요하게 기여한 바는 집단구성원 선정(추후 언급할 것임)과 치료적 제한 설정에 대해 구체적 지침을 제공한 것이다. 그는 "집단구성원은 비웃기 위해 있는 것이 아니다."라고 말하며 집단치료에서 아동이 비웃음을 당하지 않게 예방하는 것이 치료자의 책임이라고 믿었다. 제한 설정은 아동을 두려움으로부터 벗어나 성장하게 하고 건설적인 상호작용과 관련된 정서적 공간을 만들어 낸다.

Scheidlinger(1977)는 1970년대에 AGT를 확산시키기 위해 노력했다. 그는 AGT가 전통적인 언어상담을 거부하는 청소년들과 매 회기에 체커 게임을 하게 되는 '체커 증후군(the checker syndrome)'을 막아 준다고 말했다. Scheidlinger는 AGT의 허용적인 환경이 놀이와 활동을 통해 감정과 판타지를 표현할 수 있게 하고, 교정적 정서 경험을 가능하게 한다고 믿었다. 1980~1990년대에는 많은 치료자가 다양한 집단을 대상으로 한 사례연구들을 내놓았다. 예를 들어, 성학대 피해 청소년

(Celano, 1990), 정신과 입원 환자들(Lev, 1983), 가족을 잃은 소녀들(Roos & Jones, 1982)에 대한 연구가 이에 속한다.

다행히도 새로운 세기에는 AGT 실행 효과에 대한 양적 · 질적 연구들이 급증했다. 예를 들어, Troester(2002)의 내용분석 연구는 첫 회기에 6명의 청소년 그룹에서 사회적 상호작용이 증가하는 것, 28회기를 거치며 하위 집단의 일대일 상호작용이 최소화되었다는 것, 전체적으로 그룹을 형성한 모든 구성원의 상호작용은 복합적이었다는 것을 보여 준다. Packman과 Bratton(2003)은 학습장애가 있는 전청소년기 아동에게 AGT를 실시한 결과 통제집단에 비해 문제 행동의 개선 효과가 통계적으로 유의하게 나타났다고 설명했다. Paone, Packman, Maddux와 Rothman(2008)은 AGT를 받은 청소년들이 전통적인 언어상담을 받은 청소년들에 비해 도덕적 추론에서 통계적으로 유의한 차이를 보였다고 밝혔다. Gann(2010)은 정신분석적 관점에서 청소년들에게 적용한 힙합 AGT에 관한 질적 연구를 내놓았다. Earls(2011)가 아프리카계 미국인 남자 청소년을 대상으로 했던 사회적 기술 집단놀이치료 연구에서는 통제집단에 비해 실험집단에서 긍정적 자기개념의 증가, 분노와 파괴적 행동의 감소가 통계적으로 유의했던 것으로 나타났다. 앞으로 더 많은 연구자가 청소년 AGT의 효과를 검증하기를 기대한다.

근거

앞서 언급한 것처럼, AGT의 첫 번째 이론적 근거는 약 80년의 임상 실험을 거치면서 놀이치료를 청소년에게 적용했을 때 효과적이었음을 보여 주는 연구들이다(Gallo-Lopez & Schaefer, 2005).

AGT의 두 번째 이론적 근거는 AGT가 청소년들의 발달적 욕구를 충족시킨다는 것이다. 청소년의 에너지를 방출하고자 하는 신체적 욕구는 대근육 활동을 통해 충족된다. 치료적으로 상호작용하면서 집단구성원들이 동질감을 경험하고, 신체적 변화(예: 키와 몸무게의 증가, 사춘기, 여드름 등)를 수용하도록 할 수 있다. 신경생리학적 관점에서, AGT는 특별히 불안을 조절하는 데 영향을 미치는 신경경로를 강화할 수 있다. "불안의 주요 특징은 위협 신호가 존재하지 않는 경우와 안전에 대비하는 안전 신호를 구별하는 학습 기능이 손상되었다는 것이다."(Casey et al., 2010, p. 229) AGT는 청소년에게 흥미로운 환경 안에서 직접적인 상호작용을 촉진한다. 따라서 놀이치료자는 청소년이 안전과 위협의 단서를 적절히 해석하도록 도울 수 있다. 그것을 통해 불안은 완화된다. 또한 놀이치료자는 추론, 통찰, 집단구성원의 안전한 행동을 촉진함으로써 청소년의 편도체와 전두엽 피질 간에 다리를 놓는 시냅스 역할을 한다.

청소년은 AGT의 문제 해결, 조망 수용, 반영적 통찰과 같은 추상적 사고를 요구하는 활동 과정에 참여하면서 인지 발달 욕구를 충족할 수 있다. 또한 AGT의 현실 검증 과정을 통해 청소년의 행동 발달 욕구가 실현된다. 청소년이 충동적·공격적이거나 위험에 연루되었을 때, 또래와 치료자의 반응은 사회적으로 수용되는 방식으로 그들의 행동을 수정할 수 있도록 동기 부여할 수 있다(Ginott, 1961). AGT는 또한 긍정적인 환경 안에서 또래와 상호작용하고자 하는 청소년의 사회-정서 발달 욕구를 충족시킨다. 또래와 함께 즐겁게 활동하면서 우울이 감소되기도 한다(Wainscott, 2006). Troester(2002)는 AGT의 또 다른 사회-정서적 유익을 다음과 같이 요약하였다.

> 청소년의 애착 대상은 부모에서 친구로 이동한다. 그리고 우정은 정체성을 형성하여, 자기가치감을 세우고, 정서적 적응을 다루는 기술을 발달시키며, 성인기 대인관계의 질과 심리적 건강과 같은 장기적 발달 성취에 영향을 미치는 중요한 요소이다.
>
> (p. 426)

AGT의 마지막 이론적 근거는 많은 청소년에게 바람직한 성격 특성인 놀이성을 촉진한다는 것이다. 놀이성은 친구나 잠재되어 있는 낭만적 대상에게 자연스럽게, 걱정 없이 드러나는 적응적 생존 기제이다. 아이처럼 굴다가도 어른처럼 행동하고자 하는 청소년의 발달적 욕구가 놀이를 통해서 자유롭게 허용된다(Gallo-Lopez & Schaefer, 2005). 이 과정에서 청소년은 성인에게서 분리될 수 있고, 또한 또래집단 안에서 성인이 될 수도 있다. 요약하면, AGT는 자극 추구가 많은 청소년에게 흥미로운 환경을 제공해 줄 수 있다.

준비

집단구성원의 선정

앞에서 언급한 바와 같이, 어떤 유형의 집단놀이치료든 사전에 잠재적 구성원을 대상으로 인터뷰를 진행해야 한다. 인터뷰의 목적은 집단을 선별하는 것이다. 집단 참여자에게 우선적으로 요구되는 것은 '사회적 배고픔(social hunger)' 또는 관계를 맺고자 하는 욕구와 관계 맺는 능력이다(Slavson, 1948). Berg 등(2006)에 따르면, AGT를 적용할 수 있는 청소년들은 다음과 같은 문제를 가지고 있다.

- 사회적인 그리고 또래 관계의 어려움
- 충동 통제와 행동 문제
- 낮은 자아존중감
- 동기의 결여
- 삶에 적응할 수 있는 대처 기술의 빈약함

반대로, AGT를 적용하기 어려운 청소년은 심각한 인지적 한계, 편집증, 지나친 자기애, 정신증, 지나친 공격성, 성적 행동화, 애착장애 또는 빠르게 변화하는 환경을 견딜 능력이 부족한 경우이다(Slavson & Schiffer, 1975). Ginott(1961)는 서로 다른 주 호소 문제를 가진 집단구성원으로 구성하도록 추천하면서, 그들의 편견 없는 시각이 서로에게 교정적인 영향을 줄 것이라고 언급하였다. 예를 들어, 할아버지의 죽음으로 비통에 빠진 13세 소년이 다른 집단구성원에게 "만약 감기에 걸리면, 너도 죽을 수 있어."라고 말한다. 부모의 이혼으로 치료에 의뢰된 다른 집단구성원은 자신 있게 "나와 우리 학교의 친구들 중 절반이 감기에 걸렸지만 우리는 죽지 않았어. 너무 걱정하지 마."라고 반응한다. 이처럼, 같은 문제로 고통받고 있지 않는 집단구성원은 다른 청소년의 심리적 방어를 넘어서는 객관적인 소통을 할 수 있다. 또한 Ginott는 집단치료 시간 외에 만나기 어려운 집단구성원을 선정하라고 제안하였다. 이를 통해 과거의 역할, 태도, 행동이 보다 빠르게 새로운 것으로 대체될 수 있다고 한다.

집단구성원은 동일한 성별이어야 하고, 생활연령과 발달연령이 1년 이상 차이가 나지 않는 것이 좋다. 또한 치료적인 방식으로 서로 보완이 될 수 있는 성격을 가지고 있는 집단구성원을 선발해서 균형을 맞춰야 한다(Slavson, 1945). 선동자(즉, 촉매의 역할을 하며 긍정적 또는 부정적 활동을 자극하는)인 청소년은 중재자(즉, 부정적 활동에 대항하며 침착하게 상호작용하는)와 추종자(즉, 약한 정체성을 가지고 있어 강자에게 굴복하거나 따라가는)인 청소년과 짝을 하면 좋다. Smith와 Smith(1999)는 놀이치료자에게 청소년들과 개별 회기를 진행한 후, 청소년들을 집단에 참여시킬지 결정하기 위해서 치료자의 직관을 활용하라고 권장한다.

활동실

활동실은 과잉행동을 자극하지 않도록 '너무 크지 않게' 하고, 분노와 공격성을 야기할 수 있기 때문에 '너무 작지도 않은', 5명의 아동당 300평방미터(약 8.4평)가 '적당'하다. 이 정도의 공간은 모든 구성원이 배회하고, 탐색하고, 창조적으로 활동하는 데 적당하다. 하지만 그런 큰 공간을 마련할 수 있는 놀이치료자는 많지 않기 때문에, 200평방미터(약 5.6평) 정도의 잘 설계된 공간이 3~4명의 청소년에게 충분할 것이다.

AGT 도구들은 창조적인 표현이 가능하도록 신중하게 선택될 필요가 있다. AGT

의 필수 준비물은 퍼펫 극장, 목공 테이블, 모래상자와 피규어, 다용도 게임 테이블(예: 당구, 에어 하키, 탁구), 연령에 적절한 게임과 장난감들을 보관하는 선반들, 공예 재료, 이젤, 물감, 변장 도구들, 악기, 스포츠 장비, 그리고 한 명 이상의 아동이 동시에 작업할 수 있는 충분히 커다란 테이블이다(Bratton & Ferebee, 1999; Ginott, 1975; Slavson, 1945). 더 다양한 목록은 〈표 11−1〉를 보라. Smith와 Smith(1999)는 재료들을 범주화해서 상자와 선반 위에 정리할 것을 추천한 바 있다.

- 표현예술 및 공예 재료(예: 색종이, 마커, 점토, 파이프 클리너)
- 상징적으로 표현할 수 있는 재료(예: 퍼펫, 변장할 수 있는 의상들, 인형, 모래상자 피규어)
- 기술을 숙달할 수 있는 재료와 도구들(예: 레고, DIY 제품, 비행기 조립 모형, 비즈, 보석 재료들)
- 대근육 게임들(예: 농구, 볼링 세트, 플라스틱 다트 세트, 고무 배트)
- 치료적인 보드게임[체스, 얼음 깨기 게임, 말하기 행동하기 느끼기 게임, 언게임(The ungame)[1]]

표 11−1 AGT를 위한 재료 목록 및 범주

공구 재료	스포츠 장비
• 공구(vise)와 작업대 • 기본 도구: 톱, 망치, 드라이버 • 건축자재: 목재, 못, 나사, 볼트 • 글루건 • 목공용 풀, 테이프: 마스킹, 강력접착제, 스카치(scotch) • 무전기성 수동 드릴 • 우드버닝[2] 세트와 목각칼[3] 도구	• 문 걸이용 농구대 • 다양한 공: 스펀지 공(Nerf),[4] 배구공, 농구공, 럭비공 • 훈련용 장갑(권투장갑 같은 것) • 큰 비닐 밥 백(바닥에 모래가 있는 것) • 공과 벨크로가 부착된 포수용 장갑 • 가정용 트램펄린 • 배드민턴 라켓과 셔틀콕 • 휘플 공(Whiffle)[5]과 뜰채

<table>
<tr><th>미술 재료</th><th>게임</th></tr>
<tr><td rowspan="3">• 물감: 템페라(tempera)[6], 수채화, 특수 아크릴(특별한 작품을 위한)
• 크고 작은 물감 붓, 스펀지 브러시, 스펀지 조각들
• 오일 파스텔, 색분필, 색연필
• 다양한 크기의 마커들
• 다양한 매체에 적합한 다양한 종이
• 색종이
• 포스터 보드
• 풀: 글루건, 모지포지(특수접착제), 스프레이, 셀락,[7] 스프레이 접착제, 천 접착제, 고무 접착제, 물풀
• 다양한 테이프
• 다양한 잡지
• 오븐에 굽거나 건조시킬 수 있는 점토와 색점토
• 색깔 비즈, 깃털들, 반짝이, 천 조각, 실, 천
• 마스크 재료</td><td>• 체커, 체스
• 카드 한 벌
• 라비린스(Labyrinth)
• 픽업스틱(산가지 게임)
• 스키틀스(위에서부터 돌리는 것)
• 작은 테이블용 핀볼게임(전자식)
• 축구공, 탁구, 또는 2′×4′ 당구대</td></tr>
<tr><th>추가 비품</th></tr>
<tr><td>• 쿠션들
• 미완성 작품을 보관할 선반들
• 작업과 다과를 겸할 수 있는 테이블
• 러그(모일 수 있는 공간)
• 낡은 이불이나 담요</td></tr>
<tr><th>악기</th><th>극 놀이</th></tr>
<tr><td>• 낡은 기타(창고 세일에서 파는 것 같은)
• 탬버린
• 다양한 드럼
• 전자 키보드</td><td>• 모자
• 화장품
• 보석
• 스카프, 가발, 타이, 조끼
• 마스크
• 소품, 지팡이, 지휘봉</td></tr>
</table>

1) 역자 주: 경쟁적이지 않은 대화 게임의 일종

2) 역자 주: wood burning. 달궈진 도구로 나무를 태워 그림을 그리거나 글씨를 쓰는 것

3) 역자 주: wood carving. 목각

4) 역자 주: Nerf. 납작한 스펀지 공

5) 역자 주: Whiffle. 구멍을 뚫어 잘 굴러가지 않게 만든 공, 원래는 골프용 공

6) 역자 주: Tempera. 물감의 한 종류

7) 역자 주: shellac. 천연수지 중 하나, 광택제 등으로 사용

모래상자와 모래상자 피규어	독특한 공예 재료
• 마른 모래	
• 젖은 모래	• 집단 저널 북(Group journal books)
• 모래상자 피규어	• 금속공예
• 소형 기계와 소형 군인들	• 가죽공예
요리 재료와 식료품	• 구리 작업
• 전기냄비	• 모자이크 작업
• 계란 거품기 또는 소형 전기 믹서	• 바느질을 위한 자수용 실, 팔찌, 목걸이
• 종이접시	• T셔츠 페인팅
• 믹싱기구와 그릇	• 염색
• 밀가루, 설탕, 소금, 식용 색소, 짤 주머니, 장식용 설탕	• 마스크 만들기
• 온도 조절이 가능한 토스터 오븐	• 종이 반죽
• 비닐 식탁보	• 점토 조각(sculpting)
• 브라우니, 쿠키, 팬케이크 믹스	• 빵 반죽 도구
• 소형 알루미늄 베이킹 팬	

출처: Smith & Smith (1999), pp. 262-264.

가능하다면, 기존에 있었던 어린 아동을 위한 놀이치료실에 물품들을 추가하는 것 보다 AGT를 위한 별도의 공간에 이런 재료들을 준비하는 것이 바람직하다. 청소년은 필사적으로 성인처럼 보이기 위해 노력하기 때문에 정기적으로 '어린아이'를 위한 방에서 활동하라고 하면 방어적이고 저항할 수 있다. 다른 한편으로, Riviere(2005)는 컴퓨터와 책상이 있는 전형적인 사무실에서 청소년은 위축될 수 있다고 언급하였다. 청소년은 이런 사무실보다는 위에 설명된 재료들과 2인용 소파가 있는 분리된 방을 선호한다는 것이다.

집단 형식

집단 형식에는 세 가지 주요한 접근이 있다. Slavson(1944)이 추천한 비구조화된 집단은 회기 안에서 청소년에게 장난감과 공예 재료들을 가지고 자유롭게 놀이하는 것을 허용한다. 비구조화된 접근에서, 청소년은 자신이 원하는 활동을 선택하며 다른 집단구성원들과 상호작용한다. 대조적으로, Schaefer와 Reid(1986)가 추천한 구조화된 집단은 계획적이고 지시적이다. 구조화된 접근에서, 놀이치료자는 청소년이 무엇을 할지, 언제 그것을 할지 지시한다. 비구조화와 구조화 모두를 통합한 접근은 Gil(1994), Smith와 Smith(1999)가 제시하였다.

통합적 접근에서, 놀이치료자는 회기를 ① 지시적 집단 활동, ② 자유놀이 시간, ③ 간식과 대화 시간으로 나눈다(Smith & Smith, 1999). 구조화된 시간에는 집단구성원들의 불안을 감소시키고, 초기 상호작용을 촉진하며, 자극을 제공한다. 청소년은 비구조화된 시간에는 탐색하고, 실험하고, 다른 구성원들과 의견을 나눌 수 있다(Smith & Smith, 1999). 놀이치료자는 간식과 대화 시간에 집단 토론, 집단 역동 인식, 자기와 다른 집단구성원들에 대한 통찰, 친사회적 기술의 발달, 긍정적 변화에 대한 지지를 촉진한다. 청소년은 간식과 대화 시간에 자신의 이야기를 공유할 수 있는 기회가 있으며, 긍정적인 사회적 상호작용을 하는 내적 힘이 활성화된다. 청소년은 간식을 만들고 정리하는 일에 참여하게 되는데 간식 당번을 정하기도 한다. 집단구성원은 간식을 먹기 전에 함께 바닥이나 테이블에 둘러앉는다. 이렇게 둘러앉는 것은 가족 같은 분위기를 조성하기 때문에 청소년은 보다 쉽게 생각과 감정을 털어놓을 수 있게 된다. 간식 시간 동안 회기를 마무리할 수도 있다.

구조화된 활동과 비구조화된 활동 그리고 간식 시간의 균형을 맞추는 것은 치료과정에 따라 달라진다. 치료의 초기 단계에서, 일반적으로 집단구성원은 구조화된 활동 시간이 많은 것을 편안해한다. 작업 단계로 치료가 진행되면서 충분히 개방성과 응집력이 형성되면 비구조화된 활동과 간식 시간을 더 선호하게 된다.

놀이치료자는 문제가 발생하면 집단 형식에 관계없이 이러한 문제를 다룬다. 놀이치료자는 감정을 반영하고, 구성원들이 문제를 해결할 수 있도록 격려한다. 치료자는 꼭 필요한 경우에만 문제해결 전략을 제안하고, 친사회적 해결방법을 지지해야 한다. 치료적 제한 설정은 사람과 물건, 집단 역동에 잠재적인 피해를 끼칠 경우, 감정 반영, 제한과 관련한 의사소통, 대안 제시로 이루어져야 한다.

자기점검

놀이치료자는 청소년기에 질풍노도를 경험했을 수 있다. 치료자의 역전이를 줄이기 위해서, 우선 자기탐색과 아래에 제시하는 치료적 활동을 통해 치유하기를 바란다. 이것은 놀이치료자가 현재와 비교하여 청소년기에 어떤 사람이었는지, 누가 적수(nemesis)였는지를 되돌아보게 하는 데 유용하다. 놀이치료자는 자신과 청소년 친구들이 점진적으로 성장해 왔다는 것을 인식하게 되면서 인내심을 가지고 청소년을 대할 수 있게 된다.

옷과 머리 모양은 청소년이 놀이치료자에 대해 편안하고, 호감이 가고, 신뢰할 만한 사람인지 아닌지 판별하는 표식이 될 수 있다. 청소년은 놀이치료자를 '그들 중 하나'(즉, 지나치게 격식 있거나 꾯꾯한)인 정장(즉, 양복, 타이, 정장치마, 그리고 드라이클리닝을 해야만 하는 다른 옷들)을 입은 사람으로 지각할 것이다(Riviere, 2005). 그러나 만약 놀이치료자가 청소년이 가는 가게에서 편안하지만 전문가다운 옷('비즈니스 캐주얼'이라고 불리는)을 선택해서 입거나 최신 헤어스타일을 한다면, 청소년이 놀이치료자에 대해 갖는 첫인상은 "이 사람은 날 이해하겠군."이 될 것이다. 대중문화(즉, 연예인, 음악, 표현법 등)에 익숙해지는 것 또한 놀이치료자가 청소년들과 어울리는 데 도움이 된다.

자기개방은 내담자에게 도움이 될 수 있을지 심사숙고해서 사용해야 하는 치료적 기술이다. 놀이치료자가 AGT 활동에 함께 참여한다면 청소년은 덜 조심스러워할 것이다. 놀이치료자가 참여하게 되면, "난 너무 잘났어(I am too cool)."라는 태도로 활동에 참여하길 꺼리는 청소년에게 도움이 된다(Riviere, 2005). 놀이치료자가 활동에 참여할 때, 적절하게 위험을 부담하면서 정서적 상호작용을 촉진하는 본보기가 될 수 있다. 물론 놀이치료자는 자신의 정서적 이슈들을 다루는 것이 아니라 청소년에게 치료적으로 반응할 수 있는 수준에서 참여해야 한다.

청소년과 정서적인 접촉을 유지하기 위해, 놀이치료자는 일관되게 따뜻하고, 신뢰감을 줄 수 있고, 예측 가능해야만 한다(Riviere, 2005). 청소년은 가족구성원, 데이트 상대, 친구로부터 배신과 거절과 관련된 복합적인 에피소드를 경험해 왔을 것이다. 결과적으로, 그들은 거리두기, 분노하기, 빈정대기, 협력하지 않기, 그리고 또다시 상처받는 것을 방어하기 위한 기제로 모욕하기를 사용할 것이다. 그런 행동에 방어적으로 반응하기보다(즉, '감정적으로 받아들이기'), 놀이치료자는 일관되게 청소년에게 무조건적 긍정적 존중, 공감과 일치성의 세 가지 핵심 조건을 전달할 수 있어야 한다(Rogers, 1951).

일반적으로 빈정댐, 괴롭힘, 또는 과도한 통제와 관련한 위험은 신뢰를 무너뜨릴 수 있다. 놀이치료자는 감정 반영, 의도에 대한 이해를 촉진하는 것, 치료적 제한 설정, 자아존중감 형성하기, 적절하게 편안한 유머를 사용하는 것과 같은 치료적 반영들을 모델링하면서 신뢰를 유지할 수 있다.

스테파니: 에이, 아가씨, 머리가 그게 뭐예요? 폭풍 뚫고 왔어요?

놀이치료자: 스테파니, 넌 오늘 내 머리 모양이 마음에 들지 않고, 아마도 나에게 루돌프 발렌틴(뉴욕의 유명한 헤어스타일리스트)을 만나 보라는 것 같은 제안을 하고 싶구나.

스테파니: 네, 그리고 거기 가는 김에, 새 신발도 하나 사 신어야 할 것 같네요.

놀이치료자: 패션에 대해 잘 아는구나, 넌 '잘 나가는 것'처럼 보이는 걸 좋아하네. 우린 다음 주에 그것과 관련한 창조적인 활동을 해 볼 수 있어.

스테파니: 글쎄요, 아마도 우린 마리아가 어떻게 옷을 입는지 얘기해야 할 거예요. 걘 쓰레기 매춘부처럼 입거든요.

마리아: ****, *년아.

놀이치료자: 마리아, 넌 스테파니에게 화가 났구나. 스테파니, 넌 마리아의 옷이 마음에 들지 않는구나. 그러나 활동실에서는 단어나 행동으로 모욕하지 않아. 너는 메시지를 전달하기 위한 다른 단어들을 선택할 수 있어.

스테파니: 글쎄요, 난 단지 마리아에게 공짜로 패션 조언을 해 주려고 했던 거예요.

마리아: 글쎄, 난 너한테 그걸 받고 싶지 않아.

놀이치료자: 스테파니, 넌 마리아를 도와주고 싶구나. 마리아, 넌 아직 조언을 들을 준비가 안 됐

> 네. 일반적으로 사람들에게는 상대방의 조언을 들을 수 있을 만큼 신뢰가 쌓이기 전에 함께 긍정적인 경험을 할 수 있는 시간이 필요해. 그리고 아마도 우린 루돌프 발렌틴을 만나러 함께 갈 수 있을 거야.

이 상호작용에서처럼, 놀이치료자는 모욕을 감정적으로 받아들이기보다 유머로 편안하게 청소년의 의도를 반영한다. 이런 상황에서는 어떤 심도 깊은 분석이나 제한 설정도 청소년과 치료자 사이에 장벽을 만들 것이다. 청소년이 처음으로 다른 집단구성원을 모욕했을 때, 놀이치료자는 감정 반영, 제한 전달 그리고 대안 제시를 함으로써 치료적 제한을 설정했다. 마지막 반영에서 놀이치료자는 가장 도움이 될 수 있는 일반적인 상황과 신뢰에 대한 역동을 밝히면서 이해를 촉진하였다. 표현적이고 창의적인 예술 활동을 하는 동안 이러한 치료적 기술들이 필요하다면 사용할 수 있다.

표현적 · 창의적인 예술 활동

청소년을 위한 표현적 · 창의적인 예술 활동에는 그리기, 색칠하기, 조각, 음악, 율동, 드라마, 글쓰기, 사진 찍기, 콜라주, 모래놀이, 상상하기, 판타지, 즉흥시(즉흥화), 퍼펫 놀이, 목공 등이 있다(Gallo-Lopez & Schaefer, 2005; Smith & Smith, 1999). "이런 다양한 표현예술을 통해 개인은 그들의 고유한 성격들을 드러내고, 새로운 형태로 재구조화할 수 있는 기회를 가질 수 있다."(Smith & Smith, 1999, p. 200) 놀이치료자는 콜라주같이 조금 덜 위협적이고, 담아 주고, 조절할 수 있는 활동들로 시작하여 점차 드라마치료같이 좀 더 개방적인 표현 활동으로 전환할 필요가 있다. 다양한 표현예술 활동, 퍼펫 놀이 그리고 모래상자 활동은 8장, 9장, 10장에 따로 설명되어 있다. 직접 만들어 보는(do-it-yourself: DIY) 프로젝트, 나무 작업, 목걸이 구슬 꿰기, 다른 예술 활동들, 만들기 등은 자기탐색적 작업들이다. 다음에서는 집단 형성 단계, 작업 단계 그리고 마무리 단계에서 청소년이 좋아하는 다른 활동에 초점을 맞출 것이다.

형성 단계

형성 단계에서 청소년 집단구성원은 상호작용 전에 사회적 집단에 어울릴 수 있을지 판단하기 위해 다른 집단구성원의 성격, 행동, 힘을 탐색하면서 주저하는 경향이 있다. 많은 청소년은 불안, 가장된 거리감, 저항, 또는 과잉 의존성을 경험할 것이다. 놀이치료자의 역할은 안전감을 증진하고, 집단 정체성을 형성하고, 역할을 정리하고, 규범을 만들어 내면서 불안을 완화시키는 것이다(Van Velsor, 2004). 이런 과정을 촉진하기 위해, 놀이치료자는 규칙에 대한 토론과 구조화된 활동으로 들어가기 전에 초반 어색함을 완화시키는 활동으로 집단을 이끌 수 있다.

규칙

AGT의 안전한 환경을 유지하기 위해 비밀보장이 요구되기 때문에, 집단 회기를 '규칙' 활동으로 시작하는 것이 도움이 된다(Riviere, 2005). 집단구성원들은 3″ × 5″ 색인카드를 받는다. 놀이치료자는 "모두 함께 우리의 시간을 위한 규칙을 만들 거예요. 그래서 우리는 안전하고 존중받는 환경을 만들 수 있어요. 규칙은 현실적이고, 실현 가능하고, '방해하지 않기'라고 하기보다는 '말하는 순서 정하기'와 같이 긍정적인 말로 포현되어야 해요." 놀이치료자는 집단구성원에게 하나의 규칙을 카드에 적고, 뒷면에 그 규칙을 표현할 잡지의 그림을 찾거나 상징을 그리라고 한다. 예를 들어, '다른 사람의 감정을 존중하기' 같은 규칙에, 집단구성원은 슬픈 얼굴을 그리고 그 옆에 체크 마크를 할 수 있다. 놀이치료자는 이 활동에 참여하면서 대화의 비밀 지키기, 안전하게 하기, 격려하는 방식으로 이야기하기 등의 중요한 규칙을 쓴다. 집단구성원들은 카드의 상징 면이 앞면으로 오도록 보여 주고, 다른 집단구성원은 규칙이 무엇인지 맞히려고 노력한다. 그리고 집단구성원 전체는 규칙에 대해 토론하고 그 규칙을 유지할지 결정한다. 집단구성원은 새 종이에 다시 쓴 규칙에 서명을 함으로써 함께 정한 규칙들을 잘 지키겠다고 약속한다.

아이스브레이킹 활동

아이스브레이킹 활동(active ice breaker)의 목적은 집단구성원의 불안을 감소시키고, 라포를 형성하고, 에너지를 발산하고, 활동에 집중할 수 있는 분위기를 형성하는 것이다. 각 회기마다 아이스브레이킹 활동으로 시작하면 진행 과정이 예측 가능해진다. 지금까지 수많은 아이스브레이킹 활동이 다양하게 기술되었다(Johnson, 2012; Ragsdale & Saylor, 2007). 이 책의 저자(Baggerly)에 의해 개발된 '원을 그리며 달리기(Circle Common Run)'라고 불리는 활동을 통해 집단구성원은 서로 간에 공통점을 발견하게 된다. 놀이치료자는 개인과 가족 성격에 대한 질문(13세이다, 남자 형제가 있다, 아버지와 살고 있다), 취미에 대한 질문(축구, 힙합 음악 듣기, 교회 가기), 경험에 대한 질문(외국 여행하기, 학교에서 싸움, 괴롭히는 사람으로부터 놀림받음), 그리고 기분에 대한 질문(애완견 사랑하기, 아버지에게 화를 냄, 누군가 가까운 사람의 죽음으로 인해 슬퍼함, 실연의 아픔을 경험함)에 "예" 또는 "아니요"라고 쓰인 리스트를 준비한다. 집단구성원은 원을 그리고 선다. 놀이치료자가 집단구성원에게 항목을 읽을 때, 집단구성원은 여러 다양한 방식으로(손을 머리에 올리고 달리기, 뒤로 달리기, 천천히 걷기, 외발로 뛰기 등) 원을 그리고 걷거나 달린다. 예를 들어, 놀이치료자는 "만약 당신이 농구를 한다면, 농구공을 드리블하는 것처럼 원을 그리며 달려요." 또는 "만약 당신이 아버지나 누나에게 화가 났다면, 하늘을 향해 주먹을 휘두르며 원을 그리며 걸어요."라고 할 수 있다. 이 아이스브레이킹 활동을 통해 청소년은 신체적 에너지를 발산하고 유대감을 얻을 수 있다.

치료놀이 연구소(The Therapy Institute, 2005)는 아동 집단구성원을 위해 아이스브레이킹 활동으로 사용할 수 있는 많은 활동을 소개하고 있다. '이름 게임'은 집단구성원이 동그랗게 앉아서 한명이 "내 이름은……"이라고 특정한 목소리 톤으로 이야기하면 다른 집단구성원이 "너의 이름은……"이라고 그 목소리 톤을 모방하면서 3번 말한다(The Therapy Institute, 2005, p. 66). '당신의 배를 저어라(row row row your boat)' 활동에서, 참가자는 2줄을 만들고 서로 마주보고 앉는다(The Therapy Institute, 2005, p. 7). 파트너는 손뼉을 치고 '배를 저어라' 노래를 부르면서 빠르거나 느리게 다양한 속도로 노를 앞뒤로 젓는다.

나는 누구인가요 콜라주

'나는 누구인가요?'는 청소년이 자기개념을 반영하고, 탐험하고, 드러낼 수 있도록 한다(Rubin, 2010). 이 활동을 통해 다른 집단구성원과의 공통점(commonality)을 확인할 수 있다. 놀이치료자는 개별적으로 집단구성원에게 포스터 보드와 잡지들을 준다(운동, 연예, 패션, 여행, 뉴스 잡지 등). 놀이치료자는 사업자들(병원, 미용실 등)에게 이런 활동을 위해 잡지를 기부하도록 요청하기도 한다. 집단구성원은 개별적으로 질문(① 나는 누구인가? ② 내 인생의 목표는? ③ 나는 어디에 소속되어 있나?)에 대한 답을 찾기 위해 이와 관련된 잡지 사진이나 인터넷에서 프린트할 수 있는 사진을 찾는다. 집단구성원은 사진을 오리고 포스터 보드에 붙인다. 15~20분 후에, 놀이치료자는 집단구성원에게 질문에 대한 답으로 제시한 사진이 무엇인지 묻는다. 그리고 놀이치료자는 다른 집단구성원에게 그들이 공통적으로 가진 것이 무엇인지 확인하게 한다. 놀이치료자는 이 프로젝트에 드러난 즐거움이나 외로움 등의 정서(mood)를 알아차릴 수 있어야 한다.

작업 단계

작업 단계에서, 집단구성원은 서로에게 도전하고, 좀 더 책임을 지고, 서로 협력할 수 있을 만큼 충분히 편안해진다(Van Velsor, 2004). 놀이치료자의 역할은 안내자인데 치료자에게 집중하기보다 집단구성원 간의 상호작용이 더 깊어질 수 있도록 해야 한다. 지지적인 분위기가 지속적으로 경험되면, 청소년은 좀 더 개방적으로 나눌 수 있다. 그렇게 하면서, 그들은 '자신의 정체성'을 탐색하고 새롭게 발견하는 '우리의 정체성'을 확인한다. 작업 단계 동안 적용해 볼 수 있는 다음에 제시된 활동은 은유적인 사고와 정화를 촉진한다.

음악치료

음악은 청소년들을 연결하는 의미 있는 매체이다. Hadley와 Yancy(2012)는 힙합이나 랩 등 몇 가지 음악이 청소년을 위한 치료에서 사용될 수 있다는 것을 발견했다. 치료에서는 듣기와 토론, 연주, 창작 그리고 즉흥연주를 활용할 수 있다.

"랩 음악은 정서를 직면하는 것을 거부한 채 몇 년을 보내 후 굳어 버린 정서를 카타르시스적으로 발산하는 기능을 한다. 랩 음악은 자신의 입장을 대변해 주는 것 같은 기능이 있으며, 목소리를 통해 사회적으로 상호 연결되어 있는 현실에 대해서 말하고, 특별히 서정적인 목소리/랩의 내용과 형식을 통해 고통, 불안 그리고 즐거움을 나눌 수 있다."(Hadley & Yancy, 2012, p. xxxiv)

놀이치료자는 청소년에게 인생의 경험, 태도, 관계, 자기인식, 자신에 대한 사회적 인식을 표현하는 노래를 함께 불러 보자고 요청할 수 있다(Hadley & Yancy, 2012). 집단구성원의 노래를 들은 후, 놀이치료자는 집단구성원에게 자신에게 의미 있는 가사가 무엇인지 묻는다. 집단구성원은 노래 가사가 자신, 사회 그리고 그들 미래의 일부를 어떻게 반영하고 있는지 이야기한다.

예를 들어, AGT에서 16세 소녀가 Kelly Clarkson의 〈Stronger〉라는 노래를 나누고, "너를 죽이지 않는 것이 너를 강하게 만든다. 내가 혼자인 것이, 내가 외롭다는 것을 의미하지 않는다."라는 가사에 집중하였다. 그녀는 이 가사를 치어리딩 팀에 선발되지 못한 경험에 연결시켰다. 다른 집단구성원은 부모의 이혼에 대해 이야기했다. 놀이치료자는 일반적으로 상실의 경험이 미래에 힘이 될 수 있다는 것을 알려 준다. 그녀의 특별한 노래를 나눈 후, 놀이치료자는 집단구성원에게 개인적 상실의 경험을 강점으로 표현하는 가사에 맞추어 동작을 해 보게 한다. 그리고 이 동작을 비디오로 녹화하여 집단구성원이 뮤직 비디오를 볼 수 있게 한다.

드라마치료

Oaklander(1988)에 따르면, "드라마는 아동이 자신의 잃어버린 혹은 숨겨져 있는 부분을 찾고 개성과 강점을 만들어 표현할 수 있도록 돕는 자연스러운 수단이다."(p. 139) 청소년은 드라마를 통해 그들의 희망, 공포, 판타지 그리고 현실을 표현한다(Gallo-Lopez, 2005). Jacob Moreno의 사이코드라마에서 기원한 드라마치료는 개인적 성장을 촉진하고 정신건강을 증진시키기 위해 연극 기법을 활용한다. 드라마치료는 극의 결과보다 과정을 강조한다. 청소년은 자신이 가진, 가지고 있지 않은, 혹은 해 보고 싶은 역할을 시도해서 자신만의 정체성을 형성한다(Gallo-Lopez, 2005). 드라마치료를 하려면 모자, 타이, 스카프, 보석, 배지, 선글라스, 전화, 마스크, 망토 등 다양한 소품이 필요하다.

드라마치료는 '모자 건네기(pass the hat)' 같은 준비 활동으로 시작한다. 구성원들은 서로 다른 모자를 선택하고 하나의 역할(카우보이, 나이 든 숙녀)을 맡아 연기한 후 모자를 다른 구성원에게 전달하고 그 역할을 하게 한다(Gallo-Lopez, 2005). 또 다른 준비 활동으로 '나의 영웅(my superhero)'이 있는데, 구성원들은 그들이 직면한 문제의 이전, 현재 그리고 이후 상황에서 자신의 영웅 역할을 한다. 예를 들어, 한 청소년의 영웅이 스파이더맨이라면, 그는 궁금증이 많은 소년을 연기하고 그 소년은 사랑하는 소녀를 구하기 위해 악당인 과학자와 싸우면서 영웅의 힘을 활용한다.

준비 활동을 마치고, 청소년은 '연기'를 하거나 주요 활동에 참여한다. Gallo-Lopez(2005)는 '가족의 비밀' '가족의 위기' 또는 '위대한 탈출' 같은 주제로 연극을 시작하며 연기에 몰입할 수 있다(p. 87). 다른 연기 활동으로 '청소년 혼란과 승리(Adolescent turmoil and triumph)'가 있는데, 이 활동에서 집단구성원은 소품을 선택하고 혼란 혹은 승리에 관한 개인적 경험을 연기한다. 예를 들어, 16세 남자 청소년은 아버지의 장례식에 관한 경험을 연기했다. 그는 친구에게 관에 누워 보라고 지시하고 아버지에게 다시 인생으로 돌아가라고 명령하는 격양된 설교자 역할을 했다.

드라마치료의 마무리는 집단구성원을 진정시키고, 되돌아보고, 피드백을 공유하면서 현실 세계로 돌아갈 수 있도록 준비시키는 것이다(Gallo-Lopez, 2005). 이 활동의 목적은 제3자의 입장에서 역할에 대해 이야기해 보게 하고, 자신이 연기했던 인물에게 편지를 쓰고, 자신과 역할 간의 차이를 살펴보면서 맡았던 역할로부터 벗어나게 하는 것이다(Gallo-Lopez, 2005). 앞의 예시에서, 청소년은 설교자 역할을 통해 아버지를 다시 살아나게 하는 힘에 대한 갈망을 표현했다. 하지만 그는 그가 연기했던 역할처럼 불쾌한 사람이 되는 것을 원하지 않았다. 집단구성원은 그의 슬퍼할 권리와 힘을 가지고 싶어 하는 소망에 대해 말해 주었다. 그리고 집단에서 그가 아버지와 연결되었다고 느낄 수 있는 전략들, 즉 종교적인 행사에 참여하고, 아버지와 전화를 하는 것처럼 이야기하고, 함께 했던 운동을 하는 것과 같은 방식에 대해 논의하였다.

치료 종결

AGT 치료 후기에 진행되는 마무리 활동은 치료에서 형성된 관계의 가치를 확인하고, 청소년이 자기와 타인에 대한 새로운 작동 모델을 일반화시키는 데 필수적이다. 놀이치료자는 청소년에게 종결 회기까지 4회기가 남았다고 알려 준다. 놀이치료자는 건강한 슬픔을 표현하는 것에 대한 롤모델이 되며, 치료적 진보에 대해 축하해 줄 수 있다(Riviere, 2005).

시

시나 영감을 주는 메시지는 청소년들 간에 좀 더 깊고 솔직한 의사소통을 가능하게 한다(Taylor & Abell, 2005). 시의 승화적 특성은 감정, 공포 그리고 욕구를 창조적으로 표현할 수 있다. 치료적 · 희망적인 종결을 촉진하기 위해, 놀이치료자는 청소년에게 마지막 만남에서 다른 집단구성원에게 선물로 줄 영감을 주는 이야기나 긍정적인 시를 창작하거나 찾아달라고 요청한다. 놀이치료자는 애벌레가 나비가 되기 위해 애쓰는 이야기같이 희망과 관련해 영감을 주는 이야기나 시를 이야기하면서 모델링할 수 있다.

손 내밀기

중간 대상은 집단구성원이 서로를 기억하고 그들이 함께 진보했다는 것을 인식시켜 주는 힘이 있다(Riviere, 2005; Tabin, 2005). 이러한 활동으로 '손 내밀기(Give a Hand)'가 있다. 집단구성원은 자신의 이름을 종이 상단에 쓰고, 중간에 손을 대고 손 모양을 그린다. 집단구성원은 그 종이를 동그랗게 앉아 있는 집단구성원에게 전달하면서 각자 종이에 그려진 집단구성원의 손에 감사의 메시지를 남긴다. 각자 자신의 종이를 받은 후, 집단구성원들은 스스로 감사의 마음을 언어적으로 표현한다.

결론

비록 청소년기가 '질풍노도'의 시기로 알려졌지만, 청소년기는 청소년이 성장을 위해 자극을 추구하는 시기이기도 하다. 놀이치료자는 ① 사춘기라는 신체적인 특성, ② 편도체가 우세한 신경-생리학적 특성, ③ 추상적 사고의 인지적 특성, ④ 기분과 관련해서 감정적인 특성, ⑤ 위험 행동이라는 행동적 특성, ⑥ 또래 상호작용이라는 사회적 특성을 포함한 청소년기의 독특한 발달을 이해할 필요가 있다. 놀이치료자는 청소년의 발달적 특성을 이해하여, 청소년을 공감하고, 청소년의 발달적 욕구를 충족시키는 창조적인 활동을 준비할 수 있을 것이다.

AGT는 Slavson(1943)부터 시작하여 Ginott(1961), Scheidlinger(1977) 그리고 동시대의 놀이치료 연구자들에게 이어지며 오랜 기간 청소년에게 효과적인 치료로 알려져 왔다. AGT는 청소년의 발달적 욕구만을 충족시키는 것이 아니라 즐거움과 청소년의 바람직한 성격 특성을 촉진하는 즐겁고 매력적인 양식이다.

놀이치료자는 사전 인터뷰를 통해 적절한 집단구성원을 선발하면서 AGT를 준비한다. 활동 장소는 창조적이고 표현적인 매체들이 영역별로 잘 구분된 약 200~300 스퀘어 정도가 적당하다. 놀이치료자는 세 가지 그룹 형태(비구조화 집단, 구조화 집단, 통합된 집단) 중 하나를 선택한다. 어떤 형태가 선택되든, 기본 놀이치료 기술에 감정 반영, 문제 해결을 격려하기 그리고 치료적 제한 설정은 필수적이다. 놀이치료자는 자신의 청소년기에 대한 자기이해와 최신 유행 의상, 헤어스타일, 음악 문화 등을 찾아보면서 자신을 준비한다. 놀이치료자는 비록 청소년들이 그들을 모욕하더라도 일관적으로 따뜻하고, 신뢰할 만하며, 예측 가능한 태도를 유지한다.

AGT의 형성 단계 활동은 규칙을 만들고, 어색함을 줄여 주는 '나는 누구인가요?' 콜라주 등의 활동을 포함한다. 작업 단계에서 활동은 음악치료, 드라마치료 등을 포함한다. 마지막으로 종결 활동은 시와 '손 내밀기'와 같은 중간 대상을 포함한다. 놀이치료자는 AGT를 통해 성장해 나갈 수 있도록 청소년을 도울 수 있다.

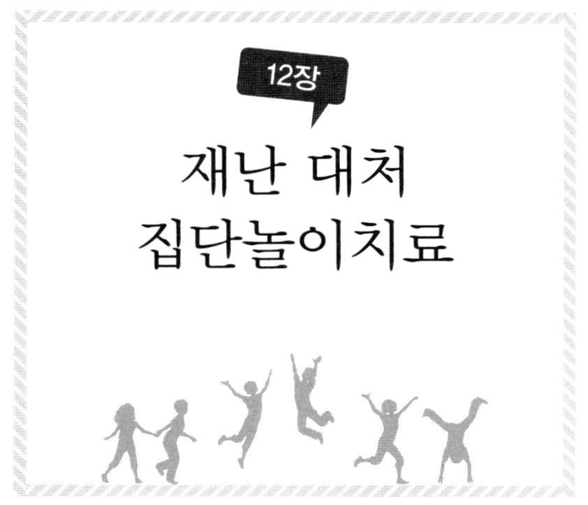

12장 재난 대처 집단놀이치료

재난 발생 시, 아동은 가장 취약한 집단 중의 하나이다. 아동에게는 자신의 신체적 · 정신적 건강을 돌볼 수 있는 경험과 능력, 자원이 부족하기 때문이다(La Greca, Silverman, Vernberg, & Roberts, 2002). 2010년 미 국립아동재난협의회(National Commission on Children and Disasters: NCCD)는 정부 기관들과 비정부 협력 기관들을 통해, 재난 사전 대비와 실제 재난 발생 시에 관련 전문가들이 소아의 재해 정신 · 행동 건강에 개입할 수 있도록 하는 훈련을 강화할 것을 대통령과 국회에 제안하였다. 정신건강 전문가들의 훈련에는 심리적 응급 처치, 사별 지원, 간단한 지지적 개입 등이 있다(NCCD, 2010, p. 9). 놀이치료자의 놀이치료의 경험과 기술은 재난에 대한 일반적인 대처 능력을 향상시킬 수 있기 때문에, 놀이치료자는 국가 재난 대처 준비와 대응에서 중요한 역할을 담당할 수 있다(Baggerly, 2006b). 이 장에서는 놀이치료자의 재난 대처 능력을 준비하기 위해, 다음과 같이 ① 재난의 종류와 발생률에 대한 정의, ② 재난이 아동에게 미치는 영향,

③ 재난 대처 원칙, ④ 아동집단에서 적용할 수 있는 놀이기반 재난 대처 개입 전략 등의 내용을 살펴보고자 한다.

재난의 종류와 발생률

재난이란 다음의 일곱 가지 조건을 충족하는 사건으로 정의된다(Rosenfeld, Caye, Ayalon, & Lahad, 2005).

① 시설의 파괴, 부상 혹은 생명의 유실이 발생함
② 재난의 시작과 종료 시기가 규명 가능함
③ 갑작스러운 혹은 시간의 제한이 있음
④ 큰 규모의 집단적인 사람들에게 부정적인 영향을 줌
⑤ 한 가구 이상에게 대중적인 영향력을 끼침
⑥ 일반적인 경험의 영역을 벗어남
⑦ 거의 누구나에게 스트레스를 불러일으킬 만큼의 심리적인 외상을 초래함

자연재해는 다음의 다섯 가지 범주로 나뉜다(Guha-Sapir, Vos, Below, & Ponserre, 2012).

① 지리/물리적(예: 지진, 산사태 등)
② 기상학적(예: 토네이도, 허리케인 등)
③ 수문학적(hydrological)(예: 홍수, 만조류 등)
④ 기후학적(예: 가뭄, 산불 등)
⑤ 생물학적(예: 전염병 등)

2011년 세계보건기구의 재난 역학 조사에 따르면, 당해 발생한 총 332개의 자연재해로 인해 3만 773명의 생명을 앗아갔고, 2억 4,470만 명에게 영향을 미쳤으며, 3,661억 달러에 이르는 경제적 손실을 끼쳤다(Guha-Sapir et al., 2012).

또한 '인간이 자행한' 재난(전쟁, 테러, 집단 총기 난사 등)과 인간의 실수로 인한 재난(기름 유출, 핵 누전, 비행기 사고 등)도 있다. 유니세프(2007)는 약 10억 명의 아동이 군사적 갈등이나 테러의 위험이 있는 나라에 살고 있다고 추정하였다. 이 중 3억 명은 5세 이하였다. 전 세계적으로 약 2천만 명의 아동이 군사적 갈등이나 인권유린을 피해 모국을 떠나온 것으로 추정된다(UNICEF, 2007). 최근에는 미국에서 발생한 집단 총기 난사(코네티컷의 샌디훅 초등학교, 콜로라도의 오로라 영화관)로 인해 미국 내에서만도 수많은 아동이 두려움에 떨었다.

이렇게 많은 자연재해 혹은 인재로 인해 수백만 명에 달하는 미국 아동이 재난과 관련된 증상에 시달릴 수 있다. Becker-Blease, Turner와 Finkelhor(2010)는 2세부터 17세까지 2,030명의 미국 아동을 대상으로 표본 조사를 실시하였다. 이 중 약 14%의 아동이 재난에 노출된 적이 있다고 응답했으며, 4.1%는 지난해에 경험했다고 보고하였다. 이러한 통계는 지난해에 미국 내 총 7,400만의 아동들 중 300만이 재난에 노출되었음을 의미한다.

재난이 아동에게 미치는 영향

아동은 자연재해와 인재로 인해 전형적인 단기적 증상 혹은 비전형적인 장기적 증상을 경험할 수 있다. 따라서 어떤 개입이 필요한지 파악하기 위해서 증상이 전형적인 반응인지 혹은 비전형적인 반응에 해당하는지를 분별하는 것이 중요하다.

전형적 증상

재난을 겪고 난 후, 아동은 다섯 가지 영역에서 단기적 반응을 나타낸다(Baggerly, 2010; Speier, 2000). 첫 번째, 인지적인 영역에서 재난은 아동의 신념과 판단을 변화시킨다. 이를테면 모든 폭풍우가 자신의 집을 파괴할 것이라고 믿는 경우를 들 수 있다(La Greca et al., 2002; Speier, 2000). 아동은 무언가에 집중하거나 판단을 내리는 데 곤란을 겪을 수 있으며, 이는 학업 성취에 영향을 끼칠 수 있다. Baggerly와 Ferretti(2008)는 2004년 플로리다에서 허리케인이 발생한 이후, 허리케인이 학생들의 표준화된 시험 점수에 영향을 미치지 않았다고 밝혔다. 그러나 Pane, McCaffrey, Kalra와 Zhou(2008)는 2005년 허리케인이 강타한 후 루이지애나주에 거주하는 학생들의 표준화된 시험 점수가 부정적으로 변화했다고 보고했다.

두 번째, 정서와 감정 영역에서 재난은 아동의 두려움이나 분노 등의 감정을 조절하는 능력, 다른 사람과 연결하는 능력, 삶의 가치를 느끼는 능력, 건강한 자존감을 유지하는 능력 등을 감소시킬 수 있다(La Greca et al., 2002; Speier, 2000). 어린 아동은 분리불안을 경험하거나 외상을 기억나게 하는 것(예: 비)을 보면 두려움을 표현할 수도 있다. 예를 들어, 허리케인을 경험한 후, 한 소년은 한 달 동안 목욕하는 것을 거부했는데, 이는 허리케인이 집 지붕을 파괴했을 때 가족들이 욕조에 숨어 있었기 때문이었다.

세 번째로, 행동 영역에서 아동은 재난의 영향으로 사회적 철수, 매달림, 위험에 대한 과잉경계, 야뇨증, 호전성, 공격성, 등교 거부 등을 보일 수 있다(Brymer et al., 2006; La Greca, 2008). 또한 아동은 외상적 사건을 재현하는 놀이를 할 수 있다(Terr, 1990). 예를 들어, 허리케인 쉼터에 있는 소년은 빙글빙글 돌거나 물건들을 넘어뜨리며 허리케인 놀이를 하였다.

네 번째로, 신체적 증상 영역에서 아동은 두통, 복통, 수면의 어려움, 피로를 호소할 수 있다(Brymer et al., 2006; La Greca, 2008). 마지막 영역은 영성이나 세계관이다. 아동은 신에 대해 회의하게 되고, '걱정, 근심 없는 아이'로서의 정체성이나 세계관이 흔들리게 되는데, 이를테면 이 세상은 위험한 곳이라는 생각을 가지게 될 수도 있다. 예를 들면, 노숙인 쉼터의 한 여자아이는 십자가에 다트 총을 쏘면서 "하나님이 우리 가족을 공격했듯이 나도 하나님을 쏘고 있어요."라고 말했다.

이러한 전형적인 증상들은 아동의 연령에 따라 현저히 다르게 나타난다. 다시 반복하지만, 대부분의 증상은 빠른 시간 안에 진정된다. Speier(2000)는 "일반적으로, 대부분의 아동은 끔찍한 재난을 경험하고도 전문적인 개입 없이 회복된다. 아동에게는 이 세상을 안전한 장소로, 부모는 돌봄을 책임질 수 있는 양육자로 다시 경험할 시간이 필요할 뿐이다."(p. 9)라고 하였다.

표 12-1 연령과 개입 전략에 따른 아동의 외상 반응

연령	전형적인 외상 반응	개입 전략
취학 전~2학년	• 죽음을 돌이킬 수 있는 것이라고 믿음 • 마법적 사고 • 강렬하나 짧은 슬픔의 반응 • 다른 사람들이 죽을까 봐 걱정함 • 분리불안과 지나친 매달림 • 수면 공포와 악몽 • 회피 • 퇴행 증상(엄지손가락 빨기, 야뇨증) • 어두움을 두려워함 • 외상재연 놀이행동	• 요구하는 부분에 대해 단순하고 구체적인 설명 • 신체적인 친밀감을 제공함 • 놀이를 통해 표현할 수 있도록 함 • 이야기책을 읽음 –"끔찍한 일이 있어났어요." –"용감한 바트." –"월요일에는 병뚜껑을 따지 마세요."
3~6학년	• 질문을 많이 함 • 죽음이 영속적인 것이라고 이해하기 시작 • 자신의 죽음에 대해서 걱정함 • 비합리적인 두려움 • 갈등과 공격성이 증가함 • 과잉행동과 부주의 • 친구들로부터 철수 • 우울증 • 외상재연 놀이행동 • 학교 등교 거부	• 분명하고 정확한 설명 • 예술과 언론활동을 통해 표현할 수 있도록 함 • 이야기책을 읽게 함

중학교	• 두통, 복통과 같은 신체적 증상 • 감정 기복이 커짐 • 언어적 표현이 증가하지만 여전히 신체적으로 분출함 • 논쟁, 다툼 • 우울감 • 우울증	• 우울감의 수용 • 지지적으로 언제 준비가 될지 논의함 • 구조화된 예술 활동이나 게임 집단
고등학교	• 죽음이 불가항력적이라는 것을 이해하지만 자기에게 일어나지 않을 거라고 믿음 • 우울 • 위험감수 행동 • 알코올과 다른 약물 사용 • 집중하는 데 어려움 • 책임감 있는 행동의 감소 • 발달적으로 적합한 분리를 회피함(캠프에 가거나 학교에 가는 등) • 무관심 • 집이나 학교에서 반항함	• 경청함 • 감정의 표현을 촉진함 • 질문과 과업이 주어지는 집단 활동

비전형적인 증상

재난 반응은 전형적으로 30일 이내에 진정된다. 하지만 어떤 아동의 경우 치료받지 않으면 우울과 불안, 외상 후 스트레스 장애(PTSD)와 같은 심각하고 지속적인 증상을 몇 달 혹은 몇 년 동안 경험할 수도 있다(Kronenberg et al., 2010). 예를 들어, 허리케인 앤드류가 휩쓸고 간 3개월 뒤 학령기 아동의 55%가 중간 수준(moderate)에서부터 매우 심각한 수준에 이르는 증상을 보였고, 10개월 뒤에는 34% 아동이 증상을 나타냈다고 보고되었다(La Greca, Silverman, Vernberg, & Prinstein, 1996). 이와 유사하게, 태풍 카타리나가 발생한 일 년 후에, 집중 영향을 받은 지역의 초등학교 아동 61%가 PTSD 증상을 보였다(Jaycox et al., 2010). 태풍 카타리나가 발생했던 해로부터 2년 후에, 31%의 부모를 대상으로 조사하였는데, 자녀들은 우울, 불안, 품행장애를 보였고, 18%의 부모는 자녀들이 학업 성취에서 눈에 띄는 저하를 나타냈다고 보고하였다(Abramson, Stehling-Ariza, Garfield, & Redlener, 2008).

이러한 아동의 비전형적, 심각한 증상은 재난에 영향을 받은 신경생리학적 반응이다(La Greca, 2008; Perry, 2006). 재난이 아동의 실제적 혹은 지각적 차원에서 신체적 · 심리적 안전을 위협할 때, 두뇌는 '공격/도피'의 각성 반응이나 '항복하고 얼어붙기'의 해리적 반응을 활성화시킨다(Perry, Pollard, Blakely, Baker, & Vigilante, 1995; van der Kolk, 2006). 이때 브로카 영역의 뇌기능이 위축되는데, 브로카 영역은 말하기 능력을 조절한다. 또한 베르니케 영역의 두뇌 기능이 감소되어 언어를 이해하는 능력이 저하된다. 아동이 성인처럼 '두려워서 말을 못하는 상태'가 될 수도 있다. 아동은 재난과 관련해 외상적인 사건의 서사적인 흐름을 진술하지는 못하지만 잠재기억에 지울 수 없는 사진처럼 그 사건이 남아 있을 것이다. 어떤 아동은 외상 사건이 일어나는 동안에 끔찍한 공포를 다스리기 위해 '변형된 상태(altered state)'에 들어갈 수 있다. '변형된 상태(altered state)'에서 아동은 한 가지 이미지에 고착되는데 재난 중에 가장 아끼는 장난감이 떠내려가거나 파괴되는 이미지일 수 있다. 이런 끔찍한 정서적 이미지는 DVD가 정지된 채로 멈춘 것과 같이 아동의 기억에서 고정된 이미지로 남아 있을 수 있다(Baggerly, 2010). 아동은 외상적인 사건에 대한 이미지를 외현 기억으로 처리하고 통합해야 한다. 그렇지 않으면 침투적인(intrusive) 이미지들로 인해 외상을 재경험하게 되고, 이러한 끔찍한 이미지나 외상과 관련한 자극들을 회피하려고 하거나 과경계성, 외상 후 놀이, 분노 발작 등과 같은 과도하게 각성된 상태에 놓일 수 있다(Gil, 2011; van der Kolk, 2006).

전형적 vs. 비전형적인 증상의 감별

어떤 아동이 재난 후에 가장 비전형적인 증상을 장기적으로 나타내는지 감별하기 위해서, 놀이치료자는 다음과 같은 질문에 대한 답을 찾아야 한다.

- 재난의 성격은 어떠한가? 재난이 오래 지속되었고, 강도가 높은 수준이었다면 증상은 더 심각하게 나타날 수 있다(La Greca, 2008). 인재의 경우 더욱 심각한 정신건강의 문제를 야기할 수 있는데 이는 사회 질서에 대한 사람들의 신뢰가 무너지기 때문이다(U. S. Department of Health and Human Services, 2004).
- 아동이 얼마만큼 노출되었는가? 재난에 직접적으로 노출되거나, 특히 생명의 위협을 느끼는 수준이었다면, 더욱 심각한 증상을 나타낼 수 있다(La Greca et al., 2010).
- 학생의 특성이 무엇인가?(나이와 성별, 예전에 재난의 피해를 받은 경험 유무를 포함해서) 이전에 학대나 재난의 피해를 경험한 적이 있거나, 여성이거나 나이가 어릴수록 더욱 심각한 증상을 보일 수 있다(Becker-Blease et al., 2010).
- 학생의 대인관계적, 문화적, 사회적 환경은 어떠한가? 재난에 대한 아동의 반응은 부모 혹은 주 양육자의 모습을 따라가기 마련이다. 부모가 지나치게 불안해하면 아동 또한 그럴 가능성이 있다. 가족과 또래 친구들로부터 강력한 사회적 지지를 받는 경우에는 증상이 심각하지 않을 수 있다(La Greca et al., 2010). 경제적 혹은 사회적 · 정치적으로 힘이 약한 소수민족이나 소외된 집단 출신의 아동은 더욱 심각한 증상을 보일 수 있다. 재난에 대한 의미는 문화와 종교에 따라 다르게 부여되고 그에 대한 반응도 다양해진다. 예를 들어, 어떤 멕시코계 미국인 가톨릭교도는 재난을 죄의 결과로 보기도 한다. 반면에 어떤 유럽계 미국인 개신교도들은 우연한 신의 섭리로 여길 수도 있다.
- 더 넓은 의미의 사회적 · 정치적 · 경제적 맥락은 어떠한가?(재난 계획과 구호 노력을 포함) 지역사회 구성원들과 정부 관계 기관, NGO 등으로부터 많은 지원과 자원을 받은 아동은 증상의 심각성이 덜 할 수 있다. 반대로 정부가 자신에게 적대적이라고 생각하는 아동은 더욱 심각한 증상을 경험할 수 있다(Abramson et al., 2008).

위험에 처한 아동을 감별하기 위해 이상과 같은 질문들과 함께, 놀이치료자는 '외상 사건에 대한 아동의 반응 척도 개정판(Child's Reaction to Traumatic Events Scale-Revised)'(Jones, Fletcher, & Ribbie, 2002)이나 '재난 경험 질문지(Disaster Experiences Questionnaire)'(Scheeringa, 2005)와 같은 평가 도구들을 활용할 수 있다. PTSD 증상들은 '아동용 외상 증상 체크리스트(Trauma Symtom Checklist for Young Children)'(Briere, 1996)를 통해 측정될 수 있다. 다른 추천할 만한 측정 도구들은 미 국립 아동 외상 스트레스 네트워크(National Children Traumatic Stress Network)를 통해서 찾을 수 있다(www.nctsnet.org).

재난 개입 원칙

재난 후에 아동이 보이는 고통스러운 증상에 집중하면, 놀이치료자는 당장의 고통을 경감시키는 데에만 급급해질 수도 있다. 하지만 위기의 초기 단계와 후기 회복 단계 동안 놀이치료자는 응급 정신건강 지침의 원칙을 따르는 데 있어 단호한 태도를 유지해야 한다. 국립 아동 외상 스트레스 네트워크(Brymer et al., 2006), Speier(2000), 세계보건기구(World Health Organization, 2003), Baggerly(2006b, 2010)가 제시한 원칙들을 통합·정리하면 다음과 같다.

- 놀이치료자는 정부 기관[예: 연방 응급 관리 기구(Federal Emergency Management Agency) 혹은 학교 지역]이나 NGO(미국 적십자, 지역 교회)에서 설치한 재난 구조 지역에 한해서 배치된다.
- 놀이치료자는 사고 관할 조직에 소속을 등록하고, 관할 책임자가 제공하는 지침을 따른다.
- 놀이치료자는 다른 전문가들과 협력하여 아동을 위한 개입 시간표를 작성하고 시행한다.

- 놀이치료자는 깊은 호흡, 긍정적 자기대화, 주도적 자기돌봄 등을 통해 내적 불안을 관리함으로써 차분하고 불안하지 않은 상태를 유지한다.
- 아동이 정상적으로 회복할 것이라는 기대를 그가 이해할 수 있는 방식으로 전달하여 재난에 대한 반응이 지나치게 병리화되지 않게 한다(Brymer et al., 2006).
- 개입 프로토콜은 다양한 환경적 · 문화적 요인과 개인적 성격을 반영하여 유연하게 수립한다.
- 아동의 발달 수준에 적합한 방법으로 반응한다.
- 아동의 감정 상태가 전형적인 정서 상태와 어떻게 다른지 인식한다. 아동이 일반적으로 활발하고 우호적인 경우에도, 심하게 두려움을 보이거나 움츠러드는가?
- 아동이 현재 상황이나 부모님 혹은 주요 인물/애완동물을 편안하게/안전하게 느끼는지 판단한다.
- 무조건적 긍정적 존중, 진실성, 공감이 주어진다면, 아동이 자기주도적으로 긍정적으로 나아갈 수 있다는 믿음을 전달한다(Landreth, 2012).

놀이치료자가 이와 같은 원칙들을 따르게 되면, 다른 재난 구조자들에게는 소중한 팀 구성원으로 인식될 것이고 아동들과 가족들에게는 신뢰할 만한 조력자로 인정받을 것이다.

놀이기반 집단 개입

재난 후 놀이치료자는 즉각적인 후속 조치 단계(사건 직후 몇 주까지), 단기 회복 단계(몇 주에서 사건 후 일 년 뒤까지), 장기적 회복 단계(일 년 혹은 그 이상까지)에 개입하게 된다. 개입 조치들은 어떤 단계인지에 따라 달라진다(La Greca & Silverman, 2009). 즉각적인 후속 조치 단계에서 아동은 심리적 응급처치와 규모가 큰 집단 차원으로 치료를 받게 되는데, 이는 전형적인 증상을 줄이고자 함이다. 단기 회복 단계에서는 전형적 증상이 계속되거나 심각한 비전형적인 증상을 보이는 아동에게 소집단 놀이기반 개입이 가능하다. 일상생활 단계로 돌아오면서 지속적으로 비전형적 증상을 보이는 아동에게는 소집단 놀이치료를 실시한다.

즉각적인 후속 조치 단계

즉각적인 후속 조치 단계에서, 재난 생존자들은 신체적 안전과 실질적인 원조의 필요성 때문에 쉼터나 시설에 모인다. 이때의 초점은 즉각적인 욕구의 충족과 안전이다. 심리적 개입은 증상과 장기적인 어려움을 경감시키는 목적을 위해 간결해야 하고, 현재에 초점을 두어야 한다(La Greca & Silverman, 2009). 이 단계에서 선택 가능한 개입방법에는 심리적 응급 처치(Psychological First Aid: PFA)가 있다(La Greca & Silverman, 2009). "PFA는 아동, 청소년, 성인 그리고 가족을 돕기 위해 고안된 증거기반 개입법이다. 외상 사건으로 인한 초기 고통을 경감시키고 단기적 · 장기적 적응과 대처 기능을 향상시키기 위해 고안되었다."(Brymer et al., 2006, p. 5) 이러한 개입은 보통 재난 구제 센터나 의료 시설 또는 안전이 확보된 재난 현장 근처에서 15~20분 동안 일대일 방식으로 이루어진다. Baggerly와 Mescia(2005)는 아동들을 위해 PFA 접근을 수정해서 C^3ARE 모델을 개발하였다.

C^3ARE

C^3ARE은 점검하기(Check), 연결하기(Connect), 안정화하기(Comfort), 평가하기(Access), 의뢰하기(Refer), 교육하기(Educate)의 줄임말이다.

- 점검하기(Check): 상황실 요원은 현장이 안전하지 점검한다. 점검할 때에는 공식적 조직의 책임 주체와 함께한다. 스스로 차분한 상태인지 확인한다. 어떤 아동에게 긴급한 개입이 필요한지 점검한다.

- 연결하기(Connect): 아동 생존자와 부모 혹은 보호자와 접촉한다. 다음과 같은 진술문을 쓰면 된다. "안녕, 내 이름은 제니퍼야. 얘는 나의 강아지 세프야. 양치기 개이지. 나는 이곳을 돕는 구조팀과 함께 오늘 도착했어. 내가 잠시 동안 방문할 수 있겠니? 너는 세프를 돌보아 줄 수 있니? 너의 이름은 무엇이니? 오늘 누가 너와 함께 왔니?"
- 안정화하기(Comfort): 아동을 차분하게 안정시킨다. 다음과 같은 질문을 할 수 있다. "네가 좀 더 편안해질 수 있도록 내가 무엇을 할 수 있을까? 물이나 과자를 좀 줄까? 너는 마음을 가라앉히고 싶을 때 주로 무엇을 하니? 나한테 편안해지는 몇 가지 방법이 있단다. 배워 보지 않을래?" 그리고 깊은 호흡이나 근육 이완과 같은 안정화 기술을 가르친다.
- 평가하기(Access): 아동 생존자의 신체적 · 행동적 건강 상태와 대처 및 기능 수준을 판별하기 위해서 관찰 평가를 실시한다. 도움이 될 만한 질문들은 다음과 같다. "너의 몸에서 지금 아프거나 이상하게 느껴지는 부분은 없니? 그림을 그려 보고 무슨 그림인지 얘기해 줄래?" 아동은 그림과 이야기를 통해 자신의 욕구와 재난에 대한 인식을 드러낸다. 예를 들어, 대처를 잘하는 일부 아동은 허리케인을 그리지만 가족들은 안전한 곳에 있다고 묘사할 수 있다. 반대로, 고통스러운 경험을 한 아동은 가족들이 물에 빠져 죽어 가거나 부상을 입은 그림을 그릴 수 있다. C^3ARE는 신속한 개입방법이기 때문에 표준 심리검사들은 사용하지 않는다.
- 의뢰하기(Refer): 가족이 기존에 있었던 사회적 지지망과 연결될 수 있도록 돕는다. 공식적인 지원, 전문 서비스와 자원을 제공받을 수 있도록 구두로 혹은 문서로 의뢰한다. 도움이 될 만한 자료로는 '아동이 재난에 대처하도록 돕기'(www.fema.gov)와 '재난 혹은 외상적인 사건 후에 아동 · 청소년과 이야기하기'(www.samhsa.gov/dtac)가 있다.
- 교육하기(Educate): 아동에게 재난에 대한 일반적인 반응과 스트레스 관리 전략과 회복 기술을 교육한다. 이와 관련된 내용이 〈표 12-2〉와 〈표 12-3〉에

제시되어 있다(Baagerly & Exum, 2008). 당장의 필요를 해결하기 위한 행동 계획을 수립해야 한다. "모두가 그러는 건 아니지만, 무언가 무서운 일이 일어난 다음에는 많은 아이가 불편한 감정이나 생각을 가지게 된단다. 어떨 땐 몸이 불편하다고 느끼기도 하는데, 그래도 괜찮아. 보통은 일시적이거든. 너는 평소 기분이 안 좋을 때, 기분이 좋아지기 위해 어떻게 하니? 내가 새로운 활동과 게임들을 알려 줄 수도 있는데." 놀이치료자는 아동에게 자신의 손을 머리 뒤에 얹고 심장 박동을 늦추면서 '나비 호흡'을 어떻게 하는지 보여 줄 수 있다. 그리고 양팔을 가슴에 모으고 번갈아 가며 팔을 두드리는 '나비 포옹'을 알려 줄 수도 있다. 아동으로 하여금 외상을 떠올리게 되는 어떤 그림을 접어서 안전한 곳에 두도록 유도할 수도 있다. 마지막으로, 놀이치료자는 아동이 지금 여기에 집중하도록 하기 위해서 3-2-1 게임을 가르쳐 줄 수도 있다. 이 게임은 현재 아동의 눈높이에서 보이는 것 세 가지, 들리는 것 세 가지, 만질 수 있는 것 세 가지를 외치게 한 다음, 보고 듣고 만질 수 있는 것 두 가지, 마지막으로 보고 듣고 만질 수 있는 것 한 가지를 말하게 하는 것이다.

한 가족에게 C^3ARE 개입을 실시한 후, 놀이치료자는 여러 가족의 아동을 만나고 그들이 서로 연결될 수 있도록 대집단 게임을 기획하여, 재난 구호 지역 내의 여러 가족에게 C^3ARE를 실시할 수도 있다. 놀이치료자가 가족들을 만날 때에는 침범하지 않는 것이 중요하다. 따뜻한 미소를 지으며 사람들을 향해서 천천히 걸어가고, 눈 맞춤이 이루어질 때까지 기다리고 나서 자신을 소개하는 것으로 비침범적인 접근을 할 수 있다.

아이 구역

C^3ARE 개입을 수용하는 여러 가족이 안정화된 후, 놀이치료자는 재난 구호 지역에 있는 개방된 공간에 '아이 구역(Kid's Corner)'을 설치할 수 있다. 이 구역을 설치하는 목적은 전통적인 놀이치료를 실시하기 위해서가 아니라, 아동이 혼란스러운

재난 현장 속에서도 다른 사람들과 연결되고 친숙한 활동을 통해 휴식을 취할 수 있도록 돕기 위함이다. 개방된 넓은 공간의 일부를 의자로 빙 둘러놓기만 해도 아이 구역이 될 수 있다. 놀이치료자는 차, 비행기, 인형, 의료상자, 강아지, 벽돌 등 표현적이거나 양육적인 장난감들 또는 크레용, 마커, 찰흙, 모루, 모래, 피규어 등의 미술 도구나 카드, 체커와 같은 게임 등을 펼쳐 놓을 수 있다. 이때 여러 가지 공격성

표 12-2 재난 이후에 많은 아동에게 나타나는 변화

사고	감정
• 혼란스러움 • 사고의 어려움 • 기억의 어려움 • 빈약한 사고 • 두려운 생각 • 항상 그것에 대해 생각함 • 항상 나쁜 부분에 대해 기억함	• 두려움 • 슬픔 • 화가 남 • 어떤 것도 느낄 수 없음 • 죄책감 • 당황스러움 • 항상 스트레스 상태임
행동	**증상**
• 홀로 앉아 있음 • 항상 두리번거림 • 소리 지르기, 치기, 싸우기 • 울음 • 학업에 집중할 수 없음 • 배고프지 않거나 항상 배가 고픔 • 잠을 잘 수 없거나 항상 잠을 잠 • 어설픔 • 계속해서 앉아 있지 못함 • 재난을 상기시키는 것을 멀리함	• 먼 곳을 응시함 • 위장 통증 • 두통 • 어지러움 • 이유 없이 땀을 흘림 • 이유 없는 오한 • 조마조마함 • 악몽
신(God)	
• 신이 떠난 것 같다는 생각 • 신에 대해 혼란스러움 • 신에 대해 화가 남 • 기도하고, 찬양하거나 교회/예배당에 가기 원하지 않음	

을 분출하는 장난감(예: 총, 수갑, 보보 인형)은 적합하지 않다는 것이 재난 회복 경험을 통해 발견되었다. 구체적으로는 다음 두 가지 이유 때문이다(Baggerly, 2006b). 첫째, 아이 구역은 아동이 오고 가는 곳이기 때문에 참여자들을 선발하는 것이 불가능하다. 그런데 어떤 아동은 공격성을 표출하는 장난감을 가지고 놀 때 지나치게 공격적일 수 있고 제한에 반응하지 않을 수도 있다. 두 번째, 개방된 공간이기 때문에, 성인 재난 생존자가 아동의 공격적인 행동을 위협적이거나 고통스럽게 받아들일 수 있다. 그러므로 공격적인 장난감들은 놀이치료 도구 상자에서 모두 치우는 것이 좋다. 아동이 이 구역에 들어올 때는, 부모가 아동의 이름과 부모의 이름, 전화번호, 의료적 특이사항(알레르기, 당뇨) 등을 기록하고 등록하도록 한다. 아동의 안전을 위해, 부모에게 확인증(특정 아이의 번호)을 주고 아동이 이름표를 부착하도록 돕는 것이 필요하다. 아동이 이 구역에서 놀이를 할 때 놀이치료자는 놀이 행동을 점검하고, 감정을 반영하고, 놀이 행동을 연결시키고, 필요하다면 치료적 제한을 설정할 수도 있다. 하지만 공식적인 집단놀이치료 회기는 아니다.

대집단 활동 게임

놀이치료자는 아이 구역에서 비지시적으로 놀이하고 있는 아동에게 대집단 게임을 소개해 줄 수 있다. 대집단 게임을 이름 게임(name game)으로 시작하면 아동이 서로 소개하는 데 도움이 된다. 치료놀이 연구소(The Theraplay®Institute, 2005)는 이름 게임을 추천하는데, 이 게임은 참여자들이 "나는 ……입니다."를 다양한 어조의 목소리로 말하고, 다른 아동은 "너는 ……입니다."라고 똑같이 세 번 따라 하는 것이다. 아동은 재난 구호 지역 내에서 수일 동안 제한된 생활을 하기 때문에 활동적인 대근육 게임을 하면서 억눌린 에너지를 방출할 수 있다. 많이 사용하는 게임으로는 '오리, 오리, 거위(Duck, Duck, Goose)'가 있다. 이 게임에서 아동은 원 모양으로 둘러앉고, 한 아동이 원 바깥을 돌면서 다른 참여자의 머리를 터치하며 "오리." 라고 말한다. 그 아동이 "거위."라고 말하면, 터치를 받은 아이는 원 주위를 따라 다른 아동을 뒤쫓는다. 첫 번째 술래 아동은 잡히기 전에 빈 자리에 앉아야 한다. 만약 그 아동이 잡히면, 잡힌 아동은 원 중앙에 3분 동안 앉아 있어야 한다. 다른 활동 게임으로는 '빨간 불, 초록 불(Red Light, Green Light)'(즉, 아동들은 리더가 "초록 불."이라고 말할 때 결승선을 향해 달리고, 리더가 "빨간 불."이라고 하면 멈춘다), '그대로 멈춰라(Dance Freeze)'(즉, 아동들은 춤을 추고 음악이 멈추면 동작을 멈춘다), 깡충깡충 뛰기 릴레이(relays of hopping), 뒤로 기어가기(crawling backwards), 2인 3각 경주(three-legged races) 등이 있다. 더 많은 활동적인 집단 게임은 11장에 소개되어 있다.

대집단 심리교육

일단 아동이 놀이 시간과 활동적인 게임에 참여하고 나면, 놀이치료자는 아동에게 심리교육 회기를 안내할 수 있다. 이 심리교육의 목적은 재난과 관련한 사실에 대해 제대로 알려 주어서, 재난 반응 증상들을 정상화하고, 긍정적인 대처 기술을 향상시키는 것이다. 놀이치료자는 아동에게 재난과 관련한 일반적인 오해들과 사실을 구별하는 데 도움을 주기 위해 퍼펫쇼를 만들 수 있다. 퍼펫쇼에서 강아지, 토끼 같은 작은 퍼펫은 개, 부엉이와 같이 더 큰 퍼펫에게 두려워하는 것에 대해 물어본다(Baggerly, 2006a).

토끼: 나는 허리케인이 와서 내가 그 소용돌이 속에 들어가 버릴까 봐 너무 무서워. 넌 허리케인이 나를 잡을 수 있다고 생각하니?

부엉이: 많은 작은 토끼가 허리케인에 대해 무서워하고 걱정하지. 가장 안전한 방법은 가족들과 함께 대피소에 머물며 가족들에게 안겨 우선 진정하고 나서 다른 아이들과 함께 노는 것이야.

토끼: 난 허리케인이 우리 집을 무너뜨리는 악몽을 꾸었어. 어쩌면 내 꿈이 실제로 일어날지도 몰라!

부엉이: 작은 토끼야, 꿈이라는 건 어떤 일이 일어나게 하지는 못해. 꿈은 단지 우리가 염려하는 것을 보여 주는 거야. 많은 사람이 집에 대해 걱정하고 있단다.

토끼: 그렇지만 만일 안 좋은 일이 우리 집에 일어나면 어쩌지? 그러면 나랑 우리 가족은 어떻게

해야 하지?

부엉이: 너는 미래에 대해 걱정하고 있구나. 지금 우리는 가장 좋은 일이 생기길 바라고 있어. 지금 여기 상황이 다시 안정될 수 있도록 최선을 다하고 있어. 서로에게 친절하고 도움을 주는 가족들은 무슨 일이 일어나더라도 더욱 강해질 거야.

퍼펫쇼 이외의 다른 방법으로는 '뉴스 방송(news broadcast)'이 있다(Kaduson & Schaefer, 2001). 놀이치료자는 토크쇼 호스트가 되고 아동은 전문가인 것처럼 연기하며, 전화나 이메일로 재난에 대한 질문들을 한다. 예를 들어, 놀이치료자는 이렇게 말할 수 있다. "K-N-O-W 라디오 토크쇼에 오신 여러분 환영합니다. 오늘은 우리가 허리케인에 대해 논의해 볼 건데요. 여기 이 분야에 전문가인 몇 분을 모셨습니다. 첫 번째 질문은 이메일로 토머스가 준 질문입니다. '허리케인은 도시 전체를 파괴하거나 물에 잠기게 하나요?' 전문가님, 토마스를 위해 이 질문에 답을 해 주세요." 놀이치료자는 아동의 정확한 포인트에 집중해야 하며, 부가적인 정보를 자세히 설명해야 한다. 예를 들면, "저는 전문가님의 의견에 동의합니다. 덧붙여 기상예보에 따르면 단지 도시의 일부 범위에만 피해가 있을 것이고, 많은 사람이 피해를 입은 사람들을 돕기 위해 준비하고 있다고 합니다."

증상을 정상화(normailze)하기 위해 놀이치료자는 아동이 위에 논의한 다섯 가지 영역의 일반적인 증상들을 골라 그것으로 제스처 게임을 할 수 있도록 한다. 한 아동이 제스처로 연기하면 다른 아동들은 그것을 맞힌다. 이 게임에서 중요한 점은, 모든 아동이 이런 변화(즉, 증상들)에 주목하지 않지만, 놀이치료자는 이 증상들 중 몇 가지를 보이는 아동이 빠른 시일 내에 나아질 수도 있다는 것을 강조하는 것이다.

또한 긍정적인 대처를 증진시키기 위해 놀이치료자는 각 4개 영역의 긍정적인 대처 전략과 관련해 제스처 게임을 사용한다(〈표 12-2〉 참조). 제스처 게임을 한 후에 놀이치료자는 아동에게 비누방울을 불어 보고 심호흡을 해 보라고 한다. 점진적 근육 이완법은 아동에게 군인처럼 각기 다른 근육들을 긴장시켜 보라고 하거나, 헝겊 인형처럼 이완시켜 보라고 하면서 연습해 본다. 놀이치료자는 "우리 가족이 곤경에 처할 때 우리는 도움을 줄 것이고, 친절하게 대할 것이다." 와 같은 긍정적 진술로 응원을 보내는 것으로 집단을 마무리할 수 있다. 이러한 놀이를 기반으로 한 전략들은 대부분 즉각적인 후속 조치 단계를 위해 고안된 것이며, 〈아동을 위한 재난 정신건강과 위기 안정화(Disaster Mental Health and Crisis Stabilization for Children)〉" (Baggerly, 2006a) 비디오에 시연되어 있다.

단기 적응 단계

재난 복구에서 단기간 적응 단계는 보통 처음 몇 주와 재난 이후 일 년까지이다. 많은 아동에게서 전형적인 증상이 계속 나타나거나, 보다 심각한 비전형적인 증상이 나타날 수도 있다. 따라서 증상 감소와 긍정적 대처를 증가시키기 위해 교실기반 혹은 소집단 심리교육을 진행하는 것이 필요하다(La Greca & Silverman, 2009). 『폭풍이 지나간 후에(After the Storm)』(La Greca, Sevin, & Sevin, 2005)와 『미국이 대처하는 것을 돕기(Helping America Cope)』(La Greca, Sevin & Sevin, 2001)와 같이 아동이 외상을 처리하고 효과적인 대처 방식을 개발할 수 있도록 하는 몇 가지 '경험적으로 알려진(empirically informed)' 매뉴얼을 온라인으로 이용할 수 있다. 하지만 이 매뉴얼은 8학년 수준의 읽기 능력이 요구되며 놀이를 기반으로 하는 개입은 아니다. 이 단계에서 적용할 수 있는 또 다른 개입으로는 학교에서 실시하는 외상 후 인지행동적 개입(Cognitive Behavioral Interventions after Trauma in Schools: CBITS)이 있다. 이 개입은 PTSD와 우울에 있어 임상적, 통계적으로 유의미한 효과가 있었다(Jaycox et al., 2010). 하지만 CBITS에 관한 연구는 4학년 이상의 아동에게 적용된 것이다. 더 어린 아동에게는 발달적으로 놀이가 적합한 접근 방식이다(Landreth, 2012). 그러므로 Baggerly(2006b)와 Drewes(2009)는 놀이치료자에게 인지행동적 접근과 놀이치료를 병행하도록 조언하고 있다. 앞서 언급한 대집단 심리교육적 개입은 교실 혹은 소집단 심리교육 회기에서 시행할 수 있다.

소집단 놀이치료

심각한 위험에 처해 있고 계속 비전형적 증상에 시달리는 아동에게는 더 집중적인 개입이 필요하다. 또래 지지가 재난 회복에서 가장 큰 영향을 미치는 요소 중에 하나라는 사실이 연구로 입증되었다(La Greca, Silverman, Lai, & Jaccard, 2010). 따라서 소집단 놀이치료는 재난 후 PTSD의 위험이 있는 아동에게 필수적이다. 놀이치료자는 비슷한 성별과 연령의 아동 2~4명 정도를 선발한다. 소집단 놀이치료에서는 외상 기반 아동중심 놀이치료(Trauman-Informed Child-Centered Play Therapy: TICCPT)를 시행할 수 있다(Baggerly, 2012). TICCPT는 표준 아동중심 놀이치료 집단 30분과 인지행동 심리교육 활동을 통합한 것이다(Baggerly, 2012).

아동중심 놀이치료

놀이치료자는 아동중심 놀이치료 30분 동안에, 아동의 놀이 행동을 따라가고, 감정과 내용을 반영하며, 책임감을 돌려주고, 자존감을 증진시키며, 이해를 촉진하고, 재난과 관련한 주제의 의미를 확장하는 반영을 한다(Landreth, 2012). 예를 들어, 나(Baggerly)는 2005년 허리케인 카트리나가 닥친 후에 뉴올리언즈의 슈퍼 돔으로 대피했던 6세 남아와 7세 사촌과 함께 소집단 놀이치료 회기를 가졌다. 비지시적인 놀이를 하는 동안 소년은 의자 위로 올라가서 소리쳤다. "오, 안 돼! 물이 나를 휩쓸고 지나갈 거야." 나는 "너는 몹시 두려웠구나."라고 소년의 감정을 반영해 주었다. 그러자 그는 의자에서 뛰어내리며 물에 빠진 척했다. 나는 아동의 연기에 대해 "너는 허리케인이 지나가고 많은 사람이 그랬던 것처럼 죽었구나."라고 말하며 아동의 놀이에 대한 이해를 촉진시켰다. 그의 사촌은 장난감 의료 키트를 가지고 달려오며 "내가 너를 구해 줄게."라고 말했다. 나는 "너는 정말로 그를 구해 주고 싶구나."라고 감정을 반영해 주었다. 그 여자아이는 사촌을 다시 살려내는 것처럼 연기하였다. 나는 여자아이에게 "너는 그것을 해냈구나!"라며 용기를 북돋워 주었다. 또한 "너처럼 많은 사람이 허리케인이 지나가는 동안 다른 사람들을 구조하기를 원했단다. 사람들이 죽는 것이 너무 두렵고 슬픈 일이기 때문에 그런 힘이 있기를 간절히 바랐단다."라고 그의 놀이 행동의 의미를 확장시켜 주었다.

소집단 심리교육 활동

놀이치료자는 아동중심 놀이치료를 30분 동안 실시한 후에, 아동에게 이제 20분간 다른 활동을 할 거라고 알려 준다. 심리교육 활동의 목표는 안전감 증진, 과잉각성 조절, 침투적 증상 감소, 재난과 관련된 자극 회피 조절, 잘못된 귀인 감소, 긍정적 대처 기술 증진이다(Baggerly, 2012; Feliz, Bond, & Shelby, 2006). 놀이치료자는 아동의 욕구와 발달단계에 근거하여 유연하게 활동을 선별하고, 순차적으로 시행할 수 있다. 아래에서 설명하고 있는 놀이를 기반으로 한 방법들은 Baggerly의 영상(2006a)에서 찾아볼 수 있다.

안전 기술

아동은 현재 안전한 상태에 대한 지표를 확인하는 놀이를 하면서 안전 기술을 배울 수 있다. 이를 통해 아동은 과거의 두려움과 현재의 상황을 구분하는 것을 배울 수 있다. 아동은 신체적으로 안전할 때 심리적인 안전감을 발달시키는 안전한 장소에 관한 그림을 그릴 수 있다. 아동은 그림을 내면화하는 것을 배울 수 있다. 또한 놀이치료자는 미래의 재난에 대비한 안전 계획과 안전 키트(kit)를 만들도록 도울 수 있다.

과잉각성 조절

놀이치료자는 아동에게 자기진정 이완 기술을 가르칠 수 있다. 이 기술은 신체를 진정시키고 '투쟁-도피 반응'을 비활성화하여 과잉각성 증상을 조절하는 데 도움이 된다(Perry et al., 1995). 아동은 바람개비를 불거나, 장미향을 맡거나, 양초를 불어 끄는 척하는 놀이 활동을 하면서 심호흡법을 배울 수 있다. 놀이치료자는 점진적인 근육 이완을 할 수 있도록 아동에게 장난감 군인처럼 근육을 긴장시켜 보라고 하거나 봉제 인형처럼 이완시켜 보라고 한다. 놀이치료자는 아동에게 행복한 장소를 그려 보라고 하거나, 긍정적인 결말로 끝나는 상호 이야기 만들기에 참여하고, 평화로운 장소를 묵상해 봄으로써 긍정적인 이미지에 초점을 맞추도록 가르쳐 줄 수 있다(Baggerly, 2010).

침투적 사고 다루기

놀이치료자는 아동에게 암묵적 기억 속에 재난과 관련하여 암호화되어 있는 침투적 사고를 조절하는 방법을 가르쳐 준다(Perry et al., 1995). 이러한 방법 중의 하나로 '너의 마음 안에 있는 CD를 바꿔라(Change the CD in your mind)'가 있는데, 이는 부정적인 사고를 "나는 지금 안전해요. 그리고 나는 그것을 알고 있지요. 왜냐하면 나는 ……을 갖고 있기 때문이에요" 와 같이 긍정적인 결말의 노래, 글, 또는 이야기로 대체하는 것이다. 부정적 사고를 멈추게 하는 또 다른 방법으로는 아이스캔디 막대 위에 정지 표지를 그린 후에, 두려운 생각에 대해 "멈춰."라고 말하며 막대기로 탁자를 치는 것이다. 배 문지르기와 손 문지르기와 같은 기본적인 활동을 함께 사용하는 것도 도움이 된다(Felix et al., 2006).

회피 다루기

놀이치료자는 아동의 재난과 관련한 자극 회피를 다루기 위해 자극에 대한 점차적인 단계적 노출과 이완을 이용한 체계적 둔감화 방법을 시행한다. 예를 들어, 어떤 아동은 허리케인이 발생했을 때 가족이 욕조 안에 있었던 상황이 연상되어 욕조에서 목욕하는 것을 두려워할 수 있다. 이 사례에서 놀이치료자는 아동이 이완할 수 있도록 가르친 다음, 아이의 얼굴을 젖은 수건으로 닦도록 하고, 점차적으로 싱크대에서 씻도록 한 후에 부모에게 아동을 욕조 근처에서 씻기도록 한다. 그리고 마지막으로 물을 얕은 높이로 받은 후 욕조에서 씻어 보는 것을 시도할 수 있다(Baggerly, Green, Thorn, & Steele, 2007). 부모는 이 과정을 함께 하며 아동이 단계를 넘어설 때마다 긍정적으로 강화해야 한다.

잘못된 귀인 다루기

아동의 인지 수준은 자기중심적이고 구체적 인지 발달 상태에 있다. 어떤 아동은 자연재해의 원인을 자신의 악몽이나 누군가의 나쁜 행동 때문이라고 잘못 귀인할 수 있다. 놀이치료자는 아동의 잘못된 귀인을 확인하고 정확한 정보를 제공해 주어야 한다. 잘못된 귀인을 바로잡는 방법에는 '쓰레기-보물(trash or treasure)'이라는 놀이가 있는데, 재난과 관련해서 납득 가능한 근거들을 모아 Q분류(Q-sort)를 만들고 아동에게 쓰레기 또는 보물(즉, 사실이 아닌 혹은 사실)로 분류하도록 한다(Felix et al., 2006). 놀이치료자는 아동에게 재난을 유발한 사람 또는 원인이 되는 대상을 그려 넣을 비난상자(a blame box)를 만들 수 있게 돕는다. 그런 다음 놀이치료자와 아동은 사실적인 근거들을 골라낸다. 또한 잘못된 귀인과 정확한 근거는 앞서 제시한 퍼펫쇼나 라디오 토크쇼를 통해 표현해 볼 수 있다.

긍정적 대처

긍정적 대처는 독서치료를 하면서 강화할 수 있다. 놀이치료자는 『끔찍한 일이 일어났어요(A Terrible Thing Happened)』(Holmes, 2000)나 『용감한 남작(Brave Bart)』(Shephard, 1998)과 같은 외상 회복에 관한 이야기를 부드럽고 차분한 목소리로 읽어 준다. 놀이치료자는 아동에게 퍼펫이나 놀잇감을 사용해서 책 속의 등장인물이 재난에 어떻게 반응했는지 그리고 대처할 수 있는 방법을 표현해 보도록 제안한다. 그런 다음 아동의 반응이나 대처 기술이 등장인물과 어떤 점에서 비슷한지 또는 다른지에 대해 논의해 볼 수 있다.

놀이치료자는 또 다른 이야기치료 활동으로 Maya Angelou의 '삶은 나를 전혀 두렵게 만들지 못해(Life Doesn't Frighten Me at All)'(Green, Crenshaw, & Drewes, 2001)를 읽어 줄 수 있다. 놀이치료자는 아동에게 이 이야기에서 중요한 이미지를 찾아보라고 한다. 그 다음 놀이치료자는 아동에게 종이 중앙에 선 하나를 그어 보게 하고 왼편에는 두려워하는 장면을 표현하도록 하고, 그 과정을 주의 깊게 침묵하며 관찰한다. 아동이 장면을 다 만들고 나면, 놀이치료자는 그 그림이 상징하는 주제와 그 장면에 대해 토론한다. ① "그 이야기는 너에게 네 삶의 어떤 것을 생각나게 했니?" ② "만일 네가 이 그림 속에 있다면, 어떤 기분이 들 것 같니?" ③ "이 장면은 어떤 이야기를 말해 주고 있니?" ④ "이 장면 전/후에 무슨 일이 일어났니?" "만일 네가 이 장면에 제목을 붙인다면 무엇이라고 부르겠니?" 마지막으로, 놀이치료자는 아동에게 두려움과 불안을 극복하는 방법에 대해 설명해 주고, 그 장면을 종이의 오른쪽에 그리도록 한다.

긍정적 대처 기술을 자신의 것으로 만들고 내면화하는 활동에는 '대처 상자(The Coping Box)' 기법이 있다(Baggerly, 2007; Green, 2007; Felix et al., 2006). 먼저, 놀이치료자는 쓰고 남은 신발 상자를 구해서, 아동에게 그 상자 주위에 공작용 판지를 세우도록 하고 뚜껑으로 위를 덮게 한다. 아동은 잡지에서 자신의 정체성 일부를 나타내거나, 고통스러울 때 빨리 회복할 수 있도록 하는 어떤 상징이나 이미지들을 오려 낸다. 다음으로 아동은 그 이미지들을 상자에 붙인다. 놀이치료자와 아동은 미리 자른 사각형 모양의 공작용 판지 10개에 열 가지 대처 기술을 적는다. 아동이 상자 안에 대처 기술을 적은 종이를 넣고 나면, 상자에서 전략 기술 종이 한 장을 꺼낸다. 그 후 상담자는 그 대처 전략을 역할 놀이를 통해 연습할 수 있도록 지도한다.

마지막 집단놀이치료 회기에서 놀이치료자는 '마음 대처하기(A Coping Heart)' (Baggerly, 2007; Green, 2007; Felix et al., 2006)를 만들어 대처 기술을 다시 강조할 수 있다. 이 개입은 아동의 내면화된 대처 전략과 관련해서 미래의 안전감과 발달에 대한 인식을 확장시키기 위한 것이다. 놀이치료자는 하트 모양이 그려진 빨간 종이 한 장을 건네주고, 아동에게 하트의 가운데 부분에 세로로 선을 하나 그리고, 가로로 선을 하나 그려 네 등분하도록 한다. 그런 다음 아동이 두렵거나 고통스러운 상태에 있을 때, 스스로 기분이 나아지는 활동에는 무엇이 있는지 생각해 보도록 한다. 아동은 나누어진 하트의 네 부분에 대처 활동 한 가지씩을 그려 넣는다. 그림을 그린 후에 펀치로 하트 위쪽에 두 개의 구멍을 뚫는다. 놀이치료자는 아동의 목에 걸 수 있을 만큼 길게 실을 잘라서 아동의 목에 하트를 걸어 준다. 놀이치료자는 아동에게 집단의 다른 구성원을 위해 자신의 대처 기술이 무엇인지를 말해 보게 하고, 가능하다면 역할 놀이를 해 보도록 한다. 마지막으로, 놀이치료자는 외상으로 인한 불안에 대처하는 방법을 연습하는 것으로 자신의 마음을 보호하고 안전하게 지킬 수 있는 능력이 아동에게 있음을 상기시켜 준다.

표 12-3 재난 이후에 아동의 기분이 나아지도록 할 수 있는 것

사고	감정
• 무언가 적거나 그림을 그린다. • 한 번에 한 가지씩 한다. • 네가 무엇이 필요한지 생각한다. • 계획에 대해 생각한다. • 질문한다. • 있고 싶은 좋은 장소나 좋은 사람에 대해 생각한다. • 좋지 않은 생각이 들 때 "그만."이라고 외친다.	• 우는 것은 괜찮다. • 화가 나는 감정을 느끼는 것은 괜찮다. • 무엇을 느끼는지 말한다. • 가족과 친구들에게 자신의 감정에 대해 말한다. • 웃는다. • 행복한 느낌을 기억한다.
우리가 하는 일	**신체와 뇌**
• 다른 사람과 함께 놀이한다. • 가족과 포옹한다. • 다른 사람을 돕는다. • 도움을 청한다. • 즐겁게 지낸다. • 이완, 이완, 이완한다. • 밖으로 나간다. • 책을 읽는다. • 노래를 부르고 춤을 춘다. • 그림을 그린다.	• 달리고 뛰거나 자전거를 탄다. • 단것을 너무 많이 먹지 않는다. • 물을 마신다. • 깊고 천천히 숨을 쉰다. • 비누방울을 분다. • 군인처럼 근육을 긴장시키고 봉제인형처럼 이완시킨다.
신(God)	
• 기도한다. • 영적인 책을 읽는다. • 찬양한다. • 교회나 예배당에 간다. • 신에 관하여 가족이나 종교 지도자와 이야기한다.	

장기적인 회복 단계

재난 회복의 마지막 단계는 장기적인 회복을 의미하며, 재난으로부터 1년이 지난 시점에서 아동이 더 이상 증상을 보이지 않고, 재난 이전의 기능 수준 혹은 더 나아진 상태로 회복하는 것이다. La Greca와 Silverman(2009)은 이 단계에서 외상 중심 인지행동치료(Trauma-Focused Cognitive Behavioral Therapy: TF-CBT; Cohen, Mannarino, & Deblinger, 2012)가 가장 강력한 증거를 가진 개입이라고 밝혔다. 그러나 그러한 TF-CBT에 대한 증거들은 높은 연령의 아동을 대상으로 하였다. 그러므로 놀이치료자는 단기 적응 단계에서 인지행동치료와 놀이치료를 통합하는 것이 좋다(Baggerly, 2012; Drewes, 2009). 이 과정에 대한 자세한 내용은 14장에서 다루고 있다.

결론

아동은 재난 발생 시 가장 취약할 수 있는 집단 중 하나이다. 미연방 국립아동재난협의회(United States National Commission on Children and Disasters)에서는 놀이치료자와 같은 정신건강 전문가가 재난을 겪은 심각한 아동을 위해 준비되어야 한다고 권고한다. 자연재해 또는 인재 발생률을 볼 때, 매년 약 3백만 명의 아동이 재난에 노출된다. 인지, 정서, 행동, 신체 그리고 영적인 다섯 가지 영역에서 나타나는 아동의 전형적인 증상은 보통 단기간 내에 해결된다. 그렇지만 일부 아동은 우울, 불안과 PTSD와 같은 계속되는 심각한 비전형적 증상에 시달린다.

놀이치료자는 재난 개입 원칙을 지켜야 한다. 재난 개입 원칙은 초대받은 경우에만 행동을 개시하기, 재난 회복의 각 단계에서 불안해하지 않은 상태를 유지하는 것이다. 놀이치료자는 즉각적인 후속 조치로 점검하고, 연결하고, 안정화하고, 평가, 의뢰 및 교육하는 심리적 응급 처치 C^3ARE 모델을 시행할 수 있다. 또한 아동을 위한 아이 구역(Kid's Corner)을 만들고 대집단 활동 게임과 대집단 심리교육을 진행할 수 있다. 단기 적응 단계에서 놀이치료자는 TICCPT를 통한 소집단 놀이치료를 시행할 수 있는데, 이는 아동중심 집단놀이치료 30분과 인지행동 심리교육 활동 20분을 통합한 것이다. 아동은 이러한 활동으로 안전방법, 과잉각성, 침투적 사고, 회피, 잘못된 귀인에 대해 배우며, 긍정적 대처를 향상시킬 수 있다.

재난 대처 집단놀이치료는 아동의 발달과 안전감 손상으로 인해 일반적인 집단놀이치료보다 놀이치료자에게 훨씬 어려운 도전이 될 수 있다. 그러므로 놀이치료자는 훈련, 지도감독, 자기돌봄을 통해서 소진(compassion fatigue)에 대비하여 회복탄력성이 증대될 수 있도록 노력해야 한다. 아동이 재난 대처 집단놀이치료를 통해 회복할 수 있는 존재(resilient beings)로 변화하는 과정은 놀이치료자에게 의미 있는 경험이 될 것이다.

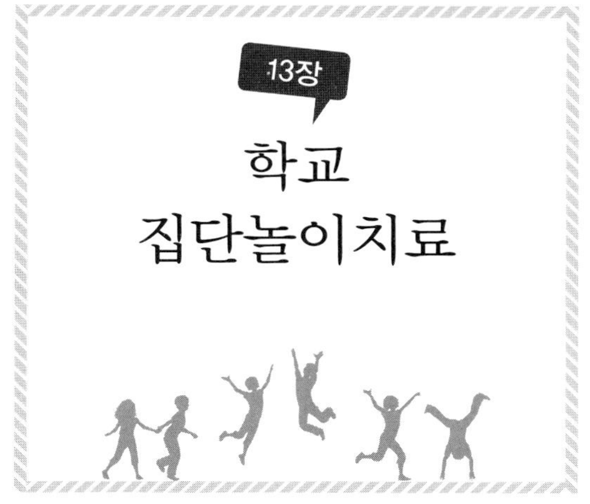

13장

학교 집단놀이치료

이 책에서 우리는 집단놀이치료의 이론적 근거, 중요성, 과정을 강조했다. 따라서 정신건강 세팅에서 집단놀이치료를 활성화시키는 것이 필수적이고 도움이 된다는 사실을 쉽게 받아들일 수 있을 것이다. 하지만 특수한 환경인 학교에서 집단놀이치료를 촉진하는 데 있어 학교가 가진 독특한 특성과 장애물들이 부정적 영향을 미칠 수 있다. 학교에서 집단은 일반적으로 교육적 목적이나 경제적 효율(최소한의 자원으로 최대 인원에게 제공되는) 차원에서 활용된다. 일반적으로 학교 문화에서는 정신건강 차원의 집단 모델과 학교 양식을 결합할 때 놀이에 집중하고 아동이 주도하도록 하고, 학업적 성취를 위해 정서적 건강을 우선시하는 것이 쉽게 받아들여지기 어렵다.

전형적으로 학교는 아동의 학업 향상을 돕기 위해 정신건강 전문가를 고용한다. 학교에서 업무를 맡은 놀이치료자를 위해, 놀이치료 개입과 학업적 성취를 결합하는(connect) 것이 반드시 필요하다. 놀이치료를 통해 아동은 안전하다고 느끼고, 학교에서 긍정적인 관계를 형성하며, 내적 갈등이 완화되는 과정에서 학업적 능력을 개발할 수 있는 모든 부분에 대해 배울 수 있는 도움을 받는다. 아동이 자기 자신을 수용하고 긍정적인 자기존중이 가능해지면, 아동은 다른 사람들에게 배우는 것을 받아들이려고 한다(Ray, 2011). Landreth(2012)는 학교놀이치료의 목적이 "아동이 제공받은 학습 경험에서 유익을 얻을 수 있는 상태가 되도록 돕는 것"(p. 148)이라고 주장했다. 놀이치료와 지능 사이의 긍정적 관계에 대한 Axline의 초기 연구(1949)에서, 놀이치료는 아동이 학업적으로 성취하도록 자신의 충만한 잠재력을 자유롭게 발휘하고, 지능이 발현되는 것을 제한하는 정서적 한계를 극복할 수 있도록 작용한다고 언급했다.

학업 향상을 측정하는 아동중심 놀이치료에 관한 초기 연구들은 놀이치료가 교실에서의 학습 능력과 IQ 점수를 증가시키는 데 도움이 된다고 주장했다(Axline, 1949; Dulsky, 1942; Mundy, 1957; Shmukler & Naveh, 1984). 이에 덧붙여, 연구자들(Newcomer & Morrison, 1974; Siegel, 1970)은 학습장애를 가진 아동들이 놀이치료에 참여해서, 운동 기능이 향상되고 학습의 어려움이 개선되는 등 유의미한 변화가 있었다는 결론을 내렸다. 최근에는 학교 세팅에 놀이치료를 결합하는 일관된 패턴을 수립하는 것과 관련한 연구가 초등학교에서 진행되었다(Fall, Balvas, Johnson, & Nelson, 1999; Fall, Navelski, & Welch, 2002; Garza & Bratton, 2005; Muro, Ray, Schottelkorb, Smith, & Blanco, 2006; Ray, 2007; Ray, Blanco, Sullivan, & Holliman, 2009; Ray, Schottelkorb, & Tsai, 2007; Schottelkorb & Ray, 2009; Schumann, 2010). 이 연구들은 아동의 외현화 행동, 관계, 특히 ADHD, 공격성, 교사-아동 관계를 탐색했다. Blanco와 Ray(2011)는 학업적 위기를 겪는 1학년 아동을 대상으로 놀이치료가 효과적인지 실험 연구를 실시했다. 이 연구에서 16회기 놀이치료를 받은 아동은 놀이치료를 받지 않은 1학년 아동보다 학업 성취에 있어 유의미한 변화가 있었는데, 이는 놀이치료가 학업 성취와 관련 있다고 밝힌 21세기의 첫 번째 연구로 기록된다. Blanco, Ray와 Holliman(2012)은 초기 연구에서 실험집단에게 놀이치료를 적용했는데, 26회기 동안 아동들의 학업은 꾸준히 향상되었다. 비록 Blanco와 Ray(2011)

의 연구가 개별놀이치료를 적용한 것이지만, 많은 학교에서 집단놀이치료를 활용한 개입이 이루어지고 있다.

최근 학교놀이치료 연구에 대한 메타분석에서, Ray, Armstrong, Balkin과 Jayne(준비 중)는 23개의 입증된 실험 연구 결과를 분석하였는데, 양적 · 질적 측면 모두에서 놀이치료가 학교에서 적용 가능한 적절한 개입방법이라는 사실이 확인되었다고 밝혔다. 모든 연구에서 놀이치료에 참여한 아동이 아무런 개입도 받지 않은 또래와 비교해서 문제 행동이나 문제 특성이 개선되는 등 통계적으로 유의미한 수준의 효과가 있었는데, 놀이치료에 참여한 아동은 또래와 비교했을때 0.20 표준편차 이상 차이를 나타냈다. 메타분석에는 개별놀이치료를 활용한 13개 연구와 집단놀이치료를 적용한 10개 연구가 포함되었다. 개별과 집단이라는 형식에 따른 차이가 나타나지는 않았다.

집단 유형

전형적으로 학교 현장에는 심리교육 집단과 상담집단이라는 두 가지 집단 유형이 있다(Cobia & Henderson, 2007). 학습과 예방을 목적으로 하는 심리교육 집단은 학교에서 상담과 같이 이해되는데, 불안 예방 검사나 의사소통 기술 발달과 같은 특정 문제나 잠재적 문제를 주로 다룬다. 교육하는 핵심 지점을 습득하고 교육 목표를 달성하기 위한 장치로서 놀이를 활용하는 심리교육 집단은 인지행동적 접근의 집단놀이치료와 유사하다. 또한 심리교육 집단은 대집단이나 소집단 형태 모두 가능하다.

학교 현장에서 상담집단은 아동의 어려움이나 발달적 주제를 다루는 것을 목표로 하고 소집단 형태로 이루어지는데, 이는 아동의 개인 내적 혹은 대인관계적 욕구에 부응한다. 상담집단은 집단놀이치료 양식과 같은 특성을 지니는데, 집단구성원들의 주요 의사소통 도구로 놀이를 사용한다. 상담집단은 놀이치료의 이론적 방향에서 논의할 수 있다.

학교에서 놀이를 활용한 심리교육 집단을 운영하는 것과 관련해 다양하게 참조할 수 있는 자원들이 존재하기 때문에(예: Ashby et al., 2008; Parsons, 2007; Reddy, 2012), 이 장에서는 놀이치료를 적용하여 상담집단을 운영하는 것에 초점을 맞출 것이다. 학교에서 제공하는 집단놀이치료는 학습 과정을 방해하거나 학습 과정에 영향을 미치는 개인적인 주제를 다룬다. 집단에서 아동은 놀이를 통해 의사소통하고, 자연스러운 여건에서 또래와 상호작용하면서 다양한 경험을 쌓아 간다. 아동이 또래와 상호작용하고, 또래와의 상호작용에 필요한 대인관계 기술을 개발할 수 있도록 집단을 구성한다. 비지시적 놀이, 아동중심 놀이, 모래, 표현예술과 같은 접근은 사회적 상호작용과 기술을 향상시키는 데 적합하다.

사례

이 사례는 학교상담에 의뢰된 8명의 유치원생과 1학년 3명을 대상으로 한 것이다. 이 아동들은 수업을 방해하거나 사회적 기술 문제를 가지고 있었다. 10월이라 유치원생들은 아직 학교를 낯설어해서, 상담자는 친구를 어떻게 사귈까를 주제로 심리교육 집단 커리큘럼을 활용했다. 상담자는 그 커리큘럼을 주당 30분씩 6주간 실시했다. 또한 상담자는 교실에서 교사가 아동의 행동 문제를 다룰 수 있도록 교사와 함께 작업했다. 의뢰된 1학년들은 지난해부터 문제가 시작되어 점차 악화되고 있는 상태였기 때문에, 상담자는 8회기의 아동중심 집단놀이치료를 실시하기로 했다. 아동 3명 모두 남자였고, 다양한 가족 배경을 가지고 있었으며, 대인관계를 맺는 데 어려움이 있었다.

집단구성원

미구엘

미구엘은 6세의 라틴계였고, 스페인어만 사용하는 가정에 살았다. 미구엘은 영어와 스페인어로 유창하게 말했다. 미구엘은 친부모와 살았고, 부모는 둘 다 저녁까지 밖에서 일을 했다. 미구엘에게는 저녁까지 자신을 돌봐 주는 두 명의 청소년 형이 있었다. 미구엘은 놀이터에서 종종 싸움을 벌이기도 했고, 하루 종일 많은 친구가 자신을 괴롭힌다고 생각했다.

코디

코디는 카프카스 지방 출신으로 영어만 사용하였고 6세였다. 그는 싱글맘인 엄마와 살았고 아빠에 대해서는 전혀 아는 바가 없었다. 코디는 학교에서 끊임없이 혼자 말하고, 자기 살을 꼬집고, 모노톤의 목소리로 크게 소리 지르는 것과 같은 이상한 행동을 보였다. 코디는 학교에서 친구가 없었고 코디 엄마는 집에서도 친구가 없다고 보고했다. 또한 교사나 학교에 있는 다른 어른들과도 소통하기 어려웠고 항상 '자신만의 세계'에 있는 것 같았다.

데이비드

데이비드는 라틴계였지만 오직 영어만 사용했고 이제 막 7세가 되었다. 데이비드의 어머니는 15세에 데이비드를 낳았고 작년부터는 양아버지와 같이 살고 있다. 데이비드는 학급의 또래 아이들보다 덩치가 더 컸다. 비록 다른 사람을 때리지는 않지만, 데이비드는 큰 체격을 이용해 다른 사람을 잡거나 밀치는 방식으로 다른 아동들을 위협하고 원하는 것을 얻어냈다. 많은 아동이 데이비드를 두려워했고 피했다. 또한 다양한 상황에서 데이비드는 담임선생님에게 욕설을 하였다.

집단구성원 선별

학교상담가는 아동과 개별놀이치료 회기를 갖고 집단에 적합한지 평가하였다. 그녀는 지나치게 공격적이거나 대인관계의 어려움으로 인해 집단놀이치료에 참여하기에 부적합한 아동은 없다고 판단했다. 또한 아동들이 서로 관계를 맺으며 도움을 주고받을 수 있을 것으로 판단했다.

미구엘과 코디 두 아동은 같은 반이었고 데이비드는 현관 입구 건너편 반이었다. 아동들 모두 특별수업(미술, 음악, P.E.)과 쉬는 시간에 마주친 적이 있어서 서로 알고 있는 상태였다. 미구엘과 데이비드는 놀이터에서 함께 놀았고 예전에 큰 소리로 언쟁을 벌였지만 싸우지는 않았다. 코디는 고립 행동을 하기 때문에 미구엘이나 데이비드와 함께 놀아 본 적이 없다. 상담자는 4주간 주 2회씩 30분간 집단을 진행하는 걸로 담임교사와 스케줄을 잡았다. 그들은 아동들이 자유롭게 혼자서 공부하는 소집단 수업 시간에 집단을 진행하는 것으로 일정을 확정하였다.

초기 단계

상담자는 아동중심 접근을 기반으로 집단놀이치료를 실시하기 때문에, 놀이치료실에는 다양한 장난감, 놀잇감, 퍼펫 극장과 모래상자를 두었다. 아동들이 방에 들어서자, 상담자는 말한다. "여긴 놀이방인데, 여기서 너희들은 원하는 여러 가지 방식으로 장난감을 갖고 놀 수 있어." 아동들은 방 안 여기저기로 흩어졌다.

코디: (방의 구석 모퉁이로 가서 뱀 한 마리를 잡고 벽을 보고 서서 특별히 대상을 정하지 않은 채 지시한다.) 이건 내 뱀 조지인데, 나를 사랑해.

미구엘: (총을 들고 치료자를 겨냥한다.) 여기 봐. 빵!빵!

데이비드: (처음에는 차로 향했지만 미구엘이 총을 꺼내들자 방을 가로질러 다가가서 미구엘 오른쪽에 선다.) 어디 보자. (미구엘은 겁을 내며 데이비드에게 총을 건네준다.)

상담자: 너희들이 여기에 있는 것을 보니 진짜 흥분되는가 보구나. 어떤 것들이 있는지 확인해 보고 있네. (코디는 뱀을 가지고 그 자리에 머물며, 자기 주위를 뱀으로 둘러싸고 뱀에게 말을 거는데, 그때 미구엘이 고무칼 하나를 찾아 집어 들고 앞뒤로 휘두르기 시작한다.)

데이비드: (여전히 총을 잡은 채 미구엘에게 간다.) 좀 보자.

미구엘: (데이비드에게) 네가 나에게 총을 겨눴어. 난 이 칼로 너랑 싸울 거야.

데이비드:(미구엘에게 더 가까이 가서) 아니야. 나한테 그 칼을 줘. 내가 너한테 총을 줄게. (미구엘은 데이비드에게 즉시 칼을 줬지만 데이비드는 미구엘에게 총을 주지 않는다.)

미구엘: (상담자를 바라보며) 헤이! 선생님은 내가 총을 가질 수 있다고 말해야죠.

상담자: 미구엘, 너는 매우 화가 났네. 너는 데이비드가 그 총을 너에게 줘야 한다고 생각하네.

미구엘: 음, 그 말은 이상해요. 그가 나한테 총을 줄 거라고 말했어요.

상담자: 그리고 너는 내가 뭔가를 해야 된다고 생각하는구나. (데이비드가 계속 총과 칼을 갖고 놀고 있을 때) 그리고 데이비드, 너는 그 두 개를 다 갖고, 미구엘에게 주지 않아도 괜찮다고 생각하네. (데이비드는 미구엘과 상담자를 무시한다. 미구엘은 스페인어로 작게 욕설을 하며 코디 쪽으로 갔다. 그는 공룡 하나를 집어들고 코디의 뱀과 이야기하려고 한다. 하지만 코디는 미구엘에게 등을 보였다. 다시 미구엘은 의상이 있는 곳으로 이동했고 그 의상들을 착용하기 시작한다.)

이 초기 단계를 살펴보면, 아동들과 상담자 사이에 다양한 역동이 나타났다. 상담자는 아동들이 또래와 상호작용하면서 보이는 일반적인 반응을 살펴보기 위해 개입보다는 허용하려고 했다. 시나리오에서, 코디의 무시하는 행동이나 데이비드의 위협하는 행동과 같은 역동은 예상된 바이다. 그러나 데이비드에게 묵묵히 따르려고 하는 미구엘의 결정과 같은 역동은 예상하지 못한 것이다. 상담자는 미구엘이 데이비드의 신체적 크기에 따른 힘의 서열에 반응한 것처럼 보인다고 말했다. 미구엘은 자기 자신을 위해 협상하거나 자신을 옹호하는 방법을 아직 배우지 못했다. 상담자는 또 다른 역동으로 아동의 비언어적 상호작용에 대해 언급했다. 비록 코디가 다른 아동과 상호작용하지 않았지만, 그는 가끔 아동들이 무엇을 하는지 관심 있게 지켜보았다. 코디는 자기와 놀고 싶어 하는 미구엘의 시도를 거절한 후, 남은 시간 동안 더 자주 미구엘을 흘끗흘끗 보았다. 또한 데이비드와 미구엘이 상호작용한 후, 데이비드는 이따금 미구엘이 무엇을 하는지 유심히 바라보기도 하였다. 다른 의미 있는 관찰은 미구엘이 셋 중 가장 높은 수준의 사회적 배고픔을 가지고 있다는 것이다. 그는 아동들과 상담자 모두와 접촉하려는 욕구를 보였는데, 이는 그가 향후 집단 상호작용의 촉매제 역할을 할거라는 사실을 의미한다.

중기 단계

회기가 진행되면서, 미구엘과 데이비드는 동일한 놀잇감을 가지고 놀이하려고 했다. 데이비드와 놀고 싶어서, 미구엘은 데이비드가 원하는 것을 주려고 했다. 더구나 코디는 데이비드와 미구엘이 노는 곳으로 더 가까이 가기 시작했다. 비록 자기가 선택한 뱀만 갖고 노는 것처럼 행동했지만, 코디는 언젠가 그 뱀에게 하는 말을 미구엘과 데이비드에게도 할 수 있을 것이다. 다음은 4회기에서 가져온 발췌 내용이다.

데이비드: (미구엘에게) 나는 경찰이고 너는 나쁜 놈이야. 넌 단지 무언가를 훔쳤어. 나는 너를 묶을 거야.

미구엘: (데이비드가 밧줄을 갖고 자신을 묶으러 다가오자, 미구엘은 뒷걸음질 친다.) 안 돼.

데이비드: (미구엘 쪽으로 계속 움직인다.) 그런데 너는 나쁜 놈이잖아. 나는 너를 체포할 거야. 이리 와.

상담자: 데이비드, 너는 진짜로 묶고 싶어 하지만, 미구엘, 너는 진짜로 그러길 원하지 않는구나.

미구엘: 안 돼. 난 원하지 않아.

코디: (미구엘이 묶으려고 하는 것 때문에 스트레스를 받고 있다는 사실을 알아차리고, 뱀을 잡고) 너는 조지를 묶을 수 있어. 그는 나빴어.

미구엘: 좋아. 조지를 나쁜 놈으로 하자.

상담자: 코디, 네가 해결방법을 생각해 냈구나.

데이비드: 안 돼, 나쁜 놈은 진짜 있어야 해. 그를 의자에 묶어야 해.

미구엘: 우리가 함께 조지를 의자에 묶을 수 있어.

코디: 그런데 조지를 다치게 하면 안 돼.

상담자: 코디, 너는 조지를 걱정하고 있구나.

미구엘: 그래. 우리는 조지를 다치게 하고 싶지 않아.

상담자: 미구엘, 너는 조지를 다치지 않게 할 거구나.

데이비드: (뱀에게 지시하듯) 좋아, 조지, 너는 진짜 나쁜 놈이야. 감옥에 갈 시간이야.

상담자: 데이비드, 너는 조지를 묶는 것으로 결정했구나.

이 시나리오에서 아동들은 과거에 그들을 힘들게 했던 또래와의 상호작용 경험과 다시 마주했다. 과거에는 자기 욕구를 조율하려는 창의적이거나 성공적인 방법을 시도하지 않았고, 분노 표출이나 무시하기와 같은 비효율적인 방법을 사용했다. 하지만 이제 아동들은 자신의 욕구를 실현할 수 있는 새로운 대처 기술을 적용할 수 있다. 미구엘은 데이비드와 놀고 싶어 하지만, 스스로 데이비드에 맞서 싸워 이길 만큼 강하다고 느끼지 않는다. 코디는 집단구성원으로 자리매김하고 싶지만, 적극적으로 어떻게 해야 하는지 그 방법을 찾지 못했다. 데이비드는 자신의 방식대로만 하려고 하지만, 그는 화내거나 거절하지 않고 자신의 욕구를 실현시킬 수 있는 방법을 모른다. 위 사례는 아동 모두에게 창의적 방식의 새로운 해결책을 찾고 다른 사람의 욕구를 고려해 자신의 욕구를 조율하는 첫 번째 상호작용 경험이었다. 이러한 패턴은 중간 단계 동안 계속 나타났다.

종결 단계

학교 시스템에서는 시간이 제한적이기 때문에, 이미 집단 시작 전부터 종결 시기를 결정한다. 중기 단계 동안, 아동들은 효과적인 대인관계 문제의 해결책을 모색하고 실행해 왔다. 치료 종결을 앞두고, 아동들에게는 새로운 역동이 나타나기 시작했다. 7회기 시작할 때, 상담자는 말했다. "얘들아, 집단을 종결하기까지 오늘과 다음 회기만이 남아 있다는 사실을 너희가 꼭 기억했으면 좋겠어."

미구엘: 오우~~, 왜요? 우리 다음 주에 다시 올 수 없어요?

상담자: 미구엘, 네가 정말 실망스러운가 보다. 너는 집단을 계속하기를 원하네.

데이비드: 네, 어서요. 우리 올 수 없어요? 우리 모두가 원하는데요. 코디, 맞지?

코디: (봉제인형을 갖고 놀다가) 응.

데이비드: 브라운 선생님, 선생님이 우리가 계속 여기 오고 싶어 한다고 말해 줘요.

코디: (다른 사람을 향해 이동한다.) 그래요, 나는 계속 오고 싶어요.

상담자: 나는 너희가 진짜 여기 오는 것을 좋아하고 너희가 계속 함께하고 싶어 한다는 걸 알고 있어. (아동 모두 상담자 앞에 서서) "네, 제발, 제발요." "우리는 2주 이상 계속 올 수 있는 거죠?" "브라운 선생님, 제발 부탁할게요."

상담자: 너희가 이것이 얼마나 중요한지를 내가 이해하기를 바라는구나. 그리고 놀이집단과 이별하는 게 정말 힘들구나.

미구엘: 우리는 학교가 쉬더라도 계속 놀 수 있어요.

상담자: 미구엘, 너는 우리가 계속 함께할 수 있는 방법을 생각했구나.

미구엘: 네, 코디와 나는 스미스 선생님 반에서 집단 시간에 놀아요.

코디: (미소 지으며) 예~!

상담자: 너희가 함께 놀 수 있는 다른 시간들도 있다는 거구나.

데이비드: 미구엘과 내가 학교 쉴 때 축구를 했어요. 나는 우리 팀을 위해 미구엘을 뽑았어요.

미구엘: (데이비드를 바라보며) 나는 다음 번에는 우리 팀을 위해 너와 함께 할 거야. 앤서니는 자기를 선택하길 원했지만 나는 너를 뽑을 거야.

데이비드: 앤서니는 정말 잘해. 그 아이는 최고의 축구선수야. 너는 그를 골라야 할 거야.

미구엘: 좋아. 그렇다면 내가 너를 두 번째로 뽑아 줄게.

아동들은 치료의 마지막 단계에 들어서자 두 가지 중요한 역동을 일으켰다. 첫 번째 역동은 집단구성원들 사이에 유대감을 보여 주는 것이다. 각 구성원은 다른 구성원을 인식하고 다른 사람의 욕구를 알아차리려고 한다. 두 번째 역동은 집단 안팎에서 관점과 기술을 바꾸는 것이다. 아동들은 자신의 인식과 기술이 어떠한지, 놀이치료실 밖에서 그것을 어떻게 사용하는지를 확인하였다. 이런 변화의 결과로 아동들은 교실이나 또래 관계에서 대인관계 차원의 기능 향상을 보였다.

집단 평가

학교에서 문제가 주로 나타났고, 아동들이 교사들에 의해 의뢰되었기 때문에, 상담자는 교사와 함께 집단에 대한 평가를 수행한다. 집단을 시작하기 전, 상담자는 교사들에게 개별적으로 아동의 행동을 신속하게 평가해 달라고 요청했다. 또한 상담자는 교사들에게 아동에 대해, 즉 그 아동들의 관심사를 목록화하고, 집단놀이치료가 어떻게 이런 관심사들을 다룰지에 대해 설명했다. 중기 단계에서, 교사들이 변화를 알아차렸는지 확인하기 위해 상담자는 교사와 함께 체크했다. 미구엘과 코디의 교사는 미구엘과 코디가 교실에 머무르는 동안 대화하는 모습, 즉 이전에 없었던 상호작용을 목격했다고 보고하였다. 코디는 미구엘에게 말할 때 목소리를 낮추고 작은 소리로 말했고, 심지어 자신의 목소리 톤의 변화를 느꼈다. 교사는 미구엘이 여전히 또래와 상호작용할때 자신이 원하는 대로 되지 않으면 화를 폭발하는 것 같다고 말했으나, 미구엘은 최근 어떤 싸움도 일으키지 않았다. 데이비드의 교사는 데이비드가 또래 아이들과 신체적 거리감을 유지하고 그날 종일 줄을 서서 자기 순서를 지켰다고 보고하였다. 집단을 마치면서 상담자는 담임교사들을 만났는데, 담임교사들은 아동 모두에게서 행동상의 긍정적인 변화가 나타났다고 보고하였다. 또한 상담자가 사후 평가를 실시했을 때 점수가 향상되었다.

학교 집단놀이치료에서 고려할 점

구조

집단놀이치료의 구조적 요소는 학교 환경에 의해 결정된다. 학교 스케줄, 자원 연결, 학교 관계자는 개입 시기, 치료 기간, 회기 시간, 놀이치료실 크기에 영향을 미친다. 집단놀이치료의 대상이 되는 다양한 아동이 존재하는 학교의 수요적 특성과 동시다발적으로 제기되는 다양한 욕구를 수용해야 하기 때문에 학교에서 집단놀이치료를 실시할 때는 특별히 조율의 어려움이 있을 수 있다.

개입 기간

앞에서 강조했듯이, 학교 집단놀이치료의 목표에는 학업 성취를 지원하는 것이 포함된다. 모든 학교상담에서 개입 계획을 수립할 때 학생 개인의 교육적 목적을 지원하는 것에 초점을 맞춘다. 그러므로 가능한 한 많은 학교 스케줄과의 충돌을 피하기 위해 학교상담에서 치료 기간은 일반적으로 단기적 차원에서 접근한다. 학교 스케줄과 겹치면 학교놀이치료에 참여하기 위해 아동이 수업을 빠지기도 하는데, 교실에서 생활하는 아동의 동기와 참여를 증진시키기 위하여 학교 집단놀이치료도 단기 과정으로 진행한다. 따라서 이런 측면을 고려하여 치료자는 집단을 시작하기 전에 적절한 치료 기간을 결정해야 한다. 앞의 사례에서 우리는 4주 동안 주 2회 진행하는 집단놀이치료 모델을 제시했다. 이 모델은 단기간이기는 하지만 집중적으로 상담을 진행하는 형태이다. 개입은 표준화된 검사를 고려해서 결정할 수 있는데, 예를 들어 만일 표준화된 검사를 봄에 실시했다면, 집단놀이치료는 10월 정도 약 한 달간 제공할 수 있다. 상담자는 교사와 치료 기간에 관하여 협의하기 위해서 학교 일정에 대해서 특별히 교사와 의논할 수 있다.

학교상담 개입은 일반적으로 8~10주보다 짧다. 만약 문제 해결이 충분치 않다면, 상담자는 학교 정신건강 전문가에게 아동을 외부 상담자에 의뢰하는 것을 제안한다. 많은 정신건강 전문가는 이러한 단기적 차원의 접근을 어려워하는데, 학교 세팅에서 성공하기 위해서는 다양한 견해를 조율할 필요가 있다.

회기 시간

회기 시간도 단기개입 관점과 아동을 학습에 지속적으로 참여시켜야 한다는 조건에 영향을 받는다. 많은 사설기관의 치료자들은 45분에서 1시간 30분 정도로 집단놀이치료 회기 시간을 조정하는 반면, 학교 회기에서는 일반적으로 약 30분 정도 진행한다. 회기 시간이 짧아지는 만큼 아동이 수업을 빠지는 시간이 줄어들게 된다. 만약 학교나 교사가 좀 더 긴 시간 치료를 진행하는 것에 동의한다면, 상담자는 최소한 45분까지 회기를 연장할 수 있다. 학교 세팅에서는 치료 기간과 회기 시간이 줄어들기 때문에, 집단놀이치료는 구성원과 치료자 간의 안전감을 빠르게 구축하기 위해 폐쇄집단으로 진행한다. 폐쇄집단은 치료 기간에 동일한 집단구성원으로 유지하는 것이다.

회기 일정

교사들과 행정관들은 아동이 학교 수업을 빠지는 것에 관심을 갖지만, 아동은 체육이나 쉬는 시간과 같이 아동들이 좋아하는 시간에 참여하지 못하는 것에 신경을 쓴다. 학교놀이치료자는 집단놀이치료를 계획할 때 학교 관계자들의 학업 참여에 대한 관심과 아동의 욕구 사이에 균형을 맞춰야 한다. 집단놀이치료 회기가 쉬는 시간에 이루어진다면 성공적으로 유지하기가 어렵다. 아동은 치료 시간에 참여하는 것을 미루거나 치료 시간 동안 바깥놀이 생각으로 시간을 소모할 것이다. 또한 대부분의 학교에서 아동의 자유놀이 시간이 제한되어 있기 때문에, 놀이치료자는 바깥

놀이와 체육 활동에 참여하는 것이 아동의 정신건강에 도움이 된다고 평가한다. 따라서 치료자는 아동이 수업 및 수업이 아닌 다른 시간에 참여하지 못하는 것에 주의하여 집단놀이치료를 계획해야 한다.

공간과 놀잇감

비록 집단놀이치료를 적절한 장난감들을 갖추고 있는 특별 놀이방에서 이상적으로 실행하더라도, 놀이치료의 효과는 방 크기에 따라 달라질 수 있다. 하지만 학교놀이치료자는 적절한 공간과 놀잇감을 활용하는 데 있어 제한을 받기도 한다. 놀이치료실의 필수적인 요소는 놀잇감을 놓아두는 수납장, 이동할 수 있는 여러 개의 방, 자유롭게 움직일 수 있는 최소한의 공간이다. 아동이 다른 아동의 공간을 침범하지 않기 위해서, 특히 집단놀이치료에는 아동이 이동할 수 있을 만큼 충분히 큰 방이 필요하다.

집단에 적합한 놀이치료실의 최적 요소는 물 사용이 가능한 싱크대와 카펫이 없는 바닥과 단단한 벽 등이다. 지금도 학교놀이치료자는 회의실, 도서관, 카페테리아 무대 뒤, 이동 건물에서 집단놀이치료를 성공적으로 시행하고 있다. 학교상담자들은 때로는 작거나 큰 사무실을 배정받는다. 만약 학교상담자들이 작은 공간을 배정받으면, 창의성을 발휘해서 사무실을 배치해야 한다. 아동의 손이 닿을 수 있는 위치에 놀잇감을 놓을 수 있게 수납장을 사용하고 마루에 고정시킨다. 회의용 책상은 공예용 탁자로 활용한다. 만약 학교상담자가 운 좋게 학교 교실을 배정받게 된다면, 칸막이/수납장을 방 영역을 나누는 데 사용한다(Ray, 2011). 즉, 방 일부를 나누어 집단놀이치료를 실시할 수 있는 충분한 공간으로 활용하는 것이다.

학교놀이치료자는 이동식 놀이치료실을 가장 넓은 공간에서 치료하는 것과 같이 변화시킬 수도 있다. 놀잇감은 되도록 바퀴 달린 큰 플라스틱 통이나 큰 토트백에 보관한다. 회기 때마다 놀이치료자들은 회기를 시작하기 전 사전에 계획한 대로 놀잇감을 배열한다. 집단놀이치료자는 가능하면 장소와 놀잇감을 일관성 있게 제공하도록 한다. 또한 학교 집단놀이치료에서 고려해야 점은 비밀보장이다. 집단놀이치료가 활동적으로 진행되기 때문에, 기본적으로 개별 회기보다 소리가 더 크게 날 수 있다. 비밀보장을 침해하는 말을 할 수 있는 관계자와 함께 일할 때, 놀이치료자는 비밀보장을 유지할 수 있도록 특별히 대비한다. 놀이치료자는 아동들이 자기 소리가 어떤지 알 수 있도록 아동들과 다양한 음량의 목소리로 대화할 필요성도 있다. 이것은 사회성 기술로 인해 자주 다투는 아동에게도 유용한 방법이다.

학교에서 놀잇감을 사용할 때는 특별히 몇 가지 사항을 고려해야 한다. 치료자가 아동 연령에 따라 놀이치료실을 선택할 수 있거나 다양한 연령의 아동의 발달적 욕구에 부합하는 놀이치료실과 놀잇감을 제공하고, 변형할 수 있는 사설 치료 세팅과 달리 학교놀이치료자들은 5~12세 아동의 발달 욕구에 조응하는 놀잇감을 가지고 치료해야만 한다. 즉, 놀이치료실에 구비한 놀잇감은 다양한 연령대의 아동 모두가 사용할 수 있는 것이어야 한다. Ray(2011)는 집단 연령에 맞추어 놀잇감을 준비하고, 놀이치료를 계획하는 것이 필요하다고 제안했다. 예를 들어, 일부 공예 도구는 놀이치료자가 4, 5학년 집단을 만나는 월요일과 화요일에만 사용할 수 있도록 폐쇄 캐비닛에 둘 수 있고, 일부 놀잇감 키트는 놀이치료자가 유치원생과 1학년 집단을 만나는 수요일과 목요일에만 내놓을 수 있다. 공간과 놀잇감의 다양성은 효율적인 학교 집단놀이치료에 필수적 요소이다.

교사와 교직원

교사와 교직원은 아동의 교육적인 생활에 관여하는 핵심 관계자들이다. 집단놀이치료의 성공적인 촉진은 학교 스태프의 지원과 협력을 통해 가능하다. 학교놀이치료는 일반적으로 아동에게 정신건강적 측면에서 개입해야 한다는 것을 알아차리는 첫 번째 어른인 교사에 의해 의뢰된다. 의뢰를 받을 때, 놀이치료자는 교사와 교직원의 지원이 있어야 하기 때문에 집단놀이치료를 실시하기 위해 학교 스태프와 협력해야만 한다. 개별놀이치료를 실시할 때 지원과 협력을 구하는 과정과 유사하게, 놀이치료자는 집단놀이치료의 윤리, 유익한 측면, 절차를 포함해 전체 과정에 대해 학교 관계자들에게 알린다. Ray(2011)는 학교놀이치료 프로그램을 위해 지원을 받을 수 있는 여덟 가지 방법을 제시하였다.

- 학교 관계자 교육 워크숍에서 교사와 학급에 얼마나 도움이 되는지를 포함하여, 놀이치료의 기본 개념을 제시한다.
- 의뢰 절차에 대해 설명하고 놀이치료자가 개별 학생을 다루는 과정에 교사가 함께할 수 있도록 한다.
- 교사와 교직원들이 놀이치료에 대해 구체적으로 이해할 수 있도록, 놀잇감이 놀이치료실에서 사용되는 것을 알린다.
- 아동들의 변화에 대해 교사로부터 수집한 정보를 포함해서, 놀이치료 프로그램을 평가하는 자료들을 교사들과 교직원들에게 제공한다.
- 일상적 상호작용 과정에서 놀이를 경험할 수 있도록 노력한다. 월간 회의에서 5~10분 집단놀이 활동을 실시할 수 있다. 교사와 교직원이 이런 수준의 놀이를 해 보면, 아동을 위해 놀이치료 프로그램을 실시하는 것이 필요하다는 사실을 인정할 수 있다.
- 교사나 교직원이 상담자의 사무실을 방문할 때, 작은 모래상자나 손 장난감과 같이 사용하기 쉬운 놀잇감을 학교 관계자들에게 제공한다.
- 교사와 개별적으로 아동에 대한 교사의 어려움에 대해 이야기 나눈다. (아동에게 개입을 제공하는) 행동을 통해 드러날 수 있도록 교사들의 걱정에 반응한다.
- 비밀보장의 한계 안에서 아동의 상담 참여에 대하여 업데이트된 정보를 제공하면서, 개별 아동에 대해 교사들과 지속적으로 상담한다.

평가

학교는 책임성을 중시한다. 근거기반 개입과 실행했던 계획과 관련해 수집된 정보를 책임성과 관련된 기준에 부합하는지 확인할 수 있도록 함께 제시한다. 따라서 학교 집단놀이치료를 실시한 후, 상담자는 학교관리자에게 집단놀이치료의 효과성을 뒷받침하는 연구를 제공해야 한다. 학교놀이치료가 실행된 연구를 제공하면, 학교 관리자들은 학업적 성취를 돕는 개입방법으로 집단놀이치료를 인식하고 지원할 것이다. 집단놀이치료의 긍정적인 효과를 제시하는 연구들이 이 책의 마지막 장에 제시되어 있는데, 그 장 초반부에 제시된 놀이치료와 학업 성취 간의 연관성에 대한 설명은 집단놀이치료를 학교에서 실시했을때 유의미한 결과를 가져올 수 있다는 증거가 된다.

평가 계획은 학교놀이치료에 대한 지원을 안정화시키는 데 결정적인 역할을 한다. 학교는 학교 정신건강을 지원하고 학교의 목표를 실현하는 데 이러한 개입이 필요하다는 증거를 제공하라고 압력을 가한다. 놀이치료자는 그러한 목표 달성을 평가할 수 있는 도구를 개발함으로써 학교 비전과 자신의 업무를 결합시킬 수 있다(Ray, 2011). 학교에서 사용되는 평가 도구에는 학년, 교사 보고서, 표준화된 검사 도구, 훈련 의뢰서(discipline referrals), 정신/행동 검사 등이 있다. 집단놀이치료에서 놀이치료자는 치료 시작 전과 치료 직후에 아동이 획득한 사회성 기술을 측정해 보는 것을 고려해야 한다. 만약 놀이치료자가 공식적인 평가를 하는 데 한계가 있다면, 집단놀이치료에 의뢰된 아동의 문제와 관련해 5~10문항으로 된 간편한 질문지를 만들어야 한다. 비공식적인 평가라도 놀이치료 프로그램을 지원하는 데 도움이 될 수 있다.

결론

공공기관이나 사설 기관의 집단놀이치료와 비교해서 학교 집단놀이치료에는 특별하게 고려해야 할 점이 있다. 학교놀이치료의 기본적인 목표가 학업 성취라고 할 때, 정신건강이나 심리적 차원에서 돌봄을 제공하는 경로가 모호해진다. 현재 드러난 문제뿐만 아니라 교사, 부모, 아동에 의해서 제기되는 문제도 아동의 집단 참여 여부를 결정하는 데 영향을 미친다. 정신건강을 교육적으로 접근하는 것과 대인관계에서 기능하는 것 사이에 균형을 맞추는 것은 특별히 어려운 과제이며, 경험이 많은 놀이치료자에게도 부담이 될 수 있다. 놀이치료자가 학교 관계자들과 협력하려고 교육적인 체계에서 활동해 보는 것은 도움이 된다. 우리는 대인관계에서 어려움을 나타내는 아동들에게 학교 집단놀이치료를 제공하는 유익함이 교육적인 요구로 인해 치료 과정이 제한되는 한계점보다 더 크다는 사실에 주목해야 한다.

14장 사별과 상실을 치유하기

사별은 사랑하는 사람이나 동물의 죽음으로 인해 발생하는 애도와 슬픔의 기간이다. 매년 미국 내 백만 명의 아동이 사별을 경험한다. 미국 아동 7,400만 중에서 약 370만 명이 부모의 죽음으로 인해 영향을 받는다. "미국 아동 20명 중의 1명은 죽음으로 인해 한부모와 함께 혹은 부모 없이 살고 있다." (Massat, Moses, & Ornstein, 2008, p. 82) 형제와 아동의 가족구성원 혹은 친구의 죽음을 애도하는 아동은 해마다 수십만으로 추정된다. 2010년 미국에서는 4만 2,700명의 아동이 사망했다. 연령별로 보면 거의 1세 이하는 2만 4,600명, 1~4세는 4,300명, 5~9세는 2,300명, 10~14세는 2,900명 이상이다.

사람, 동물 혹은 장소(예: 국가, 집, 학교), 관계의 상실은 큰 슬픔을 야기한다. 아동은 다양한 이유(부모의 이혼, 위탁 돌봄을 받음, 부모의 군인 취업, 가족의 이사, 친밀한 어른을 떠나보냄, 반려동물을 잃어버림, 반려동물이 갑자기 사라져 버림을 포함해서)로 관계의 상실을 경험하고 슬픔에 빠진다. 2009년 미국에서 110만 아동의 부모가 이혼했다(Eliot & Simmons, 2011). 미국의 아동 25만 2, 320명이 2011년에 위탁양육에 맡겨졌고, 중요한 부모 혹은 후견인들과의 일상적인 관계를 상실했다(U.S. Department of Health and Human Services, 2012). 군인 자녀를 위한 자선단체 '군인 자녀들'(Our Military Kids, 2013)에서는 3~18세 사이의 아동 5만 8,000명의 부모가 군복무중이고, 5만 4,000명 아동의 부모가 업무 중 발생한 심각한 부상에서 회복되고 있다고 보고한다. 2010년 미국 인구조사에 따르면, 이사를 하는 아동의 가족 수가 480만이다. 이러한 자료를 토대로 미국 내 백만 명의 아동은 중요한 상실을 경험하였고, 슬픔에 빠져 있다고 볼 수 있다.

매년 사별과 상실을 경험하는 아동의 수가 크게 증가하고 있으며, 놀이치료자는 이러한 아동을 위한 전문적 능력을 키우는 것이 필요하다. Fearnley(2010)는 다음과 같이 언급했다.

> 부모나 양육자 혹은 주로 돌봐 주는 사람의 죽음을 경험하거나 사별 과정을 목격한 아동의 욕구에 대해서 중요하게 다루어지지 않았다. 아동의 욕구가 제대로 다루어지지 않는 심각한 이유로는 놀이치료자의 훈련과 지속적인 전문성 발달의 부족과 저항하는 아동집단과 소통할 수 있는 전문성에 대한 자각이 부족하기 때문으로 생각된다.
>
> (p. 458)

이 장의 목적은 다음과 같은 주제들을 논의하면서 슬픔에 빠진 아동을 도울 수 있도록 치료자를 준비시키는 것이다. ① 사별과 상실이 아동에게 미치는 영향, ② 사별을 경험한 아동에게 집단놀이치료를 적용하기 위한 준비, ③ 외상 기반 아동중심 집단놀이치료의 절차.

사별과 상실이 아동에게 미치는 영향

아동에게 나타나는 일반적인 애도 증상

재해를 경험한 아동과 같이, 사랑하는 누군가의 죽음 혹은 상실을 경험했던 아동에게는 다섯 가지 영역(12장에서 보았듯이)에서 증상이 나타날 수 있다.

- 인지 영역의 증상은 혼란스럽고 비합리적인 신념으로 인해 아동이 자기를 비난하고 다른 사람에 대한 신뢰 수준이 낮고, 학업에 주의를 기울이지 못하고, 왜곡된 기억들 혹은 악몽에 시달릴 수 있다(Cohen, Mannarino, & Deblinger, 2006; Webb, 2007).
- 정서 영역의 증상에는 두려움, 우울, 분노, 불안, 사랑하는 사람들의 안녕에 대한 걱정과 같은 정서 조절의 어려움이 있다.
- 신체 영역에서는 체중의 변화, 위경련, 두통, 수면장애, 손가락 빨기, 야뇨증 등이 나타나기도 한다.
- 행동 영역에서 아동은 분리불안, 학교 거부, 과잉행동, 공격성, 친구들 혹은 가족구성원들과의 갈등을 보이기도 하고, 사망한 사람과 동물을 떠올리는 것을 회피하기도 한다.
- 영적 영역에서 신을 의심하거나 기도나 종교 행사와 같은 종교 의식을 거부할 수 있고 미래를 지각하지 못하고, '자기충족적 예언'("나는 나의 아버지가 죽었던 것처럼 35세 때 차사고로 죽게 될 것이다.")에 사로잡히기도 한다(Cohen et al., 2006; Webb, 2007).

또한 아동은 이런 증상 이외에도 판타지 속에서 죽은 사람과 관계를 지속할 수 있다(Schoen et al., 2004). Goldman(2006)은 사별을 경험한 아동은 "죽은 사람을 모방하거나, 사랑했던 사람의 옷을 입거나, 그들과 관련된 이야기를 계속 하거나, 사랑했던 사람이 현재도 살아 있는 것처럼 말한다."(p. 569)라고 언급했다. 비록 죽은 사람과 관계를 유지하는 문화(기도, 사원, 양초를 태우는 것 등)도 있긴 있지만, 만약 아동이 그로 인해 사회적 혹은 감정적 차원에서 기능의 어려움을 겪는다면 건강한 방식이 아닐 수 있다.

이러한 많은 증상이 꼭 애도의 형태로 표현되지 않는다는 사실이 중요하다. 예를 들어, 어떤 아동은 살아 있는 부모의 안위에 대한 불안을 표현하지 않을 수 있다. 또 다른 아동은 축구장에서 분노를 표출할 수 있고, 혹은 단지 한순간에만 그렇고 나머지 대부분의 시간은 상대적으로 행복한 상태일 수도 있다. 그러므로 아동이 단지 슬퍼하지 않거나 울지 않는다고 해서 애도하지 않는다고 단정지을 수 없다.

아동의 애도 반응에 영향을 미치는 변수

아동의 사별에 대한 경험과 표현은 발달적으로 죽음의 불가역성(되돌릴 수 없다는 것), 마지막이라는 것, 불가피함, 그리고 우연성에 대해 인지적으로 이해하는 수준에 따라 다양하게 나타날 수 있다(Willis, 2002). 2~5세 사이의 아동은 죽음의 영속성을 이해하기 어렵고, 사람이 사라져 버린다는 것을 믿기 어렵다(Willis, 2002). 학령전기 아동은 마법적 사고를 하며, 죽은 사람도 다시 살아서 돌아올 수 있다고 믿을 수도 있다. "나의 할머니는 더러운 방을 싫어했기 때문에, 내가 착한 소녀가 되어서 방을 청소한다면 할머니는 돌아올 것이다." 미취학 아동은 시간, 공간 개념이 제한적이기 때문에 죽음을 자신의 탓으로 돌릴 수 있다. "할머니가 나에게 타임아웃을 했을 때, 정말 화가 많이 났다. 그래서 할머니에게 소리를 질렀고, 할머니는 나에게 상처받았다고 했다. 다음 날 할머니는 심장마비로 돌아가셨다. 내가 할머니를 죽게 만들었다." 미취학 아동의 놀이 행동에서는 죽은 사람이 다시 돌아와서 재회하는 것이 나타나기도 한다(Le Vieux, 1999).

6~9세 사이의 아동은 죽음에 대해서 돌이킬 수 없다는 것은 이해하면서도 죽음

을 피할 수 있다고 믿는다(Wills, 2002). 그래서 그들은 사랑하는 사람의 안녕에 대해 불안에 사로잡혀 있다(Le Vieux, 1999). 일부 학령기 아동은 죽음을 야기하는 것에 대해 두려워하면서도, 두려움을 언어화하지 못한다. 학령기 아동은 "하나님이 천국에서 할머니를 부르셨다."와 같은 표현으로 인해 오해를 하며, 신에게 분노하게 된다. 이런 감정적인 고통에 압도되지 않기 위해, 학령기 아동은 과잉행동을 보이고, 우스꽝스러운 장난도 치고, 순응하지 않고, 때로는 정상적으로 돌아간 척하기도 한다. 놀이 주제를 보면 위험으로부터 가족구성원, 친구 그리고 다른 사람을 보호하려고 하고 혹은 상징적인 대상을 묻기도 한다.

9~12세 사이 아동은 죽음에 대해 영속적이고 불가피하다는 것을 이해한다(Wilis, 2002). 아동은 다른 친구들과 비슷해지려고 애를 쓰기도 하고, 남의 시선을 의식하고, 마음속에 감정을 억압한다. 이렇게 내면화된 슬픔은 극단적인 침울함, 우울함, 불안, 심신의 증상(예: 두통, 위통)으로 드러난다. 놀이치료, 모래치료, 표현 기법은 사건의 비언어적 상징화를 돕고, 아동의 표현에 대한 어색함과 거부감을 존중하면서도 사용할 수 있는 방법이다. 예를 들어, 어떤 아동은 모래상자에 피규어를 활용해서 정교한 장례식 행렬을 표현해 낸다.

또한 아동의 애도 증상은 다양한 위험 요인과 보호 요인의 영향을 받는다. 위험요인은 과거 외상 노출 경험, 성별, 죽은 사람과의 관계, 친밀감 정도, 죽음 목격 여부, 죽음 이후의 스트레스 사건들(다른 가족과의 분리, 부모의 고통, 재정적인 어려움)로서, 아동의 증상을 더욱 증가시킨다(Cohen et al., 2006; Haine, Ayers, Sandler, & Wolchik, 2008; Webb, 2007). 보호 요인으로는 개방적 의사소통, 적응 기술, 부모의 따뜻함, 그리고 다른 지지적인 외부 자원들이 있다(Cohen, Mannarino, & Deblinger, 2006; Haine et al.,2008; Webb, 2007).

이러한 변수들의 영향으로 인해, 아동의 애도 반응과 강도는 간헐적 · 지속적 · 복합적 수준으로 다양하게 분포한다. 증상은 주 단위, 월 단위, 일 년 이상 지속될 수 있다. 증상은 다시 기억을 촉발시키는 사건(예: 장례식, 생일, 추도식)이나 혹은 무관한 상황(친구들과 놀거나, 텔레비전을 볼 때, 교실에 앉아 있을 때)에서도 나타날 수 있다. 애도의 올바른 방법이나 시기는 특별히 정해져 있는 것이 아니므로, 성인이 아동의 반응 혹은 그 시기를 강제할 수는 없다. 차라리 성인은 아동에게 "모든 아동이 모두 다른 시기에 다양한 방법으로 애도한단다. 그러니 네가 무엇을 느끼고, 언제 그것을 느끼든지 괜찮아. 나는 네가 나를 필요로 할 때 도움을 주기 위해 여기에 있을게."라고 전달하는 게 필요하다.

비복합적 애도 vs 복합적 애도

복합적 애도 혹은 아동기 외상 애도와 비복합적 애도에 대한 구별은 부모와 놀이치료자가 아동에게 필요하다고 판단하는 개입과 그 수준을 결정하는 데 도움을 준다(Cohen et al., 2006). 비복합적 애도는 주요우울 증상(MDD)이 나타나지 않고, 중요한 관계의 상실로 인한 전형적인 애도 과정이다. MDD는 사랑하는 사람의 죽음 이후 두 달 동안은 진단하지 않는다. 이와 다른 경우는 다음과 같은 증상을 보인다.

> 죽음의 순간에 생존자가 선택하지 않은 혹은 선택한 행위 이상의 죄책감
> 죽은 사람과 차라리 함께 죽는 것이 더 낫다고 느끼며 죽음을 생각함
> 무가치함과 함께 병적인 사고에 사로잡힘
> 나태함 혹은 주저함 그리고 혼란스러운 언어
> 일상생활을 수행하는 데 뚜렷하게 나타나는 지속적인 어려움
> 죽은 사람을 보거나 목소리가 들린다고 생각하는 것 이상의 망상
>
> (APA, 2000, p. 74)

아동의 비복합적 애도에 대해서는 애도의 과정을 Kübler-Ross의 5단계(현실 부정, 분노, 타협, 우울 그리고 수용)로 접근하지 않는다. 최근 사별에 대한 연구에서는 아동의 비복합적 애도에 대해 각 단계마다 나타나는 과업들을 이뤄 나가는 것으로 이해하고 있다(Cohen et al., 2006). Baker, Sedney와 Gross(1992)에 따르면 아동의

비복합적 애도는 3단계의 과업들로 나타난다.

초기 단계:
누군가가 죽었다는 사실의 의미를 이해함
아동은 자기 자신과 가족을 보호하는 데 초점을 맞춤

중간 단계:
상실한 현실 영구성에 대해 정서적으로 인식하고 수용함
사랑했던 사별 대상과의 관계를 탐색하고 재평가함

마지막 단계:
아동은 다른 사람과 새로운 관계를 맺는 것으로 진보함
아동은 영구적으로 죽은 사람과의 관계를 상실했다는 사실을 내면화할 수 있어야 함
아동은 그 사건 이전의 발달적 수준과 활동으로 돌아갈 수 있어야 함
아동은 발달적으로 변화하는 시기에 있으며, 다른 발달 시점에서 고통을 느낄 때 회복될 수 있어야 함

(Kirwin & Hamrin, 2005, p. 73)

TEAR은 이 과업들을 요약한 약자이다(Life Center of the Suncoast, 2005).

T= 상실했다는 현실을 수용하는 것(To accept the reality of the loss)
E= 상실의 고통을 경험하는 것(Experience the pain of the loss)
A= 상실한 대상이 없는 새로운 환경에 적응하는 것(Adjust to the new environment without the loss)
R= 새로운 현실로 다시 진입하는 것(Reinvest in the new reality)

비복합적 애도와는 다르게, 아동에게 아동기 외상 애도로 불리는 복합적 애도는 해결되지 않은 슬픔과 우울 증상들뿐만 아니라 PTSD 증상이 나타난다(Cohen et al., 2006). 해결되지 않은 슬픔은 죽음을 받아들이는 것을 어렵게 할 뿐만 아니라 죽은 사람을 찾고 갈망하는 모습으로 나타난다. "PTSD 증상은 침투적/반복적 사고, 외상적 죽음 혹은 고인에 대한 꿈과 기억들, 죽음과 관련한 외상적 기억을 자극하는 것들, 감정적인 마비 혹은 회피, 분노 혹은 죽음에 대해 비통함을 포함한 과다각성 상태에 놓이는 것이다."(Cohen et al., 2006, p. 17) 복합적으로 나타나는 아동기 외상 애도에는 우선 외상에 대한 개입이 필요하고 우울, 약물중독, 그리고 경계선 성격장애와 같은, 심각한 장기간에 걸친 정신건강의 문제를 완화시키기 위해 애도와 관련한 개입이 이루어져야 한다.

애도 작업을 준비하기

개인적인 준비

역전이와 놀이치료자의 소진을 막기 위해서는 죽음에 대한 관점을 개인적으로 숙고하는 시간이 필요하다. 이러한 숙고하기는 놀이치료자가 자신의 죽음 혹은 사랑하는 사람을 상실한 경험을 기억하는 것으로 시작한다. 어쩌면 이 작업이 불편하고 고통스러울지라도, 죽음의 실존적인 현실을 충분하게 수용하려는 욕구를 드러낼 수 있다. Baker(2005)는 '자유와 죽음(Freedom and Death)'이라는 글에서 "죽음을 부인하는 것은 영적으로 결핍된 일시적인 만족감과 근시안적인 관점에 기초한 '현실'을 만들어 내면서 우리의 삶과 문화에 제한점으로 작용할 수 있다."(p. 1)라고 하였다. 그러므로 놀이치료자는 죽음에 대한 긍정적 관점을 가지고 있는 것이 좋다. "죽음을 가까이 마주하게 되면 우리는 영적인 삶의 목적과 무조건적인 사랑에 대한 감사를 깨닫게 된다."(p. 1) 만약 놀이치료자가 죽음에 대해 긍정적인 관점을 취하기 어렵다는 것을 감추고 있다면, 애도 과정에 있는 아동을 치료하기 전에 상담이나 슈퍼비전을 받을 것을 권유한다.

양육자 인터뷰

양육자 인터뷰는 아동의 경험, 지각, 이전에 기능했던 수준, 최근의 욕구들 그리고 잠재적인 놀이행동을 이해하는 데 도움이 된다. 예를 들어, 죽음을 목격한 아동은 사후에 죽음을 알게 된 아동(예: "나는 거기에 있기를 바랐지만 나는 학교에 있었다.")과 비교해 보면 다른 자기대화(self-talk)(예: "나는 거리에서 그가 사고당하는 것을 멈춰야만 했다.")를 갖게 된다. 주 양육자와 상호작용하게 되면 양육자의 대처 수준에 대한 단서를 찾게 된다. 일부 양육자의 경우 상담이나 다른 가족의 지지를 받고 있기 때문에 적절한 대처를 할 수 있다. 반면, 어떤 양육자는 일상에서 기능하는 것이 어려울 만큼 압도된 상태일 수 있다. 양육자에게 아동이 어떻게 대처하는지 그 단서를 얻을 수 있기 때문에, 상담을 받는 것에 익숙하지 않은 양육자를 의뢰하는 것은 신중해야 한다. 이러한 경우 양육자가 아동을 감정적으로 돌보도록 도울 수 있다.

평가

아동에 대한 평가는 증상의 심각성과 악몽, 외상을 자극하는 것에 대한 회피, 부정확한 신념과 같은 특별한 문제 영역을 알아보는 데 도움이 되기도 한다. 또한 평가의 경우 치료 효과를 확인하는 사전검사와 사후검사로 나누어 진행할 수 있다. 다음 목록에는 사별과 상실을 경험한 아동을 위해 사용하는 몇 가지 일반적인 평가가 제시되어 있다.

UCLA의 DSM-IV 외상 후 스트레스 장애 색인(UCLA PTSD Index for DSM-IV; Pynoos et al., 1998)

아동용 외상 후 스트레스 장애 척도(Children's PTSD Inventory; Saigh, 2004)

아동용 외상 증상 체크리스트(Trauma Symptom Checklist for Young Children; Briere, 2005)

아동과 청소년 욕구와 강점－외상 노출과 적응(Child and Adolescent Needs and Strenghths-Trauma Exposure and Adaptation; Lyons, Griffin, Fazio, & Lyons, 1999)

개정판 발현 불안 척도(Revised Manifest Anxiety Scale; Reynolds & Richmond, 1985)

아동용 우울 평가 척도(Children's Depression Inventory; Kovacs, 1982)

집단 구성

앞에서 여러 장에 걸쳐서 논의한 바와 같이 집단 구성의 일반적인 기준은 다음과 같다.

① 같은 발달 수준의 참여자들, 일반적으로 두살 차 이내로 구성함
② 3학년부터는 동성으로 구성함
③ 규칙적으로 회기에 참여할 수 있도록 구성함

Le Vieux(1999)는 질병, 사고, 자살, 살인과 같은 다양한 이유로 사랑하는 사람을 잃고, 애도 중인 아동을 혼합해서 집단을 구성하는 것을 추천한다. 아동은 죽음의 많은 형태를 이해하고 다양한 상황에 대한 민감성을 키우며 서로 다른 관점에 대해 접해 볼 수 있다.

외상 기반 아동중심 집단놀이치료

아동중심 놀이치료(CCPT)는 어린 아동의 정신건강을 향상시키기 위한 중요하고 유력한 치료 양식이다(Baggerly, Ray, & Bratton, 2010; Landreth, 2012). 아동중심 놀이치료에서 놀이는 아동의 자연스러운 언어이며, 특히 슬픔에 빠져 있는 어린 아동에게 발달적으로 적합하다. 아동중심 놀이치료는 집을 잃은 아동의 정신건강(Tyndall-Lind et al., 2001), 자연재해를 겪은 아동(Shen, 2002), 그리고 난민 상태인 아동(Schottelkorb, Doumas, & Garcia, 2012)의 정신건강을 향상시켰다.

아동중심 놀이치료의 성공을 기반으로, Baggerly(2012)는 사랑하는 사람의 죽음이나 상실과 같은 외상을 경험한 아동 치료를 위해 외상 기반 아동중심 놀이치료(Trauma-Informed Child-Centered Group Play Therapy: TICCPT)를 추천한다. TICCPT는 아동중심 놀이치료(Landreth, 2012)와 15~25분간 심리교육을 결합시킨 것인데 외상 인식, 지식, 기술을 결합한 근거기반(evidence-informed approach) 접근이다. 심리교육(psycho-education)은 외상에 초점을 맞춘 인지행동치료(Trauma-Focused Cognitive Behavior Therapy: TF-CBT; Cohen et al., 2006) 뿐만 아니라 낮은 수준의 뇌신경 발달에 도움이 되는 활동들(예: Theraplay®; Booth & Jernberg, 2010)을 포함하고 있다. 부모상담은 필요하지만 매 회기에 실시하는 것은 아니다.

TICCPT는 Judith Herman(1992)의 다음과 같은 외상 회복의 세 가지 기본적인 요소를 갖추고 있다. ① 안전을 수립하는 것, ② 외상 스토리를 재구성해서 다시 이야기하는 것, ③ 생존자와 그들의 공동체 사이를 다시 복구하여 연결하는 것(p. 3). 덧붙여 이 접근은 통찰력, 외상 경험의 통합, 관계적인 결합, 긍정적인 정서를 강화하기(더 높은 수준의 뇌와 관련된) 전에, 안전과 자기조절의 감각을 되살리기 위해 더 낮은 뇌의 영역에서 시작해야 한다는 신경생리학적 권고들을 따르고 있다(Gaskill & Perry, 2012).

사별과 상실을 경험한 아동 집단의 TICCPT 회기는 4개의 활동으로 구성된다.

① 5분간의 어색함을 완화시키는 아이스브레이킹 활동과 체크하기, ② 25분간의 아동중심 놀이치료, ③ 25분간의 심리교육 활동(예: Theraplay®와 TF-CBT), ④ 5분간의 차분한 마무리. 애도집단은 1시간 정도 진행되는데 10회 진행한 후 개별 2회기를 1시간씩 갖는다. 〈표 14-1〉에 10회기 집단의 목적, 아이스브레이킹 활동, 심리교육 활동이 제시되어 있다. Baker 등(1992)의 제안은 아동이 비복합적 애도 과업을 수행할 수 있도록 돕는다.

시작하기

아이스브레이킹 활동과 체크하기로 회기를 시작하는 것은 애도 중인 아동의 붕괴된 세계에서 예측 가능한 의식과 같은 역할을 한다. 첫 번째 회기에서 놀이치료자는 위협적이지 않은 이름 게임과 같은 아이스브레이킹 활동(12장에서 제시한 것과 〈표 14-1〉 참조)을 제시한다. 아동은 둥그런 형태로 둘러앉는다. 놀이치료자는 "우리 집단에 온 걸 환영해. 이 집단에서는 자신에게 특별했던 누군가가 죽거나 떠나버린 아이들을 도와주려고 해. 우리 집단의 목적은 놀이하면서 배울 수도 있는 안전하고 재미있는 공간을 제공하는 거야. 매주, 우리는 5분간 아이스브레이킹 활동을 할 거고, 서로 체크하기를 할 거야. 그리고 너희는 25분간 놀이할 거야. 우리는 25분간 활동하면서 간식을 먹을 거야. 그러고 나서 5분간 차분히 마무리하는 시간을 가질 거야." 첫 번째 회기를 소개하는 동안 놀이치료자는 비밀보장에 대해서 알려 준다. 이후 놀이치료자는 〈표 14-1〉에 정리된 아이스브레이킹 활동을 시작한다. 활동을 마치고 난 후 놀이치료자는 색깔 있는 '이야기 스틱'으로 체크하기를 진행한다. 이야기 스틱을 잡으면 아동은 한 주 동안 있었던 긍정적인 사건과 부정적인 사건 혹은 고민에 대해 이야기를 나눈다.

표 14-1

회기	목표	아이스 브레이커	심리교육
1회기	심리적 자기조절 기술 연습	집단의 목적, 비밀보장, 안전감에 대해 복습 이름 게임: 아동이 "나는 ○○야."라고 우스꽝스러운 목소리로 말하면 다른 아동이 "너는 ○○야."라고 똑같은 우스꽝스러운 목소리로 3번 따라 한다.	흔들기, 춤추기, 핑거페인팅 같은 감각운동활동. 요가 같은 대근육 활동과 테라플레이 활동들.
2회기	슬픔과 관련 증상들로 압도되지 않고 자기와 가족을 보호하기 위해 다섯 가지 영역에서 대처전략 세우기	콩주머니 건네기: 원 모양으로 둘러서기. 누군가의 이름을 부르고, 그 사람에게 콩주머니 넘기기. 콩주머니를 받은 아동은 자신을 진정시키는 대처전략을 한 가지 말한다. 신체, 정서, 사고, 행동, 영적 영역에서 대처 전략을 5번 반복하기	신체, 감정, 사고, 행동, 영성의 다섯 가지 영역에서 조절하는 대처전략에 대해 토론하고 연습하기. "마음 대처하기(Coping Heart)"의 미술과 공예활동
3회기	누군가 죽었다는 사실과 그 의미를 이해하기	공유하기, 호흡하기, 박수치기: 원 모양으로 앉아서, 아동은 "나는 누군가 죽었을 때 ~때문에 싫었어."라고 문장을 완성한다. 모든 참여자가 심호흡을 하고, "네, 정말 힘들었겠네요."라고 말하면서 박수를 3번 친다.	독서치료: 『보고싶어요: 죽음을 처음 접할 때(I Miss You: A First Look at Death, Tomas)』(2001) 혹은 『공룡이 죽으면: 죽음에 대한 이해를 돕는 책(When Dinosaurs Die: A Guide to Understanding Death)』(Brown & Brown, 1996)과 같은 책 읽기
개별 회기 1: 사별한 사람을 위한 회복적 외상 내러티브를 촉진하기 위해서 각 아동과 첫 개별 회기를 계획한다.			
4회기	상실한 현실(영속성)에 대해 인지하고, 정서적으로 수용하기	사진 공유하기: 회기 시작 전에, 아동들이 사별하거나 상실한, 사랑했던 대상의 사진을 가져오도록 한다. 집단은 사진을 보여 주는 아동 곁에 둥글게 모여 앉는다. "이 사람은 ○○예요. 난 정말로 그/그녀가 그리워요. 왜냐하면……"라고 말한다. 참여자들은 존중하는 마음으로 경청한다.	내 감정 색칠하기(Color My Feelings): 아이들이 자신의 신체 윤곽선을 그리고, 자기 몸의 다양한 부분에서 느끼는 감정들을 표현하는 다양한 색을 사용한다(예: 가슴에 슬픔을 느끼면 블랙을, 손에 화나는 감정은 빨강을, 가슴속의 혼란스러운 감정은 초록을).

			'쓰레기 혹은 보물': 놀이치료자는 일반적으로 옳거나 잘못된 믿음을 보여 주는 카드로 구성된 게임을 한다. 예를 들면, "죽음은 모두 내 잘못이다." 혹은 "슬퍼하거나 울어도 괜찮아." 혹은 "죽은 사람은 유령으로 다시 돌아올 수 있어." 그러면 아이들은 그 믿음이 (거짓)이라면 쓰레기로, (진실)이라면 보물로 분류한다.
개별 회기 2: 각 아동과 과거의 대상에 대해 회복적 외상 내러티브를 만들기 위해 두 번째 개별 회기를 갖는다.			
5회기	상실한 대상과의 관계를 탐색하고 재평가하기	특징 알아맞히기. 아이들은 죽은 사람이나 상실한 대상과 함께했던 기억이나 긍정적 특징에 대해 표현한다.	사랑한 사람이 죽기 전과 후의 가족을 그려 보기. '내 마음속에 언제나' 그림 그리기. '보물상자' 활동
6회기	회복적 내러티브 언어화. 사별한 대상과 상실한 관계를 내면화하고, 시간이 지나도 지속되는 긍정적인 기억과 부정적 기억의 균형을 맞추기	참여자들은 서로 핸드로션을 발라준다. 그리고 원 모양으로 서서 다른 구성원의 등이나 목을 마사지한다.	'나의 이야기책.' 참여자가 그림을 그리고 자신의 책 내용을 완성한다. '작별편지.' 아동은 사별한 대상에게 작별 편지를 쓰거나 그린다.
7회기	다른 사람과 새로운 관계를 맺는 전략을 세우기	공, 발리볼, 원 모양으로 서서 공을 친다. 아동은 공을 칠 때, 자신에게 친절하고 사랑하는 사람들의 이름을 부른다.	아동은 사별한 대상에 대해 누군가 물어볼 경우에 대답하는 방법을 인형극이나 역할놀이를 통해 연습해 본다. 아동은 역할놀이를 통해 새로운 친구들을 사귀는 방법을 배운다.
8회기	현재 발달단계나 활동에 적합한 대처 수립하기	보여주고 말하기(Show and Tell). 참여자는 자신이 할 수 있거나 잘하고 싶은 어떤 것(예: 춤, 노래, 공놀이 등) 을 가져와서 보여 준다.	아동별로 자신이 좋아하는 것과 하고 싶은 것을 잡지 콜라주를 통해 표현해 본다. 문제 해결을 위한 라디오 뉴스방송 토크쇼

9회기	발달과정에서 특정 시기마다 고통스러운 정서를 직면하게 될 경우 대처기술 세우기	비눗방울 터트리기. 원모양으로 서고, 놀이치료자가 비눗방울을 불면, 아동이 고통이 예상되는 시기(생일, 기일, 휴가, 학교놀이 등)를 말한다. 아동이 비눗방울을 터트리기 전에 기분이 나아지도록 할 수 있는 일을 말한다.	'부릉부릉(CAR, CAR)' 장애물 코스. 아동들이 방 안에 있는 재료를 이용해서 장애물 코스를 만든다. 한 아동이 다른 아동 뒤에 서고, 어깨위에 손을 올린다. 앞에 서 있는 아동이 눈을 감는다. 뒤에 서 있는 아동이 '운전'해서 장애물 코스를 통과하도록 가이드한다.
10회기	자기조절을 하는 동안 사별한 사람과의 긍정적 기억을 언어적으로 공유하기	원모양으로 서기. "당신이 치유되고 있다면, 박수를 치는 걸로 알겠어요." "당신이 행복하면 알아요." 놀이치료자는 치유되고 있다는 것을 상대방이 알 수 있도록 하는 방법을 말하는 아동을 지적한다. 모든 사람이 말할 때까지 원을 유지하라.	감사파티. 아동은 양육자에게 파티에서 "고마워요."라고 말한다. 아동은 집단에서 자신들이 배웠던 것을 나누고, 사별했던 사람과의 긍정적 기억과 미래에 기대하는 것들에 대해 나눈다.

아동중심 집단놀이치료

놀이치료자는 5분 정도 체크한 후에 "이제 우리는 25분 동안 놀이 시간을 가질 거야. 너희는 너희가 원하는 대부분의 방식으로 장난감을 가지고 놀 수 있어."라고 이야기하고 아동중심 집단놀이치료를 25분 동안 진행한다. 놀이치료자는 아동에게 안전감을 제공하고, 안전하게 보호받는 공간인 놀이치료실로 초대한다. 장난감은 현실 세계, 공격성 표현, 정서적 발산을 할 수 있는 세 가지 범주로 분류되어 있다(Landreth, 2012). 특히 모래상자에서 사용가능한 앰뷸런스, 소방차, 작은 관과 같은 죽음과 관련된 장난감을 준비하는 것이 중요하다.

아동중심 놀이치료 기본 기술은 회기 내에서 사용된다(Landreth, 2012). 놀이치료자는 치료적 반영을 하는 동안 차분한 상태로 아동에게 온전히 조율한다. 이렇게 하면, "조화로운 정서적 상태는 실제로 자신의 신경 활동, 심장박동률, 호르몬 시스템과 일치되는" 상태가 된다(Gaskil & Perry, 2012, p. 42). 지속적으로 이 과정이 반복되면, 아동이 성인과 함께 있을 때, 자신의 자율적 반응을 미래 적응적인 자기조절을 가능하게 하는 신경학적 통로로 발전시킬 수 있다. 놀이치료자는 슬픔, 절망, 두려움, 화, 죄책감, 무기력, 기쁨과 같은 감정 반영에 특별히 집중한다. 놀이치료자는 아동이 서로 도울 수 있는 시간과 공간을 제공한다. 예를 들어, Le Vieux(1999)는 집단놀이치료 내에서 슬픔을 강력하게 표현하는 장면을 기술했다.

> "슬퍼하고 울어도 괜찮아." 사라는 티미의 머리를 부드럽게 어루만지며 말했다. 티미가 사라를 바라볼 때, 티미는 모래에 아빠 인형을 묻고 있었다. "나는 상처받아서 울기 싫어."라고 답했다. 방 건너편에 있던 톰이 " 음…… 난 많이 울고 나면 기분이 괜찮아졌어."라고 했다. 티미의 얼굴에 눈물이 흐를 때 안도하는 모습이 보였다. 갑자기 네 명의 다른 아동도 티미 곁에 그냥 앉았다.

이 상호작용은 아동에게 서로 슬픔을 어떻게 도와야 할지 알고 있는 힘이 있음을 보여 준다.

아동이 놀이할 때, 놀이치료자는 일반적인 놀이 주제와 슬픔을 경험하는 아동의 주제를 구분한다. 상실한 대상을 찾거나, 모래 속에 묻기, 장난감을 보호하거나 구출하기, 위험에서 아동을 보호하기, 구출하기, 새로운 곳으로 가구나 사람을 이동하기, 나쁜 것(bad)을 극복하는 선함(good)(Holmberg, Benedict, & Hynan, 1998; Le Vieux, 1999). 때로 아동의 놀이 주제가 갈등인 경우에는 놀이치료자는 감정을 반영하고, 아동의 의도를 이해하기 위해 촉진해야 한다.

수잔나: (5세. 몇 분 동안 전투에서 죽은 아버지를 표현하는 것으로 짐작이 되는 군인 인형을 정성스럽게 묻고 있었다.)

놀이치료자: 수잔나, 너는 그걸 조용히 묻고 있구나. 그걸 완전히 덮었다는 확신이 너에게 중요하구나.

토머스: (6세. 형이 물에 빠져서 익사한 것을 목격했음. 모래상자로 달려오며) 내가 그를 구할 거

예요.

수잔나: 하지 마!! (눈에서 눈물이 흐르기 시작한다.)

놀이치료자: 토머스, 너는 그 사람을 구출하고 싶구나. 그런데 수잔나, 너는 그러길 원하지 않네. 그게 너를 두렵게 하는 것 같네.

수잔나: 네, 다시 돌려놔.

놀이치료자: 수잔나, 너는 토머스에게 지금 그게 너에게 매우 중요하고, 그걸 다시 돌려받길 원한다고 말하고 있네.

토머스: 좋아. 여깄어, 가져가. 난 다른 놀이 하러 갈래.

수잔나:(그 장난감을 쥐고 다시 모래를 덮기 시작한다.)

놀이치료자: 토머스, 넌 그게 수잔나를 화나게 할지 몰랐구나. 그리고 수잔나가 원하는 것을 존중해 주기로 결정했구나. 너는 다른 사람에게 민감해야 한다는 걸 배우고 있네. 수잔나, 너는 네가 원하는 것을 요구하는 것과 모래를 덮으면서 스스로 마음이 차분해지는 방법을 배우고 있네.

이 예시에서 놀이치료자는 친사회적 행동을 격려했을 뿐만 아니라 아동의 감정을 반영해 줌으로써 아동의 경쟁적인 욕구에 균형을 맞추었다.

심리교육 활동

심리교육 활동은 Herman(1992)의 단계에 근거한다.

① 안전감 형성하기
② 외상 내러티브를 회복적으로 다시 말하기
③ 지지하는 사람과 연결하기

안전감 형성하기

놀이치료자는 놀이치료실에서 아동에게 따뜻하고 환대하는 분위기를 조성하고, 제한 설정을 통해 안전감을 경험하도록 한다. 또한 놀이치료자는 아동에게 내적 안전감을 발달시킬 수 있도록 돕고, 대처 기술과 심리적 조절에 대해 가르친다. 아동은 죽음에 대해 이해하고, 애도 과정을 정상화하는 것을 통해 안전감에 대한 지각을 재형성한다. 이 과정을 통해 아동은 그동안 언어화되지 못했던 공포감을 감소시킬 수 있다.

신체적 조절과 대처 기술

집단 1회기에 놀이치료자는 아동에게 몸의 신체 조절(예: 심작박동이나 숨쉬기)을 가르치는 심리교육 활동을 안내한다. 아동이 이런 기술을 습득하게 되면, 정서적으로 압도되었을 때에도 안전감을 형성할 수 있다. Gaskill과 Perry(2012)는 뇌의 하부영역에서 시작하는 신경-순차적 개입을 권유하고 있다.

"뇌의 하부영역에서 안전감과 자기조절을 처리하기 때문에, 거기서부터 시작하는 것이 좋다. 통찰력 있는 반영, 관계적으로 함께하기, 긍정적 정서를 강화하는 치료적 요소들은 코르티솔이나 대뇌 변연계 영역을 중재하며, 외상 경험을 통합한다(Cook et al., 2005)."(Gaskill & Perry, 2012, p. 40)

놀이치료자는 뇌의 재조직화를 촉진하기 위해서 감각운동 신체 지각과 사전 프로그램으로 구성한 신체적 활동 패턴으로 시작한다. 놀이치료자는 아동에게 스스로 자신을 편안하게 할 수 있는 방법으로 분당 60번의 심장박동 주기를 반복하는 것(예: 흔들기, 반복적인 춤, 부드러운 노래 부르기나 두드리기)을 가르친다(Perry, 2009; van der Kolk, 2001). 또 다른 감각운동 활동으로 핑거페인팅, 클레이로 작업하기, 모래로 놀이하기가 있는데 이를 통해 차분해질 수 있다. 놀이치료자는 간뇌 재조직화를 촉진하기 위해 아동에게 공 던지기, 훌라후프, 손뼉치기, 돌차기 놀이, 요가, 태극권과 같은 감각 활동을 하도록 안내한다. 다른 신체 조절 활동으로는 테라플레이의 요소인 구조(구성원끼리 칭찬과 함께 공 주고받기), 개입(박수치기), 양육(핸드로션 서로에게 발라 주기), 도전(배구공)이 있다(Booth & Jernberg, 2010).

집단 2회기에 아동은 자신의 몸, 정서, 사고, 행동을 조절할 수 있는 대처 기술을 배운다. 아동은 이런 대처 기술을 습득하여, 자신을 압도하는 슬픔에서 벗어나 자신과 가족을 보호하는 감각을 발달시킬 수 있다. 놀이치료자는 〈표 12-3〉에서 나온 다섯 가지 대처 영역을 제시하고 토론할 수 있다. 아동에게 다섯 가지 영역에서 한 가지나 두 가지 활동을 해 보도록 격려한다. 아동은 자기조절 전략을 '마음 대처하기(A Coping Heart)'와 같은 예술 활동으로 표현한다(12장에서 설명함).

죽음을 설명하고 애도 과정 정상화하기

집단 3회기에 놀이치료자는 죽음에 대해 설명하고, 정보를 제공하면서 애도 과정을 정상화한다. 이런 정보는 언어화되지 못한 공포나 불안을 감소시키고, 아동의 안전감을 증진시킨다. Haine(2008)은 부모의 죽음을 슬퍼하는 아동에게 다음과 같은 정보가 필요하다고 한다.

① 부모가 죽은 아동은 분노와 죄책감 등의 다양한 감정을 느낀다.
② 죽음은 아동의 잘못이 절대 아니다.
③ 죽은 부모에 대해 이야기하는 것이 수용된다.
④ 아동이 죽은 부모가 보인다고 생각하거나 예전 부모의 꿈을 꾸는 것은 이상한 것이 아니다.
⑤ 아동은 예전의 부모를 절대 잊지 않을 것이다.

이런 정보는 『나는 당신이 그리워요: 죽음에 대한 첫번째 책(I Miss you: A first Look at Death)』(Thomas, 2001)와 『공룡이 죽었을 때: 죽음에 이해를 돕는 안내서(When Dinosaurs Die: A Guide to Understanding Death)』(Brown & Brown, 1996)와 같은 도서관에 있는 아동도서들을 활용해서 전달할 수 있다.

외상 내러티브를 회복적으로 다시 이야기하기

외상 내러티브를 회복적으로 다시 이야기하기는 아동의 외상을 삶의 의미 있는 경험으로 통합하고, 정서적으로 이해할 수 있도록 돕는다(Terr, 1990; van der Kolk, 2007). 외상 내러티브를 회복적으로 다시 이야기함으로써 아동은 그 사건에서 일어났던 일들과 개인적 의미를 자세하게 설명할 수 있다. 이로 인해 아동은 외상에 대해 정신적으로 자각하고, 정서적으로 표현하고, 심리적으로 조절할 수 있게 된다(Cohen et al., 2006).

개별 회기

아직 제대로 처리되지 않은 내러티브로 인해 아동이 외상을 경험하지 않도록 보호하기 위해서, 놀이치료자는 두 번의 개별놀이치료 회기를 조심스럽게 진행한다. 두 번의 회기에서, 놀이치료자는 아동에게 장난감, 인형들 혹은 모래상자 피규어들을 사용할 수 있도록 안내한다. 다음은 놀이치료자가 개별 회기 내에서 다룰 수 있는 내용이다. ① 죽기 전의 애완동물이나 사별한 사람과의 관계에 대해 표현하기, ② 사별한 사람이나 애완동물이 어디서 어떻게 죽게 되었는지 설명하기, ③ 죽음 후에 아동이 경험한 것(예: 장례식 참석, 새 집으로 이사, 울기 등).

놀이치료자는 아동에게 다음과 같은 질문을 할 수 있다. ① 가장 힘든 점이 무엇인가? ② 이루어지길 바라는 소망은 무엇인가? ③ 사별한 사람이 아동의 미래에 어떤 의미가 있나? ④ 아동에게 사별한 사람과 애완동물의 좋은 점은 무엇인가? 놀이치료자는 회복적 과정에서 아동의 감정과 내용을 반영해 주면서 정확한 이해를 돕기 위해 안내한다. 필요하다면 놀이치료자는 아동에게 자기조절 방법(예: 차분해지기)을 적용하도록 안내할 수 있다. 휴식 차원에서 놀이를 하게 하거나 심리교육 대처 기술을 가르칠 수 있다. 다시 말하면, 이것은 지켜야 할 엄격한 절차라기보다는 권장하는 과정이라고 이해되어야 한다. 아동이 계속할 준비가 되어 있지 않다면, 놀이치료자는 아동에게 자기조절을 할 수 있는 놀이를 하도록 한다.

정서와 인지적 과정

집단 4회기에 놀이치료자는 아동이 상실의 영속성과 현실을 인식하고 정서적으로 수용할 수 있도록 돕는다. 아동의 정서를 다루게 되는 과정은 ① 사별한 혹은 상실한 사랑하는 대상의 사진을 공유하기, ② 자신의 감정을 색으로 표현하기 활동으로 진행된다(O'Connor, 1983). 아동은 사진을 가져와서 집단에서 공유하고, 놀이치료자는 아동에게 이전에 어떤 감정이었는지 물어보면서 감정을 반영해 주고, 집단 구성원과 연결되게 한다. 인지적 과정은 죽음과 관련한 사실과 잘못된 오해를 구분하는 놀이인 '쓰레기 혹은 보물' 게임 놀이를 하는 것으로 진행된다(Felix et al., 2006). 놀이치료자는 아동에게 사실을 증명해 주는 상세한 정보와 필요한 정확한 정보를 제공한다.

집단 5회기에 놀이치료자는 아동이 두 가지 활동을 하면서 과거에 사랑했던 사람과의 관계를 탐색하고 재평가할 수 있도록 돕는다. 첫 번째 활동은 아동에게 사랑했던 사람이 죽기 전에 가족과 함께했던 장면을 그림으로 그리라고 한다. 두 번째 활동은 죽은 사람이 없는 가족 장면을 다시 그리라고 한다. 놀이치료자는 아동이 자신의 그림을 소개할 때, 아동의 감정과 생각을 반영해 준다. 다음으로, 놀이치료자는 아동에게 '내 마음속에 영원히'라는 그림을 다시 그리도록 안내한다. 아동은 자신의 마음을 표현하는 그림을 다시 그리게 된다. 아동은 마음속으로 사랑했던 사람으로부터 받았던 기억과 감정과 특징들을 떠올리면서 그림으로 표현한다.

그 외에도 아동은 사별한 사람과의 추억이 담긴 아이템(사진, 그림들, 조개, 바위, 감사카드 등)을 보관할 수 있도록 오래된 신발 박스를 보물상자로 꾸며 볼 수 있다(Le Vieux, 1999).

집단 6회기에 아동은 놀이치료자와 함께 개별 회기에서 다룬 회복적 외상 내러티브에 대해서 상실된 관계의 내면화를 위해 다시 언어화하는 작업을 한다. 이 목표를 위해서 아동은 자신의 이야기가 담긴 그림을 그리거나 글을 쓸 수 있다. 모든 아동은 스테플러로 찍은 종이 6장을 받는다. 첫 번째 장에는 "나의 슬픔 이야기(아동 이름 쓰기)"라고 쓰고, 두 번째 장에는 자신이 사랑했던 대상의 사망하기 전 모습을 그림으로 그린다. 그림을 다 그리고 나면, "이것은 나와 ○○" "그/그녀는 나에게 특별했어요. 왜냐하면……" " 우리가 함께 했던 재밌었던 일 중에는……"이라고 쓴다. 세 번째 장에 아동은 다음 문장을 완성해서 적는다. "(날짜) 월 일에, (죽은 사람 이름)가 죽었다." " 내 감정은……" " 내 생각들은……" " 나는 ○○가 그리울 것이다. 왜냐하면……" 그림을 그릴 수도 있다. 네 번째 장에는 아동이 다음 문장을 완성해서 대처 전략이 무엇인지 적는다. "내 기분이 더 좋아지기 위해 내가 할 수 있는 것은……" 다섯 번째 장에는 아동이 "○○가 내게 줬던 것은 내 마음속에 보물로 남아 있을 거예요."라고 적고, 자신의 마음과 소중하게 생각하는 경험, 언어, 특징 등을 표현하는 상징을 그린다. 여섯 번째 장에서 아동은 "나는 슬프고, ○○가 그립더라도, 내가 기억하는 긍정적인 것은 ……이에요."라는 문장을 완성해서 적는다.

아동은 언제든 자유롭게 활동을 중단할 수 있지만, 다른 아동의 작업이 끝날 때까지 조용히 있어야 한다. 아동이 자신의 책을 다른 사람들과 공유하고 싶다면 그렇게 할 수 있다. 놀이치료자와 다른 아동들은 회복적 내러티브를 언어화하는 아동을 격려해 준다.

또한 놀이치료자는 아동이 죽은 사람에게 '작별 편지'를 그리거나 쓸 수 있도록 알려 준다. 아동은 치료자의 지지를 받으면서 죽은 사람에게 하고 싶었던 말을 한다. 아동은 그 편지를 보물상자에 넣어서 보관할 수도 있고, 풍선에 날려 보내기, 병에 보관하기, 놀이치료자에게 보관하기 등을 선택할 수도 있다.

공동체와 연결하기

아동이 자신을 지지해 주고 돌봐 주는 사람들과 연결되어 있다면, 사랑하는 사람이 죽으면서 잃어버렸던 세상에 대한 소속감을 되찾을 수 있다. 아동에게 또래는 중요한 지지 자원이다. 그러나 깊은 슬픔 속에 빠져 있는 아동이 또래로부터 사랑하는 사람의 죽음에 대한 질문을 받게 되면 당황하게 된다. 집단 7회기에서 놀이치료자는 다른 사람과 새로운 관계를 형성할 수 있도록 아동을 돕는다. 아동은 퍼펫쇼나 역할 놀이를 통해 대처 전략을 배운다. 놀이치료자는 아동에게 민감한 주제에 대해 다른 사람들이 물어볼 경우 대답하는 방법을 연습시킨다. 예를 들어, 놀이치료자는 아동에게 "너네 형에게 무슨 일이 있었어?" 혹은 "너 오늘 슬퍼 보이네, 왜 그래?"와 같은 질문을 해 보고, 아동과 시나리오에 반응하는 방법을 연습한다. 또한 아동은 새로운 관계를 형성하기 위한 역할 놀이를 하면서 새 친구 사귀는 방법을 배우기도 한다.

집단 8회기에는 아동의 연령에 적합한 활동을 한다. 놀이치료자는 잡지 콜라주를 하면서 아동의 강점과 욕구를 찾아서 표현할 수 있게 돕는다. 그리고 놀이치료자는 '라디오 방송국 토크쇼'를 진행하면서 아동의 문제 해결을 돕는다. 예를 들어, 사랑하는 사람의 죽음 이후, 어떤 아동은 부모님과 함께 자거나 침대에 오줌을 싸기도 한다. 놀이치료자는 아동을 라디오 쇼에 초대한 것처럼 가정하고, 집단구성원에게 그 문제를 해결할 수 있는 방법을 물어본다. 놀이치료자는 필요한 정보를 제공하는 공동 진행자 역할을 한다.

집단 9회기에는 아동이 앞으로 있을 고통이나 슬픔에 대처하는 전략을 배운다. 1~2회기를 할애해서 지금까지 배운 대처 기술을 복습하는 것이 유용하다. 놀이치료자와 아동은 생일이나 기일, 연휴, 졸업식 등과 같이 고통이 자극되는 취약한 시간에 대비한다. 아동은 장애물 코스를 방에 만들고 장애물 앞에 카드를 붙인다. 아동은 '부릉 부릉(car car)' 장애물 코스 놀이를 한다(Theraplay®, 2006). 한 아동이 다른 아동 뒤에 서고, 어깨에 손을 올리고 나면, 앞에 서 있는 아동이 눈을 감는다. 뒤에 있는 아동이 앞에 있는 아동을 '운전'해서 장애물 코스를 통과할 수 있게 안내한다. 앞에 서 있는 아동은 장애물 앞에 도착하면 그 장애물을 극복할 수 있는 긍정적 대처 전략을 말해야 한다.

집단 10회기에 아동은 자기조절 상태를 유지하고 과거에 자신이 사랑했던 사람과의 좋은 기억을 나눌 수 있도록 연습한다. 이를 위해 아동의 지지자에게 "고마워."라고 인사를 하고 부모나 양육자를 위한 파티를 여는 것이 가능하다. 아동은 파티를 하면서 양육자에게 감사의 표현을 하고, ① 집단에서 배운 것들을 나누고, ② 과거에 긍정적인 기억들, ③ 앞으로 일어나길 바라는 일들에 대해 이야기를 나눈다. 양육자는 아동이 이뤄 낸 진보에 대해 격려와 축하를 한다.

차분한 마무리

놀이치료자는 집단 회기를 마무리할 때, 아동이 5분 정도 차분하게 마무리할 수 있도록 활동을 한다. 이 마무리 활동으로 아동은 가족에게 되돌아가기 위한 몸과 마음, 감정을 다시 조율할 수 있으며, 조화로운 마음가짐으로 활동할 수 있다. 놀이치료자는 차분한 마무리 활동을 시작하기 위해 아동들을 원 모양으로 둘러앉도록 한다. 아동은 명상음악을 듣고, 심호흡을 하고, 조용하고 안전한 장소를 떠올린다. 마무리 활동으로 짧은 온라인 비디오 시청을 할 수 있다.

결론

미국에서 매년 수백만 명의 아동이 소중한 사람이나 애완동물의 죽음과 상실을 경험하고 슬픔에 빠진다. 사별을 경험한 아동은 신체, 인지, 정서, 행동, 영적 영역에서 증상을 나타낸다. 아동은 상상 속에서 과거의 대상과 관계를 지속하고 있을 수도 있다. 아동의 애도에 영향을 미치는 다양한 요인에는 위험 요인과 회복 요인도 있고, 발달적 문제도 포함되어 있다. 아동은 비복합적 애도와 복합적인 애도를 함께 경험한다.

놀이치료자는 죽음에 대한 견해와 경험을 정리하고 난 후, 사별을 경험한 아동과 함께하며 아동을 도울 수 있다. 놀이치료자는 조심스럽게 양육자를 면담하고 아동을 평가한 후에 집단구성원으로 선별해야 한다.

외상 기반 아동중심 집단놀이치료(TICCPT)는 아동중심 놀이치료를 통합한 접근으로(Landreth, 2012) 신경 발달적 활동과 인지행동적 활동이 포함된다. TICCPT 회기는 다음과 같이 구성되어 있다 ① 5분의 아이스브레이킹 활동과 체크인, ② 25분의 아동중심 놀이치료, ③ 25분간의 슬픔을 다룰 수 있도록 돕는 심리교육 활동,

④ 5분 동안의 차분한 마무리 활동. 애도집단은 1시간 10회기를 만나고 각 아동마다 1시간씩 개별 회기를 2번 갖는다.

놀이치료자는 TICCPT 애도집단 커리큘럼을 진행하면서 아동의 안전감을 형성하고, 아동이 외상 내러티브에서 회복적으로 다시 이야기하기에 참여하고, 자신의 공동체 내에서 지지적인 사람들과 연결되도록 도울 수 있다. 이 과정을 통해 사별을 경험한 아동은 치유될 수 있고 미래에도 의미 있게 살아갈 준비를 할 수 있다.

15장

집단놀이치료에 관한 연구 결과

전체적인 연구에서 집단놀이치료는 다양한 증상을 보이는 아동에게 효과적인 개입임을 보여 주고 있다. 집단놀이치료에 관한 연구 3개와 놀이치료에 대한 93개의 연구를 메타분석한 결과에서 Bratton, Ray, Rhine과 Jones(2005)는 집단놀이치료의 효과크기 점수가 .82라는 보고를 하고 있으며, 집단놀이치료는 개별놀이치료와 비슷한 효과가 있음을 밝혀냈다. 42개의 놀이치료 연구를 메타분석한 결과, LeBlanc과 Ritchie(2001)는 개별놀이치료와 집단놀이치료 사이에 유의미한 차이가 없다는 연구 결과를 제시하여, 집단과 개별놀이치료 모두 동등한 치료적 효과를 가지고 있음을 증명하였다.

집단놀이치료에 대한 연구 역사는 70년이 넘었으며, 세부 분야도 다양한 주제로 확장되고 있다. 초기 연구에서는 집단놀이치료와 지능 사이의 연관성에 대한 관심이 상당하였다(예: Bills, 1950a, 1950b; Cowen & Cruickshank, 1948; Cruickshank & Cowen, 1948). 보다 최근에는 특정 장애와 외상에 대한 집단놀이치료의 효과성을

표 15-1 집단놀이치료 연구 동향 (10년 단위)

1940	1950	1960	1970	1980	1990	2000	2010
3	5	3	9	3	0	6	3

연구하였다(예: Jalali & Molavim, 2011; Mahmoudi-Gharaei, Bina, Yasami, Emami, & Naderi, 2006). 이 외에도 사회 부적응에 대한 집단놀이치료의 영향을 알아보는 여러 연구가 진행되었다(예: Thombs & Muro, 1973; Trostle, 1988). 1940년대 이후 출판된 집단놀이치료 연구 자료를 살펴보면, 실험 연구로서 집단놀이치료를 활용한 32개의 연구가 있다. 〈표 15-1〉에는 10년 단위로 세부적인 연구 수치를 제시하였다.

집단놀이치료에 대한 연구 증가는 집단놀이치료가 정신건강 분야에서 흥미로운 개입이라는 것을 시사한다. 아동을 대상으로 하는 집단 연구의 대부분이 단기적·비실험적·인지행동적 접근의 매우 구조화된, 9~12세 아동을 대상으로 설계된 것(Reddy, 2012)임을 고려하면, 우리는 집단놀이치료 연구 수치가 미약한 수준에 그쳐 있다는 점에 놀랐다. 전형적으로 아동을 대상으로 하는 집단개입에 관한 연구에서는 놀이를 아동과 소통하는 수단으로 활용하지 않았다. 이 장에서 살펴보는 연구들은 4~12세 사이의 아동을 대상으로 하였으며, 대부분 10세 미만의 아동이었다. 이러한 연령대의 아동을 대상으로 하는 연구는 집단놀이치료가 어린 아동에게 접근 가능한 방법이라는 것을 보여 준다.

집단놀이치료에 대한 이론적 접근을 살펴보면, 32개의 연구 중에서 24개의 연구가 비지시적인 접근방법이라고 보고하였다. 비지시적 범주에는 아동중심 놀이치료(CCPT), 관계놀이치료, 자기주도 놀이치료, 정신역동적 놀이치료가 포함된다. 놀이치료에 관한 선행 연구(Ray, 2011)를 살펴보면, 놀이치료에 관한 연구 대다수가 아동중심 놀이치료 철학을 기반으로 하여 이루어졌다. 집단놀이치료에 관한 연구에서도 이러한 경향은 나타난다. 일부 연구(n=5)에서 행동적, 게슈탈트, 인지행동 놀이치료, 발달놀이치료와 같은 보다 지시적인 접근에 대해 탐색한 바가 있다. 2개의 연구에서는 연구에서 활용된 놀이치료의 형태에 대해 밝히지 않았다. Newcomer와

Morrison(1974)은 구체적으로 지시적, 비지시적, 집단과 개별 놀이치료를 비교하였고, 치료 형식에 따른 차이가 없음을 밝혔다.

이 장에서는 집단놀이치료에 관한 연구를 정리하면서 몇 가지 기준을 적용하였다. ① '집단 형식'에서 '놀이치료'나 '놀이상담'과 같은 용어를 사용하여 연구방법에서 집단놀이치료가 분명하게 사용된 것, ② 학술지나 논문의 형태로 출판된 연구, ③ 놀이치료가 부모나 가족이 아닌 아동을 대상으로 진행된 것, ④ 연구가 실험설계로 진행된 것. '놀이치료'라는 용어의 사용 기준은 게임과 같은 도구들을 사용하긴 했으나, 놀이치료라고 밝히고 있지 않은 인지행동적인 집단개입에 대해서는 제한했다. Knell과 Dasari(2011)는 인지행동놀이치료(CBPT)에 관한 20개의 사례 연구를 연구에서 인용하였다. 그러나 많은 사례 연구에서 변화를 측정하는 평가 도구가 부족하다. 또한 Knell과 Dasari는 CBPT의 임상 연구에서 무작위 선출이 부족하였음을 언급하였다.

이 장에서는 32개의 집단놀이치료에 대한 연구를 연구 주제별로 범주화(〈표 15-2〉~〈표 15-13〉)하여 간략하게 소개하였다. 연구 주제: 외현화/파괴적 행동(n=4), 주의력결핍 과잉행동 장애(n=1), 내면화 행동 문제(n=4), 불안(n=6), 우울(n=2), 자아개념/자아존중감(n=6), 사회적 행동(n=10), 외상/학대(n=4), 노숙인(n=1), 정체감 장애/의학적 문제(n=5), 학업성취/지능(n=6), 언어/대화 기술(n=3). 일부 연구는 여러 개의 주제에 중첩되어 한 개 이상의 주제 범주에 포함되어 있다.

표 15-2 연구 주제: 외현화/파괴적 행동 문제

저자	참여 인원/연령	내용
Fleming & Snyder (1947)	7명-8~11세	비지시적 집단놀이치료 12회기 실시. 여아 그룹에서는 통제집단과 비교하여 적응적 성격변화가 유의미하게 향상되었음.
Gaulden (1975)	45명-2학년	발달놀이집단 14회기, 놀이집단상담 14회기, 비개입 통제집단과 비교연구. 집단놀이치료에 참여한 아동이 다른 실험집단보다 학급 내에서 소란스러움 점수가 유의미하게 감소하였음.

Packman & Bratton (2003)	24명-10~12세	인간중심에 기초한 집단놀이치료 12회기 실시. 학습장애와 외현화 행동문제가 있는 초기 청소년들 대상. 외현화 문제와 전체 문제들이 통계적으로 유의미한 변화가 나타남.
Tyndall-Lind, Landreth, & Giordano (2001)	32명-4~10세	가정폭력쉼터에서 거주하는 형제, 자매 집단을 대상으로 집단놀이치료와 집중 개별놀이치료 실시 후 통제집단과 비교연구. 아동중심 놀이치료 집단은 12일 동안 45분씩 12회기를 진행하였음. 연구 결과, 집단과 개별치료 간의 효과성은 동일하였음. 형제자매 집단놀이치료에 참여한 아동들은 외현화, 내면화, 행동문제, 공격성, 불안, 우울에서 전반적으로 감소되었고, 자아존중감이 의미 있게 향상되었음.

표 15-3 연구 주제: 주의력결핍 과잉행동 장애(ADHD)

저자	참여 인원/연령	내용
Naderi, Heidarie, Bouron, & Asgari (2010)	80명-8~12세	ADHD로 진단받은 아동 대상. 무선 통제집단과 비교하여, 놀이와 게임을 혼합한 집단놀이치료 10회기 실시 후에 ADHD 증상, 불안, 사회적 성숙도가 통계적으로 유의미하게 향상되었음.

표 15-4 연구 주제: 내면화 행동 문제

저자	참여 인원/연령	내용
Clement, Fazzone, & Goldstein (1970)	16명-2~3학년	20회기 동안 토큰 강화를 받는 놀이집단을 포함한 네 가지 조건 실시. 사회적으로 수줍고 위축된 남아대상 비교연구. 토큰 놀이집단이 다른 집단에 비해 적응적 성격과 학급 행동에서 유의미한 변화를 보였음.
Clement & Milne (1967)	11명-3학년	사회적으로 수줍고 위축된 남아 대상으로 토큰 집단놀이치료 14회기 실시. 언어 놀이집단에 참여했던 남아 혹은 통제집단과 비교하여 행동문제가 감소하였고, 사회적 접근 행동이 증가하였음.

Tyndall-Lind, Landreth, & Giordano (2001)	32명-4~10세	가정폭력쉼터에서 거주하는 형제, 자매 집단을 대상으로 집단놀이치료와 집중 개별놀이치료 실시 후 통제집단과 비교연구. 아동중심 놀이치료 집단은 12일 동안 45분씩 12회기를 진행하였음. 연구 결과, 집단과 개별치료 간의 효과성은 동일하였음. 형제자매 집단놀이치료에 참여한 아동들은 외현화, 내면화, 행동문제, 공격성, 불안, 우울에서 전반적으로 감소되었고, 자아존중감이 의미 있게 향상되었음.

표 15-5 연구 주제: 불안

저자	참여 인원/연령	내용
Baggerly (2004)	42명-5~11세	노숙인 쉼터에 거주하는 아동들 대상. 일주일에 1~2회 아동중심 집단놀이치료 30분. 9~12회기진행. 자기개념, 존재감(significance), 유능감, 부정적 정서와 부정적 자아존중감, 우울감과 불안에서 유의미한 진보가 있었음.
Farahzadi, Bahramabadi & Mohamma difar (2011)	12명-11세	게슈탈트 집단놀이치료에 10회기 참여한 아동이 통제집단과 비교하여 사회적 공포증상이 감소되었음.
Jalali & Molavi (2011)	30명-5~11세	집단놀이치료에 참여한 아동과 통제집단 아동 비교. 분리불안이 통계적으로 유의미하게 감소한 것으로 증명됨.
Naderi, Heidarie, Bouron, & Asgari (2010)	80명-8~12세	ADHD로 진단받은 아동 대상. 무선 통제집단과 비교하여, 놀이와 게임을 혼합한 집단놀이치료 10회기 실시 후에 ADHD 증상, 불안, 사회적 성숙도가 통계적으로 유의미하게 향상되었음.
Shen (2002)	30명-8~12세	대만 지방에 위치한 초등학교 학생들을 지진이 일어난 후에 아동중심 놀이치료 집단과 통제집단으로 무작위 선정. 모든 아동은 부적응에서 고위험군 점수에 해당하였음. 아동중심 놀이치료 집단은 4주 동안 40분, 10회의 집단놀이치료 회기를 진행하였음. 아동중심 놀이치료 집단은 통제집단과 비교하여 자살위험과 불안이 현저하게 감소하면서 큰 치료적 효과가 있음이 연구 결과로 증명됨.

Tyndall-Lind, Landreth, & Giordano (2001)	32명-4~10세	가정폭력쉼터에서 거주하는 형제, 자매 집단을 대상으로 집단놀이치료와 집중 개별놀이치료 실시 후 통제집단과 비교연구. 아동중심 놀이치료 집단은 12일 동안 45분씩 12회기를 진행하였음. 연구 결과, 집단과 개별치료 간의 효과성은 동일하였음. 형제자매 집단놀이치료에 참여한 아동들은 외현화, 내면화, 행동문제, 공격성, 불안, 우울에서 전반적으로 감소되었고, 자아존중감이 의미 있게 향상되었음.

표 15-6 연구 주제: 우울

저자	참여인원/연령	내용
Baggerly (2004)	42명-5~11세	노숙인 쉼터에 거주하는 아동들 대상. 단일 일주일에 1~2회 9~12회기 아동중심 놀이치료 집단놀이치료에 참여. 자기개념, 존재감(significance), 유능감, 부정적 정서와 부정적 자아존중감, 우울감과 불안에서 유의미한 진보가 있었음.
Tyndall-Lind, Landreth, & Giordano (2001)	32명-4~10세	가정폭력쉼터에서 거주하는 형제, 자매 집단을 대상으로 집단놀이치료와 집중 개별놀이치료 실시 후 통제집단과 비교연구. 아동중심 놀이치료 집단은 12일 동안 45분씩 12회기를 진행하였음. 연구 결과, 집단과 개별치료 간의 효과성은 동일하였음. 형제자매 집단놀이치료에 참여한 아동들은 외현화, 내면화, 행동문제, 공격성, 불안, 우울에서 전반적으로 감소되었고, 자아존중감이 의미 있게 향상되었음.

표 15-7 연구 주제: 자아개념/자아존중감

저자	참여 인원/연령	내용
Baggerly (2004)	42명-5~11세	노숙인 쉼터에 거주하는 아동들 대상. 단일 일주일에 1~2회 9~12회기 아동중심 놀이치료 집단놀이치료에 참여. 자기개념, 존재감(significance), 유능감, 부정적 정서와 부정적 자아존중감, 우울감과 불안에서 유의미한 진보가 있었음.

Gould (1980)	84명-초등학생	낮은 자아이미지를 가지고 있는 아동 대상. 비지시적 집단놀이치료 12회와 토론집단12회 실시 후에 아무런 개입도 하지 않은 통제집단에서는 변화가 없었지만, 자기이미지의 긍정적 변화가 나타남. 가장 긍정적인 변화는 집단놀이치료에 참여한 경우에서 나타남.
House (1970)	36명-2학년	아동중심 집단놀이치료 20회기 실시. 통제집단에서 자아개념이 낮아진 반면, 사회 부적응 아동들은 자아개념이 유의미하게 향상됨.
Pelham (1972)	52명-유치원	사회적으로 미숙한 유치원 아동 대상. 자기주도 개별놀이치료 6~8회기, 자기주도 집단놀이치료 6~8회기, 통제집단 비교연구. 치료에 참여한 아동은 통제집단과 비교하여, 사회성숙도에서 긍정적인 결과가 나옴. 놀이치료에 참여한 아동은 통제집단과 비교하여, 교실 내 행동이 긍정적으로 변화하였음.
Perez (1987)	55명-4~9세	성적 학대를 경험한 아동 대상. 개별 관계놀이치료 12회기, 집단 관계놀이치료 12회기를 실시하고 통제집단과 비교연구. 치료집단에 참여한 아동들의 자기개념이 통제집단 아동들이 감소한 반면에 현저하게 증가함. 놀이치료에 참여한 아동의 자기조절력 점수는 현저하게 증가한 반면, 통제집단 아동의 점수는 하락함. 개별과 집단 놀이치료 사이에 차이는 없었음.
Tyndall-Lind, Landreth, & Giordano (2001)	32명-4~10세	가정폭력쉼터에서 거주하는 형제, 자매 집단을 대상으로 집단놀이치료와 집중 개별놀이치료 실시 후 통제집단과 비교연구. 아동중심 놀이치료 집단이 12일 동안 45분씩 12회기 진행. 연구 결과, 집단과 개별치료 간의 효과성은 동일하였음. 형제자매 집단놀이치료에 참여한 아동들은 외현화, 내면화, 행동문제, 공격성, 불안, 우울에서 전반적으로 감소되었고, 자아존중감이 의미 있게 향상되었음.

표 15-8 연구 주제: 사회적 행동

저자	참여 인원/연령	내용
Elliott & umfrey (1972)	28명-7~9세	비지시적 집단놀이치료 9회기 실시. 소년들은 개입이 없었던 통제집단과 비교해서, 사회 적응이나 읽기 점수에 큰 차이를 보이지 않음. 그러나 IQ 같은 기준 점수에서는 차이가 나타남. 정서적 불편감은 치료를 하면서 사회적 적응에서 개선됨. 사회적 적응을 어렵게 했던 초조함이 감소됨.
Fleming & Snyder (1947)	46명-8~11세	비지시적 집단놀이치료 12회기 실시. 소녀들은 통제집단과 비교해서, 적응 면에서 의미 있는 진보가 있었음.
House (1970)	36명-2학년	아동중심 집단놀이치료 20회기 실시. 통제집단에서 자기개념이 감소한 반면에, 사회적 부적응을 보이던 아동의 자아개념이 긍정적으로 변화됨.
Hume (1967)	20명-1~4학년	6개월 동안 매주 아동중심 개별치료와 집단놀이치료를 실시. 교실에서 성장할 수 있는 조건을 형성해 가는 데 교사가 함께한 경우와 함께하지 않은 경우로 나누어서 진행. 놀이치료에 참여한 아동들은 교실, 집에서 행동변화에서 많은 변화를 보였음. 놀이치료는 교사와 함께 협력하였을 때 가장 효과적인 것으로 나타났고, 놀이치료 시행을 하지 않은 경우에는 효과가 제한적인 것으로 나타남.
Naderi, eidarie, Bouron, & Asgari (2010)	80명-8~12세	ADHD로 진단받은 아동 대상. 무선 통제집단과 비교하여, 놀이와 게임을 혼합한 집단놀이치료 10회기 실시 후에 ADHD 증상, 불안, 사회적 성숙도가 통계적으로 유의미하게 변화되었음.
Pelham (1972)	52명-유치원	사회적으로 미숙한 유치원 아동 대상. 자기주도 개별놀이치료 6~8회기, 자기주도 집단놀이치료 6~8회기, 통제집단 비교연구. 치료에 참여한 아동은 통제집단과 비교하여, 사회성숙도에서 긍정적인 결과가 나옴. 놀이치료에 참여한 아동은 통제집단과 비교하여 교실 내 행동이 긍정적으로 변화하였음.
Schiffer (1966)	33명-9~11세	부모참여 집단놀이치료, 부모참여 없는 집단놀이치료, 집단 레크리에이션, 통제집단 비교연구. 통제집단 아동이 사회부적응이 증가한 것과 달리, 치료에 참여했던 아동은 또래 관계가 안정되었음.

Sokoloff (1959)	24명–5세	뇌성마비가 있는 아동들을 대상으로 집단놀이치료 30회기와 개별 언어치료 30회기를 실시하여 비교 연구함. 놀이치료에 참여했던 아등들이 대화와 의사소통, 사회성 발달에서 진보가 있었음.
Thombs & Muro (1973)	36명–2학년	관계이론 기반의 집단놀이치료 15회기 실시. 실험집단으로 언어 집단상담에 참여했던 아동보다 보다 긍정적인 사회적 태도의 변화가 있었음. 실험집단 모두 통제집단과 비교하여 사회적 관계에서 의미 있는 진보가 있었음.
Trostle (1988)	48명–3~6세	비지시적 집단놀이치료 10회기 실시. 이중언어를 사용하는 푸에르토리코 아동 대상. 통제집단과 비교하여 자기통제 점수가 유의미하게 향상되었고, 가장 놀이와 실제 놀이행동에서 발달 수준이 보다 높아짐. 실험집단에 참여한 남아들은 통제집단의 여아나 남아보다 보다 수용적이게 됨. 집단놀이치료 회기 진행 시 통제집단은 비구조화된 자유놀이 회기에 참여하였음.

표 15-9 연구 주제: 외상/학대

저자	참여 인원/연령	내용
Mahmoudi-Gharaei, Bina, Yasami, Emami, & Naderi (2006)	13명–3~6세	지진으로 가족을 잃은 아동들 대상. 12회의 인지행동놀이치료 참여 후에 외상 증상들이 현저하게 감소함.
Perez (1987)	55명–4~9세	성적 학대를 경험한 아동 대상. 개별 관계놀이치료 12회기, 집단 관계놀이치료 12회기를 실시하고 통제집단과 비교연구. 치료집단에 참여한 아동들의 자기개념이 통제집단 아동들이 감소한 반면에 현저하게 증가함. 놀이치료에 참여한 아동의 자기조절력 점수는 현저하게 증가한 반면, 통제집단 아동의 점수는 하락함. 개별과 집단 놀이치료 사이에 차이는 없었음.

Shen (2002)	30명-8~12세	대만 지방에 위치한 초등학교 학생들을 지진이 일어난 후에 아동중심 놀이치료 집단과 통제집단으로 무작위 선정. 모든 아동은 부적응에서 고위험군 점수에 해당하였음. 아동중심 놀이치료 집단은 4주 동안 40분, 10회의 집단놀이치료 회기를 진행하였음. 아동중심 놀이치료 집단은 통제집단과 비교하여 자살위험과 불안이 현저하게 감소하면서 큰 치료적 효과가 있음이 연구결과로 증명됨.
Tyndall-Lind, Landreth, & Giordano (2001)	32명-4~10세	가정폭력쉼터에서 거주하는 형제, 자매 집단을 대상으로 집단놀이치료와 집중 개별놀이치료 실시 후 통제집단과 비교연구. 아동중심 놀이치료 집단은 12일 동안 45분씩 12회기를 진행하였음. 연구 결과, 집단과 개별치료 간의 효과성은 동일하였음. 형제자매 집단놀이치료에 참여한 아동들은 외현화, 내면화, 행동문제, 공격성, 불안, 우울에서 전반적으로 감소되었고, 자아존중감이 의미 있게 향상되었음.

표 15-10 연구 주제: 노숙인

저자	참여 인원/연령	내용
Baggerly (2004)	42명-5~11세	노숙인 쉼터에 거주하는 아동들 대상. 일주일에 1~2회 참여로 아동중심 놀이치료 집단놀이치료 30분, 9~12회기 진행. 자기개념, 존재감(significance), 유능감, 부정적 정서와 부정적 자아존중감, 우울감과 불안에서 유의미한 진보가 있었음.

표 15-11 연구 주제: 정체감 장애/의학적 문제

저자	참여 인원/연령	내용
Cruickshank & Cowen (1948), Cowen & Cruickshank (1948)	5명-7~9세	학교에서 정서적 어려움을 경험하고 있는 5명의 신체장애 아동들 대상. 비지시적 집단놀이치료 13회기 후, 3명의 아동은 가정과 학교에서 놀라운 행동변화를 보였고, 한 명은 경미한 변화가 있었고, 나머지 한 명은 진보가 나타나지 않음. 5명 모두 경험에 대해서는 긍정적 감정을 보고하였음.

Danger & Landreth (2005)	21명–4~6세	언어치료를 받는 아동들을 무작위로 선정. 집단놀이치료를 함께 받거나 언어치료만을 받게 함. 25회기의 아동중심 집단놀이치료를 7개월 동안 언어치료와 병행하였음. 놀이치료를 받은 아동들은 수용언어와 표현언어 기술이 엄청나게 증진되었음이 밝혀짐.
Mehlman (1953)	32명–86~140개월	집단놀이치료, 영화집단 29회기 진행 후 통제집단과 비교 연구함. 지적장애가 있는 아동들이 모든 그룹에서 지능의 변화는 없었음. 놀이치료 집단은 적응적인 성격변화에서는 진보가 있었음.
Sokoloff (1959)	24명–5세	뇌성마비가 있는 아동들을 대상으로 집단놀이치료 30회기와 개별언어치료 30회기를 실시하여 비교 연구함. 놀이치료에 참여했던 아동의 대화와 의사소통, 사회성 발달에서 진보가 있었음.

표 15–12 연구 주제: 학업성취/지능

저자	참여 인원/ 연령	내용
Bills (1950a)	18명–3학년	정서 부적응 아동들 대상으로 개별 아동중심 놀이치료 6회기와 집단놀이치료 3회기 실시. 읽기능력에서 의미 있는 변화가 있었으며, 통제집단과 비교했을 때 30일 후에도 변화가 유지되었음.
Bills (1950b)	8명–3학년	적응을 잘하는 아동들을 대상으로 비지시적 개별놀이치료와 집단놀이치료를 실시하였으나 읽기능력에서 놀랄 만한 변화는 없었음. 저자는 두 연구를 통해 비지시적 치료는 읽기능력에서 지연이 있는 부적응이 있는 아이들에게 효과적이라고 결론을 지음.
Elliott & Pumfrey (1972)	28명–7~9세	비지시적 집단놀이치료 9회기 실시. 소년들은 개입이 없는 통제집단과 비교해서 사회 적응이나 읽기 점수에 큰 차이를 보이지 않음. 그러나 IQ 같은 기준 점수에서는 차이가 나타남. 정서적 불편감은 치료를 하면서 사회적 적응에서 개선됨. 사회적 적응을 어렵게 했던 초조함 감소됨.

Mehlman (1953)	32명－86～140개월	집단놀이치료, 영화집단 29회기 진행 후 통제집단과 비교연구함. 지적장애가 있는 아동들이 모든 그룹에서 지능의 변화는 없었음. 놀이치료 집단은 적응적인 성격변화에서는 진보가 있었음.
Newcomer & Morrison (1974)	12명－5～11세	지적장애 아동들을 대상으로 개별놀이치료, 지시적/비지시적 리더십, 집단놀이치료를 30주 이상 실시하여 점수 변화 비교연구. 통제집단과 비교했을 때 사회적 · 지적 기능의 유용한 효과가 있었음. 집단 대 개별 혹은 지시적 대 비지시적 사이에 차이는 없었음.
Seeman & Edwards (1954)	38세－5～6학년	부적응 아동을 대상으로 아동중심적인 '교사－치료자'와 함께 평균적으로 67회기 이상의 놀이집단에 참여. 통제집단과 비교했을 때 4개월 후에 7/10 정도가 읽기 점수 향상됨.

표 15－13 연구 주제: 언어/대화 기술

저자	참여 인원/ 연령	내용
Bouillion (1974)	43명－3～6세	언어나 대화 기술의 지연 아동들을 대상으로 선정. 4주 동안 주 5회 비지시적 집단놀이치료와 지시적 개별언어치료, 집단 대화 교육, 신체－소근육 훈련을 실시하여 통제집단과 비교함. 집단놀이치료 집단의 아동들이 다른 치료집단 아동들에 비해 유창성과 정교성 면에서 더 높은 점수를 받음. 놀이치료 집단은 수용언어 결핍을 개선하는 데 효과적임이 증명되었음.
Danger & Landreth (2005)	21명－4～6세	언어치료를 받는 아동들을 무작위로 선정. 집단놀이치료를 함께 받거나 언어치료만을 받게 함. 25회기의 아동중심 집단놀이치료를 7개월 동안 언어치료와 병행하였음. 놀이치료를 받은 아동들은 수용언어와 표현언어 기술이 엄청나게 증진되었음이 밝혀짐.
Moulin (1970)	126명－1～3학년	학업부진 학생들을 대상으로 아동중심 놀이치료 12회기 실시 후 통제집단보다 비언어적 지능이 현저하게 증가하였음. 치료는 자동적 언어 사용이 줄고, 의미 있는 언어 사용이 증가하는 것에 효과적이었음. 학업성취에 대한 결과는 나타나지 않았음.

참고 문헌

Abramson, D., Stehling-Ariza, T., Garfi eld, R., & Redlener, I. (2008). Prevalence and predictors of mental health distress post-Katrina: Findings from the Gulf Coast Child and Family Health Study. *Disaster Medicine and Public Health Preparedness, 2*(2), 77-86.

Allan, J. (1988). *Inscapes of the child's world: Jungian counseling in schools and clinics*. Dallas, TX: Spring.

Allan, J. (1997). Jungian play psychotherapy. In K. O'Connor & L. Braverman (Eds.), *Play therapy: A comparative presentation* (2nd ed., pp. 100-130). New York: Wiley.

Allan, J., & Bertoia, J. (2003). *Written paths to healing: Education and Jungian child counseling*. Putnam, CT: Spring.

American Art Therapy Association (2012). *Art therapy: Definition of the profession*. Available at http://arttherapy.org/aata-aboutus.html

American Psychological Association (2000). *Diagnostic and statistical manual of mental disorders. DSM-IV-TR* (4th ed.: text revision). Washington, DC: Author.

American Psychological Association Presidential Task Force on Evidence Based Practice (2006). Evidence-based practice in psychology. *American Psychologist, 61*, 271-285.

Andrews, C. (2009). *Who directs the play and why? An exploratory study of directive versus nondirective play therapy*. Master's Thesis, Smith College for Social Work, Northampton, MA.

Arnett, J. J. (1999). Adolescent storm and stress, reconsidered. *American Psychologist, 54*(5), 317-326.

Ashby, J., Kottman, T., & DeGraaf, D. (2008). *Active interventions for kids and teens: Adding adventures and fun to counseling.* Alexandria, VA: American Counseling Association.

Association for Play Therapy. (2009). *Play therapy best practices*. Fresno, CA: Association for Play Therapy.

Association for Specialists in Group Work. (2000). *Professional standards for the training of group workers*. Alexandria, VA: Association for Specialists in Group Work.

Atkins, S. (2002). *Expressive arts therapy: Creative process in art and life*. Boone, NC: Parkway.

Axford, N., & Morpeth, L. (2013). Evidence-based programs in children's services: A critical appraisal. *Children and Youth Services Review, 35*, 266-277.

Axline, V. (1947). *Play therapy*. New York: Ballantine.

Axline, V. (1949). Mental deficiency: Symptom or disease? *Journal of Consulting Psychology, 13*, 313-327.

Baggerly, J. N. (2004). The effects of child-centered group play therapy on self-concept, depression, and anxiety on children who are homeless. *International Journal of Play Therapy, 13*, 31-51.

Baggerly, J. N. (2006a). *Disaster mental health and crisis stabilization for children* (Video). Framingham, MA: Microtraining Associates.

Baggerly, J. N. (2006b). Preparing play therapists for disaster response: Principles and procedures. *International Journal of Play Therapy, 15*, 59-82.

Baggerly, J. N. (2007). International interventions and challenges following the crisis of natural disasters. In N. B. Webb (Ed.), *Play therapy with children in crisis* (3rd ed., pp. 345-367). New York: Guilford Press.

Baggerly, J. N. (2010). Systematic trauma interventions for children: A 10 step protocol. In J. Webber (Ed.), *Terrorism, trauma, and tragedies: A counselor's guide to preparing and responding* (2nd ed., pp. 131-136). Alexandria, VA: American Counseling Association.

Baggerly, J. N. (2012). *Trauma-informed child-centered play therapy* (Video). Framingham, MA: Microtraining Associates and Alexander Street Press.

Baggerly, J. N., & Exum, H. (2008). Counseling children after natural disasters: Guidance for family therapists. *American Journal of Family Therapy, 36*(1), 79-93.

Baggerly, J. N., & Ferretti, L. (2008). The impact of the 2004 hurricanes on Florida comprehensive assessment test scores: Implications for school counselors. *Professional School Counseling, 12*, 1-9.

Baggerly, J. N., & Mescia, N. (2005). *Disaster behavioral health first aid specialist training with children: C-FAST.* Tampa, FL: Florida Center for Public Health Preparedness.

Baggerly, J. N., & Parker, M. (2005). Child-centered group play therapy with African American boys at the elementary school level. *Journal of Counseling & Development, 83*(4), 387-396.

Baggerly, J. N., Green, C., Thorn, A., & Steele, W. (2007). He blew our house down: Natural disaster and trauma. In S. Dugger & L. Carlson (Eds.), *Critical Incidents in Counseling Children* (pp. 71-80). Alexandria, VA: American Counseling Association Press.

Baggerly, J. N., Ray, D., & Bratton, S. (Eds.) (2010). *Child-centered play therapy research: The evidence base for effective practice.* Hoboken, NJ: John Wiley.

Baker, J., Sedney, M., & Gross, E. (1992). Psychological tasks for bereaved children. *American Journal of Orthopsychiatry, 62*(1), 105-116.

Baker, S. R. (2005). *Freedom and death.* Tampa, FL: The Life Center of the Suncoast Inc.

Bandura, A. (1977). *Social learning theory.* Oxford: Prentice-Hall.

Barbarin, O. A. (1993). Emotional and social development of African American children. *Journal of Black Psychology, 19*(4), 381-390.

Beck, A. (1976). *Cognitive therapy and the emotional disorders.* New York: Meridian.

Beck, A., & Weishaar, M. (2005). Cognitive therapy. In R. Corsini & D. Wedding (Eds.), *Current psychotherapies* (7th ed., pp. 238-268). Belmont, CA: Thomson.

Beck, A., & Weishaar, M. (2008). Cognitive therapy. In R. Corsini & D. Wedding (Eds.), *Current psychotherapies* (8th ed., pp. 263-294). Belmont, CA: Thomson.

Beck, J. S. (2011). *Cognitive behavior therapy: Basics and beyond* (2nd ed.). New York: Guilford Press.

Becker-Blease, K. A., Turner, H. A., & Finkelhor, D. (2010). Disasters, victimization, and children's mental health. *Child Development, 81*, 1040-1052.

Berg, R. C., Landreth, G. L., & Fall, K. A. (2006). *Group counseling: Concepts and procedures* (3rd ed.). New York: Routledge/Taylor & Francis.

Bergin, J., & Klein, J. (2009). Small-group counseling. In A. Vernon (Ed.), *Counseling children and adolescents* (4th ed., pp. 359-386). Denver, CO: Love.

Berk, L. E. (2010). *Exploring lifespan development* (2nd ed.). Boston, MA: Allyn & Bacon.

Bertoia, J. (1999). The invisible village: Jungian group play therapy. In D. S. Sweeney & L. Homeyer (Eds.), *The handbook of group play therapy: How to do it, how it works, whom it's best for* (pp. 86-104). San Francisco, CA: Jossey-Bass.

Bills, R. (1950a). Nondirective play therapy with retarded readers. *Journal of Consulting Psychology*, *14*, 140-149.

Bills, R. (1950b). Play therapy with well-adjusted retarded readers. *Journal of Consulting Psychology*, *14*, 246-249.

Bishop, C. M. (2011). How visible and integrated are lesbian, gay, bisexual, and transgender families: A survey of school psychologists regarding school characteristics. *Dissertation Abstracts International, 72*.

Blanco, P., & Ray, D. (2011). Play therapy in the schools: A best practice for improving academic achievement. *Journal of Counseling and Development, 89*, 235-242.

Blanco, P., Ray, D., & Holliman, R. (2012). Long-term child centered play therapy and academic achievement of children: A follow-up study. *International Journal of Play Therapy, 21*, 1-13.

Blom, R. (2006). *The handbook of gestalt play therapy: Practical guidelines for child therapists*. London: Jessica Kingsley.

Blundon, J., & Schaefer, C. E. (2006). The use of group play therapy for children with social skills deficits. In H. Kaduson & C. E. Schaefer (Eds.), *Short-term play therapy for children* (2nd ed., pp. 336-375). New York: Guilford.

Booth, P., & Jernberg, A. (2010). *Theraplay: Helping parents and children build better relationships through attachment-based play*. San Francisco, CA: Jossey-Bass.

Bouillion, K. (1974). The comparative efficacy of non-directive group play therapy with preschool, speech-or language-delayed children (Doctoral dissertation, Texas Tech University, 1973). *Dissertation Abstracts International, 35*, 495.

Bozarth, J. (1998). *Person-centered therapy: A revolutionary paradigm*. Ross-on-Wye: PCCS Books.

Brabender, V. (2002). *Introduction to group therapy*. New York: John Wiley & Sons.

Bratton, S., & Ferebee, K. (1999). The use of structured expressive art activities in group activity therapy with preadolescents. In D. S. Sweeney & L. E. Homeyer (Eds.), *The handbook of group play therapy: How to do it, how it works, whom it's best for* (pp. 192-214). San Francisco, CA: Jossey-Bass.

Bratton, S., & Ray, D. (1999). Group puppetry. In D. S. Sweeney & L. Homeyer (Eds.), *The handbook of group play therapy: How to do it, how it works, whom it's best for* (pp. 267-277). San Francisco, CA: Jossey-Bass.

Bratton, S., Ray, D., Rhine, T., & Jones, L. (2005). The efficacy of play therapy with children: A meta-analytic review. *Professional Psychology: Research and Practice, 36*, 376-390.

Briere, J. (1996). *Trauma symptom checklist for children*. Odessa, FL: Psychological Assessment Resources.

Briere, J. (2005). *Trauma Symptom Checklist for Young Children (TSCYC)*: Professional Manual. Odessa, FL: Psychological Assessment Resources.

Briggs, K., Runyon, M., & Deblinger, E. (2011). The use of play in trauma-focused cognitive behavioral therapy. In S. Russ & L. Niec (Eds.), *Play in clinical practice: Evidence-based approaches* (pp. 168-200). New York: Guilford.

Bromfield, R. (1995). The use of puppets in play therapy. *Child and Adolescent Social Work Journal, 12*, 435-444.

Brown, K. L., & Brown, M. (1996). *When dinosaurs die: A guide to understanding death*. New York: Little, Brown Books for Young Readers.

Brymer, M., Jacobs, A., Layne, C., Pynoos, R., Ruzek, J., Steinberg, A., Vernberg, E., & Watson, P. (National Child Traumatic Stress Network and National Center for PTSD) (2006). *Psychological First Aid: Field Operations Guide* (2nd ed.) July, 2006. Retrieved from www.nctsn.org and www.ncptsd.va.gov

Bunge, S. A. (2009). *The adolescent brain*. Available from www.youtube.com/watch?v =7GSVja_AO-Q

Burns, R. C., & Kaufman, S. (1980). *Kinetic family drawings (K-F-D)*. New York: Brunner/Mazel.

Butler, S., Guterman, J., & Rudes, J. (2009). Using puppets with children in narrative therapy to externalize the problem. *Journal of Mental Health Counseling, 31*, 225-233.

Carey, L. (2006). *Expressive and creative arts methods for trauma survivors*. London: Jessica Kingsley.

Carlson-Sabelli, L. (1998). Children's therapeutic puppet theatre-Action, interaction, and cocreation. *International Journal of Action Methods, 51*, 91-112.

Carroll, F. (2009). Gestalt play therapy. In K. O'Connor & L. Braverman (Eds.), *Play therapy theory and practice: Comparing theories and techniques* (2nd ed., pp. 283-314). Hoboken, NJ: Wiley.

Carter, R., & Mason, P. (1998). The selection and use of puppets in counseling. *Professional School Counseling, 1*, 50-53.

Casey, B. J., Jones, R. M., Levita, L., Libby, V., Pattwell, S. S., Ruberry, E. J., Soliman, F., & Somerville, L. H. (2010). The storm and stress of adolescence: Insights from human imaging and mouse genetics. *Developmental Psychobiology, 52*, 225-235.

Celano, M. P. (1990). Activities and games for group psychotherapy with sexually abused children. *International Journal of Group Psychotherapy, 40*, 419-429.

Center for Disease Control (2011). *National Vital Statistics Reports. Death: Final Date for 2010*. Atlanta, GA: Center for Disease Control.

Chapman, L., & Appleton, V. (1999). Art in group play therapy. In D. S. Sweeney & L. E. Homeyer (Eds.), *The handbook of group play therapy: How to do it, how it works, whom it's best for* (pp. 179-191). San Francisco, CA: Jossey-Bass.

Christner, R., Stewart, J., & Freeman, A. (2007). *Handbook of cognitive-behavior group therapy with children and adolescents: Specific settings and presenting problems*. New York: Routledge.

Clement, P., & Milne, D. (1967). Group play therapy and tangible reinforcers used to modify the behavior of 8-year-old boys. *Behaviour Research and Therapy, 5*, 301-312.

Clement, P., Fazzone, R., & Goldstein, B. (1970). Tangible reinforcers and child group therapy. *Journal of the American Academy of Child Psychiatry, 9*, 409-427.

Cobia, D., & Henderson, D. (2007). *Developing an effective and accountable school counseling program* (2nd ed.). Upper Saddle River, NJ: Pearson Education.

Cochran, N., Nordling, W., & Cochran, J. (2010). *Child-centered play therapy: A practical guide to developing therapeutic relationships with children*. Hoboken, NJ: Wiley.

Cohen, J. A., Mannarino, A. P., & Deblinger, E. (2006). *Treating trauma and traumatic grief in children and adolescents*. New York: Guilford.

Cohen, J. A., Mannarino, A. P., & Deblinger, E. (2012). *Trauma-focused CBT for children and adolescents: Treatment applications*. New York: Guilford.

Constantine, M. G., Hage, S. M., Kindaichi, M. M., & Bryant, R. M. (2007). Social justice and multicultural issues: implications for the practice and training of counselors and counseling psychologists. *Journal of Counseling & Development, 85*(1), 24-29.

Cook, A., Spinazzola, J., Ford, J., Lanktree, C., Blaustein, M., Cloitre, M., & van der Kolk, B. (2005). Complex trauma in children and adolescents. *Psychiatric Annals, 35*, 390-398.

Corey, G. (2004). *Theory and practice of group counseling* (6th ed.). Belmont, CA: Brooks/Cole-Thomson Learning.

Corey, G. (2012). *Theory and practice of group counseling* (8th ed.). Belmont, CA: Brooks/Cole.

Corey, G., Corey, M.S., & Callanan, P. (2011). *Issues and ethics in the helping professions* (8th ed.). Belmont, CA: Brooks/Cole.

Cowen, E., & Cruickshank, W. (1948). Group therapy with physically handicapped children II: Evaluation. *The Journal of Education Psychology, 39*, 281-297.

Cruickshank, W., & Cowen, E. (1948). Group therapy with physically handicapped children I: Report of study. *The Journal of Educational Psychology, 39*, 193-215.

Dahl, R. E., & Hariri, A. R. (2005). Lessons from G. Stanley Hall: Connecting new research in biological sciences to the study of adolescent development. *Journal of Research on Adolescence, 15*(4), 367-382.

Danger, S., & Landreth, G. L. (2005). Child-centered group play therapy with children with speech difficulties. *International Journal of Play Therapy, 14*, 81-102.

De Domenico, G. S. (1999). Group sandtray-worldplay: New dimensions in sandplay therapy. In D. S. Sweeney & L. Homeyer (Eds.), *Handbook of group play therapy: How to do it, how it works, whom it's best for* (pp. 215-233). San Francisco, CA: Jossey-Bass.

De Saint Exupery, A. (1943). *The little prince*. New York: Harcourt, Brace & World.

de Shazer, S. (1988). *Clues: Investigating solutions in brief therapy*. New York: Norton.

de Shazer, S., & Dolan, Y. (2007). *More than miracles: The state of the art of solution-focused brief therapy*. New York: Routledge.

Dempsey, D. (2010). Conceiving and negotiating reproductive relationships: Lesbians and gay men forming families with children. *Sociology, 44*(6), 1145-1162.

Douglas, C. (2008). Analytical psychotherapy. In R. Corsini & D. Wedding (Eds.), *Current psychotherapies* (8th ed., pp. 113-147). Belmont, CA: Thomson.

Drewes, A. A. (2009). *Blending play therapy with cognitive behavioral therapy: Evidence-based and other effective treatments and techniques*. Hoboken, NJ: John Wiley & Sons.

Drewes, A. A., Bratton, S. C., & Schaefer, C. E. (2011). *Integrative play therapy*. Hoboken, NJ: John Wiley & Sons.

Dulsky, S. (1942). Affect and intellect: An experimental study. *The Journal of General Psychology, 27*, 199-220.

Earls, M. K. (2011). The play factor: Effect of social skills group play therapy on adolescent African-American males. *Dissertation Abstracts International, A*, 72.

Education Trust (2009). *Education Watch State Report*. Texas: Education Trust. Available at www.edtrust.org/sites/edtrust.org/fi les/Texas_0.pdf

Elliot, D. B., & Simmons, T. (2011). *Marital events of Americans: 2009*. American Community Survey Reports. Washington, DC: United States Census Bureau.

Elliott, G., & Pumfrey, P. (1972). The effects of non-directive play therapy on some maladjusted boys. *Educational Research, 14*, 157-163.

Erford, B. (2011). *Group work: Processes and applications*. Upper Saddle River, NJ: Pearson Education.

Erikson, E. H. (1964). *Childhood and society* (2nd ed.). Oxford: W. W. Norton.

Fall, K., Holden, J., & Marquis, A. (2010). *Theoretical models of counseling and psychotherapy* (2nd ed.). New York: Routledge.

Fall, M., Balvanz, J., Johnson, L., & Nelson, L. (1999). The relationship of a play therapy intervention to self-efficacy and classroom learning. *Professional School Counseling, 2*, 194-204.

Fall, M., Navelski, L., & Welch, K. (2002). Outcomes of a play intervention for children identified for special education services. *International Journal of Play Therapy, 11*(2), 91-106.

Farahzadi, M., Bahramabadi, M., & Mohammadifar, M. (2011). Effectiveness of Gestalt play therapy in decreasing social phobia. *Journal of Iranian Psychologists, 7*, 387-395.

Fearnley, R. (2010). Death of a parent and the children's experience: Don't ignore the elephant in the room. *Journal of Interprofessional Care*, *24*(4), 450-459.

Felix, E., Bond, D., & Shelby, J. (2006). Coping with disaster: Psychosocial interventions for children in international disaster relief. In C. E. Schaefer & H. Kaduson (Eds.), *Contemporary play therapy: Theory, research, and practice* (pp. 307-328). New York: Guilford Press.

Fischetti, B. (2010). Play therapy for anger management in the schools. In A. Drewes & C. E. Schaefer (Eds.), *School-based play therapy* (2nd ed., pp. 283-305). Hoboken, NJ: Wiley.

Fleming, L., & Snyder, W. (1947). Social and personal changes following nondirective group play therapy. *American Journal of Orthopsychiatry, 17*, 101-116.

Freud, A. (1946). *The psycho-analytical treatment of children*. New York: International Universities Press.

Freud, S. (1909/1955). *The case of "Little Hans" and the "Rat Man."* London: Hogarth Press.

Freud, S. (1949). *An outline of psychoanalysis*. New York: W. W. Norton & Co.

Gallo-Lopez, L. (2006). A creative play therapy approach to the group treatment of young sexually abused children. In H. Kaduson & C. E. Schaefer (Eds.), *Short-term play therapy for children* (2nd ed., pp. 245-272). New York: Guilford.

Gallo-Lopez, L., & Rubin, L. (2012). *Play-based interventions for children and adolescents with autism spectrum disorders*. New York: Routledge/Taylor & Francis.

Gallo-Lopez, L., & Schaefer, C. E. (2005). *Play therapy with adolescents*. Lanham, MD: Jason Aronson.

Gann, E. (2010). The effects of therapeutic hip hop activity groups on perception of self and social supports in at-risk urban adolescents. *Dissertation Abstracts International, 71*.

Garza, Y., & Bratton, S. (2005). School-based child-centered play therapy with Hispanic children: Outcomes and cultural considerations. *International Journal of Play Therapy, 14*, 51-71.

Gaskill, R. L., & Perry, B. D. (2012). Child sexual abuse, traumatic experiences, and their impact on the developing brain. In P. Goodyear-Brown (Ed.), *Handbook of child sexual abuse* (pp. 30-47). Hoboken, NJ: John Wiley & Sons.

Gaulden, G. (1975). Developmental-play group counseling with early primary grade students exhibiting behavioral problems (Doctoral dissertation, North Texas State University, 1975).

Dissertation Abstracts International, 36, 2628.

Gendler, M. (1986). Group puppetry with school-age children: Rationale, procedure, and therapeutic implications. *The Arts in Psychotherapy, 13*, 45-52.

Gil, E. (1994). *Play in family therapy*. New York: Guilford Press.

Gil, E. (2006). *Helping abused and traumatized children: Integrating directive and nondirective approaches*. New York: Guilford Press.

Gil, E. (2011). *Helping abused and traumatized children: Integrating directive and nondirective approaches*. New York: Guildford.

Gil, E., & Drewes, A. A. (2005). *Cultural issues in play therapy*. New York: Guilford Press.

Ginott, H. (1958). Play group therapy: A theoretical framework. *International Journal of Group Psychotherapy, 8*(4), 410-418.

Ginott, H. (1961). *Group psychotherapy with children: The theory and practice of play therapy*. New York: McGraw-Hill.

Ginott, H. (1975). Group play therapy with children. In G. Landreth (Ed.), *Play therapy: Dynamics of the process of counseling with children*. Springfield, IL: Charles C. Thomas.

Ginott, H. (1982). Group play therapy with children. In G. L. Landreth (Ed.), *Play therapy: Dynamics of the process of counseling with children* (pp. 327-341). Springfield, IL: Charles C. Thomas.

Ginott, H. (1999) Play group therapy: A theoretical framework. In D. S. Sweeney & L. Homeyer (Eds.), *Handbook of group play therapy: How to do it, how it works, whom it's best for* (pp. 15-23). San Francisco: Jossey-Bass. (Original work published 1948).

Gladding, S. (2012). *Group work: A counseling specialty* (6th ed.). Upper Saddle River, NJ: Pearson.

Glover, G. (2005). Musings on working with Native American children in play therapy. In E. Gil & A. A. Drewes (Eds.), *Cultural issues in play therapy* (pp. 168-179). New York: Guilford Press.

Goldberg, A. E., Smith, J. Z., & Perry-Jenkins, M. (2012). The division of labor in lesbian, gay, and heterosexual new adoptive parents. *Journal of Marriage and Family, 74*(4), 812-828.

Goldman, L. (2006). Best practice grief work with students in schools. In C. Franklin, M.B. Harris, & P. Allen-Meares (Eds.) *Th e school services sourcebook: A guide for school based professionals* (pp. 567-575). Oxford: Oxford University Press.

Gould, M. (1980). The effect of short-term intervention play therapy on the self-concept of selected elementary pupils (Doctoral dissertation, Florida Institute of Technology, 1980). *Dissertation Abstracts International, 41*, 1090.

Green, E. J. (2007). The crisis of family separation following traumatic mass destruction: Jungian analytical play therapy in the aftermath of hurricane Katrina. In N. B. Webb (Ed.), *Play therapy with children in crisis: Individual, group, and family treatment* (3rd ed., pp. 368-388). New York: The Guilford Press.

Green, E. (2009). Jungian analytical play therapy. In K. O'Connor & L. Braverman (Eds.), *Play therapy theory and practice: Comparing theories and techniques* (2nd ed., pp. 83-121). Hoboken, NJ: Wiley.

Green, E., Crenshaw, D., & Drewes, A. (October 13, 2011). *Depth approaches to foster resilience in children following trauma*. A half-day workshop presented at the Annual Association for Play Therapy International Conference, Sacramento, CA.

Green, E. J., McCollum, V. C., & Hays, D. (2008). Teaching advocacy counseling within a social justice framework: Implications for school counselors and educators. *Journal of Social Action in Counseling and Psychology, 1*(2), 14-30.

Guha-Sapir, D., Vos, F., Below, R., & Ponserre, S. (2012). *Annual disaster statistical review 2011: the numbers and trends*. Brussels: CRED.

Hadley, S., & Yancy, G. (2012). *Therapeutic uses of rap and hip-hop*. New York: Routledge.

Haine, R. A., Ayers, T. S., Sandler, I. N., & Wolchik, S. A. (2008). Evidence-based practices for parentally bereaved children and their families. *Professional Psychology: Research and Practice, 39*(2), 113-121.

Hall, G. S. (1904). *Adolescence. Its psychology and its relations to physiology, anthropology, sociology, sex, crime, religion, and education*. New York: Appleton.

Hansen, S. (2006). An expressive arts therapy model with groups for post-traumatic stress disorder. In L. Carey (Ed.), *Expressive and creative arts methods for trauma survivors* (pp. 73-91). London: Jessica Kingsley.

Haworth, M. (1994). *Child psychotherapy: Practice and theory*. Northvale, NJ: Aronson.

Herman, J. (1992). *Trauma and recovery: The aftermath of violence-from domestic abuse to political terror*. New York: Basic Books.

Hinds, S. (2005). Play therapy in the African American "Village". In E. Gil & A. A. Drewes (Eds.), *Cultural issues in play therapy* (pp. 115-147). New York: Guilford Press.

Holmberg, J. R., Benedict, H. E., & Hynan, L. S. (1998). Gender differences in children's play therapy themes: Comparisons of children with a history of attachment disturbance or exposure to violence. *International Journal of Play Therapy, 7*(2), 67-92.

Holmes, M. (2000). *A terrible thing happened-A story for children who witnessed violence or trauma*. Washington, DC: Magination Press.

Homeyer, L., & Sweeney, D. S. (2011). *Sandtray therapy: A practical manual* (2nd ed.). New York: Routledge.

Hopkins, S., Huici, V., & Bermudez, D. (2005). Therapeutic play with Hispanic clients. In E. Gil & A. A. Drewes (Eds.), *Cultural issues in play therapy* (pp. 148-167). New York: Guilford Press.

House, R. (1970). The effects of nondirective group play therapy upon the sociometric status and self-concept of selected second grade children (Doctoral dissertation, Oregon State University, 1970). *Dissertation Abstracts International, 31*, 2684.

Hume, K. (1967). A counseling service project for grades one through four. (Doctoral dissertation, Boston University, 1967). *Dissertation Abstracts International, 27(12A)*, 4130.

Hunter, L. (2006). Group sandtray play therapy. In H. Kaduson & C. E. Schaefer (Eds.), *Short-term play therapy for children* (2nd ed., pp. 273-303). New York: Guilford Press.

Inhelder, B., Piaget, J., Parsons, A., & Milgram, S. (1958). *The growth of logical thinking: From childhood to adolescence*. New York, NY: Basic Books.

Irwin, E. (2000). The use of a puppet interview to understand children. In K. Gitlin-Weiner, A. Sandgrund & C. E. Schaefer (Eds.), *Play diagnosis and assessment* (2nd ed., pp. 682-703). New York: Wiley.

Irwin, E., & Malloy, E. (1994). Family puppet interview. In C. E. Schaefer & L. Carey (Eds.), *Family play therapy* (pp. 21-48). Lanham, MD: Jason Aronson.

Ivey, A., D'Andrea, M., Ivey, M., & Simek-Morgan, L. (2006). *Theories of counseling and psychotherapy: A multicultural perspective* (6th ed.). Boston, MA: Allyn & Bacon.

Jacobs, E., Masson, R., Harvill, R., & Schimmel. (2012). *Group counseling: Strategies and skills* (7th ed.). Belmont, CA: Brooks/Cole.

Jalali, S., & Molavi, H. (2011). The effect of play therapy on separation anxiety disorder in children. *Journal of Psychology, 14*, 370-382.

James, W. (1891). *Th e principles of psychology, Volume I*. London: Macmillan & Co. Jaycox, L. H., Cohen, J. A., Mannarino, A. P., Walker, D. W., Langley, A. K., Gegenheimer, K. L., & Schonlau, M. (2010). Children's mental health care following Hurricane Katrina: A field trial of trauma-focused psychotherapies. *Journal of Traumatic Stress, 23*(2), 223-231.

Johnson, L. (2012). *Kick-start your class: Academic icebreakers to engage students*. San Francisco, CA: Jossey Bass.

Jones, R. T., Fletcher, K., & Ribbe, D. R. (2002). *Child's Reaction to Traumatic Events Scale-Revised (CRTES-R): A self-report traumatic stress measure*. Blackburg, VA: Author.

Kaduson, H. G., & Schaefer, C. E. (1997). *101 favorite play therapy techniques*. Lanham, MD: Jason Aronson.

Kaduson, H., & Schaefer, C. E. (2001). *101 more favorite play therapy techniques*. Lanham, MD: Jason Aronson.

Kaduson, H., & Schaefer, C. E. (Eds.) (2004). *101 more favorite play therapy techniques*. Lanham, MD: Rowman & Littlefield.

Kalff , D. (1980). *Sandplay, a psychotherapeutic approach to the psyche*. Santa Monica, CA: Sigo Press.

Kao, S. (2005). Play therapy with Asian children. In E. Gil & A. A. Drewes (Eds.), *Cultural issues in play therapy* (pp. 180-193). New York: Guilford Press.

Kao, S., & Landreth, G. L. (2001). Play therapy with Chinese children: Needed modifi cations. In G. L. Landreth (Ed.), *Innovations in play therapy: Issues, process, and special populations* (pp. 43-49). New York: Brunner-Routledge.

Kenney-Noziska, S., Schaefer, C. E., & Homeyer, L. (2012). Beyond directive or nondirective: Moving the conversation forward. *International Journal of Play Therapy, 21*(4), 244-252.

Kestly, T. (2010). Group sandplay in elementary schools. In A. Drewes, L. Carey, & C. E. Schaefer (Eds.), *School-based play therapy* (2nd ed., pp. 257-281). Hoboken, NJ: John Wiley & Sons.

Kirwin, K. M., & Hamrin, V. (2005). Decreasing the risk of complicated bereavement and future psychiatric disorders in children. *Journal of Child and Adolescent Psychiatric Nursing, 18*(2), 62-

78.

Klein, M. (1929). Personification in the play of children. *International Journal of Psychoanalysis, 10*, 193-204.

Klein, M. (1975/1932). *The psycho-analysis of children*. New York: Delacorte Press.

Knell, S. (1993). *Cognitive-behavioral play therapy*. Northvale, NJ: Jason Aronson.

Knell, S. (1994). Cognitive behavioral play therapy. In K. O'Connor & C.E. Schaefer (Eds.), *Handbook of play therapy: Advances and innovations* (Vol. 2, pp. 111-142). New York: Wiley.

Knell, S. (2009). Cognitive-behavioral play therapy. In K. O'Connor & L. Braverman (Eds.), *Play therapy theory and practice: Comparing theories and techniques* (2nd ed., pp. 203-236). Hoboken, NJ: Wiley.

Knell, S. (2011). Cognitive-behavioral play therapy. In C. E. Schaefer (Ed.), *Foundations of play therapy* (2nd ed., pp. 313-328). Hoboken, NJ: John Wiley & Sons.

Knell, S., & Beck, K. (2000). The puppet sentence completion task. In K. Gitlin-Weiner, A. Sandgrund, & C. E. Schaefer (Eds.), *Play diagnosis and assessment* (2nd ed., pp. 704-721). New York: Wiley.

Knell, S., & Dasari, M. (2011). Cognitive-behavioral play therapy. In S. Russ & L. Niec (Eds.), *Play in clinical practice: Evidence-based approaches* (pp. 236-263). New York: Guilford.

Kohlberg, L. (1981). *Essays on moral development: Vol. 1, The philosophy of moral development*. San Francisco, CA: Harper & Row.

Kohlberg, L., & Gilligan, C. (1972). The adolescent as a philosopher: Th e discovery of the self in a post-conventional world (pp. 148-155). In J. Kagan & R. Coles (Eds.), *Twelve to sixteen: Early adolescence*. Oxford: W. W. Norton.

Kotchick, B. A., & Forehand, R. (2002). Putting parenting in perspective: A discussion of the contextual factors that shape parenting practices. *Journal of Child and Family Studies, 11*(3), 255-269.

Kottman, T. (1999). Group applications of Adlerian play therapy. In D. S. Sweeney & L. Homeyer (Eds.), *Th e handbook of group play therapy: How to do it, how it works, whom it's best for* (pp. 65-85). San Francisco, CA: Jossey-Bass.

Kottman, T. (2003). *Partners in play: An Adlerian approach to play therapy* (2nd ed.). Alexandria,

VA: American Counseling Association.

Kottman, T. (2009). Adlerian play therapy. In K. O'Connor & L. Braverman (Eds.), *Play therapy theory and practice: Comparing theories and techniques* (2nd ed., pp. 237-282). Hoboken, NJ: Wiley.

Kottman, T. (2010). *Play therapy: Basics and beyond* (2nd ed.). Alexandria, VA: American Counseling Association.

Kottman, T. (2011). *Play therapy: Basics and beyond* (2nd ed.). Alexandria, VA: American Counseling Association.

Kovacs, M. (1982). *Children's Depression Inventory*. Pittsburgh: Western Psychiatric Institute and Clinic.

Kramer, E. (1993). *Art as therapy with children*. Chicago, IL: Magnolia Street.

Kronenberg, M. E., Hansel, T., Brennan, A. M., Osofsky, H. J., Osofsky, J. D., & Lawrason, B. (2010). Children of Katrina: Lessons learned about postdisaster symptoms and recovery patterns. *Child Development, 81*(4), 1241-1259.

La Greca, A. M. (2008). Interventions for posttraumatic stress in children and adolescents following natural disasters and acts of terrorism. In R. C. Steele, T. D. Elkin, & M.C. Roberts (Eds.), *Handbook of evidence-based therapies for children and adolescents: Bridging science and practice* (pp. 121-141). New York: Springer Science.

La Greca, A. M., & Silverman, W. K. (2009). Treatment and prevention of posttraumatic stress reactions in children and adolescents exposed to disasters and terrorism: What is the evidence? *Child Development Perspectives, 3*(1), 4-10.

La Greca, A. M., Sevin, S., & Sevin, E. (2001). *Helping America cope: A guide for parents and children in the aftermath of the September 11th national disaster*. Mia mi, FL: Sevendippity.

La Greca, A. M., Sevin, S., & Sevin, E. (2005). *After the storm*. Miami, FL: Sevendippity.

La Greca, A. M., Silverman, W. K., Vernberg, E. M., & Prinstein, M. (1996). Symptoms of posttraumatic stress after Hurricane Andrew: A prospective study. *Journal of Consulting and Clinical Psychology, 64*, 712-723.

La Greca, A. M., Silverman, W. K., Lai, B., & Jaccard, J. (2010). Hurricane-related exposure experiences and stressors, other life events, and social support: Concurrent and prospective impact on children's persistent posttraumatic stress symptoms. *Journal of Consulting and Clinical Psychology,* doi: 10.1037/a0020775.

La Greca, A. M., Silverman, W. K., Vernberg, E. M., & Roberts, M. C. (2002). *Helping children cope with disasters and terrorism.* Washington, DC: American Psychological Association Press.

Lambert, S., LeBlanc, M., Mullen, J., Ray, D., Baggerly, J. N., White, J., & Kaplan, D. (2005). Learning more about those who play in session: Th e national play therapy in counseling practices project. *Journal of Counseling & Development, 85*, 42-46.

Landgarten, H. B. (1987). *Family art psychotherapy: A clinical guide and casebook*. New York: Brunner/Mazel.

Landreth, G. L. (2012). *Play therapy: The art of relationship* (3rd ed.). New York: Routledge/Taylor & Francis.

Landreth, G. L., & Sweeney, D. S. (1999). The freedom to be: Child-centered group play therapy. In D. S. Sweeney & L. Homeyer (Eds.), *The handbook of group play therapy: How to do it, how it works, whom it's best for* (pp. 39-64). San Francisco, CA: Jossey-Bass.

Lasky, G., & Riva, M. (2006). Confidentiality and privileged communication in group psychotherapy. *International Journal of Group Psychotherapy, 56*(4), 455-476.

Le Vieux, J. (1999). Group play therapy with grieving children. In D. S. Sweeney & L. Homeyer (Eds.), *Th e handbook of group play therapy: How to do it, how it works, whom* it's best for (pp. 375-388). San Francisco, CA: Jossey-Bass.

LeBlanc, M., & Ritchie, M. (2001). A meta-analysis of play therapy outcomes. *Counselling Psychology Quarterly, 14*, 149-163.

Lee, A. (2009). Psychoanalytic play therapy. In K. O'Connor & L. Braverman (Eds.), *Play therapy theory and practice: Comparing theories and techniques* (pp. 25-81). Hoboken, NJ: John Wiley & Sons.

Lev, E. L. (1983). An activity therapy group with children in an in-patient psychiatric setting. *Psychiatric Quaterly, 55*, 55-64.

Life Center of the Suncoast Inc. (2005). *TLC articles: Lean on me*. Retrieved from www.lifecenteroftampa.org/sheryleart.htm

Lowenfeld, M. (1979). *The world technique*. London: George Allen & Unwin.

Lowenstein, L. (Ed.) (2008). *Assessment and treatment activities for children, adolescents, and families: Practitioners share their most effective techniques*. Toronto: Champion Press.

Lowenstein, L. (Ed.) (2010). *Creative family therapy techniques: Play, art, and expressive activities to engage children in family sessions*. Toronto: Champion Press.

Ludlow, W., & Williams, M. (2006). Short-term group play therapy for children whose parents are divorcing. In H. Kaduson & C. E. Schaefer (Eds.), *Short-term play therapy for children* (2nd ed., pp. 304-335). New York: Guilford.

Lyons, J. S., Griffin, E., Fazio, M., & Lyons, M. B. (1999). *Child and adolescent needs and strengths: An information integration tool for children and adolescents with mental health challenges (CANS-MH), manual*. Chicago, IL: Buddin Praed Foundation.

Mahmoudi-Gharaei, J., Bina, M., Yasami, M., Emami, A., & Naderi, F. (2006). Group play therapy eff ect on Bam earthquake related emotional and behavioral symptoms in preschool children: A before-aft er trial. *Iranian Journal of Pediatrics, 16*, 137-142.

Malchiodi, C.A. (2005). *Expressive therapies*. New York: Guilford Press.

Malchiodi, C.A. (2008). *Creative interventions with traumatized children*. New York: Guilford Press.

Massat, C., Moses, H., & Ornstein, E. (2008). Grief and loss in schools: A perspective for school social workers. *School Social Work Journal*, *33*(1), 80-96.

McNiff , S. (2009). *Integrating the arts in therapy: History, theory, and practice*. Springfi eld, IL: Charles C. Thomas.

McRae, M.B., & Short, E.L. (2010). *Racial and cultural dynamics in group and organizational life: Crossing boundaries*. Thousand Oaks, CA: Sage.

Measelle, J., Ablow, J., Cowan, P., & Cowan, C. (1998). Assessing young children's views of their academic, social, and emotional lives: An evaluation of the self-perception scales of the Berkeley Puppet Interview. *Child Development, 69*, 1556-1576.

Mehlman, B. (1953). Group play therapy with mentally retarded children. *Journal of Abnormal and Social Psychology, 48*, 53-60.

Mosak, H., & Maniacci, M. (2008). Adlerian psychotherapy. In R. Corsini & D. Wedding (Eds.), *Current psychotherapies* (8th ed., pp. 67-112). Belmont, CA: Thomson.

Moulin, E. (1970). The effects of client-centered group counseling using play media on the intelligence, achievement, and psycholinguistic abilities of underachieving primary school children. *Elementary School Guidance and Counseling, 5*, 85–98.

Moustakas, C. (1959). *Psychotherapy with children: The living relationship*. New York: Harper & Row.

Moustakas, C. (1974). *Children in play therapy*. Oxford, England: Ballantine.

Mundy, L. (1957). Th erapy with physically and mentally handicapped children in a mental deficiency hospital. *Journal of Clinical Psychology, 13*, 3–9.

Muro, J., Ray, D., Schottelkorb, A., Smith, M., & Blanco, P. (2006). Quantitative analysis of long term play therapy. *International Journal of Play Therapy, 15*, 35–58.

Naderi, F., Heidarie, A., Bouron, L., & Asgari, P. (2010). The efficacy of play therapy on ADHD, anxiety, and social maturity in 8 to 12 years aged clientele children of Ahwaz metropolitan counseling clinics. *Journal of Applied Sciences, 10*, 189–195.

Nash, J., & Schaefer, C. E. (2011). Play therapy: Basic concepts and practices. In C. E. Schaefer (Ed.), *Foundations of play therapy* (2nd ed., pp. 3–14). Hoboken, NJ: John Wiley & Sons.

National Commission on Children and Disasters. (2010). *2010 Report to the President and Congress*. AHRQ Publication No. 10–M037. Rockville, MD: Agency for Healthcare Research and Quality.

National Institute on Drug Abuse. (2012). *Monitoring the future 2012: Teen drug use*. Washington, DC: National Institute of Health.

Newcomer, B., & Morrison, T. (1974). Play therapy with institutionalized mentally retarded children. *American Journal of Mental Defi ciency, 78*, 727–733.

Nikulina, V., Widom, C., & Czaja, S. (2011). The role of childhood neglect and childhood poverty in predicting mental health, academic achievement and crime in adulthood. *American Journal of Community Psychology, 48*(3–4), 309–321.

Nims, D. (2011). Solution-focused play therapy: Helping children and families find solutions. In C. E. Schaefer (Ed.), *Foundations of play therapy* (2nd ed., pp. 297–312). Hoboken, NJ: John Wiley & Sons.

Norton, C., & Norton, B. (2002). *Reaching children through play therapy: An experiential approach* (2nd ed.). Denver, CO: White Apple Press.

Oaklander, V. (1978). *Windows to our children: A gestalt therapy approach to children and adolescents*. Highland, NY: The Gestalt Journal Press.

Oaklander, V. (1988). *Windows to our children: A gestalt therapy approach to children and adolescents*. Highland, NY: The Gestalt Journal Press.

Oaklander, V. (1999). Group play therapy from a Gestalt therapy perspective. In D. S. Sweeney & L. Homeyer (Eds.), *The handbook of group play therapy: How to do it, how it works, whom it's best for* (pp. 162-175). San Francisco, CA: Jossey-Bass.

O'Connor, K. (1983). The color-your-life technique. In C. E. Schaefer & K. O'Connor (Eds.), *Handbook of play therapy* (pp. 251-258). New York: Wiley.

O'Connor, K. (1994). Ecosystemic play therapy. In K. O'Connor & C. E. Schaefer (Eds.). *Handbook of play therapy: Advances and innovations* (Vol. 2, pp. 61-84). New York: Wiley.

O'Connor, K. (1999). Child, protector, confidant: Structured group Ecosystemic play therapy. In D. S. Sweeney & L. Homeyer (Eds.), *The handbook of group play therapy: How to do it, how it works, whom it's best for* (pp. 105-138). San Francisco, CA: Jossey-Bass.

O'Connor, K. (2000). *The play therapy primer* (2nd ed.). New York: John Wiley & Sons.

O'Connor, K. (2009). Ecosystemic play therapy. In K. O'Connor & L. Braverman (Eds.), *Play therapy theory and practice: Comparing theories and techniques* (pp. 367-447). Hoboken, NJ: John Wiley & Sons.

O'Connor, K., & Ammen, S. (1997). *Play therapy treatment planning and interventions: Th e Ecosystemic model and workbook*. San Diego, CA: Academic Press.

Our Military Kids. (2013). *White paper on our military kids*. Retrieved from www.ourmilitarykids.org/wp-content/uploads/2011/03/White-Paper-Our-Military-Kids.pdf

Pablo Picasso. (n.d.). BrainyQuote.com. Retrieved January 18, 2013 from www.brainyquote.com/quotes/quotes/p/pablopicas102627.html

Packman, J., & Bratton, S. C. (2003). A school-based group play/activity therapy intervention with learning disabled preadolescents exhibiting behavior problems. *International Journal of Play Therapy, 12*(2), 7-29.

Pane, J., McCaffrey, D. F., Kalra, N., & Zhou, A. (2008). Effects of student displacement in Louisiana during the first academic year after the hurricanes of 2005. *Journal of Education for Children Placed at Risk, 13*(2), 168-211.

Paone, T. R., Packman, J., Maddux, C., & Rothman, T. (2008). A school-based group activity therapy intervention with at-risk high school students as it relates to their moral reasoning. *International Journal of Play Therapy, 17*(2), 122-137.

Parham, T. A., White, J. L., & Ajamu, A. (2000). *The psychology of Blacks: An African centered perspective*. Upper Saddle River, NJ: Prentice-Hall.

Parsons, R. (2007). *Counseling strategies that work! Evidence-based interventions for school counselors.* Boston, MA: Pearson Education.

Pelham, L. (1972). Self-directive play therapy with socially immature kindergarten students (Doctoral dissertation, University of Northern Colorado, 1971). *Dissertation Abstracts International*, *32*, 3798.

Perez, C. (1987). A comparison of group play therapy and individual play therapy for sexually abused children (Doctoral dissertation, University of Northern Colorado, 1987). *Dissertation Abstracts International, 48*, 3079.

Perry, B. D. (2006). Applying principles of neurodevelopment to clinical work with maltreated and traumatized children: The neurosequential model of therapeutics. In N. Webb (Ed.), *Working with traumatized youth in child welfare* (pp. 27-52). New York: Guilford Press.

Perry, B. D. (2009). Examining child maltreatment through a neurodevelopmental lens: Clinical application of the neurosequential model of therapeutics. *Journal of Loss and Trauma*, *14*, 240-255.

Perry, B. D., Pollard, R., Blakely, T., Baker, W., & Vigilante, D. (1995). Childhood trauma, the neurobiological adaptation and "use-dependent" development of the brain: How "states become traits." *Infant Mental Health Journal, 26*(4), 271-291.

Piaget, J. (1962). The stages of the intellectual development of the child. *Bulletin of the Menninger Clinic*, 26, 120-128.

Pincus, D., Chase, R., Chow, C., Weiner, C., & Pian, J. (2011). Integrating play into cognitive behavioral therapy for child anxiety disorders. In S. Russ & L. Niec (Eds.), *Play in clinical practice: Evidence-based approaches* (pp. 218-235). New York: Guilford.

Post Sprunk, T. (2010). Beach ball game. In L. Lowenstein (Ed.), *Creative family therapy techniques: Play, art, and expressive activities to engage children in family sessions* (pp. 9-12). Toronto:

Champion Press.

Prior, S. (1996). *Object relations in severe trauma: Psychotherapy with sexually abused children.* Northvale, NJ: Jason Aronson.

Prout, S., & Prout, H. T. (2007). Ethical and legal issues in psychological interventions with children and adolescents. In H. T. Prout & D. Brown (Eds.), *Counseling and psychotherapy with children and adolescents: Theory and practice for school and clinical settings* (4th ed., pp. 32-63). Hoboken, NJ: John Wiley & Sons.

Pynoos, R., Rodriguez, N., Steinberg, A., Stuber, M., & Frederick, C. (1998). *UCLA PTSD Index for DSM-IV.* Ragsdale, S., & Saylor, A. (2007). *Great group games: 175 boredom-busting, zero-prep team builders for all ages.* Minneapolis, MN: Search Institute Press.

Ray, D. (2007). Two counseling interventions to reduce teacher-child relationship stress. *Professional School Counseling, 10*, 428-440.

Ray, D. (2011). *Advanced play therapy: Essential conditions, knowledge, and skills for child practice.* New York: Routledge.

Ray, D., Armstrong, S., Balkin, R., & Jayne, K. (in review). *Child centered play therapy in the schools: Review and meta-analysis.*

Ray, D., Blanco, P., Sullivan, J., & Holliman, R. (2009). Child centered play therapy with aggressive children. *International Journal of Play Therapy, 18*, 162-175.

Ray, D., Schottelkorb, A., & Tsai, M. (2007). Play therapy with children exhibiting symptoms of attention deficit hyperactivity disorder. *International Journal of Play Therapy, 16*, 95-111.

Reddy, L. (2012). *Group play interventions for children: Strategies for teaching prosocial skills.* Washington, DC: American Psychological Association.

Remley, T., & Herlihy, B. (2005). *Ethical, legal, and professional issues in counseling* (2nd ed.). Upper Saddle River, NJ: Pearson Education.

Reynolds, C. R., & Richmond, B. O. (1985). *Revised Children's Manifest Anxiety Scale.* RCMAS Manual. Los Angeles: Western Psychological Services.

Riviere, S. (2005). Play therapy techniques to engage adolescents. In L. Gallo-Lopez & C. E. Schaefer (Eds.), *Play therapy with adolescents* (pp. 121-142). Lanham, MD: Jason Aronson.

Robles, R. (2006). Culturally competent play therapy with the Mexican American child and family. In

C. E. Schaefer & H. Kaduson (Eds.), *Contemporary play therapy: Theory, research, and practice* (pp. 238–269). New York: Guilford Press.

Rogers, C. (1951). *Client-centered therapy: Its current practice, implications and theory*. Boston: Houghton Miffl in.

Rogers, C. (1957). The necessary and sufficient conditions of therapeutic personality change. *Journal of Consulting Psychology, 21*(2), 95–103.

Rogers, C. (1970). *Carl Rogers on encounter groups*. New York: Harper & Row.

Rollins, J. (2008). Arts for children in hospitals: Helping to put the "art" back in medicine. In B. Warren (Ed.), *Using the creative arts in therapy and healthcare: A practical introduction* (3rd ed., pp. 181–195). New York: Routledge/Taylor & Francis.

Roos, B. M., & Jones, S. A. (1982). Working with girls experiencing loss: An application of activity group therapy in a multiethnic community. *Social Work with Groups: A Journal of Community and Clinical Practice, 5*, 35–49.

Rosenfeld, L. B., Caye, J. S., Ayalon, O., & Lahad, M. (2005). *When their world falls apart: Helping families and children manage the effects of disasters*. Washington, DC: NASW Press.

Ross, P. (2000). The family puppet technique for assessing parent-child and family interaction patterns. In K. Gitlin-Weiner, A. Sandgrund, & C. E. Schaefer (Eds.), *Play diagnosis and assessment* (2nd ed., pp. 672–681). New York: Wiley.

Rubin, J. A. (2010). *Introduction to art therapy: Sources and resources*. New York: Routledge/Taylor & Francis.

Rubin, J. A. (2011). *The art of art therapy: What every art therapist needs to know*. New York: Routledge/Taylor & Francis.

Saigh, P. A. (2004). *A structural interview for diagnosing Posttraumatic Stress Disorder: Children's PTSD Inventory*. San Antonio, TX: PsychCorp.

Sales, B., DeKraai, M., Hall, S., & Duvall, J. (2008). Child therapy and the law. In R. Morris & T. Kratochwill (Eds.), *The practice of child therapy* (4th ed., pp. 519–542). New York: Routledge.

Salloum, A., Garside, L. W., Irwin, C., Anderson, A. D., & Francois, A. H. (2009). Grief and trauma group therapy for children after Hurricane Katrina. *Social Work with Groups: A Journal of Community and Clinical Practice, 32*(1–2), 64–79.

Schaefer, C. E., & Reid, S. (Eds.). (1986) *Game Play: Therapeutic Use of Childhood Games*. New York: Wiley.

Schaefer, C. E., & Reid, S. (Eds.). (2001) *Game Play: Therapeutic Use of Childhood Games* (2nd ed.). New York: Wiley.

Scheeringa, M. S. (2005). *Disaster Experiences Questionnaire*. Unpublished measure. New Orleans, LA: Tulane University.

Scheidlinger, S. (1977). Group therapy for latency-age children: A bird's eye view. *Journal of Clinical Child Psychology, 6*(1), 40-43.

Schiffer, A. (1966). The effectiveness of group play therapy as assessed by specific changes in a child's peer relations. *Dissertation Abstracts International, 27B*, 972.

Schiffer, M. (1952). Permissiveness versus sanction in activity group therapy. *International Journal of Group Psychotherapy, 2*, 225-261.

Schiffer, M. (1977). Activity group therapy: Implications in community agency practice. *Group, 1*(4), 211-221.

Schoen, A., Burgoyne, M., & Schoen, S. (2004). Are the developmental needs of children in America adequately addressed during the grief process? *Journal of Instructional Psychology, 31*(2), 143-148.

Schoon, I., Jones, E., Cheng, H., & Maughan, B. (2012). Family hardship, family instability, and cognitive development. *Journal of Epidemiology and Community Health, 66*(8), 716-722.

Schottelkorb, A., & Ray, D. (2009). ADHD symptom reduction in elementary students: A single case effectiveness design. *Professional School Counseling, 13*, 11-22.

Schumann, B. (2010). Effectiveness of child centered play therapy for children referred for aggression. In J. N. Baggerly, D. Ray, & S. Bratton (Eds.), *Child centered play therapy research: The evidence base for effective practice* (pp. 193-208). Hoboken, NJ: Wiley.

Seeman, J., & Edwards, B. (1954). A therapeutic approach to reading difficulties. *Journal of Consulting Psychology, 18*, 451-453.

Shelby, J., & Felix, E. (2005). Posttraumatic play therapy: The need for an integrated model of directive and nondirective approaches. In L. Reddy, T. Files-Hall, & C. E. Schaefer (Eds.), *Empirically based play interventions for children* (pp. 79-103). Washington, DC: American

Psychological Association.

Shen, Y. (2002). Short-term group play therapy with Chinese earthquake victims: Effects on anxiety, depression, and adjustment. *International Journal of Play Therapy, 11*, 43-63.

Shephard, C. (1998). *Brave Bart: A story for traumatized and grieving children*. Clinton Township, MI: Trauma and Loss in Children.

Shmukler, D., & Naveh, I. (1984). Structured vs. unstructured play training with economically disadvantaged pre-schoolers. *Imagination, Cognition and Personality, 4*, 293-304.

Siegel, C. (1970). The effectiveness of play therapy with other modalities in the treatment of children with learning disabilities (Doctoral dissertation, Boston University, 1970). *Dissertation Abstracts International, 48*, 2112.

Slack, K., Holl, J. L., McDaniel, M., Yoo, J., & Bolger, K. (2004). Understanding the risks of child neglect: An exploration of poverty and parenting characteristics. *Child Maltreatment, 9*(4), 395-408.

Slavson, S. (1943). *Introduction to group therapy*. New York: The Commonwealth Fund.

Slavson, S. (1944). Some elements in activity group therapy. *American Journal of Orthopsychiatry, 14*, 578-588.

Slavson, S. (1945). Treatment of withdrawal through group therapy. *American Journal of Orthopsychiatry, 15*, 681-689.

Slavson, S. (1948). Play group therapy for young children. *Nervous Child, 7*, 318-327.

Slavson, S. (1999). Play group therapy for young children. In D. S. Sweeney & L. Homeyer (Eds.), *Handbook of group play therapy: How to do it, how it works, whom it's best for* (pp. 24-35). San Francisco: Jossey-Bass. (Original work published 1948.)

Slavson, S., & Schiffer, M. (1975). *Group psychotherapies for children: A textbook*. New York: International Universities Press.

Smith, D., & Smith, N. R. (1999). Relational activity play therapy group: A "stopping off place" for children on their journey to maturity. In D. S. Sweeney & L. Homeyer (Eds.), *Handbook of group play therapy: How to do it, how it works, whom it's best for* (pp. 234-266). San Francisco: Jossey-Bass. (Original work published 1948.)

Sokoloff , M. (1959). A comparison of gains in communicative skills, resulting from group play therapy and individual speech therapy, among a group of non-severely dysarthric, speech handicapped cerebral palsied children (Doctoral dissertation, New York University, 1959). *Dissertation Abstracts International, 20*, 803.

Speier, A. (2000). *Psychosocial issues for children and adolescents in disasters* (2nd ed.). Rockville, MD: Center for Mental Health Services, Substance Abuse and Mental Health Services Administration. Retrieved from store.samhsa.gov/product/Psychosocial-Issues-for-Children-and-Adolescents-in-Disasters/ADM86-1070R

Sue, D. W., Bernier, J. E., Durran, A., Feinberg, L., Pedersen, P., Smith, E. J., & Vasquez-Nuttall, E. (1982). Position paper: Cross-cultural counseling competencies. *The Counseling Psychologist,* 10, 45-52.

Sweeney, D. S. (1997). *Counseling children through the world of play*. Eugene, OR: Wipf and Stock.

Sweeney, D. S. (2001). Legal and ethical issues in play therapy. In G. L. Landreth (Ed.), *Innovations in play therapy: Issues, process, and special populations* (pp. 65-82). Philadelphia, PA: Brunner-Routledge.

Sweeney, D. S. (2011a). Group play therapy. In C. E. Schaefer (Ed.), *Foundations of play therapy* (2nd ed., pp. 227-252). Hoboken, NJ: John Wiley & Sons.

Sweeney, D. S. (2011b). Integration of sandtray therapy and solution-focused techniques for treating noncompliant youth. In A. Drewes, S. Bratton, & C. E. Schaefer (Eds.), *Integrative play therapy* (pp. 61-74). Hoboken, NJ: John Wiley & Sons.

Sweeney, D. S., & Homeyer, L. (1999). *Handbook of group play therapy: How to do it, how it works, whom it's best for*. San Francisco, CA: Jossey-Bass.

Sweeney, D. S., & Homeyer, L. (2009). Sandtray therapy. In A. Drewes (Ed.), *Effectively blending play therapy and cognitive behavioral therapy: A convergent approach* (pp. 297-318). Hoboken, NJ: John Wiley & Sons.

Tabin, J. (2005). Transitional objects in play therapy with adolescents. In L. Gallo-Lopez & C. E. Schaefer (Eds.), *Play therapy with adolescents* (pp. 68-80). Lanham, MD: Jason Aronson.

Tan, T., & Baggerly, J. N. (2009). Behavioral adjustment of adopted Chinese girls in single-mother, lesbian-couple, and heterosexual-couple households. *Adoption Quarterly, 12*(3-4), 171-186.

Tasker, F., & Golombok, S. (1997). *Growing up in a lesbian family: Effects on child development*.

New York: Guilford Press.

Taylor, A., & Abell, S. C. (2005). The use of poetry in play therapy with adolescents. In L. Gallo-Lopez & C. E. Schaefer (Eds.), *Play therapy with adolescents* (pp. 143-158). Lanham, MD: Jason Aronson.

Terr, L. (1990). *Too scared to cry: Psychic trauma in childhood*. New York: Basic Books.

The Theraplay® Institute (2005). *Theraplay® Group Activities: 85 fun Theraplay® for groups of children*. Wilmette, IL: The Theraplay® Institute.

The Theraplay® Institute (2006). *Theraplay group activities flip book*. Evanston, IL: The Theraplay Institute.

Thomas, P. (2001). *I miss you. A first look at death*. Hauppauge, NY: Barron's Educational Series.

Thomas, R. V., & Pender, D. (2008). Association for specialists in group work: Best practice guidelines 2007 revisions. *The Journal for Specialists in Group Work, 33*(2), 111-117.

Thombs, M., & Muro, J. (1973). Group counseling and the sociometric status of second grade children. *Elementary School Guidance and Counseling, 7*, 194-197.

Troester, J. D. (2002). Working through family-based problem behavior through activity group therapy. *Clinical Social Work Journal, 30*(4), 419-428.

Trostle, S. (1988). The effects of child-centered group play sessions on social-emotional growth of three- to six-year-old bilingual Puerto Rican children. *Journal of Research in Childhood Education, 3*, 93-106.

Tyndall-Lind, A., Landreth, G. L., & Giordano, M. (2001). Intensive group play therapy with child witnesses of domestic violence. *International Journal of Play Therapy, 10*, 53-83.

UNICEF (2007). Child protection from violence, exploitation, abuse: Children in conflict and emergencies. Available at www.unicef.org/protection/index_armedconflict.html

U.S. Census Bureau (2012). Table 10. *Resident Population by Race, Hispanic Origin, and Age: 2000 to 2009*. Available at www.census.gov/compendia/statab/2012/tables/12s0010.pdf

U.S. Department of Health and Human Services (2004). *Mental health response to mass violence and terrorism: A training manual*. DHHS Pub. No. SMA 3959. Rockville, MD: Center for Mental Health Services, Substance Abuse and Mental Health Services Administration.

U.S. Department of Health and Human Services (2012). *Foster care FY2003-FY2011 Entries, exits, and numbers of children in care on the last day of each federal fiscal year*. Washington, DC: U.S. Department of Health and Human Services.

Van der Kolk, B. A. (2001). The assessment and treatment of complex PTSD. In R. Yehuda (Ed.), *Traumatic Stress*. Washington, DC: American Psychiatric Press.

Van der Kolk, B. A. (2006). Clinical implications of neuroscience research in PTSD. In R. Yehuda (Ed.), *Psychobiology of posttraumatic stress disorders: A decade of progress* (Vol. 1071, pp. 277-293). Malden, MA: Blackwell.

Van der Kolk, B. A. (2007). Th e developmental impact of childhood trauma. In L. J. Kirmayer, R. Lemelson, & M. Barad (Eds.), *Understanding trauma: Integrating biological, clinical, and cultural perspectives* (pp. 224-241). New York: Cambridge University Press.

Vander, A. H. (1946). Levels and applications of group therapy: round table. *American Journal of Orthopsychiatry, XIV*, 1944, pp. 478-608. *Psychoanalytic Quarterly, 15*, 552-553.

Van Velsor, P. (2004). Training for successful group work with children: What and how to teach. *Journal for Specialists in Group Work, 29*(1), 137-146.

Wadeson, H. (2010). *Art psychotherapy* (2nd ed.). Hoboken, NJ: John Wiley & Sons.

Wainscott, M. C. (2006). The relationship of depression in middle school adolescents and their school extracurricular activities: A perspective for family therapy. *Dissertation Abstracts International, 66*.

Wakenshaw, M. (2002). *Caring for your grieving child: Engaging activities for dealing with loss and transition*. Oakland, CA: New Harbinger.

Webb, N. B. (2007). *Play therapy with children in crisis: Individual, group, and family treatment* (3rd ed.). New York: Guilford Press.

Weinrib, E. (1983). *Images of self: The sandplay therapy process*. Boston, MA: Sigo Press.

Wells, H. G. (1911). *Floor games*. New York: Arno Press. (Originally published in England. First US edition, 1912, Boston, MA.)

Willis, C. A. (2002). The grieving process in children: Strategies for understanding, educating, and reconciling children's perceptions of death. *Early Childhood Education Journal, 29*(4), 221-226.

Winnicott, D. W. (1989). The squiggle game. In C. Winnicott, R. Shepherd, & M. David (Eds.), *Psychoanalytic explorations* (pp. 299-317). Cambridge, MA: Harvard University Press.

Woltmann, A. (1940). The use of puppets in understanding children. *Mental Hygiene, 24*, 445-458.

Woltmann, A. (1972). Puppetry as a tool in child psychotherapy. *International Journal of Child Psychotherapy, 1*, 84-96.

World Health Organization (WHO). (2003). *Mental health in emergencies.* Geneva: WHO. Retrieved from www5.who.int/mental_health

Yalom, I. D. (1989). *Love's executioner: And other tales of psychotherapy*. New York: Basic Books.

Yalom, I. D. (2005). *The theory and practice of group psychotherapy* (5th ed.). New York: Basic Books.

Yalom, I. D., & Leszcz, M. (2005). *Theory and practice of group psychotherapy*. New York, NY: Basic Books.

Yontef, G., & Jacobs, L. (2005). Gestalt therapy. In R. Corsini & D. Wedding (Eds.), *Current psychotherapies* (7th ed., pp. 299-336). Belmont, CA: Brooks/Cole.

Zalaquett, C., Foley, P., Tillotson, K., Dinsmore, J., & Hof, D. (2008). Multicultural and social justice training for counselor education programs and Colleges of Education: Rewards and challenges. *Journal of Counseling and Development, 86*(3), 323-329.

찾아보기

인명

내용

저자 소개

Daniel S. Sweeney

Daniel S. Sweeney 박사는 오리건주 포틀랜드시의 조지폭스대학교의 놀이치료연구회 노스웨스트 센터의 디렉터이자 교수이다. Sweeney 박사는 놀이치료학회의 전 회장이었고 이사직을 맡았었다. 현재는 사설센터를 운영하고 있고 국제적인 강연자로 활동하고 있다. Sweeney 박사는 『Play Therapy Intervention with Children's Problem』『Counseling Children Through the World of Play』『Sandtray Therapy: A Practical Manual and The Handbook of Group Play Therapy』를 집필하였고, 그의 책은 중국어, 한국어 및 러시아어로 번역되었다.

Jennifer N. Baggerly

Jennifer N. Baggerly 박사는 댈러스에 있는 노스텍사스대학교의 counseling and human services 교수이자 책임자이고 놀이치료학회의 임원을 역임하였다. Baggerly 박사는 학교와 지역사회단체에서 10년 이상 집단놀이치료를 제공하거나 가르쳤다. Baggerly 박사는 뛰어난 놀이치료전문가로서 많은 연구 프로젝트를 진행하고 50편 이상의 출판물을 출간하기도 하였다.

Dee C. Ray

Dee C. Ray 박사는 노스텍사스대학교 상담교육학과의 교수이며 Child & Family Resource Clinic의 소장이다. Ray 박사는 75편 이상의 놀이치료 분야의 논문과 책을 출간하였고 아동중심 놀이치료 효과를 측정하는 20편의 연구 출판물을 저술하였다. Ray 박사는 『Advanced Play Therapy』의 저자이자 『Child Centered Play Therapy Research』의 공동집필자이고 『International Journal of Play Therapy』의 편집장을 역임했다.

역자 소개

이은아김(Lee Eun-ah Kim)

노스텍사스대학교 상담교육학과 아동 · 청소년 상담(놀이치료) 전공 석사, 박사

숙명여자대학교 대학원 아동복지학과 아동상담 전공 석사

전) 숙명여자대학교 아동복지학부 조교수

Faith Child & Family Counseling(Texas, USA) 소장, 슈퍼바이저

노스텍사스대학교 상담교육학과 겸임교수, 슈퍼바이저

노스텍사스대학교 Counseling & Human Development Center 부소장, 슈퍼바이저

노스텍사스대학교 Child & Family Resource Clinic 슈퍼바이저

현) Glad Heart Counseling & Research 소장

미국 텍사스주 공인 심리상담전문가-슈퍼바이저(LPC-S, Texas), 미국 공인 심리상담전문가(NCC), 미국 공인 놀이치료자-슈퍼바이저(RPT-S)

한희영(Han Hee-young)

숙명여자대학교 아동복지학과 아동심리치료 전공 석사, 박사수료

현) 수원청소년상담센터 놀이치료사

놀이심리상담사 2급, 청소년상담사 2급

서인숙(Seo In-suk)

숙명여자대학교 아동복지학과 아동심리치료 전공 석사, 박사수료

현) 명지병원 정신의학과 아동상담실 놀이치료사

놀이심리상담사 2급, 청소년상담사 2급

집단놀이치료

Group Play Therapy: A Dynamic Approach

2019년 2월 20일 1판 1쇄 인쇄
2019년 2월 25일 1판 1쇄 발행

지은이 • Daniel S. Sweeney · Jennifer N. Baggerly · Dee C. Ray
옮긴이 • 이은아김 · 한희영 · 서인숙

펴낸이 • 김진환
펴낸곳 • ㈜학지사
04031 서울특별시 마포구 양화로 15길 20 마인드월드빌딩
대표전화 • 02-330-5114 팩스 • 02-324-2345
등록번호 • 제313-2006-000265호

홈페이지 • http://www.hakjisa.co.kr
페이스북 • https://www.facebook.com/hakjisa

ISBN 978-89-997-1776-5 93180

정가 19,000원

역자와의 협약으로 인지는 생략합니다.
파본은 구입처에서 교환해 드립니다.

이 도서의 국립중앙도서관 출판시도서목록(CIP)은 서지정보유통지원시스템 홈페이지(http://seoji.nl.go.kr)와 국가자료공동목록시스템(http://www.nl.go.kr/kolisnet)에서 이용하실 수 있습니다.
(CIP 제어번호: CIP2019004513)